Erschienen im
Jubiläumsjahr 1997
bei Klett-Cotta

Enid Balint

Bevor Ich war

Imagination und Wahrnehmung
in der Psychoanalyse

Aus dem Englischen übersetzt
von Elisabeth Vorspohl

Klett-Cotta

Klett-Cotta
Die Originalausgabe erschien unter dem Titel
»Before I was. Psychoanalysis and the Imagination«
im Verlag The Guilford Press, New York / Free Association Books, London
© 1993 Enid Balint
Einleitung © 1993 Michael Parsons
Kapitel 18 © 1993 Enid Balint und Juliet Mitchell
by arrangement with Mark Paterson
Für die deutsche Ausgabe
© J. G. Cotta'sche Buchhandlung Nachfolger GmbH, gegr. 1659
Stuttgart 1997
Fotomechanische Wiedergabe nur mit Genehmigung des Verlags
Printed in Germany
Schutzumschlag: Klett-Cotta Design
Gesetzt aus der 10 Punkt Sabon und der 10 Punkt Optima
von Horst Brühmann, Frankfurt am Main
Auf säure- und holzfreiem Werkdruckpapier gedruckt
und in Fadenheftung gebunden von
Freiburger Graphische Betriebe,
Freiburg i. Br.
Einbandstoff: Garant-Leinen

Die Deutsche Bibliothek – CIP-Einheitsaufnahme
Balint, Enid:
Bevor Ich war : Imagination und Wahrnehmung
in der Psychoanalyse / Enid Balint.
Aus dem Engl. übers. von Elisabeth Vorspohl. –
Stuttgart : Klett-Cotta, 1997
Einheitssacht.: Before I was <dt.>
ISBN 3-608-91669-5

Meinen Patienten und Kollegen

Ein Mann, der mit Gewißheiten beginnt, wird am Ende zweifeln: Wenn er sich aber damit begnügt, zunächst zu zweifeln, erlangt er am Ende Gewißheit.

Es sind schlechte Entdecker, die glauben, es gebe kein Land, weil sie nichts als das Meer sehen.

Francis Bacon, Advancement of Learning
I. v. 8; II. vii. 5

Inhalt

Dank 11
Einleitung von Michael Parsons 13

1. Das Beobachtungsfeld des Psychoanalytikers (1974) 23

Erster Teil
Der Analytiker im Behandlungszimmer

2. Drei Phasen einer Übertragungsneurose (1954) 37
3. Über innere Leere (1963) 58
4. Der Spiegel und der »Receiver« (1968) 84
5. Gerechtigkeit und gegenseitige Anerkennung als Erziehungsziele (1972) 93
6. Die Analyse der Frau durch eine Analytikerin: »Was will das Weib?« (1973) 105
7. Erinnerung und Bewußtsein (1987) 121
8. Kreatives Leben (1989) 140
9. Unbewußte Kommunikation (1990) 153
10. Die Technik einer Analytikerin (1991) 166

Zweiter Teil
Die Arbeit des Analytikers mit Allgemeinmedizinern

11. Der Psychoanalytiker und die Medizin (1975) 183
12. Therapeutische Gespräche (1982) 199
13. Forschung, Veränderungen und Entwicklung in Balint-Gruppen (1987) 224
14. Untersuchung der Arzt-Patient-Beziehung anhand zufällig ausgewählter Fälle (1967) 236
15. Die Ausbildung als Antriebskraft für die Ich-Entwicklung (1967) 253

Dritter Teil
Die Arbeit des Analytikers mit Paartherapeuten

16. Ehekonflikte und ihre Behandlung (1966) 271
17. Unbewußte Kommunikationen zwischen Ehepartnern (1968) .. 279

Rückblicke

18. Enid Balint im Interview mit Juliet Mitchell 297

Bibliographie 317
Register 326

Die Vorbemerkungen zu den Kapiteln 1–10 wurden von Juliet Mitchell, jene zu den Kapiteln 11–17 von Michael Parsons verfaßt.

Dank

Vielleicht ist die Autorin selbst am wenigsten imstande, Verbindungen zwischen Arbeiten zu entdecken, die innerhalb eines Zeitraums von insgesamt mehr als vierzig Jahren verfaßt wurden, und die Beiträge so zusammenzustellen, daß der notwendige innere Zusammenhalt gegeben ist. In meinem Fall wurde diese Arbeit, die Gregorio Kohon in den achtziger Jahren begonnen hatte, in bewundernswerter Weise von Juliet Mitchell und Michael Parsons vollendet. Sie haben den Text dieses Buches ediert und thematische Verbindungen zwischen den einzelnen Kapiteln herausgearbeitet, sie haben mich interviewt und eine Einleitung verfaßt und dem Leser den Zugang zu meinen Überlegungen dadurch erleichtert. Ich bin diesen Freunden und Kollegen zu tiefem Dank verpflichtet. Was ich Juliet Mitchell verdanke, läßt sich nur sehr schwer beschreiben: Während der vergangenen zehn Jahre haben wir in zahlreichen Gesprächen die Ideen und Konzepte, die mich seit langem intensiv beschäftigen, gemeinsam diskutiert. Sie hat mich auch gedrängt, meine Abneigung, darüber zu schreiben, zu überwinden. Ohne die Geduld und Zielstrebigkeit meines Mannes wäre dieses Buch jedoch sicherlich niemals zustande gekommen.

Den ursprünglichen Vorschlag, meine Artikel zusammenzustellen, verdanke ich Bob Young von Free Association Books.

Für den Buchtitel bin ich Elizabeth Holder zu Dank verpflichtet. Sie machte mich vor einigen Jahren auf einen Text aufmerksam, in dem er, wenngleich in einem anderen Kontext, vorkommt: Es handelt sich um eine Predigt, die John Donne am 24. Februar 1625 gehalten hat.

Danken möchte ich auch den Sekretärinnen, die meine Kapitel getippt haben und dabei häufig mit Schwierigkeiten kämpfen mußten.

Für die Genehmigung zum Wiederabdruck von Copyright-Material danke ich den folgenden Verlagen und Institutionen: Baywood Publishing Co., The Royal College of General Practitioners, The Institute of Psycho-Analysis, Pitman Publishing, International Universities Press sowie W. B. Saunders.

Enid Balint
Ramsbury, Wiltshire

Einleitung

Das erste Kapitel dieses Buches trägt die Überschrift »Das Beobachtungsfeld des Psychoanalytikers«. Enid Balints Feld der psychoanalytischen Beobachtung umspannt, wie bereits das Inhaltsverzeichnis verrät, weite Bereiche. Der erste Teil des Buches spiegelt den Dreh- und Angelpunkt ihrer Arbeit wider: die Psychoanalyse einzelner Patienten. Die Beiträge des zweiten Teils sind einem anderen Aspekt ihrer Berufstätigkeit gewidmet. Seit nahezu dreißig Jahren hat Enid Balint gemeinsam mit ihrem Mann, Michael Balint, aber auch alleine eine Methode der Gruppenarbeit entwickelt, die es Allgemeinmedizinern ermöglicht, das, was sie tun, unter verändertem Blickwinkel zu betrachten. Darüber hinaus hat sie in den Jahren 1947–48 an der Tavistock Clinic das *Family Discussion Bureau* gegründet, aus dem schließlich das *Institute of Marital Studies* hervorging. Die Beiträge des dritten Teils sind im Zusammenhang mit dieser Arbeit entstanden.

Nicht viele Psychoanalytiker haben sich mit derart fruchtbaren Resultaten in solch unterschiedlichen psychoanalytischen Arbeitsbereichen engagiert, und es ist wichtig zu betonen, daß wir Enid Balint im gesamten Buch *als Analytikerin* arbeiten sehen. Natürlich kommt es vor, daß jemand etwas anderes von ihr erwartet als das, was eine Psychoanalytikerin zu bieten vermag. Sie sagt jedoch: »Ich kann nur als Psychoanalytikerin arbeiten. Wenn ich mich auf andere Weise benutze, bin ich ein Amateur, wie ein Freund« (S. 168). Die Psychoanalytikerin des ersten Teils wendet sich im zweiten und dritten Teil also nicht etwa anderen Metiers zu. Was in den unterschiedlichen Kontexten variiert, ist der *Gebrauch*, den sie von sich selbst als Analytikerin macht.

Zahlreiche Analytiker ihrer Generation fanden aufgrund ihrer Erfahrungen im Zweiten Weltkrieg zur Psychoanalyse. Auch Balint lernte, wie sie es in ihrem Interview am Schluß dieses Buches beschreibt, die irrationalen Aspekte menschlicher Beziehungen zu würdigen, als sie das *Citizens' Advice Bureaux* in London mitorganisierte und sich um Familien kümmerte, deren Häuser zerbombt worden waren. Dies brachte sie in Kontakt mit dem *Tavistock Institute of Human Relations*, wo sie schließlich das *Family Discussion Bureau*, das spätere *Institute of Marital Studies*, ins Leben rief.

Dem schloß sich ihre psychoanalytische Ausbildung an, und seit 1963 ist sie Lehranalytikerin der British Psycho-Analytical Society. Die ersten Ausbildungsgruppen für Ärzte entstanden in den frühen sechziger Jahren an der Tavistock Clinic. 1980 wurde Enid Balint in Anerkennung dieser Arbeit zum Honorary Fellow des Royal College of General Practitioners ernannt.

Ihre Arbeit ist ohne Zweifel fest in der Tradition der Unabhängigen Gruppe englischer Psychoanalytiker verankert, während sie zugleich ihr ureigenster Besitz ist. Die Verweise auf die Arbeit Michael Balints und Sándor Ferenczis, die sich überall im Buch finden, zeugen von ihrer Beziehung zu einer bestimmten Richtung dieser Tradition. Zudem aber hat ihr intellektueller und persönlicher Stil auch etwas sehr Englisches. John Rickman hat bedeutsamen Einfluß auf sie ausgeübt; ihre Arbeit ist ein unaufhörlicher, impliziter oder expliziter, zustimmender oder ablehnender Dialog mit dem Werk Donald Winnicotts; und sie steht in der Reihe »unabhängiger« Analytikerinnen wie Ella Sharpe, Sylvia Payne, Marjorie Brierley, Margaret Little und Marion Milner. Wie es für all diese Psychoanalytikerinnen gilt, ist auch Enid Balints unverkennbare Individualität in eine gemeinsame Tradition eingebunden.

Sie hat, und zwar insbesondere als Lehranalytikerin, eine führende Rolle im Leben der britischen psychoanalytischen Gesellschaft gespielt und zahlreiche wichtige Positionen in ihr bekleidet. Das Spezifische ihrer Präsenz in der analytischen Community hingegen ist schwieriger zu charakterisieren. Als ich, damals noch Ausbildungskandidat, einen Supervisor für meinen ersten Ausbildungsfall suchte, sagte mein Analytiker zu mir: »Warum fragen Sie nicht Enid Balint? Supervision bei ihr ist eine Erfahrung ganz besonderer Art.« Und so war es. Manche Supervisoren erklären dem Kandidaten, wie er mit dem Patienten reden sollte; dann wieder gibt es jene, die ihm helfen, seine theoretischen Kenntnisse zu organisieren. Enid Balint tat dies gelegentlich auch, häufig jedoch schienen solche Dinge sie nicht zu interessieren – in ihren Supervisionen herrschte eine Arbeitsatmosphäre, die sich der Beschreibung auf sonderbare Weise entzieht. Das bedeutet allerdings nicht, daß die Arbeit unklar oder verschwommen gewesen wäre. Sie war irgendwie schwer faßbar, zugleich aber auch klar und entschieden. Nach vielen Monaten wurde mir bewußt, daß ich etwas von dem, was es heißt, mit einem Analysepatienten zusammenzusein, in mich aufnahm, etwas, das ich nicht genau beschreiben konnte, das aber das Geschehen während der Sitzung zweifellos entscheidend veränderte.

Meiner Ansicht nach besteht zwischen dieser Mischung aus Unbestimmbarkeit und Klarheit sowie der Subtilität und Flexibilität, mit der sie sich selbst »gebraucht« oder sich als Analytikerin gebrauchen läßt, ein Zusammenhang. Wenn wir diese Qualität aus den hier versammelten Beiträgen herausarbeiten wollen, beginnen wir am besten mit dem zweiten Teil, weil er deutlich macht, was sie ganz sicher *nicht* tut. Sie erteilt den Ärzten in den Balint-Gruppen keinen psychoanalytischen Unterricht, und wenngleich es auf den ersten Blick so aussehen könnte, als supervidiere sie ihre Arbeit mit bestimmten Patienten, tut sie auch das nicht. Balints Arbeit an dem ersten Fall zum Beispiel, der im 13. Kapitel vorgestellt wird, könnte wie eine Supervision aussehen, die entscheidende Formulierung in diesem Artikel aber lautet: »Im Anschluß an die Diskussion in der Gruppe wurde ihm [dem Arzt] klar, wie seine Hilfe aussehen könnte« (S. 229). Ein wenig später heißt es, daß sich die Gruppe nicht sicher gewesen sei, »ob der Arzt und infolgedessen auch der Patient langfristig mit den Resultaten zufrieden sein konnten« (S. 231). Die vorrangige Betonung liegt nicht auf dem Patienten, dessen Fall diskutiert wird, sondern auf der Qualität der Wahrnehmungsfähigkeit des Arztes; indem sich diese verändert, kann er insgesamt zu einem besseren Arzt werden. Eine solche Entwicklung setzt voraus, daß der Gruppenleiter unbewußte Prozesse aufmerksam verfolgt, während er gleichzeitig Zurückhaltung übt und abwarten kann. Der dritte Fall desselben Kapitels (S. 232 f.) zum Beispiel läßt keinen Zweifel daran, daß die Hoffnungslosigkeit, die der Arzt während der ersten Konsultation empfand, durch die Projektionen seiner Patientin ausgelöst worden war. Die Leiterin der Gruppe gab jedoch keine entsprechende Deutung: Weder vermittelte sie dem Arzt selbst ein besseres Gefühl, noch gab sie ihm etwas an die Hand, was er an die Patientin hätte weitergeben können. Natürlich fand eine Diskussion statt, was aber Erklärungen oder Deutungen der Gruppenleiterin betrifft, so scheint ebenso wie in dem im 15. Kapitel beschriebenen Fall »keine Reaktion« (S. 261) erfolgt zu sein. Und dennoch zeigte sich in beiden Fällen, daß die Ärzte ihre Patienten und ihre eigenen Reaktionen und Gefühle bei der nächsten Konsultation umfassender wahrnahmen und Veränderung möglich wurde. Die Methode »besteht darin, daß gleichzeitig die Fakten und die Gefühle, die sie auslösen, gesammelt werden« (S. 226), und setzt voraus, daß der Gruppenleiter »eine spezifische Beobachtungsmethode beherrscht, das Fehlen einer konsistenten Geschichte eine Weile ertragen und das Durcheinander sinnvoll nutzen kann, statt es zu ignorieren« (ebd.). In den Beiträgen des zweiten Teils beschreibt Balint somit etwas, das nicht Psychoanalyse ist, gleichwohl aber darauf beruht, daß sie selbst Psychoanalytikerin ist.

Der Kontext der beiden Arbeiten, die sich im dritten Teil finden, weist Ähnlichkeiten mit den Beiträgen des zweiten Teils, aber auch Unterschiede auf. Es handelt sich um allgemeine Einführungen mit allerdings reichem und subtilem Inhalt. Sie stützen sich vorwiegend auf Balints Arbeit in den Fallseminaren am *Institute of Marital Studies*. Diese Aufgabe hatte einen ausgeprägteren Supervisionscharakter als die Mitarbeit in den Ausbildungsgruppen für Ärzte, aber auch hier ging es in erster Linie darum, das Selbstgewahrsein der Therapeuten zu verbessern. Als Seminarleiterin mußte Balint auch in diesem Setting der Versuchung widerstehen, eine vereinfachte Form der Psychoanalyse zu lehren, sich selbst aber, den Erfordernissen der jeweiligen Situation entsprechend, als Psychoanalytikerin gebrauchen. Einige ihrer im dritten Teil formulierten Konzepte stellen eindeutig psychoanalytische Überlegungen dar. So stützt sich das 17. Kapitel ausdrücklich auf die Triebtheorie, auf die Übertragung, den Wiederholungszwang und die unbewußte Überdeterminiertheit. Meiner Ansicht nach gibt es zwei Gründe, weshalb die Psychoanalyse in diesem Kontext stärker an die Oberfläche tritt. Die sozialpädagogisch ausgebildeten Therapeuten hatten umfassendere psychodynamische Kenntnisse als die Ärzte; und die klinische Situation, um die es ging, nämlich die eheliche Disharmonie, umfaßt naturgemäß psychische Konflikte. Dies alles hat jedoch zur Folge, daß sich die Seminarleiterin die Unterschiede zur Psychoanalyse noch stärker vor Augen halten muß. In dem abschließenden Fall zum Beispiel, der im 16. Kapitel erwähnt wird, lesen wir: »Worauf es hier ankommt, ist folgendes: Die neurotische Form der Befriedigung mußte nicht verändert werden, beiden Partnern aber mußten bestimmte unbewußte Gefühle bewußt gemacht werden, bevor sie sie genießen konnten« (S. 277). Ginge es um eine psychoanalytische Individualtherapie, würde uns die Vorstellung, einem Patienten dabei zu helfen, seine neurotische Befriedigung zu genießen, statt sie zu verändern, maßlos verblüffen – unter Umständen aber ist gerade dies der Weg, auf dem psychoanalytisches

Verständnis es dem Paartherapeuten ermöglichen kann, einer Ehe zu helfen. Man beachte auch den scheinbar unanalytischen Charakter der fünf zentralen Fragen, die Balint im 16. Kapitel als Orientierungshilfe zur Diagnose und Behandlung von Eheproblemen formuliert. Erneut wird deutlich, wie sie als Psychoanalytikerin Situationen erklärbar macht, in denen keine psychoanalytische Behandlung angesagt ist, und ihre analytische Identität benutzt, um Therapeuten anderer Schulen dabei zu helfen, ihre eigene Identität zu entwickeln.

Der rote Faden, der die Beiträge des zweiten und dritten Teils mit den im ersten Teil versammelten, eindeutiger analytischen Arbeiten verbindet, wird hier und da sehr deutlich erkennbar. Wenn Balint die Notwendigkeit beschreibt, »sonderbare Phänomene zu beobachten und Komplexitäten und Paradoxa in menschlichen Beziehungen, die keinen Sinn ergeben oder [...] irgendwann keinen Sinn zu ergeben scheinen, nicht zu vernebeln« (S. 179), erinnert dies an den Gruppenleiter, der »das Fehlen einer konsistenten Geschichte eine Weile ertragen und das Durcheinander sinnvoll nutzen kann, statt es zu ignorieren« (S. 226). Am deutlichsten wird der Zusammenhang gegen Ende des 4. Kapitels. Balint erläutert die Teilnahme des Analytikers, die in der Spiegelmetapher impliziert ist, und sagt:

> Dieser Erkenntnis kommt für unsere analytische Technik allergrößtes Gewicht zu. Über ihre Bedeutung für den Psychoanalytiker hinaus aber beginnt diese Denkweise die gesamte moderne Medizin zu beeinflussen. [...] Jeder Fortschritt über diese Grenzen [der krankheits-orientierten Medizin] hinaus, jede Entwicklung in Richtung »patienten-orientierter Medizin« muß auf einer neuen Beobachtungskategorie, nämlich der Beobachtung durch teilnehmende Beobachter, beruhen. (S. 92)

Dieser unverkennbare innere Zusammenhang zwischen dem ersten Teil und den übrigen Beiträgen dieses Buches rückt einen Aspekt in Licht, der für Balints Verständnis der Rolle des Analytikers entscheidend ist. Was zählt, ist die *Qualität der Teilnahme des Analytikers*. Sie warnt uns vor einer allzu vereinfachten Sichtweise der Nähe oder Distanz des Analytikers und gelangt zu dem Schluß, daß der Nutzen des Spiegelmodells darin bestehe, es dem Analytiker zu ermöglichen, »weder distanziert noch nahe, sondern einfach dazusein« (S. 88). Was dies tatsächlich heißt, ist eines der zentralen Themen des Buches. Im 8. Kapitel finden wir eine weitere Erläuterung: »Es ist von größter Bedeutung, daß sich der Analytiker in diesen Phasen ruhig und nicht-intrusiv verhält, aber uneingeschränkt *da ist*. Es ist schwierig, dies zu beschreiben – es kommt darauf an, daß der Analytiker einfach weiter atmet. Er darf in die Gefühle und Gedanken des Patienten nichts hineinlegen; der Patient ist damit beschäftigt, seine eigenen Worte oder Handlungen zu finden« (S. 143). Diese scheinbare Inaktivität verlangt dem Analytiker gleichwohl ebenjene methodische Sorgfalt und zielgerichtete Aufmerksamkeit ab, die Balints klinische Vignetten des 1. Kapitels illustrieren. Nicht-Intrusivität ist einer der Grundpfeiler ihrer Arbeit, bezeichnenderweise aber pflegt sie »zunächst auf die Notwendigkeit einer soliden, gründlichen theoretischen und praktischen Ausbildung« zu verweisen (S. 169). Sie beschließt den ersten Teil, indem sie diese Balance noch einmal ins Zentrum rückt: »Imagination ist eine Voraussetzung des kreativen Lebens. Sie kann nur gefahrlos benutzt werden, wenn Struktur und Ausbildung gewährleistet sind; Struktur und Ausbildung aber nützen nichts, wenn die Imagination des Analytikers oder des Patienten gefesselt ist« (S. 180).

Vielleicht wird die schwer zu definierende Qualität ihrer Arbeitshaltung nun ein wenig greifbarer. Balint erforscht eine Technik, in der das, was der Analytiker nicht tut, unter Umständen eine größere Rolle spielt als das, was er tut. Und es ist für ihn wichtiger, das, was er nicht sagt, im Gedächtnis zu bewahren, als das, was er sagt (S. 176). Eine solche Haltung ist keine leere Passivität. Sie beruht auf der Folgerichtigkeit einer Disziplin, deren Einbehaltung allerdings zumeist unsichtbar bleibt. Am deutlichsten wird dies in den letzten vier Kapiteln des ersten Teils. Sie stehen in einem chronologischen Zusammenhang und dokumentieren, wie sich Balints Denken in den vergangenen Jahren entwickelt hat. Sie betrachtet die Analyse »mehr als Erlernen einer Sprache […] denn als gemeinsames Erklärungsunterfangen oder als Forschungsexpedition« (S. 180) und scheint den Leser in diesen Beiträgen einzuladen, eine Sprache mit ihr zu teilen, in der über die Psychoanalyse nachgedacht werden kann: Wenn »wir als Autoren unsere analytischen Beobachtungen zu beschreiben versuchen, ist es ebenso wichtig, daß wir die für uns selbst und für unsere Leser richtigen Worte benutzen. In ein Konzept dürfen sie erst dann integriert werden, wenn Autor und Leser dazu bereit sind, so daß das Konzept die weitere kreative Arbeit nicht verhindert« (S. 144).

In dieser Gruppe von Beiträgen setzt sich Balint insbesondere mit Fragen der Existenz auseinander. Ist dieser Mann in seiner eigenen Gedanken- und Gefühlswelt existent? Haben seine Eltern für ihn existiert? Wie kann ihm das Existieren ermöglicht werden, und wie kann es ihm vielleicht ermöglicht werden, Eltern gehabt zu haben? Ist die Analytikerin für diese Patientin existent? Gibt es im Behandlungszimmer irgend etwas Lebendiges oder nicht? Balint vermeidet es, solche Fragen durch konventionelle Theoretisierung in scheinbar verständliche Aussagen zu übersetzen, und weist nachdrücklich darauf hin, daß die Analytikerin nichts sagen oder tun dürfe, was den Patienten oder sie selbst in ein leichter durchschaubares Dilemma hineinlocken könnte.

Das bedeutet nicht, daß sie keine Theorie benutzt. So lesen wir beispielsweise Sätze wie: »Projektive Mechanismen wurden in der Übertragung sehr aktiv eingesetzt und mußten minutiös beobachtet werden« (S. 148 f.). In einer anderen Passage erläutert sie detailliert, wo wir mit Winnicott übereinstimmen und wo wir andere Ansichten vertreten (S. 142). Das 1. Kapitel enthält einen aufschlußreichen Absatz über die Veränderungen, welche die Beziehung des Analytikers zu seinen Theorien in den verschiedenen Phasen seiner beruflichen Entwicklung durchläuft. In den Kapiteln 7 bis 10 bleibt der Theorie eine weitgehend stumme Funktion vorbehalten, damit sie den Patienten, die Analytikerin oder die Analyse selbst nicht mit einer Existenz erfüllen kann, die verfrüht und nicht authentisch wäre.

Von zentralem Stellenwert für Balints Verständnis der Existenz ist die »imaginative Wahrnehmung«. Diese Formulierung beschreibt, »was geschieht, wenn der Patient das, was er wahrnimmt, imaginiert und sich auf diese Weise seine eigene, teils imaginierte, teils wahrgenommene Welt erschafft« (S. 144). Imagination verleiht der äußeren Welt Realität, den Menschen, denen wir verbunden sind, und unserem eigenen Selbst. Sie ist der eigentliche Kern der Kreativität, ja, der Lebendigkeit selbst. Die bloße sensorische Wahrnehmung der uns umgebenden Dinge und Menschen und ein rein automatisches Selbst-Gewahrsein können uns ohne Imagination kein wirkliches Daseinsgefühl vermitteln. Balint betrachtet es als eines der grundlegenden Ziele ihrer analytischen Arbeit, die Entwicklung imaginativer Wahrnehmung zu unterstützen. Sie bringt sie mit Winnicotts Beiträgen zur Kreativität sowie mit dem Bereich der Grundstörung – einem Konzept, das ihr Mann Michael Balint entwickelt hat – in Verbindung (S. 144 ff.).

Michael Balint ([1968] 1970, Kapitel 5) hatte dieses Konzept nur skizziert. Eine der wichtigsten Leistungen der vorliegenden Beiträge besteht in Enid Balints eigener Weiterentwicklung dieser Überlegungen.

Sie vertritt die Ansicht, »daß sich die erste imaginative Wahrnehmung nur aus einem Zustand erwartungsvoller Lebendigkeit entwickeln kann, den Säugling und Mutter miteinander teilen – der Säugling mit dem Lebenspotential und die Mutter, die innerlich lebendig ist und sich auf den auftauchenden Säugling abstimmt« (S. 144). Einem Großteil der Schriften Balints liegt implizit oder explizit ein entwicklungstheoretischer Ansatz zugrunde. Deutlich zeigt sich dies zum Beispiel im 5. und 6. Kapitel. Die im 3. Kapitel beschriebene Analyse Sarahs wird theoretisch nahezu ausschließlich vor dem Hintergrund der Entwicklungsgeschichte der Patientin und der Beziehung, die sie als Säugling zu ihrer Mutter hatte, erklärt. In jener Phase ihrer Arbeit hatte Balint das Konzept der imaginativen Wahrnehmung noch nicht formuliert, dennoch aber finden wir bereits in diesem Beitrag das Bild der »Leere«, die der Säugling/die Patientin empfindet, wenn die Mutter/die Analytikerin ihn nicht in dieser Weise zu sehen vermag (S. 66, 69).

Es ist faszinierend, solche Vorausdeutungen zu entdecken. Wenn man das Buch danach mit offenen Augen und Ohren ein zweites Mal liest, vermittelt es einen nachhaltigen Eindruck von der Entwicklung, die sich im Denken dieser Psychoanalytikerin vollzogen hat. So schreibt Balint zu Beginn ihrer beruflichen Laufbahn, in dem Beitrag, mit dem sie die ordentliche Mitgliedschaft in der Britischen Psychoanalytischen Gesellschaft erwarb, über ihre Patientin: »Allerdings fällt es mir schwer zu sagen, wie sie der Welt zeigte, daß sie fremd in ihr war« (S. 39). Diese Formulierung zeugt bereits von der für sie charakteristischen intensiven Aufmerksamkeit, mit der sie ihre Patienten und sich selbst während der gesamten Arbeit wahrnimmt. Über denselben Fall berichtet sie uns auch: »Die einzige Information, die ich von ihr erhielt, war folgende: Als sie ein Jahr alt war, verbrachte ihre Mutter mehrere Wochen im Krankenhaus; bei ihrer Rückkehr erkannte die Patientin sie nicht wieder« (S. 39). Mehr als dreißig Jahre später sollte Balint ihre Arbeiten über »Erinnerung und Bewußtsein«, »Kreatives Leben« und »Unbewußte Kommunikation« verfassen; und bereits hier, in ihrem ersten Fall überhaupt, taucht die Frage des Erkennens zwischen einer Mutter und ihrem Baby auf!

Ich habe eine Einführung zu schreiben versucht, keine lückenlose Zusammenfassung der Beiträge. Ich habe diesen und jenen Aspekt besonders betont und bestimmte Zusammenhänge hergestellt, um einige grundlegende Themen aufzuzeigen. Es bleibt dem Leser überlassen, den zahlreichen anderen Pfaden nachzugehen, die das Buch durchziehen, und sie, dessen bin ich sicher, mit wachsendem Respekt vor der Originalität und Kreativität der Psychoanalytikerin Enid Balint zu erforschen.

Michael Parsons, London

1. Das Beobachtungsfeld des Psychoanalytikers

Der bislang unveröffentlichte Vortrag »Das Beobachtungsfeld des Psychoanalytikers«[1] beschreibt die analytische Arbeit in einer auch für den Laien verständlichen Weise und stellt eine einfache, klar formulierte Einführung für jeden Leser dar. Enid Balint beschreibt das Ziel der analytischen Beobachtung, erläutert ihren spezifischen Charakter und erklärt den Unterschied zwischen der Beobachtung sowie der gleichermaßen unverzichtbaren Anwendung des Rückschlusses: »Es ist wichtig, sich vor Augen zu führen, daß die Patientin nicht bei dem Versuch beobachtet wurde, der Analytikerin zu gefallen. Beobachtet wurde eine höfliche Bemerkung. Daß sie der Analytikerin zu gefallen versucht, ist ein Rückschluß« (S. 26).

Zwischen dem Beitrag »Das Beobachtungsfeld des Psychoanalytikers« und der Arbeit »Die Technik einer Psychoanalytikerin« (10. Kapitel) lassen sich interessante Vergleiche anstellen. In diesem einleitenden Beitrag steckt Balint die allgemein anerkannten Grundlagen ab, wenngleich ihre eigene, persönliche Haltung unverkennbar ist. Sie betont die allgemeine Wahrheit der harten Arbeit und der Intensität des analytischen Prozesses. Kennzeichnend für diese Arbeit ist eine spezielle Form der »unvoreingenommenen« Konzentration. Aber Balint betont auch, daß das, was unbemerkt bleibt, unter Umständen wichtiger sein kann als das Sichtbare, ganz gewiß aber wichtiger als das, was sich allzu leicht verstehen läßt. Selbst diese relativ einfache Darstellung macht deutlich, welche Wichtigkeit Balint der Erkenntnis beimißt, daß »allzuviel Licht das Denken trübt«.

Heute, zwanzig Jahre nachdem Balint diesen Vortrag gehalten hat, ist die Beobachtung ein aktuelles Thema. Zahlreiche angehende Psychoanalytiker und Psychotherapeuten widmen sich der Beobachtung von Babys und Kleinkindern. Vor allem in der Kindertherapie spielt die Verhaltensbeobachtung eine wichtige Rolle. So ist Balints Appell, daß der Psychoanalytiker wie jeder Wissenschaftler sowohl beobachten als auch Rückschlüsse ziehen müsse, überaus aktuell. Darüber hinaus aber betont sie, daß die Arbeit des Psychoanalytikers immer und ausschließlich auf seinem Ver-

[1] Enid Balint hielt ihren Vortrag »The Analyst's Field of Observation« am 20. Februar 1974 als öffentliche Vorlesung am Middlesex Hospital, London; wir publizieren ihn hier zum erstenmal.

ständnis unbewußter Prozesse beruhen muß. Im Jahre 1920 schrieb Freud (1905d, S. 32) in seinem Vorwort zu den *Drei Abhandlungen zur Sexualtheorie*: »Andere aber als Ärzte, welche die Psychoanalyse üben, haben überhaupt keinen Zugang zu diesem Gebiet [...]. Verstünden es die Menschen, aus der direkten Beobachtung der Kinder zu lernen, so hätten diese drei Abhandlungen überhaupt ungeschrieben bleiben können.« In diesem Lichte betrachtet, erhält der Titel von Balints Vortrag eine neue Bedeutung. Das Beobachtungsfeld des Analytikers ist nicht die Deutung des Verhaltens, sondern das Verstehen der Manifestationen des Unbewußten.

◆

Als ich darüber nachdachte, wie ich diese Diskussion über die Beobachtungen des Analytikers am besten eröffnen könnte, habe ich hin und her überlegt, welcher Aspekt meines Themas mir selbst besonders wichtig erscheint. In welche Richtung möchte ich Ihre Aufmerksamkeit, Ihre Einwände und Argumente, Ihre Neugierde lenken? Natürlich werde ich immer wieder abschweifen, dennoch aber muß ich versuchen, Sie alle in eine *relevante* Diskussion mit mir einzubeziehen. Was aber ist relevant?

Zunächst einmal muß ich die Arbeitshypothese erläutern, die für uns vielleicht die wichtigste Rolle spielt, den theoretischen Bezugsrahmen oder die allgemeine Theorie, an der wir uns orientieren. Wir nehmen an, daß es einen unbewußten Teil der Psyche gibt und daß unbewußte Prozesse in uns aktiv sind. Dieser Teil unserer Psyche und diese Prozesse üben während des gesamten Lebens Einfluß auf unsere Gedanken und Handlungen aus, per definitionem aber können wir sie nicht bewußt wahrnehmen. Sobald ein Teil unseres Unbewußten bewußt wird, muß er uns nicht länger in derselben Weise wie zuvor beeinflussen. Allerdings vollzieht sich ein solcher Veränderungsprozeß nur langsam, und das theoretische Verständnis irgendeines unbewußten Gedankens reicht selten aus, um eine Veränderung unseres Verhaltens oder auch nur unseres bewußten Denkens zu bewirken. Freuds Interesse an dieser Überlegung war ein praktisches, kein philosophisches. Ohne diese Grundannahme hätte er eine Vielfalt von Phänomenen, die er entdeckte, weder erklären noch auch nur beschreiben können. Mit Hilfe dieser Grundannahme aber erschlossen sich ihm ungemein fruchtbare, zuvor völlig unbekannte Regionen des Wissens.

Psychoanalytiker stützen ihre Arbeit auf diese Grundannahme und fördern Material zutage, das die Theorien, die sie über die Struktur und Wirkungsweise dieses Teils der Psyche gelernt haben, bestätigt oder widerlegt. Darauf aufbauend, können sie ihre eigenen Theorien formulieren, die wiederum überprüft, neuformuliert oder fallengelassen werden müssen – und so weiter und so weiter. In der *Traumdeutung* begann Freud (1900a) herauszuarbeiten, wie das Unbewußte beschaffen ist und wie es operiert, und dieser Entdeckungsprozeß setzt sich bis zum heutigen Tag fort.

Ich möchte nun versuchen, einen Eindruck von dem spezifischen Charakter und der Intensität einer analytischen Sitzung zu vermitteln. Dabei werde ich mich weniger auf den gesamten Prozeß einer analytischen Behandlung konzentrieren – wenngleich es unmöglich ist, diesen Blickwinkel vollständig auszublenden – als vielmehr auf einzelne Sitzungen, auf die solide, alltägliche Arbeit eines Patienten mit seinem Analytiker.

Daran anschließend möchte ich drei miteinander zusammenhängende Probleme ansprechen (nicht unbedingt ausführlich erörtern), die sich zwar sowohl dem Patienten als auch dem Analytiker stellen, in erster Linie aber letzteren beschäftigen. Ich denke dabei an folgende Fragen: (a) Was beobachtet der Analytiker, und warum beobachtet er bestimmte Dinge, während ihm andere nicht in den Blick geraten? (b) In welcher Weise sind seine Theorien ihm bei seinen Beobachtungen hilfreich, und in welcher Weise behindern sie ihn? (c) Und schließlich ein Problem, das sich auch in anderen Wissenschaften ergibt, nämlich die Schwierigkeit, klar zwischen Beobachtungen und Rückschlüssen zu unterscheiden.

Ich beginne mit zwei Beispielen, um die Prozesse zu veranschaulichen, die sich in den Gedanken der Analytikerin abspielen. Das erste illustriert die Fragen, vor die sie sich gestellt sieht. Es ist Montag morgen. Ein Mann Mitte Zwanzig, der seine Analyse sechs Monate zuvor aufgenommen hat, erscheint, zerzaust und ungepflegt, zu seiner Sitzung. Er legt sich auf die Couch und sagt, das Wochenende sei schrecklich gewesen. Er kann es sich nicht bequem machen und zappelt herum. *Die Analytikerin fragt sich: Warum fällt es ihm heute morgen so schwer, auf der Couch zur Ruhe zu kommen? Bringt er sie mit dem schrecklichen Wochenende in Verbindung, oder empfand er das Wochenende aufgrund der Gefühle, die er gegenüber der Analyse hegt, als schrecklich? Oder ist dies unwichtig?* Kurz darauf schiebt der Patient eine Hand unter den Kopf, zwischen Kopf und Kissen (was er selten tut), und beginnt zu sprechen. Er erzählt der Analytikerin von einer Freundin, er die am Wochenende zu einem Besuch bei seiner Mutter mitgenommen hat. *Die Analytikerin fragt sich: Was will mir der Patient über Frauen, vielleicht auch über mich selbst sagen? Irgend etwas darüber, wie unbehaglich er sich bei ihnen fühlt?* Dies alles sind noch keine Rückschlüsse, sondern nur Fragen. Die Analytikerin sagt nichts und wartet ab; diese ersten, quasi in Sekunden angestellten Beobachtungen aber – das Hin- und Herwinden auf der Couch, die Art und Wcise, wie er seine Hand zwischen Kissen und Kopf schob, und das, was er sagte – sind vermutlich nicht unwichtig. Allerdings darf die Analytikerin keine allzu großen Rückschlüsse aus ihnen ziehen, und sie darf sich durch sie auch nicht darin behindern lassen, den weiteren Stundenverlauf aufmerksam zu verfolgen. Sie werden ihr latent präsent bleiben, Neugierde und eine Art Bereitschaft wecken, mehr zu hören; keinesfalls aber dürfen sie den Blick auf anderes verstellen.

Das zweite Beispiel illustriert die Rückschlüsse, zu denen die Analytikerin gelangt. Eine Patientin, die seit drei Jahren in Analyse ist und kurz vor der betreffenden Sitzung wegen einer gemeinsamen Reise mit ihrem Mann einige Stunden versäumt hat, sagt, noch bevor sie sich auf die Couch legt, wie froh sie sei, wieder da zu sein, und wie sehr sie die Analytikerin vermißt habe. Der Analytikerin fällt auf, daß die Stimme der Patientin gezwungen klingt und sie sich so weit von ihr entfernt wie möglich auf die Couch legt. Sie sagt, die Analytikerin sehe sehr gut aus. *Schlußfolgerung: Die Analytikerin wird gut behandelt, nimmt aber an, daß die Patientin ihr später vermutlich erzählen wird, daß sie lieber mit ihrem Mann zusammen sei oder daß sie keine Lust mehr habe, sich um das Wohlgefallen der Analytikerin zu bemühen, aber trotzdem so weitermachen werde (ein altes Thema).* Die Analytikerin ist unsicher, ob sich dies tatsächlich hinter den Worten und dem Verhalten der Patientin verbirgt, und wird ihre Vermutung sorgfältig prüfen müssen. Was könnte – falls sie sich irrt – die gezwungene Fröhlichkeit und die ungewöhnliche Position auf der Couch erklären?

Es ist wichtig, sich vor Augen zu führen, daß die Patientin nicht bei dem Versuch beobachtet wurde, der Analytikerin zu gefallen. Beobachtet wurde eine höfliche Bemerkung. Daß sie der Analytikerin zu gefallen versucht, ist ein Rückschluß.

Da die persönliche Analyse des Ausbildungskandidaten den wahrscheinlich wichtigsten Teil der analytischen Ausbildung darstellt, ist der Analytiker zunächst einmal Patient, nicht Analytiker. Alles, was er über den spezifischen Charakter einer analytischen Sitzung lernt und in dieser Situation beobachtet, lernt und beobachtet er zuerst als Patient. Darüber hinaus wird von ihm erwartet, daß er jede Menge Bücher von Freud wie auch von anderen Autoren liest, daß er Vorlesungen besucht und an Seminaren teilnimmt. Der Ausbildungskandidat lernt analytische Sitzungen und Theorien über das Unbewußte somit auf zwei Wegen kennen: durch seine eigene Analyse sowie durch Vorlesungen und Lektüre. Häufig überschneiden sich diese Theorien, häufig sind sie widersprüchlich und nur schwer zu erfassen und zu koordinieren. Wenn der Ausbildungskandidat glaubt, einen bestimmten Teil der Theorie wirklich begriffen zu haben, muß er später gewöhnlich feststellen, daß es sich um eine grobe Vereinfachung handelte. Durch wiederholte Lektüre und erneutes Nachdenken wird ihm dann irgendein Aspekt klar werden, den er zuvor nicht verstanden hatte.

Sobald ein Analytiker die Arbeit im eigenen Behandlungszimmer aufnimmt, merkt er, daß es schwierig ist, zwischen seinen Beobachtungen und den Theorien, die sie seiner Ansicht nach erklären sollten, zu unterscheiden. Daran wird sich auch später nichts ändern, am Anfang aber ist es besonders schwierig, sich einen konzeptuellen Bezugsrahmen zunutze zu machen. Wenn er überhaupt Theorien benutzt, wendet er sie häufig allzu rigide an. Ein junger Analytiker kann sich folglich selbst in seinen Beobachtungen behindern, indem er versucht, seine Theorie durchzusetzen und seine Beobachtungen dieser Theorie anzupassen. Dies nimmt ihm die Fähigkeit, entweder die Beobachtungen oder die Theorie immer wieder zu prüfen. Das beste, was ein Analytiker zu Beginn tun kann, besteht darin, Beobachtungen anzustellen und sich keine allzu großen Sorgen zu machen, wenn sie in keine spezifische Theorie hineinzupassen scheinen. Wenn er sich in diesem Stadium darauf beschränken kann, leistet er häufig außerordentlich gute Arbeit mit seinen Patienten. Seine Fähigkeit, zu beobachten und mit dem Patienten zu sprechen, ist von herausragender Bedeutung und muß weiter wachsen. In einem wesentlich späteren Stadium beginnt er, die Theorie in Frage zu stellen und – vielleicht ohne bewußten Vorsatz – Beobachtungen spezifischer Art zu sammeln; falls er sich jedoch für einen bestimmten Aspekt der Theorie besonders interessiert, wird ihm wahrscheinlich auffallen, daß er einschlägige Beobachtungen sammelt. Erst viel später im Laufe seines beruflichen Werdegangs aber kann er eine Theorie und die Beobachtungen, auf denen sie beruht, mit Kollegen diskutieren und sie neuformulieren oder sogar durch eine andere, von ihm selbst entwickelte Theorie ersetzen, die er später vielleicht ebenfalls wieder fallenläßt. Ich muß Ihnen nicht erklären, wie schwierig dieser Prozeß ist. Es ist jedoch ganz wesentlich, daß ein Analytiker sowohl seine Beobachtungen als auch die Schlüsse, die er aus ihnen zieht und die er vielleicht dazu benutzt, eigene Theorien zu entwickeln, immer wieder überprüft. Er muß sich auch fragen, weshalb er bestimmte Prozesse beobachtet, andere hingegen gar nicht wahrnimmt, und ob er seine Patienten deshalb möglicherweise falsch versteht.

Am folgenden Beispiel möchte ich zeigen, daß ich einen Prozeß beobachtete, der sich für die Patientin und für meine Arbeit mit ihr als der falsche erwies. Während des ersten Jahres meiner Arbeit mit dieser fünfundzwanzigjährigen Frau war ich der Ansicht, daß wir gut vorankamen. Ich konnte bestimmte Aspekte ihrer Beziehungen zu ihrem Vater und zu ihrer Mutter analysieren und die Konflikte erkennen, die sie mit ihrer Mutter wegen deren Beziehung zum Vater der Patientin und zu anderen Männern hatte. Ich glaubte mir erklären zu können, auf welche Weise diese Konflikte die Beziehung der Patientin zu ihrem eigenen Mann, aber auch zum analytischen Prozeß beeinträchtigten. Ich beobachtete das, was die Patientin sagte, unter dem Blickwinkel der Prozesse in der sogenannten ödipalen Entwicklungsphase und war mit dieser Arbeit recht zufrieden. Als mir jedoch bewußt wurde, wie groß meine Zufriedenheit angesichts dieser Behandlung tatsächlich war, begann ich mich zu fragen, ob der Prozeß, den ich verfolgte, wirklich der entscheidende war. Half mein Vorgehen der Patientin, und brachte es die Arbeit voran? An diesem Punkt entdeckte ich einen neuen Prozeß: Das wichtigste Ziel der Patientin bestand darin, mir zu gefallen und meine Zufriedenheit nicht zu schmälern, damit sie ihr Leben mit Männern wie gewohnt, auf promiskuöse und selbstentwertende Weise fortsetzen konnte. Bevor mir dies bewußt geworden war, hatte ich es zugelassen, daß meine Theorien über die ödipalen Prozesse mir den Blick auf die wichtigere Beobachtung verstellten, den Wunsch der Patientin nämlich, ihre Mutter und die Analytikerin zu befriedigen, damit sie sie in Ruhe ließen und sie an ihrem eigenen Lebensstil nichts ändern mußte. Nachdem ich der Patientin meine neue Einsicht – oder Schlußfolgerung – mitgeteilt hatte, wurde sie in den Sitzungen unzufrieden und wütend. Sie hatte Angst, daß ich ihr auf die Schliche kommen könnte und sie darauf mit noch größerer Ängstlichkeit und Verschwiegenheit reagieren würde. Im Anschluß daran konnten wir dies bearbeiten und erkennen, wie sehr sie betrügen, lügen und sich selbst entwerten mußte, während sie gleichzeitig nicht schlafen konnte und nichts zustande brachte, was sie wirklich befriedigt hätte. Meine Theorien als solche waren nicht falsch gewesen, sie waren aber irrelevant. In jener Phase hatten die Ängste der Patientin einen primitiveren und weniger organisierten Charakter.

Natürlich leitete ich daraus keine neuen Theorien her. Ich hatte keinen Grund zu behaupten, daß sich alle Patienten mit dem unbewußten Wunsch in Behandlung begeben, ihre Analytiker zu befriedigen oder an der Nase herumzuführen; aber ich konnte mich selbst aufmerksamer beobachten, wenn ich ein zufriedenes Gefühl hatte.

Es ist schwierig, die Ernsthaftigkeit zu beschreiben, die sowohl für den Patienten als auch für den Analytiker mit jeder Sitzung verbunden ist. Wenn ein Analytiker zu beschreiben versucht, was er tut, klingt dies entweder trivial oder aber bombastisch. Es hat immer den Anschein, als mache er viel Lärm um nichts oder als habe er keine Gefühle und benutze den Patienten wie ein minderwertiges Wesen. Aristoteles sprach von einer Neugierde, die eine Art Wunder darstellt, und Bertrand Russell ([1946] 1950, S. 51) sagte: »Will man einen Philosophen studieren, so ist die richtige Einstellung ihm gegenüber weder Ehrfurcht noch Geringschätzung, sondern zunächst eine Art hypothetischer Sympathie, bis man in der Lage ist, nachzuempfinden, was der Glaube an seine Theorien bedeutet; erst dann darf man ihn kritisch betrachten«. Diese Einstellung kennzeichnet auch die Art und Weise, wie der Analytiker seinem Patienten begegnet.

Eine der Schwierigkeiten der Psychoanalyse beruht in ihrer Asymmetrie. Der Analytiker ist in einer anderen Position als der Patient. Er kennt beide Positionen, weil er selbst einmal als Patient angefangen hat; gleichgültig aber, wie ernst er die Analyse nimmt, ist sie für ihn doch auf eine andere Weise ernst als für den Patienten. Man könnte meinen, daß sich der Patient in einer ungünstigeren Position befindet, weil für ihn wesentlich mehr auf dem Spiel zu stehen scheint als für den Analytiker. Auf seine Weise aber setzt auch der Analytiker einiges aufs Spiel, und nie ist irgend etwas für ihn trivial. Die flüchtigsten Mitteilungen und Gesten sind für den Analytiker wichtig, wie banal sie dem Patienten selbst auch erscheinen mögen. Der Patient glaubt vielleicht, Zeit zu vergeuden, weil er über irgend etwas Dummes redet; aber der Analytiker wird es niemals für dumm halten. Auch wenn der Kommunikationswunsch des Patienten bestärkt wirkt, denkt er häufig, daß es wichtiger sei, den Analytiker zum Reden zu bringen. Diese Annahme ist selten richtig. In jeder Sitzung möchte irgendein Teil des Patienten verzweifelt irgend etwas mitteilen, aber es kann eine ganze Stunde oder länger dauern, bis der Analytiker und der Patient herausfinden, was es eigentlich ist. Der Analytiker muß auch darauf achten, wie sich der Patient davor schützt, Mitteilungen zu machen. Aus diesem Grund sind seine Beobachtungen von solch entscheidender Bedeutung.

Ob ein Analytiker eine Sitzung fröhlich und unaufmerksam oder niedergeschlagen und träge beginnt – er wird in jedem Fall bald merken, daß er aufmerksam zuhört und sich, selbst wenn ihm dies nicht recht ist, an Bruchstücke aus Träumen und Assoziationen vorangegangener Sitzungen erinnert. Denn das, was der Patient mitteilt, kommt niemals aus heiterem Himmel, sondern ist Teil einer Kommunikationslinie, die mit dem Anfang der Analyse beginnt und sich bis zu ihrem Ende erstreckt. (Auch dies ist eine Arbeitshypothese.) Nur wenige von uns können verhindern, daß ihnen diese Erinnerungen an Bruchstücke aus der Vergangenheit in den Sinn kommen. Normalerweise wird der analytische Prozeß durch sie auch nicht beeinträchtigt, solange der Analytiker sich nicht ablenken läßt, sondern dem gegenwärtigen Geschehen aufmerksam zuhört, es beobachtet und in der Lage ist zu erkennen, wie es sich von Früherem unterscheidet und in welcher Hinsicht es für die Gegenwart charakteristisch ist. Seine Ohren und Augen sind nicht die einzigen Organe, die er dabei benutzt. Auch seinen eigenen Gefühlen gegenüber dem Patienten – oder seinem Mangel an Gefühlen – ist Rechnung zu tragen.

Alles, was beobachtet wird, ist Teil eines Prozesses, der wahrscheinlich bereits früher stattgefunden hat und sich in der Beziehung zum Analytiker wiederholt. Dies ist nur eine der vorhandenen Möglichkeiten; es gibt zahlreiche andere Theorien und Hypothesen, die zu erklären versuchen, weshalb eine spezifische Mitteilung an einem bestimmten Tag erfolgt und nicht an einem anderen. Es könnte zum Beispiel sein, daß der Patient den Analytiker aufheitern, trösten, verletzen oder wütend machen will und daß der Wiederholungsaspekt dabei relativ unwichtig ist. Ein Analytiker kann häufig sehen, was geschieht, ohne aber den Grund mit der Wiederholung oder der Übertragung in Verbindung bringen zu können. Wenn dies geschieht, *darf er nicht herumraten.*

Viele Beobachtungen erscheinen auf den ersten Blick unbedeutend. Der Analytiker wählt zwangsläufig aus, was ihm im betreffenden Augenblick als Teil eines aktuellen Prozesses oder als Abwehr gegen diesen Prozeß wichtig erscheint. Gleichzeitig speichert er Tausende kleiner Beobachtungen, die er vielleicht zu einem späteren Zeitpunkt, möglicherweise ohne sich auch nur daran zu erinnern, wann er diese Beobachtungen angestellt hat, verwenden wird. Irgendeine Bemerkung, die der Patient Wochen, Monate oder Jahre später macht, wird sie ihm ins Gedächtnis zurückrufen, und vermutlich werden sie dann auch dem Patienten, wenn er an sie erinnert wird, wieder einfallen. Der Analytiker deutet oder äußert sich nur, wenn er der Ansicht ist, daß er dem Patienten damit bei der Arbeit weiterhilft, indem er den Prozeß, der ihm wichtig erscheint, vorantreibt. Gefährlich wäre dies dann, wenn der Analytiker isoliert vom Patienten arbeitete und dessen Reaktionen nicht als Mitteilungen über die Wichtigkeit irgendeines anderen Prozesses verstehen könnte. Patienten haben wirklich eine Menge mit dem zu tun, was ihr Analytiker beobachtet. Sie werden ihm Beobachtungen und Rückschlüsse, die sich nur allzu gut in eine vorgefaßte Theorie einfügen, auf Dauer vermutlich nicht durchgehen lassen, sondern immer wieder versuchen, dem Analytiker zu zeigen, was sie wirklich sagen wollen. Es trifft wahrscheinlich zu, daß jeder Analytiker häufig nicht mitbekommt, was der Patient eigentlich sagen möchte; und natürlich weiß der Patient selbst nicht bewußt, worum es sich handelt. Dies ist einer der Gründe, weshalb es so schwierig ist, analytische Beobachtungen anzustellen und andere von ihrer Validität zu überzeugen. Der Patient ist sich dessen, was er dem Analytiker eigentlich zeigen will, nicht bewußt, und dennoch müssen sie es beide gemeinsam herausfinden.

Mir fallen bestimmte Dinge auf: Eine Patientin möchte, daß ich zufrieden bin, die Worte eines Patienten stimmen mit seiner Gestik nicht überein, oder ich nehme einen Widerspruch zwischen seinen Worten und Handlungen wahr. Wir können nicht alles, was wir sehen und hören, bewußt registrieren. Vielleicht fällt uns ein wichtiges Faktum erst im nachhinein auf. Zum Beispiel dauerte es sehr lange, bis ich erkannte, daß eine Patientin sich konsequent vor mir versteckte und mich sogar dann, wenn sie ins Zimmer kam oder hinausging, nicht in ihr Gesicht sehen ließ, sondern es hinter ihrem Haar oder auf andere Weise verbarg. Es handelte sich um eine ausgesprochen attraktive junge Frau, die sich selbst für abgrundtief häßlich hielt. Auch ihrer Mutter erschien sie häßlich. Deshalb wollte sie nicht, daß ich sie sah, obgleich sie immer, wenn sie zu mir kam, phantastisch aussah und sehr gut gekleidet war. Ich hatte lange Zeit den Eindruck, daß sie sich vor meinem Blick fürchtete, aber auch das genaue Gegenteil traf zu. Sie wollte, daß ich sie ansah, denn sonst hätte sie sich nicht so chic angezogen. Ich mußte mir klar machen, daß sie deshalb in einem Konflikt war, einem Konflikt, den sie auf gesunde Weise nicht zu bewältigen vermochte und der ihre Krankheit verschlimmerte.

All dies setzt die Existenz von Übertragungsphänomenen voraus und beruht somit auf einer Theorie, die Ihnen als derart wendig erscheinen mag, daß sie unmöglich zu widerlegen ist. Zum Beispiel hatte ich außergewöhnlich lange Ferien gemacht. Ein Patient begann seine Sitzung damit, daß er über seine Arbeit als Ingenieur sprach und mir berichtete, wie schwierig sich sein Verhältnis zu einigen Kollegen mittlerweile gestalte. Dann ließ er eine Bemerkung über seinen Vater fallen, der wie immer schrecklich träge und unlustig war; aber der Patient fügte hinzu: »Wer kann es ihm verübeln? Meine Mutter ist krank und steht auch nicht zur Verfügung.« Dann sagte er: »Wahrscheinlich werden Sie jetzt sagen, daß ich von Ihnen spreche«, und meinte damit, daß ich wie gewöhnlich versuchen würde, ihn auszufragen. Dann griff er ein Assoziationsbruchstück über seine Freundin wieder auf, die ihn während meiner Abwesenheit zu trösten versucht hatte, ihm aber, wie ich wußte, gelegentlich untreu war. Er nahm an, daß dies seine Schuld sei, da er ihr ebenfalls nicht treu war. Ich sagte dazu, das Thema der Übertragung seien offenbar Untreue und Nichtverfügbarkeit seiner- wie auch meinerseits – ebenso wie er und seine Mutter sich voneinander zurückgezogen hätten. Der Patient schien diese Bemerkung zu ignorieren und begann, von einer alten Freundin zu erzählen, die ihn, wie ich bereits wußte, im selben Haus, in dem auch er sich befand, betrogen hatte, vor seinen Augen. Er sagte, das könne er ihr nie verzeihen.

Mir fiel dies auf, weil es Teil eines Prozesses war, den ich verfolgte und der mir bereits vertraut war. Warum aber wähle ich spezifische Prozesse aus? Bei manchen Patienten fällt mir zum Beispiel die Art, wie sie das Zimmer betreten und sich auf die Couch legen, stärker ins Auge als bei anderen, auch wenn dies bei jedem Patienten wichtig sein kann. Wenn ich aber beschließe, dies für die Dauer einer experimentellen Phase bei allen Patienten genauer zu beachten, werde ich mich innerlich ganz darauf konzentrieren und viele andere Dinge übersehen. So kann ich mich noch nicht einmal anschicken, Ihnen das, was ich beobachte, zu erklären, ohne darauf hinzuweisen, daß ich unweigerlich auswähle und dies darüber hinaus auch für notwendig erachte. Ich halte Freuds Diktum der gleichschwebenden Aufmerksamkeit des Analytikers nach wie vor für richtig und betrachte es als seinen vielleicht wichtigsten Beitrag zur Technik überhaupt. Wenn der Analytiker nach etwas ganz Bestimmtem Ausschau hält, wird er es auch entdecken, dabei aber unweigerlich etwas anderes übersehen; und meiner Erfahrung nach ist das, was er übersieht, in aller Regel wichtiger als das, was er sieht. Ich muß diese Behauptung jedoch auf der Stelle einschränken. Sobald dem Analytiker klar wird, daß er etwas übersehen hat, zum Beispiel daß ein Patient ihm zu gefallen versucht und nichts anderes mehr für wichtig hält, muß er dennoch für sich zu klären versuchen, ob das, was ihm entgangen ist, relevant ist oder nicht. Der Grund aber, weshalb ich bei der Patientin, die sich so sehr um meine Zufriedenheit bemühte, etwas übersah, war vielleicht der, daß ich mich allzusehr für Theorien interessierte und meine Beobachtungsfähigkeit infolgedessen eingeschränkt war. Natürlich kann leicht auch das Gegenteil passieren. Die Aktivität einer Patientin kann den Inhalt ihrer verbalen Mitteilung verschleiern oder unerträglich werden lassen; und oft verfolgt man, wie ich gezeigt habe, irrtümlich auch unwichtige Prozesse.

Woher aber weiß der Analytiker, was wichtig ist? Die einzige Antwort darauf ist meiner Meinung nach die Annahme, daß der Analytiker ebenso wie der Patient ein Unbewußtes besitzt, das auswählt, auf spezifische Weise denkt und ein Bild von der Analyse entwickelt. Das Unbewußte des Analytikers beschließt, einen Prozeß zu verfolgen, und wird diese Aktivität dann überprüfen. Der Analytiker muß sich das, was mit ihm geschieht, bewußt machen und seine Kenntnisse und Fähigkeiten nutzen, um die unbewußten Prozesse, die in ihm selbst im Zusammenhang mit dem Patienten stattfinden, zu untersuchen. Zunächst einmal muß er sich mit dem Patienten identifizieren, danach muß er konsequent sowohl sich selbst als auch den Patienten »kritisch betrachten«.

Zusammenfassend können wir also festhalten, daß der Analytiker beobachtet, was der Patient tut, sagt und fühlt, und daß er seine eigenen, gegenüber seinem Patienten auftauchenden Gefühle beobachtet. Möglicherweise beachtet er Dinge, die nicht Teil des spezifischen, von ihm untersuchten Prozesses zu sein scheinen, überhaupt nicht, so daß er weitere, andersartige Prozesse unter Umständen nicht bemerkt. Seine Theorien können ihm bestimmte Beobachtungen erleichtern, aber sie können ihn auch daran hindern, andere Beobachtungen anzustellen, zu denen ihm keine Theorie zur Verfügung steht. Ich habe jedoch die Auffassung vertreten, daß dies vor allem in den ersten Arbeitsjahren der Fall sein wird, wenn sich die Theorien aufdrängen und der Analytiker sie nicht umsetzen kann, weil sich ihm nach wie vor Bereiche eröffnen, die von ihnen nicht abgedeckt werden. Da der Analytiker seine Beobachtungen unweigerlich selektiv trifft, ist es schwierig, zwischen Rückschluß und Beobachtung zu unterscheiden. Der Patient vermag ihm dabei zu helfen – allerdings nur dann, wenn seine Gedanken und Gefühle nicht durch allzu starke Abwehrmechanismen gehemmt werden, sondern wenn er ihnen freien Lauf lassen kann und auch der Analytiker unvoreingenommen zu arbeiten vermag.

Abschließend möchte ich sagen, daß meiner Ansicht nach auch Theorien aus anderen Disziplinen den Analytiker gelegentlich eher behindern, statt ihm zu helfen. Es ist schwierig genug, mit unseren eigenen Theorien zurechtzukommen und sie immer wieder unvoreingenommen zu betrachten. Wenn sich uns darüber hinaus während der Arbeit mit unseren Patienten Theorien anderer Disziplinen aufdrängen, laufen wir Gefahr, unsere analytischen Theorien ohne gründliche Untersuchung entweder zu einem Dogma zu erheben oder sie fallenzulassen. Und es besteht auch die Gefahr, daß wir den analytischen Prozeß selbst nicht mehr beobachten. Dies alles bedeutet natürlich nicht, daß ein Analytiker sich aktuellen Denkströmungen verschließen sollte; er muß mit der Welt und dem kulturellen Milieu, in dem er lebt, in Verbindung bleiben. Seine entscheidende Aufgabe aber besteht darin, unvoreingenommen und neugierig zu beobachten und sich von Theorien und einfachen Lösungen, die sie vielleicht anzubieten scheinen, nicht ablenken zu lassen.

Erster Teil

Der Analytiker im Behandlungszimmer

2. Drei Phasen einer Übertragungsneurose

Enid Balint wurde im Jahre 1952 Assoziiertes Mitglied der Britischen Psychoanalytischen Gesellschaft und erwarb innerhalb des Mindestzeitraums, nämlich bereits zwei Jahre später, mit dem folgenden Vortrag »Drei Phasen einer Übertragungsneurose«[1] die ordentliche Mitgliedschaft. Dem Präsentationsrahmen kommt eine historische Bedeutung zu, denn Balints Aufnahmevortrag war der letzte, der vor der gesamten Gesellschaft gehalten, diskutiert und verteidigt wurde. Diese Situation brachte es natürlich mit sich, daß Balint gebührende Kenntnisse über die Theorien älterer Kollegen unter Beweis stellen mußte und daß ihre Gesamtdeutungen, wie es damals üblich war, auf der ödipalen Ebene ansetzten. Sie nimmt sowohl auf Melanie Klein als auch auf Anna Freud Bezug und erkennt Aspekte von Kleins Arbeit über die prä-ödipalen oder frühen ödipalen Zustände und Mechanismen eindeutig an. So bezieht sie sich zum Beispiel auf die kleinianische »depressive Position«, in der das Baby die paranoiden Ängste und defensiven Spaltungen überwindet und gute und böse Aspekte des Objekts integriert, aber Schuldgefühle aufgrund der Angriffe, die es verübt hat und nun wiedergutzumachen versucht, empfindet.

Trotz der für sie charakteristischen Bescheidenheit aber setzt Balint bereits andere Akzente und entwickelt Überlegungen, die von anderen erst viele Jahre später ausgesprochen wurden. So ist das Kennzeichen ihrer eigenen, einflußreichen späteren Technik schon zu diesem frühen Zeitpunkt unverkennbar: »Ich begriff diese Reaktion als Abwehr […]; sie verstand dies jedoch nicht, und ich habe sie durch meine Deutung tatsächlich nur verwirrt. Infolgedessen verhielt ich mich still, um ihr die Möglichkeit zu geben, zu reden oder zu schweigen, ganz wie sie es wünschte« (S. 43). Hier kommt, und zwar in gedämpfter Opposition gegen Anna Freud, die während des Vortrags anwesend war, eine verhaltene Betonung ihrer Überlegung zum Ausdruck, daß psychische Veränderung nur stattfinden kann, wenn sie in der analytischen Übertragung erlebt, ja inszeniert wird. Ebendies ist die Signifikanz des Motivs des »Agierens«, das den gesamten

---

[1] Mit dem Vortrag »Three Phases of a Transference Neurosis« erwarb Enid Balint im Jahre 1954 ihre ordentliche Mitgliedschaft in der British Psycho-Analytical Society. Er wird hier erstmals veröffentlicht.

Beitrag durchzieht. Agieren (S. 43 f.) ist die zwanghafte Inszenierung unbewußter, der Vergangenheit entstammender Wünsche in der Gegenwart, deren Ursprung der Patient nicht zu erkennen vermag. Diese Sichtweise gibt häufig Anlaß zum Stirnrunzeln, weil man vom Analytiker herkömmlicherweise erwartet, daß er es dem Patienten ermöglicht, sich zu erinnern und zu sprechen, nicht aber zu agieren.

Die Patientin, von der dieses Kapitel berichtet, war ein »Ausbildungsfall«. Im Rahmen ihrer Ausbildung zu assoziierten Mitgliedern der Britischen Psychoanalytischen Gesellschaft nehmen die angehenden Psychoanalytiker, die man auch als »Kandidaten« bezeichnet, zwei Patienten in Analyse. Kontrolliert werden diese Behandlungen, die fünfmal wöchentlich unter der Schirmherrschaft der London Clinic of Psycho-Analysis stattfinden, durch einen Supervisor. Die Patienten zahlen für ihre Analyse ein ihren Möglichkeiten entsprechendes Honorar an die Klinik, nicht an den Kandidaten. Dieser behandelt seinen ersten Patienten mindestens zwei Jahre, den zweiten mindestens ein Jahr lang, und zwar normalerweise in der Klinik. Danach darf der Kandidat den Patienten auch privat in seinem eigenen Behandlungszimmer analysieren. (Heutzutage ist dies von Beginn der Analyse an möglich.) Dies ist die räumliche Veränderung, die Enid Balint auf S. 44 erwähnt. Einer der Ausbildungsfälle wird dann später unter Umständen in einem ähnlichen Beitrag wie dem vorliegenden zum Erwerb der ordentlichen Mitgliedschaft vorgestellt.

♦

Ich möchte über die Analyse einer Frau berichten, die ihre Behandlung bei mir im Alter von achtunddreißig Jahren aufnahm. Zuvor war sie zweieinhalb Jahre lang bei einem anderen Ausbildungskandidaten in Analyse gewesen. Ich beabsichtige, drei Analysephasen ausführlich zu beschreiben, die sich zwar in vielerlei Weise voneinander unterscheiden, aber auch eine Reihe gemeinsamer Merkmale aufweisen. Diese Ähnlichkeiten werde ich erst später ausführlicher erläutern; im Augenblick möchte ich nur festhalten, daß es sich um die bislang intensivsten Phasen der Analyse handelte. Ich möchte den Nutzen dieser Intensität, falls von einem solchen die Rede sein kann, untersuchen und mich mit ihrer theoretischen und klinischen Bedeutung auseinandersetzen.

Fräulein A. ist eine zierliche, unscheinbar aussehende Frau mit einem angenehmen Lächeln. Sie hat einen Kropf. Ihr Gesichtsausdruck wirkte zumeist ängstlich, fast verwirrt. Sie sah nicht normal aus; allerdings fällt es mir schwer zu sagen, wie sie der Welt zeigte, daß sie fremd in ihr war. Als sie ihre Analyse aufnahm, war sie tatsächlich eine Fremde. Sie fühlte sich verloren, war aber entschlossen, ihren Weg zu finden. Andere Menschen waren für sie im großen und ganzen Eindringlinge, mit denen sie nichts zu tun haben wollte. In gewisser Hinsicht wirkte sie ungeheuer »gelehrt«, in dem Sinne, wie Ferenczi (1923) das Wort benutzte, als er die Phantasie vom gelehrten Säugling beschrieb. Sie nahm sensibel wahr, was in den Köpfen anderer Menschen vorging, und bewies in ihren zustimmenden oder ablehnenden Ansichten über mich und meine Umgebung durchaus Geschmack und Urteilsvermögen. Wenn es jedoch um oberflächliche Dinge ging und sie alltägliche Ereignisse beschrieb, wirkte sie häufig ungeheuer engstirnig, einfältig und irritierend. Man hatte den Eindruck, als vereine sie zwei völlig verschiedene Personen in sich, und ich wunderte mich zunächst, wie sie es fertigbrachte, gleichzeitig so »gelehrt« und so dumm zu erscheinen.

Fräulein A. nahm die Analyse auf, weil sie sie als eine zweite Chance betrachtete. Die Analyse, so glaubte sie, würde ihr das geben, was ihre Eltern ihr vorenthalten hatten – zum Beispiel die Möglichkeit, alles Wissen der Welt zu erwerben, denn sie hatte das Gefühl, daß man ihr nichts beigebracht habe und sie nichts wisse; und sie erhoffte sich von ihr die Chance, sich all die kostbare Weisheit, die bereits in ihr war und ohne die nichts einen Sinn hatte, wirklich zu eigen machen zu können. Später wurde auch klar, daß sie mit dem unbewußten Wunsch zur Analyse kam, gleichzeitig ein Mann und eine Frau sein zu können. Dieser Aspekt ihrer Krankheit und ihre Homosexualität hängen zwar mit dem übrigen Material zusammen, können aber im vorliegenden Beitrag nicht erörtert werden.

Meine Kenntnisse über die frühen Ereignisse in Fräulein A.s Leben sind das Ergebnis analytischer Arbeit. Die einzige Information, die ich von ihr erhielt, war folgende: Als sie ein Jahr alt war, verbrachte ihre Mutter mehrere Wochen im Krankenhaus; bei ihrer Rückkehr erkannte die Patientin sie nicht wieder.

Fräulein A. ist die zweite von drei überlebenden Schwestern; eine Schwester ist drei Jahre älter, die andere zwei Jahre jünger als sie selbst.

Eine viertes Kind, ebenfalls ein Mädchen, wurde geboren, als Fräulein A. fünf Jahre alt war, und starb nur ein Jahr später. Die Familie lebte in verschiedenen Kleinstädten im Norden Englands. Der Vater scheint ein intelligenter, kluger, aber sehr unzuverlässiger Mann gewesen zu sein, der seine Töchter auf seine Weise liebte, ohne deren Bedürfnisse je wirklich wahrzunehmen. Er besaß nacheinander zwei kleine Geschäfte und baute, als meine Patientin bereits erwachsen war, ein Kino auf. Mit diesem Kino hatte er nie finanziellen Erfolg, aber es war sein Ein und Alles. Die drei Töchter mußten ihm helfen, und meine Patientin hatte das Gefühl, daß sie alle dem Kinobetrieb geopfert würden. Ein Jahr vor seinem Tod, als Fräulein A. fünfundzwanzig Jahre alt war, wurde das Kino verkauft. Der Vater starb ganz plötzlich, wahrscheinlich an einer Thrombose. Die Mutter, die noch lebt, scheint eine verwirrte, ängstliche, ungebildete, sehr einfache Frau zu sein, die ohne tatkräftige Unterstützung niemals in der Lage war, für sich selbst und für ihre Familie zu sorgen. Fräulein A. sagt, daß ihre Mutter kaum Kontakt zu anderen Leuten habe und nur verwirrt daherrede, wenn jemand komme. Als der Vater starb, mußte meine Patientin sich um ihre Mutter kümmern und mit einer schwierigen finanziellen Situation fertigwerden.

Alle Kinder wurden von der Schule abgemeldet, als sie vierzehn Jahre alt waren. Fräulein A. widerstrebte dies zutiefst. Sie wäre gerne weiter zur Schule gegangen, obwohl sie keine gute Schülerin war. Sie berichtet mir, daß sie sich einfach nichts habe merken können. Fakten ergaben für sie keinen Sinn. Sie war jedoch sehr gut im Rechnen, vor allem im Kopfrechnen. Ihre Hauptinteresse aber richtete sich auf Spiele und Sport überhaupt. Sie beschreibt sich als perfekte, über jeden Zweifel erhabene Hockeyspielerin; alles, was sie beim Hockeyspielen machte, war absolut richtig. Auch sie selbst war absolut in Ordnung. Im letzten Halbjahr hoffte sie, daß ein Wunder geschehen und ihr Vater ihr erlauben würde, weiter zur Schule zu gehen. Das Wunder blieb aus, und als sie realisierte, daß ihre Schulzeit wirklich zu Ende war, fühlte sie sich vor Elend wie betäubt und hatte den Eindruck, daß nun alles verloren sei. Sie hatte hin und wieder einen Freund gehabt, traf sich aber mit niemandem mehr und zog sich voller Kummer in sich selbst zurück. Unmittelbar danach setzte ihre Menstruation ein, und dies stürzte sie in noch größere Verzweiflung und Verwirrung. Sie mußte zu Hause bleiben und ihrer Mutter helfen, und so begann ein Leben, das sie als einzige Schinderei empfand. Irgendwann später bat sie ihren Vater, eine Ausbildung als Turnlehrerin machen zu dürfen, aber er schlug ihr diesen Wunsch ab. Bevor der Vater starb, schafften meine Patientin und ihre ältere Schwester es jedoch, einen Stenotypistinnenlehrgang zu absolvieren, und seit seinem Tod verdienen sie ihren Lebensunterhalt mit dieser Arbeit und unterstützen sogar noch ihre Mutter.

Gegen Ende des Krieges schloß sich Fräulein A. den Streitkräften an und verbrachte einige Zeit im Ausland. Sie kam recht gut zurecht, obwohl gewisse Anzeichen darauf hindeuten, daß sie damals kurz vor einem Zusammenbruch stand. Sie hatte eine wichtige Beziehung zu einem Mann, der einige Jahre jünger war als sie selbst und sie heiraten wollte. Daraus wurde nichts, und zwar unter anderem deshalb, weil sie auf seine Freundschaft zu einem anderen Mann eifersüchtig war. Danach hatte sie verschiedene Freunde, die ihr nichts bedeuteten. Sie verweigerte jede sexuelle Beziehung, und wenngleich ein oder zwei dieser Männer sie verführen wollten, gaben sie es doch bald auf, und sie blieb enttäuscht und elend allein zurück.

Nach der Demobilisierung erlitt sie einen schweren Nervenzusammenbruch. Ungefähr einen Monat lang war sie verwirrt und verzweifelt. Während dieser Zeit wurde sie ambulant, und zwar vorwiegend in Form einer Beschäftigungstherapie behandelt. Nach einigen Versuchen, wieder auf die Beine zu kommen, erhielt sie einen Platz im Internat eines Colleges, wo sie eine Berufsausbildung machen konnte. Dort wurde ihr klar, daß sie weiterhin psychiatrische Unterstützung benötigte. Ihre ältere Schwester war zu diesem Zeitpunkt bereits seit einigen Jahren in Analyse, und sie beschloß, sich ebenfalls um einen Analyseplatz zu bemühen. Sie verfaßte einen Brief an die London Clinic of Psychoanalysis und schrieb, daß sie den Gedanken, noch länger in ihrem gegenwärtigen Zustand durchs Leben gehen zu müssen, nicht ertragen könne; darüber hinaus klagte sie über Erschöpfungsanfälle, Minderwertigkeitsgefühle, Befangenheit sowie Gedächtnis- und Konzentrationsverlust. Die Diagnose lautete auf hysterische Reaktion mittelschweren Grades, und nach sechsmonatiger Wartezeit nahm ihr erster Analytiker, ein Mann, sie in Behandlung.

Während ihrer ersten sechseinhalb Analysejahre, von denen sie zweieinhalb bei dem Kollegen und vier bei mir verbrachte, geschah in Fräulein A.s äußerer Welt nur sehr wenig. Sie hatte kaum Freunde und praktisch kein soziales Leben. Als sie ihre Behandlung bei mir aufnahm, ging sie einer schlechtbezahlten Halbtagsarbeit nach. Sie verdiente ungefähr 3£ pro Woche. Als ihr die Firma nach einem Jahr eine weit bessere Stellung anbot, begann sie, ganztags zu arbeiten. Mittlerweile hat sie einen Job, in dem sie etwas mehr als 8£ wöchentlich verdient.

Zu Beginn ihrer Analyse war ihre ältere Schwester der einzige Mensch, mit dem sie sich häufig traf. Sie sprach voller Abneigung und Verachtung über sie, aber es fiel ihr schwer, sie allein zu lassen. Sie hatte auch einige Freundinnen, die sie in ihrer Freizeit gelegentlich sah und die sie respektierte, abgesehen davon aber schien sie sich vor der Welt zu fürchten und sich in ihr nicht zurechtzufinden. Sie hatte das Gefühl, jeder andere Mensch würde nur ihre Zeit verschwenden und ihrem Vorankommen im Wege stehen. Sowohl sie selbst als auch die ältere Schwester leben in möblierten Zimmern; beide sind offenbar nicht in der Lage, sich ein Zuhause zu schaffen. Bis vor kurzem wohnten sie in derselben Straße, mittlerweile aber ist meine Patientin in eine andere Gegend gezogen. Ihre Mutter wohnte zunächst nicht weit entfernt, hat London allerdings vor ungefähr einem Jahr verlassen, um in der Nähe der jüngsten Schwester zu leben, die verheiratet ist und ein eigenes Haus besitzt, aber keine Kinder hat.

Ich werde nun drei Arbeitsphasen beschreiben und sie zum bisherigen allgemeinen Verlauf ihrer Analyse in Beziehung setzen.

Zu Beginn war Fräulein A. ängstlich und still. Sie verhielt sich wie ein aufgescheuchtes Tier, das einen Angriff erwartet und bereit ist, ebenfalls anzugreifen. Irgendwie machte sie immer einen in sich zusammengekauerten Eindruck, obwohl sie in Wahrheit ruhig auf der Couch lag, die Hände in die Taschen gesteckt. Sie sagte sehr wenig, das Sprechen fiel ihr schwer, ihre Stimme klang affektiert, die Sätze kamen stoßweise aus ihr heraus. Sie sprach in erster Linie über die Abneigung, die sie mir gegenüber empfand, und ihre Liebe zu ihrem früheren, männlichen Analytiker. Soweit ich für sie überhaupt existierte, nahm sie mich als weiche, leere und schwache Frau wahr – ihre Mutter. Sie selbst barg etwas Gutes, Festes und Wertvolles in ihrem Innern oder in der Hand, das ich ihr zweifellos würde wegnehmen wollen. Ich deutete, daß ihrer Meinung nach offenbar nur eine von uns beiden etwas Wertvolles besitzen könne. In jeder Zwei-Personen-Beziehung sei unweigerlich einer der Dominierende und der andere der Unterdrückte. Der Gedanke an eine Zweisamkeit von Mutter und Vater sei ihr unerträglich, und es gebe auch keine Beziehungen zwischen drei Personen. Natürlich deutete ich all dies im Rahmen des Ödipuskonflikts und Kastrationskomplexes. Ich weiß nicht, ob es an dieser Art von Deutungen lag, aber nach ungefähr vier Monaten verlor sich ihre Ängstlichkeit, und nun begann die erste intensive Phase.

Während dieser ganzen Zeit sah sie außerhalb der analytischen Situation in mir eine sehr einfältige Frau von geringer Intelligenz, unvergleichlich schlechter als ihr erster Analytiker. In den Stunden selbst sah die Sache ganz anders aus. Die Situation war heikel; sobald ich mich in meinem Sessel nur bewegte, verdarb ich ihr die Sitzung. Mit jeder Bewegung erinnerte ich sie daran, daß ich nicht vollkommen mit ihr verschmolzen war, wie sie in ihrer Phantasie geglaubt und wie sie sich früher auch ihre Mutter vorgestellt hatte. Sie wagte es nicht, sich ihrer getrennten Identität bewußt zu werden, und wenn es keine andere Wahl gab, schien eine andere Persönlichkeit an ihre Stelle zu treten. Sie sprach mit einer anderen Stimme und verlor all ihren Schwung und Eifer. Diese Beobachtungen entsprachen dem Konzept der primären Liebe, wie sie von M. Balint (1952) beschrieben wird. Ich hatte den Eindruck, daß sie sich ihrer getrennten Identität offensichtlich allzu früh hatte bewußt werden müssen und daß die Phase der primären Liebe ein zu frühes und für sie katastrophales Ende genommen hatte.

Ich deutete auch weiterhin, daß sie sich gegen die Wahrnehmung der Realität schütze, und sie reagierte darauf, indem sie mir sagte, daß ich allzu rasch voranginge. Ich begriff diese Reaktion als Abwehr gegen die Anerkennung der äußeren Welt, in der es zwei getrennte Personen, Vater und Mutter, gab, die andere Interessen verfolgten als sie selbst; sie verstand dies jedoch nicht, und ich habe sie durch meine Deutung tatsächlich nur verwirrt. Infolgedessen verhielt ich mich still, um ihr die Möglichkeit zu geben, zu reden oder zu schweigen, ganz wie sie es wünschte. Da ich ihrem Agieren nichts entgegensetzte, trat ihr zwanghaftes Bedürfnis, mich und den Analyseverlauf zu kontrollieren, deutlicher zutage, und ich verstand ihre Forderung, nicht allzu früh durch mich gestört zu werden. Sie pflegte mit sanfter, kindlicher Stimme zu sprechen und begann allmählich, an sich selbst und später auch an mir Beobachtungen anzustellen. Zuerst phantasierte sie zum Beispiel, durch einen Faden mit mir verbunden zu sein. Dann wurde ihr plötzlich bewußt, daß sie einen Mund hatte, und später merkte sie, daß sie hungrig war. Sie zeigte mir auf diese Weise, daß sie sich als von mir getrennt erlebte. Zuweilen repräsentierte ich für sie ihre eigenen Fäzes, und sie bemitleidete mich, weil ich nur halb lebendig war. Dann begann sie, sich im Zimmer umzuschauen, was sie bislang nicht gewagt hatte. Nach einiger Zeit konnte sie die realen Dinge in der äußeren Welt betrachten, ohne in allzu große Verwirrung zu geraten, und nun begann sie, Gemäldegalerien zu besuchen und sich für kunstgeschichtliche Seminare einzuschreiben. Es gab Augenblicke wirklicher Lebenslust, wenn sie entdeckte, daß sie sich, ohne verwirrt zu werden, ein bestimmtes Bild ansehen konnte. Ich begriff dies als Zeichen dafür, daß ihre Sublimierungsversuche in der Phase des Agierens ansatzweise erfolgreich waren, ein Aspekt, dem für eine gewisse Integration ihres Ichs herausragende Bedeutung beizumessen ist.

Während dieser gesamten Analysephase hatte sie Abendkurse, vor allem über Kunstgeschichte, besucht und in diesem Zusammenhang Bilder betrachtet. Ich denke, daß sie auf diese Weise versuchte, die Welt verstehen zu lernen, in ihr zu leben und neue Identifizierungen zu entwickeln. Marion Milner (1952, S. 85) zieht die Möglichkeit in Betracht, »daß bestimmte Formen der künstlerischen Ekstase eine wesentliche Phase in der Realitätsanpassung darstellen, da sie den kreativen Augenblick, in dem neue und lebenswichtige Identifizierungen entwickelt werden, markieren«. Ich habe den Eindruck, daß Fräulein A. nach ebendieser Chance suchte, und zwar sowohl in der Analyse als auch in der äußeren Welt. Unter diesem Blickwinkel betrachtet, könnte man ihre Teilnahme an den Abendkursen als Agieren verstehen. Sie hat die ganze Zeit über versucht, etwas zu finden, das für sie einen Sinn ergab.

Vermutlich tauchte sie aus dieser intensiven Phase des Agierens spontan wieder auf, es kam aber zu einen fast traumatischen Höhepunkt, als ich ihr mitteilte, daß ich die Klinik in Kürze verlassen würde und ihre Sitzungen dann bei mir zu Hause stattfinden müßten. Sie glaubte, daß ich schwanger sei, und bekam panische Angst, von mir alleingelassen zu werden. Ihre Phantasien über anale Geburt, ihre Identifizierung mit dem Baby in meinem Innern und ihre Angst, im Innern festzustecken und nur zur Hälfte herauszugelangen, wurden analysiert und förderten Erinnerungen und Phantasien zutage, welche die Geburt ihrer jüngeren Schwester betrafen.

Sie erinnerte sich daran, daß sie auf dem Schoß ihrer Mutter gesessen und dabei gemerkt hatte, daß diese schwanger war. Ich nehme an, daß sich dies auf ihre Erfahrungen im Alter von ungefähr zwei Jahren bezieht. Das gesamte Material wurde in einer regressionsfreien, weniger intensiven Atmosphäre gedeutet und durchgearbeitet.

Bald nachdem sie aus der ersten intensiven Phase des Agierens wieder aufgetaucht war, konnte sich Fräulein A. in einem gewissen Umfang am sozialen Leben beteiligen. Sie entwickelte eine größere Aktivität im Beruf, arbeitete effizienter und erhielt eine bessere Stelle. Sie lernte einen Mann kennen und freundete sich mit ihm an, bekam aber schon bald Angst und zog sich wieder zurück. Sechs Monate lang fühlte sie sich relativ wohl. Während eines Großteils dieser Zeit wirkte Fräulein A., als sei sie nicht wirklich anwesend, und ihr Verhalten war häufig manisch und defensiv. Diese Phase fand durch eine körperliche Erkrankung ein Ende. Mittlerweile war Fräulein A., zu diesem Zeitpunkt knapp vierzig, seit ungefähr einenhalb Jahren bei mir in Analyse.

Ich wende mich nun der zweiten intensiven Phase zu. Sie konzentrierte sich weitgehend auf die körperliche Erkrankung, einen Knoten in der Brust, der zunächst als Mastitis, später als Krebs diagnostiziert wurde. Während ich in den Ferien war, rieten ihr die Ärzte zu einer Biopsie und empfahlen ihr, bei positivem Ergebnis die Brust amputieren zu lassen. Sie weigerte sich und lehnte nach einiger Zeit jegliche medizinische Betreuung ab. Statt dessen begab sie sich in die Obhut von Naturheilkundlern.

Meiner Ansicht nach haben wir es hier mit einem Fall von Verneinung zu tun, wie sie von Freud (1925*h*) beschrieben wurde. Die Patientin sagte gewissermaßen: »Man kann an Krebs sterben, für mich aber gilt das nicht.« In einem postum veröffentlichten Beitrag arbeitete Freud (1940*a*) das Konzept der Verneinung weiter aus und erläuterte die Folgen der Verleugnung eines vom Ich als schmerzhaft empfundenen äußeren Ereignisses. Er schreibt:

> […] wo immer wir in die Lage kommen, sie [die Verleugnungen] zu studieren, erweisen sie sich als halbe Massregeln, unvollkommene Versuche zur Ablösung von der Realität. Die Ablehnung wird jedesmal durch eine Anerkennung ergänzt, es stellen sich immer zwei gegensätzliche von einander unabhängige Einstellungen her,

die den Tatbestand der Ichspaltung ergeben. Der Erfolg hängt wiederum davon ab, welche von beiden die grössere Intensität an sich reissen kann. (S. 134 f.)
Melanie Klein (1932) behauptet im Zusammenhang mit frühen Angstsituationen, daß Projektionsmechanismen bei allzu intensiver Angst unter Umständen nicht mehr zum Einsatz gelangen können: »Die Störung der Projektionsmechanismen scheint auch mit der Negierung der intrapsychischen Realität einherzugehen, etwa derart, daß nicht nur die *Angstquelle*, sondern auch der *Angstaffekt negiert*, gewissermaßen ausgeschaltet wird« (S. 154 f.). Anna Freud hingegen zieht in Erwägung, daß sich das reife Ich nur dann in großem Umfang in die Verleugnung flüchte, wenn seine Beziehung zur Realität schwer gestört ist (A. Freud 1936, S. 275 f.).

Fräulein A. unterbrach ihre Analyse auf Anraten der Naturheilkundler, um sich für die Dauer eines Monats in eine Privatklinik zu begeben, wo ihr eine sehr strenge Diät verordnet wurde. Bei ihrer Rückkehr war sie völlig abgemagert und sah sehr, sehr krank aus. Über ein Jahr lang weigerte sie sich, einen Arzt zu konsultieren. Sie lebte weitgehend von einer Diät, die aus Obst, Salat sowie Schwarzbrot und Milch in kleinen Mengen bestand. Ihre Assoziationen enthielten keinerlei Hinweise auf Todesangst, sondern gaben nur Ängste vor Verstümmelung zu erkennen, die – auf einer Ebene betrachtet – ihre Kastrationsangst zum Ausdruck brachten. Sobald diese Furcht durch die beruhigenden Auskünfte der Naturheilkundler oberflächlich beschwichtigt worden war, drehte sich ihr ganzes Leben ums Essen und um die Sorge für sich selbst.

Ihre früheren Ärzte waren der Ansicht gewesen, daß Fräulein A. innerhalb eines Jahres an Krebs sterben würde, und natürlich war mir sehr daran gelegen, sie zu veranlassen, so bald wie möglich einen Arzt aufzusuchen. Zunächst betrachtete ich dies als meine oberste Pflicht. Ich hatte zwei Möglichkeiten: Ich konnte mich weigern, ihre Behandlung fortzusetzen, wenn sie weiterhin eine medizinische Betreuung ablehnte. Mit diesem Vorgehen hätte ich ihrem Agieren entsprochen. Die andere Möglichkeit bestand darin, weiterhin streng analytisch zu arbeiten, meine Reaktionen auf Deutungen zu beschränken und ihr Agieren zu tolerieren. Und genau dies beschloß ich zu tun.

Ihre Ängste vor einer drohenden Amputation waren zum Teil eindeutig Ängste auf der phallisch-genitalen Ebene. Ich deutete dies, aber solche

Deutungen vermittelten ihr weder Einsicht, noch bewirkten sie eine Veränderung ihrer Stimmung oder ihres Verhaltens. Knapp zwei Jahre später konnten wir uns ihrer Kastrationsangst erneut zuwenden, und nun gelang es mir, einen Großteil dieses Materials mit ihr zu bearbeiten. Zunächst aber war ihr ganzes Sein von einer Regression auf eine erregende, leidenschaftliche Nährungssituation ergriffen, neben der nichts anderes mehr zählte. Während sie in der vorangegangenen Phase auf eine spezifische Form der Objektbeziehung regrediert war, betraf die Regression nun das Triebziel, die Befriedigung. Damals war ihre Beziehung zu ihrem primären Objekt, das heißt zu mir, recht einfach strukturiert gewesen, in dieser zweiten Phase aber tauchten komplizierte Verleugnungen, Spaltungen und Idealisierungen auf. Außerdem begann sie, ein Objekt gegen das andere auszuspielen.

Während dieser Phase verhielt sie sich in den Sitzungen sehr kindlich. Bei jedem Wetter mußte die elektrische Heizung dicht neben der Couch stehen, und darüber hinaus deckte sie sich mit einer Decke zu. Häufig brachte sie warmes, frisches Schwarzbrot mit ins Behandlungszimmer; sie sprach beinahe ausschließlich darüber, was sie gegessen hatte oder essen würde, sowie über die Nahrungsmittel, die ihr verboten waren, nach denen es sie aber besonders gelüstete und die sie in Wahrheit sogar in großen Mengen zu sich nahm. Zu diesen verbotenen Nahrungsmitteln gehörten vor allem Kuchen aus Schokoladencreme und Marsriegel. Sie hatte Angst, daß ich abmagern und dahinschwinden würde, und dies machte mir bewußt, daß die Schokolade und die Marsriegel das Innere meines Körpers und meine Fäzes repräsentierten. Wenn sie besonders große Gier verspürt und ihr nachgegeben hatte, pflegte sie ihre Diät am nächsten Tag strikt zu befolgen und nahm häufig überhaupt nichts zu sich. Es stellte sich heraus, daß sie in der analytischen Situation die frühe orale Phase ihres Lebens nur unter der Bedingung nacherleben konnte, daß ein äußeres kontrollierendes Objekt, der Naturheilkundler, beständig präsent war, um sie daran zu hindern, entweder allzu abhängig zu werden oder zu viel zu essen. Er hatte auch die Funktion, mich daran zu hindern, Rache zu nehmen, indem ich den Knoten entfernte oder ihre Brust amputierte, die abwechselnd den aus meinem Körperinneren geraubten Penis und das Baby repräsentierte, das sie mir gestohlen hatte. Die Betonung lag auf Aktivität und Erregung, während zuvor Inaktivität und Trägheit im Vordergrund gestanden hatten.

Ohne die Hilfe von Melanie Kleins Arbeit über die sadistischen, gegen die Brust der Mutter gerichteten Triebregungen und Phantasien des Säuglings sowie seine Phantasie, in den Körper der Mutter einzudringen und ihn seiner Inhalte zu berauben, wäre mir dieses Material unverständlich geblieben. Ebenso hilfreich waren mir Melanie Kleins Überlegungen in bezug auf Verleugnung und Spaltung als den zwei wichtigsten Abwehrmechanismen, die gegen diese Ängste mobilisiert werden.

Ich möchte nun ein charakteristisches Beispiel für die in dieser Phase auftauchende Spaltung schildern. Fräulein A. brachte nur einen Teil ihrer selbst zu mir, nämlich den angreifenden Teil, jenen, der verbotene Nahrung aß; den anderen Teil hingegen, das Kind, das niemals impulsiv aß, brachte sie zu dem Naturheilkundler. Durch diese Spaltung vermied sie jedes Schuldgefühl, das ihre gierigen oralen Triebregungen hätten verursachen können.

Diese Phase endete, als Fräulein A. heftig auf eine Deutung reagierte, mit der ich sie – nicht zum erstenmal – auf diese Art der Spaltung aufmerksam machte. Möglicherweise war meine zunehmend angespannte Gegenübertragung die Ursache dafür, daß sie in diesem Augenblick so heftig reagierte. Ich wußte nur, daß sie möglicherweise an Krebs sterben würde, und hatte das Gefühl, daß sie dumme Spielchen mit mir veranstaltete, statt ihre Krankheit ernst zu nehmen. Vielleicht hat dieser Eindruck meine Haltung beeinflußt. Jedenfalls sagte sie, daß ich nun nicht mehr ein Teil ihrer selbst sei, sondern außen stünde und sie verhöhnte. Sie zog sich von mir zurück und beklagte bitterlich, daß ich ihr ausgerechnet nun, nachdem sie all die Jahre gebraucht habe, um dahin zu kommen, wo sie hinwollte, alles verdorben hätte.

Nach diesem bitteren Ende einer Phase, die ihr rückblickend als Glückseligkeit auf Erden erschien, hegte sie ungefähr vier Monate lang Zorn, Haß und Groll auf mich. Ich fragte mich, ob dieser Haß möglicherweise auch darauf zurückzuführen war, daß ich sie zu früh oder zu plötzlich aus ihrer Regression herausgeholt hatte. Michael Balint sagt, daß Haß immer eine Verleugnung und Abwehr der primären Liebe darstelle; und Winnicott sagt, daß Wut im Anschluß an eine Phase tiefer Regression auf Abhängigkeit auftauche und sich auf das ursprüngliche Umweltversagen beziehe. Vermutlich entwickelte sich der Haß meiner Patientin, als sie ihr gespaltenes Ich und ihre gespaltenen Objekte zu integrieren begann. Dies ermöglichte es ihr, den Zorn und die Verfolgungsangst, vor denen sie sich während ihrer Krankheit geschützt hatte, in projizierter Form zu erleben.

Nun folgte eine regressionsfreie Phase, die sich über ungefähr ein Jahr erstreckte. Aus Zeitgründen kann ich die Arbeit, die wir in diesem Abschnitt der Analyse leisteten, nicht detailliert erörtern. Wir bearbeiteten unter anderem Fräulein A.s Angst, Menschen zu töten, sie insbesondere mit ihrem Mund umzubringen, sowie ihre stark ausgeprägten Verfolgungsängste und ihren Wunsch, sich in der Welt nicht bewähren zu müssen. Sie sagte wiederholt, daß sie nicht arbeiten wolle und daß es meine Aufgabe sei, ihr Geld zu geben, damit sie wieder zur Schule gehen und noch einmal von vorn beginnen könne. Wir beschäftigten uns auch mit ihren Omnipotenzphantasien und ihrer Wut, die sie empfand, wenn sie merkte, daß sie mich nicht kontrollieren konnte. Ich wurde für sie zu einer realen Person, und sie entwickelte Phantasien, in denen mein Mann und ich zusammen waren, uns stritten und wieder versöhnten. Eines Tages bat sie während der Sitzung um einen Stift und ein Blatt Papier, weil sie nicht aussprechen könne, was ihr durch den Kopf ging, und schrieb: »Ich liebe Sie.« Trotzdem bestanden ihre Verfolgungsängste weiterhin fort, und sie war nach wie vor unfähig, über die prekäre Beziehung zu mir hinaus andere Beziehungen einzugehen.

Ein Resultat dieser Arbeit bestand darin, daß Fräulein A. – zu meiner großen Erleichterung – den Arzt aufsuchte, der ihr nun mitteilte, daß der Knoten fast verschwunden und eine Operation nicht mehr notwendig sei.

Bald danach beschloß sie, sich nach einer besseren Arbeit umzusehen. Ich hatte den Eindruck, daß sie mich damit zufriedenstellen wollte; das heißt, die äußere Realität wurde zwar als Notwendigkeit anerkannt, hatte aber für sie nach wie vor keinerlei Bedeutung. Allerdings begann sie in dieser Phase, mit großer Begeisterung Sprachen zu lernen: zuerst Französisch, später auch Latein. Das Erlernen von Fremdsprachen wurde für sie ebenso wichtig wie das Betrachten von Bildern.

Nach und nach wurde meiner Patientin bewußt, daß sie keinen anderen Wunsch hatte, als »das kleine Mädchen von drei Jahren« zu sein, wie sie es ausdrückte. Dieses Material war nicht neu; neu war jedoch, daß sie offener darüber sprechen konnte. Wenn die Analyse ihr diesen Wunsch nicht erfüllen könnte, so würde sie vermutlich weitermachen müssen wie gewohnt, aber gut wäre das nicht. Als ich ihren Wunsch deutete, für alle Zeiten von mir abhängig zu bleiben, erwiderte sie, sie lebe nicht *in* der Welt, sondern säße *obendrauf*, und sie drehe sich viel zu schnell.

Wir erkannten beide, daß wir vor dem Problem standen, der erwachsenen Frau dabei zu helfen, ein reales Leben in einer äußeren Realität zu führen, in der es sich zu leben lohnte. Diese Aufgabe führte zu der dritten, höchst intensiven Phase, die nur zehn Tage währte und die Patientin buchstäblich zu überwältigen schien – allerdings zu keinem Zeitpunkt in solchem Ausmaß, daß sie sich nicht mehr um sich selbst hätte kümmern können. Als sie aus dieser Phase wiederauftauchte, hatte sich ihre Beziehung zur Welt verändert. Sie hatte vier Träume produziert, die alle die Urszene sowie den Unterschied zwischen den Geschlechtern thematisierten. Man könnte sagen, daß diese Träume sie überwältigten; richtiger aber wäre es vielleicht, zu sagen, daß sie es erst wagte, diese Träume zu haben, nachdem sie in ihrer Analyse so weit gekommen war, daß sie die Abhängigkeit von mir riskieren konnte. Die Regression setzte ein, als sie eine Zyste am Augenlid entwickelte. Im Büro bat man sie, Abrechnungen zu tippen. Sie konnte die Zahlen nicht erkennen und hatte panische Angst, hinzublicken. Dann entdeckte sie, daß sie überhaupt fast nichts mehr sah. Ihre Angst vor Ärzten tauchte wieder auf, und in der Sitzung am Abend wirkte sie ängstlich und zitterig. Sie glaubte, daß ich sie zum Arzt schicken und zornig sein würde, weil sie die Schreibarbeit nicht ordentlich hatte erledigen können. Obwohl ich die Bedeutung ihrer Angst nicht restlos verstand, sagte ich, daß die Seite mit den Zahlen ein schreckenerregendes Schauspiel repräsentierte, dessen Anblick sie lieber vermeiden wollte, ein Schauspiel, das mit der Angst zusammenhing, verstümmelt oder geblendet zu werden. Ich fügte hinzu, daß die Zahlen konfus und desorganisiert ausgesehen hätten, wie das weibliche Genitale, und daß sie nun Angst habe, von mir bestraft zu werden, weil sie dieses Durcheinander nicht verstand; das heißt, sie konnte die Seite mit den Zahlen nicht abtippen, weil sie ein verletztes, kastriertes Genitale repräsentierte.

Am nächsten Tag brachte sie zwei Träume. Im ersten *war sie mit einem nackten Mann in einem Raum eingesperrt. Er kam auf sie zu und hielt ein kleines Gerät in der Hand, das an einen Kartoffelschäler erinnerte. Sie wußte nicht, was sie tun sollte, erinnerte sich aber, daß er dicht neben der Leiste eine Aushöhlung hatte und es ihm wehtun würde, wenn sie ihre Hand hineinsteckte. Genau dies tat sie, aber dann fand er ihre Öffnung, und das war so erschreckend, daß sie erwachte.* Der zweite Traum war noch furchtbarer. *Ein Mann stieß sie gegen eine Tür.* In ihren Assoziationen versuchte sie beharrlich, sich an einen alten, vergessenen Traum zu erinnern, in dem eine Tür, die sie nicht öffnen konnte, und ein langer Korridor vorkamen. Ich half ihr, sich zu erinnern, und sie sagte: »Das war kein Traum; es ist eine Erinnerung.« Sie geriet in Angst, und plötzlich erinnerte sie sich, wie sie vom Zimmer ihrer Eltern aus zu ihrem eigenen Zimmer rannte, einen langen Korridor entlang, und den Türgriff sah. Sie konnte ihn aber weder erreichen, noch war sie imstande zu fliehen. Ihr Vater kam hinter ihr her. Ich deutete, daß sie vor dem Anblick des elterlichen Geschlechtsverkehrs geflohen sei und vor einem Mann mit einer Waffe in der Hand, die einen erigierten Penis repräsentierte. Nun sagte sie, daß ihr bei der Erinnerung an den Korridor das Wort »Hymen« durch den Kopf gegangen sei; gesehen habe sie jedoch eine Nabelschnur. Daran anschließend erzählte sie mir von einer blinden Frau, der sie über die Straße geholfen hatte. Sie war dieser Frau später noch einmal begegnet und hatte das Gefühl gehabt, ihr auch diesmal helfen zu müssen, zu ihrer großen Erleichterung aber hatte sich schon jemand anderer dazu bereit gefunden. Ich deutete, daß sie sich bis zu diesem Zeitpunkt nie von dem Zwang habe freimachen können, ihrer Mutter, die vom Vater geblendet, kastriert, worden sei, zu helfen. Ich sagte auch, daß ihre Unfähigkeit, auf die Zahlen zu schauen, in ihrer Angst wurzele, das Genitale der Mutter zu erblicken. Ein Teil ihrer selbst sei mit der kastrierten Mutter identifiziert und lebe in ständiger Angst. Dieser Teil hatte das kleine Mädchen daran gehindert, erwachsen zu werden. Ein anderer Teil war mit dem Vater identifiziert, dem Mann mit der Waffe in der Hand, der ihre Mutter kastrierte. Dann stellte ich einen Zusammenhang her zwischen der Vorstellung vom elterlichen Geschlechtsverkehr und ihrer Angst vor Schwangerschaft und Geburt.

Diese beiden Träume hatte sie mir an einem Freitag berichtet. Am darauffolgenden Montag erzählte sie, daß sie am Wochenende gerne zu mir gekommen wäre, aber zu große Angst gehabt habe, mich anzurufen. Ich sagte, sie habe offenbar zu mir kommen wollen, um mich vor meinem Mann zu beschützen; sie pflichtete mir bei und fügte hinzu, daß sie mir habe sagen wollen: »Lassen Sie nicht zu, daß er es mit Ihnen macht. Lassen Sie nicht zu, daß er es mit Ihnen macht.« Dann schilderte sie den dritten

Traum dieser Phase, in dem *ihr Vater ein Gorilla war und an irgend etwas in die Höhe kletterte*. Sie wachte in so großer Angst auf, daß sie das Licht anschaltete. Fast wie in einer Halluzination sah sie nun eine Frau auf sich zukommen und fürchtete, von ihr erdrosselt zu werden. Dann phantasierte sie, auf die Straße zu gehen, wo sie einem Mann begegnete, der ein Grammophon trug. Sie versetzte ihm einen Schlag auf den Kopf, tötete ihn und nahm ihm das Grammophon weg. Ich deutete, daß sie ihrem Vater in ihrer Phantasie den Penis weggenommen habe, vielleicht um ihn der Mutter zurückzugeben, und sich nun vor dem Anblick sowohl des väterlichen als auch des mütterlichen Genitales fürchte.

Im Laufe der folgenden Woche wurde Fräulein A. von ihren Phantasien überwältigt. Zum erstenmal seit Beginn der zweiten Phase konnte sie nicht zur Arbeit gehen. Sie sagte, das kleine Mädchen habe die Kontrolle übernommen und wolle nun ständig bei mir sein. Sie war nie zuvor in dieser Weise von mir abhängig gewesen, und es behagte ihr gar nicht. Sie erklärte, der Wunsch, sich in das kleine Mädchen zurückzuverwandeln, sei trotzig und dumm gewesen, denn nun wimmere diese Kleine pausenlos vor sich hin und frage unaufhörlich: »Was soll ich tun? Wohin soll ich gehen? Was soll aus mir werden?«

Dann sprach sie über ihre Angst, die Abrechnungen im Büro tippen zu müssen. Am nächsten Tag berichtete sie den vierten und letzten Traum dieser Phase. *Sie lag mit einer anderen Person, die sich hinter ihr befand und von ihr als »es« bezeichnet wurde, im Bett. »Es« war zu einem Knäuel zusammengerollt, und als sie sich bewegte und es berührte, begann es sich zu strecken. Dann merkte sie, daß sie sich ihm genähert hatte und daß ihre Lippen sich trafen und »es« ein Mann war. Im Traum schlief sie ein, und als sie wieder erwachte, kam ihre Mutter ins Zimmer und forderte sie auf, eine Landkarte zu tippen. Da sie das Gefühl hatte, ohnehin bereits in Ungnade gefallen zu sein, glaubte sie, der Aufforderung nachkommen zu müssen, wußte aber nicht, wie.* Dann wachte sie auf. Ich sagte, daß »es« ein Penis gewesen sei, der sich gestreckt und aufgerichtet habe, als sie ihn küßte. Sie sei mit ihrem Vater im Bett gewesen. Die Landkarte, die sie tippen sollte, war die Darstellung eines kastrierten Genitales, das anzusehen sie nicht ertrug, nachdem sie das männliche Genitale gesehen und geküßt und vielleicht verschlungen hatte.

In meiner Deutung berücksichtigte ich früheres Material, das mit ihren oralen Ängsten und vor allem mit ihrem Drang zusammenhing, alles zu essen, was sie liebte. Ich hatte auch älteres Material benutzt, das ihren Kropf betraf und zum Ausdruck brachte, daß sie etwas verschluckt hatte, das sie gleichzeitig vorzeigen und verbergen wollte. Sie akzeptierte diese Deutung und bestätigte sie, indem sie hinzufügte, daß das Ding, das sie geküßt hatte, zylindrisch und vorgewölbt gewesen sei, einem Penis ähnlicher als einem Mund.

Ich stellte einen Zusammenhang zwischen den vier Träumen her und erklärte, daß sie immer den Wunsch gehabt habe, das kleine, dreijährige Mädchen zu sein, diesmal aber wolle sie es mir gegenüber sein. Sie empfinde mich als sichere und zuverlässige primäre Mutter, gleichzeitig aber repräsentiere ich auch die ödipale Mutter und laufe als solche Gefahr, von meinem Ehemann angegriffen zu werden. Zudem bestünde die Möglichkeit, daß ich sie angreife. In ihren Träumen tauchte ihr Vater zuerst als Gefahr für ihre Mutter auf, dann als Mann, den die Patientin kastrierte. Ich erinnerte sie daran, daß sie häufig von ihrem Gefühl gesprochen hatte, den übrigen Familienmitgliedern überlegen zu sein, und fügte hinzu, daß sie die Schuldgefühle, die diese Überlegenheit in ihr weckte, nie habe bewältigen können.

Nachdem wir dieses Material analysiert hatten, verlor sich ihre Angst, so daß an ihren Arbeitsplatz zurückkehren konnte. Es ging ihr gut, und sie war begeistert, so etwas überhaupt erleben zu können. Plötzlich wurde ihr zu ihrer eigenen Verblüffung klar, daß sie sich mit niemandem aus ihren Abendkursen angefreundet hatte. Das wollte sie nun ändern, und sie sagte zu mir: »Ich war dort eigentlich nie richtig anwesend, deshalb konnte ich niemanden kennenlernen«; und später meinte sie: »Ich war daran gewöhnt, nichts zu wissen, deshalb konnte ich auch nichts lernen.«

Ihre Beziehung zu mir veränderte sich, und nach und nach trat eine Depression zutage. Als sie ihrer Schwester davon erzählte, erwiderte diese: »Du bist immer depressiv gewesen.« Fräulein A. fragte mich, ob das richtig sei, und ich fragte sie, wie sie selbst darüber denke. Sie sagte: »Man kann in eine Depression hineingeraten und dann wieder auftauchen; aber es braucht eine Menge Mut, um hineinzugeraten.« Ich hatte den Eindruck, daß meine Patientin nun, mit Erreichen der depressiven Position, besser integriert war, daß sie einen Schritt vorangekommen war und zum erstenmal reale Beziehungen in der Welt aufgenommen hatte, auch wenn die

Angst, die sie während der vergangenen Jahre in der Analyse erlebt hatte, nicht vollständig durchgearbeitet worden war.

Fräulein A. ärgert sich nach wie vor über ihre Abhängigkeit von mir, und dieser Ärger ist gegenwärtig eines der wichtigsten Themen ihrer Analyse. An manchen Tagen zeigt sie regressive Tendenzen, die mit einer verstärkten Intensität der Übertragungsneurose einhergehen; allerdings treten diese Tendenzen nur vorübergehend auf und können durch Deutungen bearbeitet werden. Die Patientin thematisiert nun die Beendigung ihrer Analyse und überlegt, nach Kanada zu gehen, weil sie dort Französisch sprechen und gleichzeitig Geld verdienen könnte. Sie verspricht, mich zu besuchen oder mir zu schreiben, aber nur einmal im Jahr – sie brauche unbedingt ihre Freiheit. Ich sage ihr, daß sie Angst habe, daß ich eine allzu große Abhängigkeit von ihr entwickeln könnte und sie nie freigeben würde.

Ich werde die drei Phasen der Analyse nun kurz zusammenfassen, sie miteinander vergleichen und ihre theoretische Signifikanz erläutern.

In der ersten Phase war Fräulein A. verwirrt und geriet leicht in Angst. Sie war unfähig, die äußere Realität in der analytischen Situation oder meine getrennte Existenz anzuerkennen. Jeder Interessenkonflikt war ein Schock und rief Angst, Wut und Haß hervor. Sie brachte ihre beiden Welten, die äußere außerhalb der Analyse und die innere, die sie in der Übertragung agierte, nie zusammen. Sie strebte eine Gleichheit der Interessen zwischen sich selbst und ihrem wichtigsten Objekt an und versuchte, eine Beziehung herzustellen, in der es keine Versagungen geben würde. Das Resultat war leider nur eine labile und gefährliche Einheit, die bereits die Angst vor dem Bewußtwerden der Getrenntheit in sich barg. Insoweit ich ihre Bemühungen tolerierte und nicht durch vorzeitige Deutungen vereitelte, ermöglichte ich es, daß sich die Episode vertiefte und in den Sitzungen agiert wurde. Dabei traten regressive Merkmale zutage.

Diese erste Phase wurde möglicherweise durch die Wiederholung eines Traumas beendet. Die Notwendigkeit, eine neue Umgebung zu akzeptieren, weckte die Erinnerung an die Schwangerschaft ihrer Mutter und zwang sie, ihre eigene getrennte Existenz anzuerkennen. Während der intensiven Phase begann sie, sich für meinen Körper zu interessieren und mein Zimmer eingehender zu betrachten. Dieses Interesse entwickelte sich zu einer Sublimierung weiter und ermöglichte es ihr, wie bereits erwähnt,

Bilder zu betrachten und sich dabei sehr wohl zu fühlen. Das dramatische Ende hat diesen Fortschritt nicht beeinträchtigt, führte aber zum Auftauchen von Phantasien über anale Geburt.

In der zweiten Phase agierte sie sowohl in der Übertragung als auch außerhalb. Während einer mutmaßlich sehr schweren Krankheit verleugnete Fräulein A. die Möglichkeit zu sterben; statt dessen war die Angst, verstümmelt zu werden, übersetzt, und sie entwickelte ein zwanghaftes Interesse am Essen. Nahrungsmittel waren von alles entscheidender Bedeutung, aber gefährlich. Sie benötigte eine äußere Unterstützung, um nicht allzuviel zu essen oder giftige Nahrung zu sich zu nehmen und um Verfolger daran zu hindern, ihren Körper auszurauben oder zu verstümmeln. Ich versuchte vergebens, dem regressiven Agieren durch Deutungen Einhalt zu gebieten. Sie phantasierte häufig, auf meinem Schoß sitzend zu spielen, verbotene Nahrungsmittel zu essen usw. Diese Phase endete abrupt und zeitigte keinen unmittelbaren therapeutischen Gewinn. Allerdings war die Patientin nun in der Lage, Haß, Wut und Verfolgungsangst in die Übertragung einzubringen und in vollem Ausmaß zu erleben. In der vorangegangenen Phase hatten Haßgefühle augenblicklich Angst geweckt und waren deshalb gehemmt worden.

Das Charakteristikum der dritten und letzten Phase war die alles beherrschende Phantasie, sich in das kleine, dreijährige Mädchen zurückzuverwandeln. Damit verbunden war ein hysterisches Konversionssymptom, ihre Sehunfähigkeit. Die Träume, die sie in dieser Phase produzierte, Träume, die Fräulein A. nun zu ertragen vermochte, waren alle typisch für ein dreijähriges Kind. Freud beschreibt, daß man an drei- bis fünfjährigen Kindern, deren Sexualleben in diesem Alter einen ersten Höhepunkt erreicht, eine Aktivität beobachten könne, die seiner Ansicht nach dem »Wiß- oder Forschertrieb« zuzuschreiben ist (1905d, S. 95). Dieser sogenannte Trieb arbeite mit der Energie der Schaulust. Die Sexualforschung, die meine Patientin im Alter von drei Jahren unternahm, führte zu traumatischen Entdeckungen. In der Analysephase, in der sie aufgedeckt wurden, stand die Schaulust im Vordergrund. Die mit dem Schauen verbundene Ambivalenz wurde möglicherweise hysterisch in eine Unfähigkeit zu sehen konvertiert. Die Ängste dieser Phase waren intensiv, konnten jedoch mit Hilfe von Deutungen bearbeitet werden. Allerdings kam es zu einer kurzen, aber dramatischen Regression. In diesem Zustand wurden in Träumen und Phantasien Erinnerungen aufgedeckt. Ihre Ängste vor ihrer eigenen oralen Aggressivität und die Furcht, kastriert zu werden, konnten in der Übertragung gedeutet und verstanden werden. Unmittelbar im Anschluß an diese Phase konnte Fräulein A. reifere Beziehungen sowohl zur inneren als auch zur äußeren Realität eingehen.

Charakteristisch für jede Phase waren dramatische und intensive visuelle Erregung und mehr oder weniger starkes Agieren. Rosenfeld ([1964] 1981, S. 239) vertritt die Ansicht, daß »gerade solche Patienten, die stark an die paranoid-schizoide Position fixiert sind und sich vom Primärobjekt mit heftiger Feindseligkeit abgewandt haben, [...] in besonderem Maße zu übermäßigem Agieren« neigen. Fräulein A. war in Zeiten des Agierens an die prä-depressive Position fixiert; sobald sie die depressive Position erreicht hatte, fand kein übermäßiges Agieren mehr statt.

Greenacre (1950) sagt, daß eine besondere Betonung der visuellen Sensitivität eine Neigung zur Dramatisierung wecke, die einen Abkömmling des Exhibitionismus und des Voyeurismus darstelle. Sie ist der Ansicht, daß die Neigung zum Agieren gewöhnlich auf gravierende Schwierigkeiten im zweiten Lebensjahr, in der Zeit des Übergangs von prä-verbalen zu verbalen Kommunikationsformen, zurückzuführen sei und mit einer Beeinträchtigung der Ausgewogenheit zwischen Handeln und Sprechen zusammenhänge. Fräulein A. ist zweifellos ein visueller Typ; ihre beiden wichtigsten Sublimierungsbereiche fand sie zunächst in der genußvollen Betrachtung von Bildern, später im Erlernen von Fremdsprachen. Während der Analyse hat sich ihre Fähigkeit, Gedanken zu verbalisieren und Deutungen anzunehmen, weiterentwickelt. Bei ihrem ersten Analytiker hatte sie ungefähr ein Jahr lang beinahe ausnahmslos geschwiegen und nur selten unbefangen gesprochen. Als sie zu mir kam, bereitete ihr das Sprechen Schwierigkeiten; erst seit kurzem ist sie in der Lage, auf erwachsenere Weise zu sprechen und zuzuhören.

Ich möchte die Hypothese formulieren, daß sie in der Übergangsphase vom prä-verbalisierten zum verbalisierten Denken Traumata erlitten hat, die sowohl ihre Ich-Entwicklung als auch die Reifung ihrer Objektbeziehungen hemmten. Angesichts ihrer Vorgeschichte darf man annehmen, daß ihr Ich im Alter zwischen zwei und drei Jahren ungenügend integriert und zu schwach war, um die Angst zu bewältigen, die das Trauma der Schwangerschaft ihrer Mutter und der Anblick – oder phantasierte Anblick – der Urszene in ihr ausgelöst hatten. In diesem frühen Alter kam es zu einem Stillstand ihrer emotionalen Entwicklung. Es fanden keine Introjektionsprozesse mehr statt, so daß sie keine weiteren Objekte in ihr Ich aufnehmen konnte. Erst nachdem sie bereits drei Jahre bei mir in Analyse war, konnte sie mich, ohne von Verfolgungsangst überwältigt zu werden, als ganze Person introjizieren, so daß sie die depressive Position zu erreichen und aufrechtzuerhalten vermochte.

Ich habe bislang nicht versucht, die Nützlichkeit der drei intensiven Phasen zu beurteilen. Anna Freud ([1936] 1987, S. 218 f.) weist darauf hin, daß das Agieren in der Übertragung in therapeutischer Hinsicht kaum gewinnbringend sei. Im vorliegenden Fall ließ sich in den Zeiten des Agierens sicherlich kaum ein Fortschritt beobachten. Allerdings hatte ich den Eindruck, daß im Anschluß an jede Phase eine Arbeit möglich war, die wir zuvor nicht hätten in Angriff nehmen können. Deshalb möchte ich die Frage stellen, ob die Phasen des Agierens vielleicht eine Möglichkeit der Ich-Konsolidierung und -Reifung darstellten, die ohne sie schwierig zu erreichen gewesen wären.

Winnicott (1954) diskutiert den therapeutischen Nutzen bestimmter regressiver Erfahrungen, insbesondere der Regression auf vollständige orale Abhängigkeit. Er ist der Ansicht, daß diese Erfahrung in der Analyse psychotischer Patienten zuweilen notwendig sei. Wenngleich während der hier beschriebenen Arbeit keine derartige Regression stattfand, gab es doch Phasen, in denen mir das Verständnis seiner Konzepte sehr hilfreich war. Meiner Meinung nach besteht der entscheidende Unterschied darin, daß das Ich meiner Patientin zwar schwach, aber zugänglich war und daß von Anfang an ein wirklicher Kontakt hergestellt werden konnte.

Unter dem Blickwinkel der Regression betrachtet, bestand die Funktion der beiden ersten Phasen vielleicht darin, dem Ich der Patientin die Entwicklung zu ermöglichen, die zur Analyse der ödipalen Ängste notwendig war. Sie mußte zurückgehen, um voranzukommen, *reculer pour mieux sauter*, wie Michael Balint, Ferenczi zitierend, es häufig formuliert hat. Die Beziehung zu ihrem Primärobjekt mußte sich stabilisieren, damit es bewahrt bleiben konnte, als die ödipalen Ängste und die Rivalität mit der Mutter erlebt und durchgearbeitet wurden. Mit anderen Worten: Es mußte gleichzeitig sowohl eine Beziehung zur primären als auch zur ödipalen Mutter bestehen.

3. Über innere Leere

Der Beitrag »Über innere Leere«[1] stellt eine bahnbrechende Untersuchung der frühesten Objektbeziehungen einer schwerkranken Patientin dar. Die Übertragung läßt deutlich werden, daß eine bestimmte Art innerer Leere mit der Unfähigkeit der Mutter zusammenhängen kann, den Seinszustand des postnatalen Babys angemessen wahrzunehmen. Hierbei handelt es sich um ein Mißverhältnis zwischen dem Erleben des Säuglings und der mütterlichen Wahrnehmung, ein Mißverhältnis, das durch den Titel eines der Bücher Michael Balints (1968) als »basic fault« bekannt wurde. Der Begriff »fault« bringt hier keine Schuldzuweisung zum Ausdruck, sondern wird von Balint als geologische Metapher benutzt.[2] Nicht die Abwesenheit der Mutter, sondern vielmehr die falsche Wahrnehmung ihrer Person läßt eine innere Leere entstehen, eine Erfahrung, die sich im späteren Leben der Patientin wiederholt. Dies hat Konsequenzen für die analytische Technik: Kann der Analytiker anstelle von Deutungen, die nur mit Hilfe von Denkprozessen verständlich werden, dem Baby in der inneren Welt der Patientin ein von ihr selbst ausgelöstes Feedback und somit die entscheidende Reaktion vermitteln, die ihr offenbar immer versagt geblieben ist? Unter Umständen können die *Aktivitäten* des Patienten und des Analytikers gemeinsam jenes »Erkennen« bewirken, das ein Wachstum der Persönlichkeit ermöglicht. Balint fragt – so wie sie es in ihren späteren Beiträgen »Erinnerung und Bewußtsein« (7. Kapitel) und »Kreatives Leben« (8. Kapitel) mit größerer Entschiedenheit tun wird –, ob die falsche Wahrnehmung und ihre Folgen einen Zustand erzeugen, welcher der von Melanie Klein beschriebenen paranoid-schizoiden Position mit ihren massiven Projektionen und Spaltungen zeitlich vorausgeht und von andersartigen

---

[1] Enid Balint hielt den Vortrag »On Being Empty of Oneself« auf einer Wissenschaftlichen Tagung der British Psycho-Analytical Society am 20. Februar 1963. Er wurde im *International Journal of Psycho-Analysis* 44 (1963), S. 470-480) veröffentlicht und in *The World of Emotions*, einer Sammlung richtungsweisender klinischer Beiträge (hg. von Charles W. Socarides, New York, International Universities Press 1977), wiederabgedruckt.

[2] In diesem geologischen Sinne bezeichnet der Begriff »basic fault« eine »basale Verwerfung«, eine Verschiebung von Gesteinsstollen. In der deutschen Fachliteratur wird er mit »Grundstörung« übersetzt. [A.d.Ü.]

Gefühlen und Stimmungen beherrscht wird. Sie vertritt die Auffassung, daß das Leeregefühl der Entwicklung des Neides vorangehen müsse, da der Patient keine Objekte, weder gute noch böse, in seinem Innern birgt. Es gibt niemanden, der beneidet werden, oder nichts, das Neid wecken könnte.

In dieser Arbeit trifft Balint zwischen »Selbst« und »Ich« eine Unterscheidung, an der sie später nicht mehr festhält, aber bereits hier sollten wir das »Selbst« nicht mit dem »Selbst« der Selbst-Psychologie verwechseln. Es hat eher die Bedeutung von »Subjekt«, in dem Sinne etwa, in dem man das Subjekt seiner eigenen Geschichte ist (oder nicht ist).

Auch wenn sie auf dieses Thema im vorliegenden Beitrag nicht näher eingeht, stellt Balint die Frage, ob die spezifische Erfahrung ihrer Patientin Sarah, die Erfahrung nämlich, nicht erkannt zu werden, für die Psychologie der Frau möglicherweise generell von Bedeutung sein könnte, weil sie aus der prä-ödipalen oder sogar neonatalen (und prä-natalen?) Mutter-Tochter-Beziehung hervorgeht. Diese Überlegung wird im 6. Kapitel weiter ausgearbeitet.

Es ist interessant, daß Balint ihre Gedanken über die vom Säugling ausgelöste Feedback-Reaktion in der gleichen Zeit entwickelte, in der Bion sein Konzept der Alpha-Funktion der Mutter beschrieb, mit der diese auf die Beta-Elemente des Babys reagiert (Bion 1962), und Winnicott seine Überlegungen zur Funktion des »Holdings« formulierte, welche die Mutter für ihr Baby erfüllt, das in der Isolation nicht existieren kann (Winnicott 1960). Offenbar arbeiteten alle drei Autoren mit vergleichbarem Material, dennoch aber hat man den Eindruck, daß die männlichen Analytiker, Bion und Winnicott, größeres Gewicht auf die Rolle der Mutter und des Analytikers legen, während Balint durch die Interaktion mit ihrer Patientin zu einer Theorie gelangte, welche die Aktivität und die notwendige Passivität *beider* Beteiligter betont: des Babys ebenso wie der Mutter, der Patientin ebenso wie der Analytikerin. Neben Winnicotts (1960) berühmtem Ausspruch, daß es »so etwas wie einen Säugling ohne eine Mutter« nicht gebe, ruft uns Balint in Erinnerung, daß es »so etwas wie eine Mutter ohne ein Baby« nicht gibt.

◆

Wenn wir über einen Menschen sagen: »Er ist ganz von sich selbst erfüllt« [»He is full of himself«], meinen wir, daß die betreffende Person glücklich und stolz ist, daß sie zu sich selbst steht und das, was sie leistet, akzeptiert. Man könnte auch sagen, dieser Mensch sei – grundsätzlich oder zumindest im betreffenden Augenblick – mit sich selbst identifiziert. Die entgegengesetzte Formulierung: »Er ist selbst-entleert« [»He is empty of himself«], gibt es in der englischen [und deutschen] Sprache nicht, ähnliche Redewendungen aber, zum Beispiel: »Er ist heute nicht er selbst« oder »Ich bin heute nicht ganz bei mir«, kann man häufig hören. Formulierungen dieser Art besagen immer, daß mit der betreffenden Person etwas nicht in Ordnung ist, es ihr nicht gut zu gehen scheint. Es ist nicht klar, ob mit dem Ich oder mit dem Selbst etwas nicht stimmt, klar aber ist, daß man eine Unstimmigkeit im anderen wahrnimmt.

In diesem Beitrag stelle ich klinisches Material vor, das mit einem sehr komplexen Bereich der psychoanalytischen Theorie zusammenhängt, nämlich mit der Beziehung zwischen dem Ich, dem Körper und dem Selbst. Diese verschiedenartigen Konzepte sind nur höchst vage gegeneinander abgegrenzt. Ich beschränke mich auf einige wenige Beispiele: Freud (1923b) führte den Begriff des »Körper-Ichs« ein; Federn (1926, 1932) sprach von der »Ich-Erfahrung« und dem »Ich-Gefühl«; Schilder (1923) beschrieb das »Körperschema« und (1936) das »Körperbild«. Dieses Konzept wurde später auch von Scott (1958) aufgegriffen. Hartmann (1950, 1955) und andere Autoren sprechen vom Selbst und von Selbst-Repräsentanzen und beschreiben deren Beziehungen zum Ich. Da ich nicht die Absicht habe, meinen Beitrag mit einer Reihe komplizierter Definitionen einzuleiten, werde ich einzig die Konzepte des Selbst und der Selbst-Entwicklung benutzen und die parallelen, mitunter vielleicht sogar identischen Prozesse, die zum Erwerb eines angemessen funktionierenden Ichs und Über-Ichs führen, nicht erörtern, geschweige denn präzise darstellen.

In unserer klinischen Arbeit lernen wir häufig Menschen mit leichten oder schweren Erkrankungen kennen, auf die man die Charakterisierung, daß sie »nicht in sich selbst« seien, möglicherweise nutzbringend anwenden könnte. Das Gefühl der Leere kann eher milde oder auch sehr intensiv ausgeprägt sein. Um nur einige ihrer typischen Schwierigkeiten zu erwähnen: Diese Menschen sind nicht gerne allein und haben Schwierigkeiten, aus eigener Kraft irgend etwas für sich selbst zu tun; trotzdem haben sie häufig Angst vor menschlichem Kontakt und verabscheuen es, Hilfe von anderen anzunehmen. Mitunter machen sie einen leicht gehemmten Eindruck; in Gesellschaft wirken sie manchmal schüchtern, sie geraten leicht in Verlegenheit und wissen nicht, wohin mit ihren Händen. Manchmal können sie ihr Gefühl der Unzulänglichkeit und Leere zu einem gewissen Grad verbergen, ja sogar überwinden und aktiv und erfolgreich sein, wenngleich sie mit dem, was sie tun, niemals zufrieden sind. Unter günstigen Bedingungen gelingt es ihnen auch, ein mehr oder weniger normales soziales Leben zu führen, so daß sie sich gelegentlich sogar großer Beliebtheit erfreuen.

Am anderen Ende der Skala finden wir jene Personen, die sich aus dem alltäglichen Leben vollständig zurückziehen müssen. Dieser Rückzug hilft ihnen jedoch nicht, sondern verschlimmert ihren Zustand und führt unter Umständen zu einer Art Verwirrung. Wenn der Patient in dieser Situation in eine Klinik aufgenommen wird, legt sich seine Verwirrtheit oder löst sich sogar vollständig auf, weil er versorgt wird, ohne den Personen, die sich um ihn kümmern, in irgendeiner Weise verpflichtet zu sein. So ist der Patient zwar nicht allein, aber auch mit keinem anderen Menschen aktiv zusammen.

Wie können wir das Nebeneinander dieser beiden scheinbar ganz verschiedenen Zustände verstehen, dieses »Nicht in sich selbst sein« und das gleichzeitige Bedürfnis, daß ein anderer da ist, auch wenn es dem Betroffenen dadurch nicht besser geht oder ihm hilft, stärker »von sich selbst erfüllt« zu sein? Ich möchte hier betonen, daß die Anwesenheit einer realen Person die Situation in leichten Fällen gelegentlich verbessern kann. In schweren Fällen aber gelingt dies nie.

Meiner Ansicht nach wurzelt diese Störung der Beziehung zum eigenen Selbst wie auch zur Umwelt in einer sehr frühen Phase der menschlichen Entwicklung – möglicherweise im Bereich der Grundstörung (M. Balint 1958), vielleicht aber entsteht sie sogar zu einem noch früheren Zeitpunkt oder während des Beginns der paranoid-schizoiden Position (Klein 1946). Verschiedene Autoren haben unser Verständnis dieser Phase vertieft, unter anderem Ferenczi Ende der zwanziger Jahre, Melanie Klein und Michael Balint in den frühen Dreißigern, Winnicott, Anna Freud, Hoffer und Greenacre Ende der dreißiger und Anfang der vierziger Jahre und schließlich in jüngster Zeit Gitelson, Little, James, Khan und Laing.

Ich kann die Überlegungen dieser Autoren um eine Reihe klinischer Beobachtungen über die mögliche Psychogenese dieses Gefühls der Leere ergänzen. Es wird sich zeigen, daß sowohl der Charakter als auch die Entstehungsphase dieses psychischen Zustandes eng mit der wichtigen Rolle zusammenhängen, welche die Kommunikation mit der Mutter und ihre Fähigkeit, dem Säugling ein Gefühl der Zeit für Wachstum und Entwicklung zu vermitteln, in seinem Leben spielen.

Möglicherweise können diese Beobachtungen auch unsere Kenntnisse über die spezifisch weibliche Psychologie verbessern. Meiner klinischen Erfahrung zufolge begegnet man dem Gefühl der inneren Leere oder dem Gefühl, »nicht in sich selbst« zu sein, häufiger bei Frauen als bei Männern, wie auch bereits Erikson (1950) festgestellt hat. Zudem hängt diese Störung bisweilen mit einer weiteren zusammen, die meiner Erfahrung nach ebenfalls häufiger bei Frauen als bei Männern auftritt – dem Gefühl nämlich, angefüllt zu sein mit wertlosem, leblosem Müll, wie ein mit Stroh ausgestopfter Teddybär. Solche Frauen erklären selbst nach kleinen Mahlzeiten häufig, daß sie sich vollgestopft und unbehaglich fühlen. Von hier aus führen möglicherweise mehrere verschiedenartige Linien zu einer Symptomatik der Anorexie.

Als außerordentlich hilfreich für das Verständnis dieses Zustandes erweist sich die kleinianische Literatur mit ihrer dynamischen Sicht der Unfähigkeit, gute Objekte in das Innere des Selbst aufzunehmen und am Leben zu erhalten, und ihren Überlegungen zur frühen Entwicklung des Neides. Dennoch erscheinen mir diese Konzepte, so wertvoll sie sind, als unzureichend, da die Patientin, die ich in diesem Beitrag beschreiben möchte, weniger unter einem Mangel an guten oder bösen inneren Objekten als vielmehr unter dem Fehlen eines Selbst litt. Es trifft zwar zu, daß sie keine guten Objekte in ihr Inneres aufzunehmen vermochte – eine Unfähigkeit, die möglicherweise mit ihren oralen Angriffen auf ihre Objekte und dem später auftauchenden Neid ihnen gegenüber zusammenhing. Ich bin jedoch der Auffassung, daß dieser Neid erst entstand, nachdem die Patientin ihr Gefühl der inneren Leere überwunden hatte (das heißt, nachdem es ihr gelungen war, ein Selbstgefühl zu entwickeln), und daß er mit einer Entwicklungsstufe zusammenhing, die bereits weiter fortgeschritten war als jene, die ich beschreiben werde.

An dieser Stelle muß man sich fragen, ob diese Patienten überhaupt jemals das Gefühl gehabt haben, »von sich selbst erfüllt« zu sein, wirklich in ihrem Körper zu leben und der Mensch zu sein, den andere, die ihnen tagtäglich begegneten, in ihnen erkannten; anders gefragt: Ist ihnen im Laufe ihrer Entwicklung irgend etwas zugestoßen, das in ihnen das Gefühl hervorrief, ihres innersten Wesens, das sie einst besessen haben, beraubt worden zu sein?

Mein Beitrag beruht im wesentlichen auf bestimmten Entwicklungsaspekten der Übertragung einer Patientin, die ich Sarah nennen werde. Sarah war vierundzwanzig Jahre alt, als sie zu mir in Analyse überwiesen wurde. Ich werde zu zeigen versuchen, wie ich diese Aspekte ihrer Übertragung verstanden und therapeutisch mit ihnen gearbeitet habe. Diese Konzentration auf bestimmte Aspekte bedeutet natürlich nicht, daß es keine anderen gegeben hätte oder daß andere nicht beobachtet oder bearbeitet worden wären; die Aspekte aber, die ich hier auswähle, waren mir für meine Rekonstruktionen und theoretischen Schlußfolgerungen besonders nützlich. Ich mache darauf aufmerksam, weil ich nicht den Eindruck vermitteln möchte, daß diese Analyse einseitig gewesen sei oder sich in erster Linie um die Gesichtspunkte gedreht habe, die ich beschreiben möchte.

Sarahs Eltern waren wohlhabende Akademiker und lebten im Ausland. Der Vater wurde sowohl von meiner Patientin als auch von ihrer Muter, die ich kennenlernte, als sie während Sarahs Analyse nach England kam, als jähzorniger Mann charakterisiert, dem jegliche Selbstkontrolle fremd war. Obwohl er bereits zwei Söhne hatte, war er enttäuscht darüber gewesen, daß sein drittes Kind, meine Patientin, ein Mädchen war. Die Mutter machte auf mich einen depressiven Eindruck: eine Frau mit nur geringem Selbstwertgefühl, die sich in ihrer stürmischen Ehe auf den Beistand ihrer Kinder stützte.

Sarah war gestillt worden, hatte laut Auskunft ihrer Mutter immer reichlich getrunken und war ein perfektes Baby gewesen. Sie begann sehr früh, gemeinsam mit ihren Brüdern, die nur wenige Jahre älter waren, zu spielen, kletterte auf Bäume und erwies sich den Jungen in jeder Hinsicht als ebenbürtig. Sie war eine erfolgreiche Schülerin und Sportlerin und eine ausgezeichnete Reiterin. Ihre Mutter brachte mir ein Photo mit, das Sarah als Siebzehnjährige zeigte, damit ich sehen konnte, was für ein schönes und bezauberndes Mädchen sie gewesen war, bevor sie bald nach ihrer Ankunft in London jenen Zusammenbruch erlitt, der sie schließlich zu mir in die Analyse führte. Sarahs Mutter konnte nicht begreifen, wie sich ihre Tochter so sehr hatte verändern können, und behauptete nachdrücklich, daß es bis ungefähr ein Jahr vor dem Zusammenbruch niemals irgendwelche Schwierigkeiten gegeben habe. Sie versuchte den Zusammenbruch damit zu erklären, daß der Vater während jener Zeit besonders gewalttätig gewesen sei und dies für Sarah eine zu große Belastung bedeutet habe. Sarahs Mutter fühlte sich durch die Krankheit ihrer Tochter zutiefst in ihrem Stolz verletzt. Sie war überzeugt, daß Sarah innerhalb weniger Wochen wieder wohlauf sein würde, wenn man nur ein vernünftiges Wort mit ihr spräche.

In der Analyse wurde deutlich, daß Sarah in Wahrheit immer schon Schwierigkeiten gehabt hatte. Sie schilderte, wie sie als ganz kleines Mädchen voller Angst wach im Bett lag und nicht wagte, jemanden zu rufen. Voller Panik lauschte sie dem Pochen ihres Herzens und fürchtete, daß es aufhören würde zu schlagen. Die Übertragung ermöglichte auch die Rekonstruktion, daß sie in noch früheren Zeiten wie erstarrt im Bett zu liegen pflegte und fürchtete, daß irgendein Gegenstand von oben herabsinken und ihren Kopf zermalmen werde. Dieser Gegenstand wurde manchmal als Nudelholz beschrieben, manchmal als Felsen und mitunter als Wolke. Wenngleich ich in ihrer Analyse lange zweifelte, ob es sich um eine Phantasie[3] oder um die Realität handelte, habe ich auch guten Grund zu der Annahme, daß der jüngere von Sarahs Brüdern mit ihr Geschlechtsverkehr hatte, als sie sechs oder sieben Jahre alt war, und weiterhin mit ihr schlief, bis sie ungefähr zwölf Jahre alt war. Die Unfähigkeit der Mutter, zu erkennen, in welchen Schwierigkeiten sich ihre Tochter damals – und bereits in einem noch früheren Alter – befand, war für meine Patientin schlimmer als das, was sie tatsächlich erlebte. Sarah hatte bestenfalls das Gefühl, verachtet zu werden, in aller Regel aber schien es ihr, als werde sie nicht erkannt, nicht gesehen. So betraf eines der wichtigsten Themen ihrer Behandlung die Frage, welche Schwierigkeiten es einem Menschen zwangsläufig bereiten muß, einen anderen zu erkennen (siehe auch Laing 1960). Sarah war es

---

[3] Enid Balint folgt hier nicht der im Englischen üblichen Schreibweise »fantasy«, sondern übernimmt die kleinianische Gepflogenheit, unbewußte, mit sämtlichen Triebregungen einhergehende Phantasien durch die Schreibweise »phantasy« zu kennzeichnen. Sie erläutert diesen Unterschied zwischen unbewußten und bewußten Phantasien ausführlicher im 7. Kapitel (S. 134). [A.d.Ü.]

unbegreiflich, weshalb ich wissen sollte, wer sie war, wenn ich sie im Wartezimmer zu ihrer Sitzung abholte.

Sarah kam mit vierundzwanzig Jahren wegen eines Aufbaustudiums nach England, entwickelte aber beinahe sofort Verwirrtheitszustände und akute Angst, so daß sie ihre Ausbildung abbrechen mußte. Sie schaffte es, zu älteren Verwandten zu ziehen, die in einem Haus in der Nähe Londons lebten, und konsultierte aus eigener Initiative einen Psychiater. Abgesehen davon, daß sie täglich zur Analyse kam, wollte sie nach ihrem Zusammenbruch weder arbeiten noch irgend etwas anderes tun. Sie trug ständig, sommers wie winters, dieselben Kleider, unter anderem eine dicke Strickjacke, die sie auch in der Analyse nur selten auszog. Immerhin aber wirkte sie so normal, daß man sie allein mit dem Zug oder der U-Bahn fahren ließ. Unterstützt von mir und dem Arzt, der Sarah zur Analyse an mich überwiesen hatte, tolerierten die Verwandten, bei denen sie wohnte, ihr sonderbares Verhalten.

Nach den ersten Behandlungsmonaten und für die gesamte Dauer der ersten Phase, die sich über ungefähr eineinhalb Jahre erstreckte, deckte sich Sarah mit einer Decke zu und wandte sich von mir ab. Manchmal herrschte lange Zeit angespanntes Schweigen; gelegentlich hatte sie auch heftige Gefühlsausbrüche, normalerweise aber verbreitete sie eine eher nichtssagende, lustlose Atmosphäre; Gefühle traten vor allem dann zutage, wenn Sarah die Distanz zwischen der Tür und der Couch zurücklegen mußte, was ihr einige Schwierigkeiten bereitete. In dieser ersten Phase experimentierte Sarah mit meiner Fähigkeit, ihre Verwirrung und Zurückgezogenheit zu ertragen. Ihre Übertragungsreaktion war von der Erwartung bestimmt, daß nichts, was zwischen uns geschah, ob es sich um ihre Assoziationen oder um meine Deutungen handelte, von Bedeutung sein würde. Ebenso wie manche andere Patienten erklärte auch sie, daß sie überzeugt sei, daß ich dieselben Deutungen jedem Patienten automatisch zur selben Zeit in der Analyse gäbe und vielleicht sogar Aufzeichnungen von verschiedenen Sitzungen machte, um sie dann jedem Patienten vorzuspielen. Aber anstatt wie andere Patienten mit Verachtung und Wut zu reagieren, akzeptierte sie die mutmaßliche Bedeutungslosigkeit unserer Beziehung als unvermeidliche Tatsache. Daneben tauchte recht kohärentes, normales ödipales Material auf, das von einem sehr starken Penisneid zeugte; außerdem berichtete sie von zahlreichen homosexuellen und heterosexuellen Großtaten. In ihren Assoziationen aber beschäftigten Sarah zumeist wilde Tiere, die in die Stadt, in der sie normalerweise lebte, eindrangen, Kinder, die in Gullys geschwemmt und nie wieder gesehen wurden, oder Schlangen, die man in jener Stadt häufig fand und dann tötete. Immer bestand die Gefahr, daß sich Termiten unter den Fundamenten der Häuser einnisteten und sie zum Einsturz brachten oder daß sie Bäume unterhöhlten, so daß sie umkippten. Sarah hatte Angst, mir den Boden unter den Füßen zu entziehen oder selber von mir unterhöhlt zu werden. Sie betrachtete mich als vollständig getrennte Person oder als Tier und ging davon aus, daß ich sie nicht anders sehen würde. Häufig sagte sie, daß sie sich umbringen werde. In dieser Phase blickte sie mich, von flüchtigen Momenten abgesehen, nie an, versuchte aber ständig herauszufinden, ob ich wüßte, wann sie wirklich Angst hatte und wann sie nur so tat. Sie rätselte auch, ob ich sie zwingen würde, ihre Arbeit wiederaufzunehmen, das heißt, sich in die Welt ihrer Mutter hineinzubegeben, die sie als absolute Leere empfand. Diese Leere fürchtete sie mehr als alles andere, weit mehr als ihre eigene, alptraumhafte Welt. Sie war in ständiger Anspannung – zu leben, sich umherzubewegen, aufzustehen, ins Bett zu gehen: alles fiel ihr schwer und versetzte sie in Spannung und Angst.

Während dieser ersten Analysephase kam Sarahs Mutter nach England und versuchte, ihre Tochter aus der Behandlung zu nehmen und sie wieder zu dem normalen Mädchen zu machen, das sie ihrer Ansicht nach in Wirklichkeit war. Ich hatte gehofft, daß sie sich eine Weile um ihre Tochter kümmern werde, aber dies kam überhaupt nicht in Frage. Sarah allerdings war entschlossen, ihre Analyse fortzusetzen, und schaffte es, ihre Angelegenheit selbst in die Hand zu nehmen. Passiv widersetzte sie sich allen Versuchen der Mutter, sie zu Partybesuchen oder zum Kauf neuer Kleider zu animieren, erklärte sich aber bereit, einen – mit ausgesprochen undynamischem Ansatz arbeitenden – Psychiater zu konsultieren. Im Gespräch mit ihm verhielt sie sich so clever, daß sie ihn offenbar überlistete und dazu brachte, ihrer Mutter mitzuteilen, daß er ihre Tochter zumindest für die Dauer der nächsten sechs Monate nicht aus der Analyse nehmen könne und daß man sie überdies auch nicht zwingen sollte, während dieser Zeit zu arbeiten.

Bald nachdem ihre Mutter England verlassen hatte, beging Sarahs einzige enge Freundin Selbstmord. Sarah gab jeden Versuch auf, sich um sich selbst zu kümmern, wurde verwirrt, hatte Angst und zog sich zurück, so daß ich sie schließlich in die Psychiatrie einweisen mußte. Bei der Aufnahme beschrieb man sie als »depressiv, träge mit ausgeprägten Willensstörungen. Keine Anzeichen für psychotische Wahrnehmungen.« Man betrachtete sie als schizoide und leicht zwanghafte Persönlichkeit mit unterdrückter Aggression und überragender Intelligenz.

Kurz vor dieser stationären Behandlung, nach ungefähr eineinhalbjähriger Analyse, begann die zweite Behandlungsphase, als Sarah eines Tages ein Blatt Papier und einen Stift auf dem Tisch neben meinem Sessel bemerkte. Sie fragte, ob sie sich das Schreibzeug nehmen dürfe, legte, nachdem ich zugestimmt hatte, das Papier auf einen Tisch neben der Couch, auf dem ich einen Aschenbecher für sie bereithielt, und begann zu malen. Sie zeichnete lauter kleine, zusammenhanglose Linien und Punkte, die aber nach und nach das gesamte Blatt füllten. Dann nahm sie ein weiteres Blatt und machte dasselbe noch einmal. Dieses Malen war mitnichten eine lustvolle oder befriedigende Beschäftigung, sondern kostete sie beträchtliche Mühe und Anstrengung.

Danach verbrachte sie in jeder Sitzung einen Teil der Zeit damit, solche Bilder zu malen. Ich deutete diese Aktivität als einen Versuch, mit mir zu kommunizieren, mir etwas von sich selbst und ihren Empfindungen zu zeigen; weil sie keine Worte finde, um sie zu beschreiben, wolle sie mir mit den Bildern zu erkennen geben, wie bruchstückhaft und zusammengestoppelt ihre Gefühle seien. Es war nicht wichtig, ob ich ihre Zeichnungen damals oder zu einem späteren Zeitpunkt verstand und deutete; ich mußte sie jedoch immer als Mitteilungen anerkennen, sie respektieren und auf sie eingehen. Sie spürte, wenn ich mich an manchen Tagen weniger responsiv verhielt, und zog sich daraufhin zurück, sagte jedoch nichts. Mir fiel dies eine Zeitlang nicht auf, später aber erklärte sie es mir und meinte, es sei nicht schlimm, wenn ich im Augenblick eher zurückgezogen wirke, weil sie mittlerweile wisse, daß ich am nächsten Tag wahrscheinlich wieder lebendiger sein würde. Die verbleibende Zeit der Sitzungen verging mit normaler analytischer Arbeit; Sarah begann, sich an ihre Träume zu erinnern und zu ihnen zu assoziieren.

Ich bewahrte ihre Zeichnungen in einer Mappe in meinem Zimmer auf. Als sie mir später Gemälde brachte, nahm ich auch diese in meine Obhut, und allmählich verstanden wir, daß sie mir Teile ihrer selbst, ihres Körpers, übergab, die ich sammeln und an einem Ort in meinem Zimmer aufbewahren sollte. Im Laufe der Zeit wurden die Bilder, die sie natürlich zu Hause malte, integrierter, aber erst gegen Ende der Analyse, in der dritten Phase, stellten sie ganze Objekte dar; in dieser zweiten Phase malte sie häufig deutlich erkennbare Partialobjekte, Brüste, Penisse, Ovarien und andere Körperteile. Sarah hatte Biologie studiert und machte sich ihre Kenntnisse zunutze, dennoch aber blieben bis zur abschließenden Phase alle Motive unvollständig und zusammenhanglos.

Erst während der dritten und vierten Phase (vom vierten bis zum sechsten Analysejahr) fühlte sich Sarah imstande, über ihren Körper zu *sprechen*. Zuvor hatte sie über Ereignisse und Aktivitäten gesprochen, die sich in ihrem Kopf abspielten und Teil ihrer alptraumhaften Welt waren – so jagten zum Beispiel unaufhörlich Wölfe in ihrem Kopf umher, oder ihr Kopf bestand aus Hunderten und Aberhunderten winziger Fragmente, aus Mosaikstücken, auf denen hochkomplizierte Bilder zu sehen waren.

Charakteristisch für diese Periode, die dritte Arbeitsphase, waren massive Gefühlsschwankungen, die sich in jeder Sitzung wiederholten. Ein Großteil der Stunden schien in drei Teile zu zerfallen: zuerst eine Phase der Gewalttätigkeit, in der Sarah auf die Couch oder die Kissen einschlug, die Fäuste ballte, Kissen auf den Boden schmiß, ihre Zeichnungen zerriß und schluchzend vor mir zurückwich. Nach ungefähr zehn Minuten, in denen ich dieses Verhalten deutete, begann die zweite Phase der Sitzung, indem Sarah auf der Couch beinahe zusammenbrach. Dann begann sie, an ihren Fingern oder an der Hand zu lutschen, oder sie vollführte mit geöffnetem Mund Saugbewegungen. Eine Weile verhielt sie sich still, dann begann sie zu sprechen, und damit begann die dritte Phase der Sitzung. Ihre Assoziationen hatten etwa folgenden Charakter: Sie sagte, daß sie am liebsten eine Fledermaus wäre – dann könne sie in mein Zimmer kommen und an der Decke sitzen. Sie könnte auch ein Affe sein und von Ast zu Ast springen. Sie erzählte, daß sie zu Beginn der Analyse an der Decke saß oder auf einem Schrank in der Zimmerecke hockte. Mir sei nicht klar gewesen, so meinte sie, daß auf der Couch nur eine Muschel lag, eine Muschel mit einem Auge. Manchmal sprach sie von wunderbaren Flüssen, deren Wasser an der Oberfläche klar und gut, in der Tiefe aber giftig war. Sie brachte starke Angst vor dem Tod zum Ausdruck, Angst zu töten und vor allem Angst, vergiftet zu werden. Ebenso wie in der vorangegangenen

Phase drohte sie wiederholt, sich umzubringen. Ihre Angst vor ihren oralen Triebregungen sowie der Gefahr, daß sie sie in mich und in ihre Umgebung projizierte, konnte nun eingehender durchgearbeitet werden. Während solcher Assoziationen pflegte sich Sarah häufig herumzudrehen, um mich ansehen zu können. Sie begann, darüber zu sprechen, daß ich für sie immer dieselbe bleiben müsse, mich nicht verändern dürfe, und fragte sich verwundert, weshalb ich sie Tag für Tag wiedererkennen könne. Noch immer hatte sie panische Angst, in einer Leere zu leben und nicht erkannt zu werden.

Mittlerweile begann ich die Bedeutung, die diese Leere für sie hatte, etwas besser zu verstehen. Während der dritten Behandlungsphase wandte sich Sarah gegen Ende der Sitzung manchmal von mir ab und zog sich mit bleichem Gesicht ängstlich und wütend zurück. Mir wurde bewußt, daß dieses Verhalten mit meiner Ungeduld angesichts ihrer fortdauernden Krankheit zusammenhing oder in Situationen auftrat, in denen ich ihrer Meinung nach glaubte, daß sie übertrieb oder vorgab, kränker zu sein, als es in Wirklichkeit der Fall war. Umgekehrt zeigte sie dieses Verhalten aber auch, wenn ich ihren Zustand für bedenklicher hielt, als es tatsächlich gerechtfertigt war. Das Material, das sich diesen Episoden anschloß, machte mir klar, daß sie sich von mir im Stich gelassen fühlte und den Eindruck hatte, erneut in einer Leere leben zu müssen, wenn sie sich in solchen Situationen nicht von mir zurückzog und in ihre eigene alptraumhafte Welt hineinbegab. *Die Leere entstand, wenn ich anwesend war, ohne sie zu verstehen*, denn dieses Unverständnis bedeutete, daß ich sozusagen nur die äußeren Umrisse ihres Körpers sah, aber nicht das, was wirklich wichtig war – sie selbst. Wir waren Fremde: Ich wurde ihr fremd. Ich werde diesen Aspekt später eingehender erörtern. Nach und nach wurde deutlich, daß sie das Gefühl hatte, von Leere umgeben oder innerlich leer zu sein, wenn Menschen anwesend waren, die gewissermaßen in einer anderen Welt lebten, aber dies nicht erkannten oder nicht wahrnahmen, daß sie selbst sich in einer anderen Welt befand.

In der Phase ihres Rückzugs bedeutete das, was für mich libidinöse Befriedigung war, für Sarah keine libidinöse Befriedigung mehr. Mit ähnlichem Verhalten reagierte sie, wenn ich mich von meinem »Verständnis« für bestimmtes Material hinreißen ließ, das im betreffenden Augenblick für das, was mir Sarah eigentlich mitteilen wollte, völlig irrelevant war.

Ungefähr in diesem Zeitraum, während des fünften Behandlungsjahres, erinnerte sich Sarah an einen Traum, den sie mir bereits ein Jahr zuvor geschildert hatte: Ein Hund kam aus dem Meer gerannt, biß sie und verschwand dann wieder. Dies erinnerte sie an einen früheren Traum, in dem ein Vogel auf sie herabstieß, eine Wunde in ihre Kopfhaut riß und verschwand. In diesem früheren Traum, so sagte sie, sei sie vor allem darüber verletzt gewesen, daß der Vogel nie zurückkehrte; er verhielt sich völlig unbeteiligt, gleichgültig. Dann griff sie den Hundetraum wieder auf und sagte, daß ihr der Hund, als er sie biß, ihren Uterus geraubt habe, nun aber habe sie ihn zurückbekommen und könne ihn in sich fühlen.

Ungefähr zu dieser Zeit begann sie, ihre Hände als lebendig und als Teil ihrer selbst wahrzunehmen; zuvor waren sie ihr häufig leblos, wie aus Stahl gefertigt, erschienen. Diese beiden und zahlreiche ähnliche Erfahrungen lassen sich auf folgenden gemeinsamen Nenner bringen: Sie konnte nichts in sich haben, weil sie nichts hatte, womit sie es fühlen konnte. Dies erinnerte mich an Hoffers (1950) Überlegung, daß die erste Selbst-Erfahrung durch die erste Hand-Mund-Sensation vermittelt werde.

In diesem Zusammenhang stellt sich folgende theoretische Frage: Handelte es sich bei Sarahs Empfindungsverlust um einen sekundären Abwehrmechanismus, der sich gegen eine frühere paranoide Verfolgungsposition und gegen ihre eigenen destruktiven Strebungen richtete? Meiner Ansicht nach traf dies nicht zu. Ich hatte eher den Eindruck, daß dieser Empfindungsverlust die Entwicklung einer solchen Position möglicherweise sogar verhindert hatte. Allerdings könnte die Erklärung der Patientin, daß ihre Hände aus Stahl seien, auch vermuten lassen, daß das in diesem Beitrag beschriebene Syndrom eine sekundäre Abwehrentwicklung darstellte, die aus einer früheren, zur Zeit der Vorherrschaft der paranoid-schizoiden Position erlittene Störung resultierte und somit nicht als Mechanismus diente, der das Auftauchen dieser Position verhindern sollte.

Ich möchte hier jedoch darauf aufmerksam machen, daß die Feindseligkeit oder die Ressentiments, die Sarah in der Übertragung zum Ausdruck brachte, vor dieser Wiederentdeckung des Uterus in ihrem Körper auf ein beherrschbares Maß beschränkt blieben und daß es auch nicht häufig vorkam, daß sie unerträgliche Angst vor mir oder vor ihrer eigenen, gegen mich gerichteten Feindseligkeit entwickelte. Man könnte beinahe sagen, daß sich panische Angst vor ihrer eigenen Feindseligkeit mir gegenüber und, parallel dazu, natürlich vor meiner Feindseligkeit einstellte, sobald sie sich selbst wiederentdeckte und sich sozusagen »füllte«. Ihre Projektionsprozesse traten in Aktion, so daß dieser Teil ihrer Analyse mit dem Auftauchen intensiver, projektiver Verfolgungsphantasien einherging. Vor dieser Entdeckung hingegen beruhten ihre Beziehung zu mir und die Erwartungen, die sie an mich richtete, auf der Annahme, daß ich leer und leblos sei. Ihre Wut war verzweifelt und ziellos.

Eine Woche nach der erneuten Analyse des Hundetraumes berichtete sie einen weiteren Traum, in dem sie zunächst schlief und dann, beim Aufwachen, feststellte, daß die Deckenbeleuchtung ihres Schlafzimmers Feuer gefangen hatte. Sie eilte zum Zimmer ihrer Eltern, um sie zu Hilfe zu rufen. Die Eltern kamen nicht, statt dessen aber kam ihr Bruder, der so groß war, daß er an das Feuer heranreichte und es löschen konnte. Bevor er wieder ging, warnte er sie, die Glühbirne nicht noch einmal anzufassen und das Licht einzuschalten. Zu diesem Zeitpunkt wußte ich bereits genug, um ihre Angst deuten zu können, daß sie das Licht nun doch wieder angeschaltet habe und die Birne, die Kugel, der Uterus sich wieder in ihrem Innern befinde, so daß sie Gefahr lief, Feuer zu fangen. Daraufhin schilderte sie mir weitere Träume, die zum Ausdruck brachten, daß sie selbst und vermutlich auch ihre Objekte sich in Sicherheit befanden, solange sie leer blieb; war sie aber von Gefühlen, Wünschen und Bedürfnissen erfüllt, dann hatte sie den Eindruck, womöglich Feuer zu fangen, und selbst wenn ein Mann käme, um das Feuer zu löschen, würde er sie später doch ignorieren und verlassen und das, was in ihrem Innern gewesen war, mit sich nehmen, so daß sie erneut keine Gefühle mehr empfände. An diesem Punkt wurde sie sehr ängstlich und unruhig. Gleiches Material tauchte in unterschiedlicher Gestalt immer wieder auf und konnte trotz großer Anspannung durchgearbeitet werden. Sie konnte ihre Angst, daß jedes mögliche Gefühl wieder »ausgelöscht« und sie dann verlassen werde, ertragen, solange sie wußte, daß ich ihren Kummer sah, aber keinen Versuch unternahm, um sie zu ändern, das heißt ihre Gefühle »auszulöschen«. Wenngleich Sarah zu dieser Zeit – im fünften Jahr – wußte, daß ihr nur noch ein Analysejahr blieb, leitete alles, was sie als meinen Wunsch deuten konnte, sie gesund zu machen oder wieder an die Arbeit und das sogenannte normale Leben heranzuführen, eine Phase des Rückzugs, der Leblosigkeit und Feindseligkeit ein.

Die Entscheidung, einen Termin für die Beendigung der Analyse festzulegen, war dreieinhalb Jahre nach Behandlungsbeginn gefallen. Damals hatten wir beschlossen, nach sechs Jahren aufzuhören, das heißt, daß uns zum Zeitpunkt dieser Vereinbarung noch zweieinhalb Jahre blieben. Diese ungewöhnliche Maßnahme hatte zahlreiche Gründe. Der wichtigste bestand vielleicht darin, daß ich in jenem Stadium meiner eigenen Entwicklung als Analytikerin das Gefühl hatte, einer unendlichen Analyse mit dieser Patientin nicht gewachsen zu sein, und Sarah war sich dessen bewußt. Es gab jedoch auch Gründe praktischer Art. Sarahs Vater war nicht bereit, die Kosten zu tragen, und weigerte sich dann auch wirklich, für das letzte Behandlungsjahr zu zahlen; und zweitens wurde es für die Verwandten, bei denen Sarah wohnte, allmählich zu viel, sich um sie zu kümmern; sie bekundeten zwar ihre Bereitschaft, alles beim alten zu lassen, dennoch aber erschien es zweifelhaft, ob ihnen dies überhaupt möglich sein würde, da einer von ihnen körperlich krank wurde; tatsächlich verkauften sie ihr Haus, nachdem Sarah ihre Analyse beendet hatte, und zogen aufs Land.

Kehren wir nun zur Fallgeschichte zurück. Die zuletzt beschriebene Phase des Durcharbeitens ging zu Ende, als Sarah sich eines Tages daran erinnerte, daß sie voller Kummer ins Schlafzimmer ihrer Eltern gegangen war. Sie selbst vermutete, daß sie damals ungefähr sechs Jahre alt war, und wahrscheinlich hatte ihr Bruder unmittelbar zuvor zum erstenmal Geschlechtsverkehr mit ihr gehabt. Ihren Eltern fiel nichts an ihr auf, und Sarah sagte nichts. Die Eltern behandelten sie wie gewohnt; dies weckte in ihr ein Gefühl absoluter Einsamkeit und Leere. Zunächst hatte sie diese Einsamkeit akzeptiert, im Laufe der Zeit aber bereitete ihr sogar das tägliche Aufstehen größte Mühe, und schließlich war es ihr fast unmöglich, in ein Geschäft zu gehen und um etwas zu bitten, weil sie nicht mehr damit rechnete, gesehen, erkannt oder verstanden zu werden.

Sarah brachte die Phantasien über den Verlust ihrer Gefühle und ihre innere Leere vor allem auf der genitalen Ebene zum Ausdruck, indem sie über den Verlust ihres Uterus sprach. Der Zusammenhang zwischen diesen Phantasien und der Aphanisis (Jones 1929) ist offenkundig. Trotzdem habe ich den Eindruck, daß ihr genital-symbolischer Ausdruck ein sekundäres Phänomen darstellt. Eine mögliche theoretische Erklärung für die Verwendung genitaler Symbole könnte darin bestehen, daß die basale Störung auf einer so frühen Stufe eintrat und so traumatisch war, daß die

Patientin es erst nach langer Zeit, als sich die Sprache der Genitalsymbolik bereits entwickelt hatte, wagen konnte, sie ins Bewußtsein auftauchen zu lassen. Diese theoretische Konstruktion wird durch Sarahs Assoziationen und ihr Verhalten in der Übertragung gestützt. Während des größten Teils ihrer Analyse hatte ihr Verhalten einen ausgesprochen primitiven Charakter, den man nur als prä-genital bezeichnen kann. Ich denke dabei zum Beispiel an ihren intensiven Drang, zu saugen und zu lutschen, der sich allerdings ebenfalls erst nach einer langen Analysephase entwickeln konnte. Erst nachdem diese kritischen Phasen durchgearbeitet worden waren, begann die Patientin, Gefühle in ihrem Körperinnern zu empfinden, die sie dann bezeichnenderweise recht bald auf der genitalen Ebene zum Ausdruck brachte. Zuvor hatte sie mir deutlich ihr Verlangen nach der Brust und ihren Wunsch gezeigt, sie sich einzuverleiben; ich hatte auch erkennen können, daß ihre Angriffe auf die Brust ihr diese Introjektion unmöglich machten, ihren Wunsch aber, ihre Selbstempfindung wieder in ihrem Körper zu verankern, hatte ich nicht verstanden. Als sie jedoch über ihren Uterus zu sprechen begann, symbolisierte er zweifellos ihr ganzes Selbst. Sie konnte aber erst über ihn sprechen, als sie das Gefühl hatte, daß ich dies auch verstehen würde. In ebendieser Zeit brachte sie einen sehr kleinen, birnenförmigen Kieselstein mit in die Sitzung, den sie am Strand gefunden hatte, bevor sie nach England kam, an demselben Strand, an dem in ihrem Traum der Hund aufgetaucht war. Sie konnte mir den Kiesel zeigen, sobald sie wußte, daß ich ihn als Symbol für ihren Uterus und für sie selbst erkennen würde.

Bevor ich den Analyseverlauf zusammenfasse, möchte ich in aller Kürze über die abschließende Phase und die weitere Beobachtung, die sich über mehr als zwei Jahre erstreckte, berichten. Während des letzten und sechsten Behandlungsjahres war Sarah, wie bereits erwähnt, ungemein intensiven aggressiv-paranoiden Gefühlen ausgesetzt, die sie in der analytischen Situation allerdings zu bewältigen vermochte. Wir setzten die normale analytische Arbeit fort und konzentrierten uns dabei insbesondere auf Sarahs Beziehung zu ihrem Vater und zu ihren Brüdern. Sie versuchte, Arbeit zu finden, hatte aber keinen Erfolg, was vermutlich zum Teil darauf zurückzuführen war, daß sie bei den Vorstellungsgesprächen nicht gut abschnitt. Schließlich beschloß sie, einen Sekretärinnenkursus zu absolvieren, um zumindest eine Verdienstmöglichkeit zu haben, falls sie, wie sie hoffte, nach England würde zurückkehren können. Ihre Mutter kam zu dieser Zeit noch einmal nach London; wir trafen uns, und sie freute sich darüber, daß es ihrer Tochter besser ging. In dieser Phase war Sarah, wenn auch immer nur kurzfristig, während der Sitzungen sehr wütend, verstört und zurückgezogen. Wir haben die Wut, die sie empfand, weil sie gezwungenermaßen nach Hause zurückkehren mußte und ich sie im Stich ließ, sowie ihre heftige Angst, sich wieder zu verlieren, ihre Angst, sich selbst durch eine andere Person »enteignet« zu werden, gründlich bearbeitet; auch die Projektion dieser Ängste und vor allem ihre Furcht, daß ihre Triebregungen zu verstörend seien, um in die äußere Welt projiziert zu werden, wurden durchgearbeitet.

Als sie sich von mir verabschiedete, vereinbarten wir, daß sie mir von Zeit zu Zeit schreiben werde. Sie hielt Wort. Zunächst wohnte sie bei ihren Eltern und war nicht in der Lage, sich an eine feste Arbeit zu gewöhnen. In einem Brief, den sie mir ungefähr ein Jahr nach Beendigung ihrer Analyse schickte, schilderte sie einen Traum, der offenkundig eine Fortsetzung des »Hundetraums« darstellte, so daß ich ihn als Ausdruck ihrer Angst deuten konnte, ihr Selbst und die Inhalte ihres Körpers zu verlieren.

In ihrer Antwort schrieb sie, daß meine Deutung richtig sei. Sie hatte mittlerweile die Entscheidung getroffen, in eine andere Stadt umzusiedeln und bei einer Freundin zu wohnen; in der darauffolgenden Woche nahm sie eine Arbeit an und machte sich dabei zum erstenmal ihren Universitätsabschluß zunutze. Diese Stelle hat sie seither (mittlerweile sind eineinhalb Jahre vergangen) behalten. Zwei Monate später erhielt ich von ihrer Mutter, die Sarah besucht hatte, einen Brief, in dem sie schrieb: »Ihre ersten Monate hier waren für sie sehr anstrengend, aber ich war hocherfreut zu sehen, wie gut sie sich im Griff hatte.« Und in einer anderen Passage heißt es: »Auf mich macht sie einen völlig entspannten Eindruck. Sie läßt sich mehr und mehr auf die alltäglichen Dinge des Lebens ein. Ich habe nun das Gefühl, daß die langen Jahre nicht vergebens gewesen sind.«

Ich bekam auch Briefe von der Freundin, bei der Sarah wohnte – einer Universitätsprofessorin –, in denen diese ihre Bewunderung für die Analysearbeit zum Ausdruck brachte. Sie hat mich gefragt, ob die Analyse immer derart gute Resultate erziele.

Fassen wir den Verlauf der Behandlung noch einmal zusammen:
Phase I: Erstreckte sich über ca. eineinhalb Jahre. Gefühl, nicht in sich selbst zu sein. Die Welt ist eine Leere. Angst davor, in dieser Welt irgend etwas tun zu müssen. Keine Genitalsymbolik. Ständige Angst vor einer Katastrophe oder Angst, selber eine Katastrophe auszulösen. Lebhafte psychische Aktivität, die als Ventil für ihre destruktiven Wünsche diente.
Phase II: Erstreckte sich über ungefähr eineinhalb Jahre. Zeichnungen, zunächst Punkte und Striche, die als Mitteilungen über Körperbewegungen und -empfindungen verstanden und allmählich zu Partialobjekten und genitalen Symbolen weiterentwickelt wurden. Keinerlei Versuch, die Zeichnungen auf andere Weise zu verstehen. Analytikerin durfte ihre Bilder aufbewahren. Eine unechte Beziehung wurde weitestmöglich vermieden. Die Patientin konnte einen Teil ihrer Gefühle in der äußeren Welt unterbringen.
Phase III: Erstreckte sich über knapp zwei Jahre. Heftige Gefühlsschwankungen. Parallel dazu vorwiegend Saugbewegungen. Sie begann, Gefühle in ihrem Körper zu empfinden, und damit einhergehend tauchte eine Genitalsymbolik auf, mit deren Hilfe sie den Empfindungsverlust beschrieb. Als sie sich innerlich füllte, füllte sich auch die Welt.
Phase IV: Erstreckte sich über etwa ein Jahr. Paranoide Verfolgungsängste traten in den Vordergrund; Genitalsymbolik und Körpergefühle blieben erhalten, gingen aber mit Angst einher. Gewisse Anpassung an die Realität.
Weitere, gut zweijährige Beobachtung. Weitere Entwicklung der Realitätsanpassung. Entwicklung ihres beruflichen und sozialen Lebens.

Ich möchte Sarahs Entwicklung nun auf der Grundlage des Materials rekonstruieren, das wir in ihrer Analyse zusammentragen konnten. Ergänzt wird es durch die Daten, die mir ihre Mutter mitteilte. Ich werde mich dabei zu gewissem Grade natürlich auch auf Material stützen müssen, das ich in diesem Beitrag nicht darstellen konnte.
1. Obwohl Sarah reichlich Milch bekam, ein »guter Esser« war und sich, oberflächlich betrachtet, zufriedenstellend entwickelte, gab es offenbar einen lebenswichtigen Bereich, in dem ein tragfähiges Verständnis zwischen Mutter und Tochter fehlte.

2. Obwohl die Mutter ihr möglichstes versuchte, reagierte sie weniger auf die Gefühle, die ihr Baby tatsächlich empfand, sondern ließ sich in erster Linie von ihren eigenen, vorgefaßten Ansichten über das, was ein Baby fühlen sollte, leiten. Vielleicht war Sarahs angeborene Fähigkeit, Versagungen zu ertragen und sich ihnen anzupassen, allzu begrenzt. Und vielleicht bildete die Erfahrung, die Sarah mit ihrer Mutter machte, die Grundlage des Themas, das in ihrer Analyse immer wiederkehrte – nicht erkannt zu werden. Vermutlich konnte Sarahs Mutter es nicht ertragen, ihr Kind unglücklich zu sehen, ungestüm oder ängstlich, so daß sie darauf nicht reagierte und statt dessen versuchte, es zu manipulieren; das bedeutete, daß alles, was nicht gut und richtig war, augenblicklich korrigiert oder aber verleugnet wurde.
3. Daß es unter Umständen schlimme Dinge gibt – oder auch gute –, die als solche wahrgenommen werden müssen, wurde nicht anerkannt; und ebensowenig wurde anerkannt, daß es nicht reicht, die Dinge einfach nur wieder gerade zu rücken, und daß das Kind weder identisch mit seiner Mutter ist noch mit dem Wunschbild, das diese von ihm hat. Auf dieser Grundlage konnte sich die quälende Situation entwickeln, in der sich weder die Tochter mit der Mutter noch die Mutter mit der Tochter zu identifizieren vermochte. Die Mutter bewältigte diese schmerzvolle Situation durch Verleugnung, während sich in Sarah ein Gefühl »innerer Leere« ausbreitete, das ihr wahrscheinlich auch als Möglichkeit diente, ihre Wut unter Kontrolle zu halten.
4. Wenngleich ich das entsprechende klinische Material nicht dargestellt habe, möchte ich noch auf einen weiteren ätiologischen Faktor hinweisen: nämlich auf die Unfähigkeit oder mangelnde Bereitschaft der Mutter, dem Kind genügend Zeit für die Entwicklung und Integration des Selbstgefühls einzuräumen.

Ich möchte nun versuchen, diese Rekonstruktionen vor dem Hintergrund der in diesem Beitrag formulierten Überlegungen zu erklären. Sarahs Mutter war jeder Kommunikation unzugänglich, die dem Bild, das sie sich von ihrer Tochter gemacht hatte, nicht entsprach; infolgedessen konnte Sarah die Kommunikationen ihrer Mutter nicht verstehen und hatte das Gefühl, daß diese sie nie so sah, wie sie wirklich war; keine von beiden fand in der anderen ein Echo, so daß sich nur eine trügerische Interaktion zwischen dem heranwachsenden Kind und der Umwelt entwickeln konnte. Mutter und Kind waren nicht imstande, »eine Erfahrung miteinander zu leben«, wie Winnicott (1945) es ausgedrückt hat. Ich stelle mir eine solche Erfahrung folgendermaßen vor: Das Kind findet ein Echo seiner selbst in der Mutter; oder die Mutter akzeptiert die noch unorganisierten Gefühle und Emotionen ihres Kindes und ermöglicht es ihm durch ihre Reaktion, sie zu einem Selbst zu organisieren.

Ich möchte diesen Prozeß als »Feedback« bezeichnen, das vom Kind ausgelöst wird und als Stimulus für die Mutter dient, die ihn aufnehmen und anerkennen muß, daß etwas geschehen ist. Durch ihre Anerkennung kommt eine Art Integration zustande, die dem Kind dann widergespiegelt, ihm als Feedback zurückgegeben wird; auf biologischer Ebene entspräche diesem Vorgang die Anregung der Milchproduktion durch das Saugen des Babys. Dieser Feedback-Prozeß setzt eine Interaktion zwischen zwei aktiven Partnern voraus, durch die er sich meiner Ansicht nach von Projektions- und Introjektionsvorgängen unterscheidet, bei denen einer der Beteiligten nur ein passives Objekt ist.

Die mangelnde Bereitschaft von Sarahs Mutter oder ihre Unfähigkeit, ihre Tochter zu verstehen, trat sogar während der Zeit zutage, als sie mich in London aufsuchte. Ich war nicht imstande, einen tragfähigen Kontakt zu ihr herstellen, und es war offenkundig, daß sie selbst gar nicht versuchen wollte, irgend etwas über ihre Tochter zu verstehen; für sie kam es überhaupt nicht in Betracht, sich etwas anzuhören, das sich mit ihren eigenen Vorstellungen nicht vereinen ließ. Sie lebte in einer anderen Welt und war unfähig, ihre eigenen Erfahrungen zu erweitern oder etwas Neues, Unbekanntes in sich aufzunehmen. Mir ist bewußt, daß dieser Umstand für sich allein betrachtet noch keinerlei Schlußfolgerungen zuläßt und daß man nicht kategorisch behaupten kann, dieses Verhalten sei der Beweis dafür, daß Sarahs Mutter den Kommunikationen ihres Säuglings gegenüber unzugänglich gewesen sei. Ich hatte jedoch den Eindruck, daß sie die Mutterschaft als eine Art umhüllende, manipulatorische Aktivität betrachtete und dem Säugling kein eigenes Potential zugestand, sondern ihn wie ein leeres Objekt behandelte, in das sie *ihr* Selbst hineinlegen konnte oder sogar mußte, um Befriedigung und Beruhigung zu finden; sie konnte in ihrem Kind keine unabhängige, eigenständige Person sehen. Ähnliches läßt sich zweifellos auch an ihrem unglücklichen Verhältnis zu ihrem

Mann und ihrer Unfähigkeit beobachten, mit ihm eine Beziehung aufzubauen.

Nun wird verständlich, weshalb die Anwesenheit eines anderen Menschen für Sarah nicht zwangsläufig hilfreich war und in vielen Fällen ihre Krankheit sogar noch verschlimmerte, wenngleich sie es auch nicht ertrug, völlig allein zu sein, weil es ihr unter diesen Umständen an jeglicher Bestätigung ihres fortdauernden Seins fehlte. Sie brauchte einen Menschen, der anerkannte, daß sie sich in einer anderen Welt befand, und sie nicht in seine Welt zurückzuzwingen versuchte. Ich möchte hinzufügen, daß die Verwandten, bei denen Sarah wohnte, diese Aufgabe perfekt erfüllten. Sie nahmen ihre Besonderheit wahr, versuchten aber nicht, sie zu zwingen, in ihrer Welt zu leben, die im übrigen ebenfalls nicht sonderlich »konventionell« war. Niemand machte den Versuch, dem anderen seine Welt aufzudrängen.

Ich möchte diese Überlegungen anhand eines kurzen Materialausschnitts aus Sarahs Analyse illustrieren. Die Art, wie ich auf ihre Zeichnungen reagierte, ermöglichte es ihr, sich von mir akzeptiert zu fühlen und darauf zu vertrauen, daß ich nicht versuchen würde, ihr selbst und ihrer bildlichen Ausdrucksform meine Vorstellung von dem, was gut und deutungsfähig ist, aufzuzwingen. Aus diesem Grund konnte sie meine Reaktion tolerieren und mitunter sogar als angemessenes Feedback erleben.

Mein letztes Beispiel betrifft eine Beobachtung, die man an allen Kindern machen kann. Es ist interessant zu sehen, wie wichtig es für gesunde Kinder ist, den Eltern einen verletzten Körperteil zeigen zu können. Sobald sie sich, und sei es noch so geringfügig, verletzen, pflegen sie zu ihrer Mutter zu laufen, sie führen ihr vor, was geschehen ist, und erwarten, daß sie die Verletzung anerkennt. Dann können sie wieder loslaufen und spielen. Das Kind erhält ein adäquates Feedback, wenn die Mutter die Verletzung als solche wahrnimmt, sie angemessen würdigt und keinen »Wirbel« veranstaltet, sondern schlicht ihre Realität akzeptiert. Es scheint, als sei Sarah von ihrer Mutter in dieser Situation im Stich gelassen worden.

Beiläufig möchte ich erwähnen, daß das Ausbleiben eines adäquaten Feedbacks aufgrund einer fehlenden oder übermäßigen Stimulierung auch Ich-Störungen zur Folge haben kann. Der Versuch, mit der Situation zurechtzukommen, bewirkt eine Überentwicklung bestimmter Ich-Anteile, während andere unterentwickelt bleiben oder retardieren. Ich kann diesen

Aspekt hier nicht näher ausführen; natürlich stellt er nur eine der möglichen Ursachen für Ich-Störungen dar. Die analytische Literatur der vergangenen Jahre hat diesem Thema große Aufmerksamkeit gewidmet (Gitelson 1958; James 1960; Khan 1962).

Kehren wir zu meiner zentralen Überlegung zurück. Da ein adäquates Feedback fehlte, verarmten sowohl das Kind als auch seine Umwelt; äußere und innere Leere waren die Folge, so daß sich das Leben ausschließlich in einer phantasmatischen und alptraumhaften Welt vollzog, die von Es-Impulsen beherrscht wurde, aber von Körpersensationen und Gefühlen abgeschnitten blieb – oder, um Ferenczi (1933) zu paraphrasieren: in einer Welt des »Denkens ohne Gefühle und des Fühlens ohne Gedanken«. Der Säugling versuchte zu kommunizieren, erhielt jedoch keinerlei Reaktion; nichts kam zurück, alles verblaßte; entweder blieb jedes Feedback aus, oder der Säugling wurde mit einem Verhalten konfrontiert, das kein Echo, keine Reaktion auf das, was er fühlte oder mitzuteilen versuchte, darstellte. Diese unlebendige Beziehung zur Umwelt setzte sich fort, bis Sarah im Alter von siebzehn Jahren einen Zusammenbruch erlitt.

Geblieben war meiner Patientin nur eine aus Verzweiflung erwachsende Aggression. Die Wölfe, die in ihrem Kopf herumjagten, ließen sich in dem Sinne deuten, daß die Patientin ihre Mutter jagte oder die Mutter das Kind hetzte. Diese Aktivität aber brachte nur unaufhörliche, vergebliche Wut und Verzweiflung zum Ausdruck. Da ein echtes Feedback fehlte, wurde das Objekt, das gejagt, oder das Objekt, das gebraucht wurde, nach einer Weile unwichtig; es gab kein Objekt, dem nachzujagen oder zu grollen sich gelohnt hätte.

Da die Zeit nicht unterteilt war in Phasen guten und schlechten Feedbacks, gab die Patientin darüber hinaus jede Hoffnung auf, daß die Zeit irgend etwas für sie tun werde, daß irgendwann eine Zeit käme, in der sie selbst etwas würde tun können, oder daß Veränderung oder Wachstum sich mit der Zeit ergeben würden.

Sarah blieb die Möglichkeit verwehrt, aus ihren durch Körpersensationen geweckten Gefühlen einen Selbstkern aufzubauen, weil diese Gefühle nicht durch angemessene Reaktionen ihrer Mutter verstärkt und bereichert wurden. Infolgedessen empfand sie ihre frühen Introjektionen als Fremdkörper, die sie zu überschwemmen drohten. Gesunde Projektions- und Introjektionsprozesse wurden gehemmt. Der Säugling blieb von der

Realität isoliert.[4] Auch Hoffer (1952) betont, daß sich im Laufe der Entwicklung des Kindes zahlreiche Streßsituationen einstellen können, die einen Verlust des Selbstgefühls bewirken. Die von Anna Freud zitierte Patientin, eine Jugendliche, die dem Naziregime zum Opfer fiel und als Kleinkind aus einem polnischen Ghetto herausgeschmuggelt wurde, erklärte ihrer Analytikerin, diese könne sie nur dann analysieren, wenn sie den ganzen Tag mit ihr verbringe, da sie an unterschiedlichen Orten eine unterschiedliche Person sei. Anna Freud sagt, daß die Patientin die Therapeutin bat, »sich ihr als die leibhaftige Verkörperung eines stetigen, allgegenwärtigen, zur Verinnerlichung geeigneten Objekts anzubieten, um dessen Bild sie ihre Persönlichkeit neu ordnen und zu einer Einheit zusammenfügen konnte. Dann und nur dann besäße sie, ihrem Gefühl nach, ein stabiles und wirklich individuelles Zentrum ihrer Persönlichkeit« ([1954] 1987, S. 1358). Diese Patientin macht deutlich, mit welchen Schwierigkeiten ein Mädchen konfrontiert ist, dem als Säugling und Kleinkind die Möglichkeit zur Entwicklung eines kohärenten Selbst verwehrt blieb, weil die Bezugsperson fehlte, zu der es eine Beziehung hätte eingehen können.

Seit Freuds frühen Schriften wurde die herausragende Bedeutung einer guten Mutter-Kind-Beziehung immer wieder betont. Allerdings ist es mitunter schwierig, zu definieren oder exakt zu beschreiben, was »gut« wirklich bedeutet. Ich habe mich in diesem Beitrag auf einen bestimmten Aspekt einer »guten« Beziehung konzentriert, nämlich auf die Fähigkeit der Mutter, sich von ihrem Baby so stimulieren zu lassen, daß dieses ihre Reaktionen als Echo oder adäquates Feedback empfinden kann.

Zusammenfassung

Rekonstruktion der prä-analytischen Entwicklungen

1. Sarahs Mutter hat ihre Tochter nicht beachtet, sie hat sie ignoriert oder konnte nicht auf sie eingehen. Aus diesem Grund war sie nicht in der Lage, ihr das adäquate Feedback oder Echo, das notwendig gewesen wäre, zu vermitteln. Diese unzulängliche Beziehung setzte sich in Sarahs Kindheit und während ihres gesamten Lebens fort.

[4] Vgl. in diesem Zusammenhang auch Erikson (1950) und Searles (1961).

2. Infolge dieses mangelnden Feedbacks hatte Sarah das Gefühl, unerkannt zu bleiben, leer zu sein und in einer leeren Welt leben zu müssen.
3. Sie war nicht »in sich«, niemand konnte sie erkennen; sie wurde ignoriert, war allein und relativ sicher.
4. Um überhaupt irgend etwas zu haben, schuf sich Sarah eine alptraumhafte Welt, die sich ihrem Empfinden zufolge in ihrem Kopf befand und auch als Ventil für ihre aggressiven Impulse diente.
5. Um zu versuchen, ihre Eltern zufriedenzustellen, paßte sich Sarah an, bis sie ungefähr siebzehn Jahre alt war, obwohl sie, ohne daß es irgend jemandem aufgefallen wäre, ständig unter Anspannung und Angst vor einer drohenden Katastrophe litt.
6. Schließlich wurde ihr Unwirklichkeitsgefühl unerträglich, und als sie (mit dem Wissen, daß dort eine Analyse möglich sein würde) nach London kam, brach sie zusammen.

Entwicklungen während der Analyse

1. Während der Analyse wurde sie sich des Gefühls, nicht »in sich«, »selbst-entleert«, zu sein, bewußt. Sie brachte es häufig mit den Worten zum Ausdruck, daß sie sich außerhalb ihres eigenen Körpers sehe. Auf der Couch fühlte sie sich wie eine Muschel mit einem Auge. Ihr Inneres war angefüllt mit toten Menschen und leblosen Gegenständen.
2. In einer Phase des Experimentierens begann sie, Fragmente ihrer selbst in mich (und mein Zimmer) hineinzuverlegen und zu prüfen, wie ich darauf reagierte. Sie gab mir Zeichnungen, durch die sie Empfindungen darstellte, Bewegungen und Teile ihres Körpers. Diese Bilder wurden in meinem Raum aufbewahrt; sie hatte auch das Gefühl, daß ich ihre Assoziationen in meinem Innern sammelte und aufbewahrte, und sah dies bestätigt, wenn ich mich an sie erinnerte.
3. Sarah begann, Körpergefühle zu entwickeln – das heißt das Gefühl, sich in ihrem Körper zu befinden –, und parallel dazu begann sich auch die äußere Leere zu füllen.
4. Dies weckte ihre Furcht, sich erneut zu verlieren, und leitete eine Phase paranoider Angst ein.

Theoretische Schlußfolgerungen

1. Wir wissen, daß sich das Ich und das Selbst in einem Prozeß, den wir als Reifung bezeichnen, in gewisser Hinsicht spontan oder autonom entwickeln. In anderer Hinsicht aber beruht ihre Entwicklung auf einer adäquaten Interaktion zwischen dem heranwachsenden Individuum und seiner Umgebung.

2. Ich habe in diesem Beitrag einen Mechanismus jener Interaktion zu beschreiben versucht, den ich als Echo oder Feedback bezeichne. Das Verhalten des Säuglings dient als Stimulus, der seine Umwelt, in erster Linie seine Mutter, zu dieser oder jener Reaktion veranlaßt. Man könnte das Echo und Feedback auch als den Beitrag bezeichnen, den die Mutter zu dem Stimulus und den Reaktionen leistet.

3. Der Säugling lernt sich selbst in dieser Situation kennen, indem ihm eine andere Person – die Mutter – vermittelt, wie sie ihn wahrnimmt und erlebt, und mit Hilfe ihres eigenen Ichs die Mitteilungen des Kindes integriert und widerspiegelt. Ihre Reaktionen geben dem Säugling die Möglichkeit, gleichzeitig sich selbst und die Mutter kennenzulernen. Wenn diese Reaktionen für das Kind keinen Sinn ergeben, weil die Mutter zum Beispiel allzusehr mit ihren eigenen Gedanken oder Gefühlen beschäftigt ist, erhält es kein angemessenes Feedback. Anders ausgedrückt: Gutes mütterliches Verhalten oder adäquates Feedback sind das, was dem Kind Sinn macht.

4. Es gibt keine Möglichkeit, ein gesundes Selbst zu entwickeln, wenn nicht in akzeptablen Abständen ein adäquates Feedback stattfindet. Meiner Ansicht nach ist es nicht notwendig, daß dieses Feedback in bestimmten Augenblicken oder Phasen erfolgt. Einige wenige Erfahrungen dieser Art mögen ausreichen – und jede von ihnen kann wertvoll sein und eine Entwicklung in Gang setzen. (Unter Umständen wird sogar eine Zurückweisung oder ein Tadel als Feedback erlebt – vorausgesetzt, daß er dem Kind Sinn macht.)

5. Diese Überlegungen werfen interessante technische Fragen auf. Dabei denke ich zum Beispiel an den Unterschied zwischen Deutung und Feedback oder an die unterschiedliche Behandlung, die bei Rückzug bzw. sekundärem Narzißmus erforderlich ist.

Abschließend möchte ich festhalten, daß sich im allgemeinen zwei Reaktionen beobachten lassen, wenn die Interaktion zwischen dem heranwachsenden Individuum und der Umwelt zu gravierenden Enttäuschungen führt:
a. Die Aggressivität und der Haß des Individuums werden intensiviert.
b. Defizienzsymptome in der Entwicklung. Sarahs Analyse ermöglichte es mir, diese Defizienzreaktion (mehr oder weniger vollständig) zu isolieren, und veranlaßte mich zu den theoretischen Schlußfolgerungen, die ich soeben zusammenfassend dargestellt habe.

4. Der Spiegel und der »Receiver«

Balint faßt ihre Überlegungen zu den beiden zentralen Metaphern, mit denen Freud die Haltung des Analytikers charakterisierte[1], folgendermaßen zusammen: »OhneTeilnahme, das heißt ohne Introjektion, Identifizierung und Widerspiegelung, ist analytische Arbeit unmöglich« (S. 92). Ihre Schlußfolgerung, daß dieses Konzept der teilnehmenden Beobachtung der wissenschaftliche Weg der Zukunft sei, weist auf derzeit aktuelle Entwicklungen bereits voraus.

Wie es für sie charakteristisch ist, hat sich Balint ihre gründliche Vertrautheit mit Freuds Werk zunutze gemacht, um sowohl ihren Respekt vor seiner Arbeit zum Ausdruck zu bringen als auch zu zeigen, wie sie selbst sich dieses Werk – auf der Grundlage dieses Respekts – angeeignet hat. Der vorliegende, kurze Beitrag, der für Ärzte ohne psychoanalytische Ausbildung verfaßt wurde, enthält die für Balints Arbeit typischen »Überraschungsmomente«. Sie führt die Erwartungen des Lesers in die Irre, indem sie die Vorannahmen, die sich aus ihren eigenen Aussagen ergeben könnten, in aller Ruhe in Frage stellt. Nachdem sie beispielsweise gezeigt hat, wie notwendig es ist, daß sich der Analytiker zu einem gewissen Grad mit dem Patienten identifiziert, erklärt sie, daß sich der Patient in Gegenwart eines freundlichen Analytikers in noch höherem Maß allein und einsam fühlen wird, da sich sein kranker und behandlungsbedürftiger Teil angesichts dieser Freundlichkeit möglicherweise vernachlässigt und ignoriert fühlt. Sie ist der Ansicht, daß dem Analytiker, nicht aber dem Patienten, die freundliche Kommunikation angenehmer sei als die ausgesprochen mühevolle Arbeit, den freien Assoziationen zuzuhören und ihre Bedeutung zu ergründen. Unter Umständen fühlt sich der Analytiker auch versucht, von seiner schwierigen Aufgabe, es einer anderen Person zu ermöglichen, sich schließlich doch wahrgenommen zu fühlen, zurückzutreten. Deutungen können in bestimmten Situationen das intellektuelle Verständnis des Analytikers bezeugen, ohne jedoch ein Verständnis für die Bedürfnisse des

---

[1] Dieser Beitrag erschien erstmals unter dem Titel »Remarks on Freud's Metaphors about the ›Mirror‹ and the ›Receiver‹« in *Comprehensive Psychiatry* 9 (1968), S. 344 bis 348.

Patienten zu vermitteln, der in diesem Augenblick durch »Verständnis« nicht gestört werden darf.

Die zweiphasige Haltung, die Balint in diesem Beitrag darstellt, wird in anderem Kontext, nämlich in Verbindung mit den Ausbildungsgruppen für Allgemeinmediziner, im 12. und 13. Kapitel erneut thematisiert.

♦

Seit Freud (1912e) empfahl, der Arzt solle »undurchsichtig für den Analysierten sein und wie eine Spiegelplatte nichts anderes zeigen, als was ihm gezeigt wird«, haben Psychoanalytiker diesen Rat befolgt, diskutiert, neu bewertet und mitunter sogar abgelehnt, obwohl Freud unmißverständlich zum Ausdruck brachte, daß ein Analytiker, der sich dieser Regel nicht beuge, wissen müsse, daß »seine Methode [...] nicht die der richtigen Psychoanalyse« sei (S. 384). Die Spiegelfunktion des Analytikers wurde auf unterschiedlichste Weise verstanden, was vielleicht zum Teil damit zusammenhing, inwieweit der Charakter, die Ausbildung und die Fähigkeiten des Analytikers es ihm erlaubten, Freuds Empfehlung zu befolgen und den Patienten während der Analyse *nicht* mit sich selbst, mit seinen eigenen Ansichten, seinem Charakter und seinen Gedanken vertraut zu machen. Ein weiterer Grund aber war auch die Erfahrung, daß diese Technik bei bestimmten Patiententypen oder in bestimmten Behandlungsphasen nicht zu den gewünschten Resultaten führte. In den zwanziger Jahren begannen einige Analytiker zu untersuchen, ob das gewissenhafte Festhalten am Spiegelmodell bei allen Patienten angemessen oder auch nur grundsätzlich möglich sei. Ferenczi (1933) wies darauf hin, daß der Analytiker bei allzu rigider Befolgung dieses Modells Gefahr laufe, jene Traumata zu wiederholen, deren Folgen den Patienten in die Analyse gebracht hatten.

Damit komme ich zu meinem eigentlichen Thema, nämlich der Frage, welche Patienten oder welche Behandlungsphasen möglicherweise eine andere Technik oder eine anders geartete Beziehung zwischen Patient und Analytiker erforderlich machen.

Freuds Empfehlung beruhte nicht auf der Ich-Psychologie, denn er formulierte sie mehr als zehn Jahre vor der Publikation seines Buches *Das Ich und das Es* (Freud 1923b). Trotzdem impliziert sie die Grundannahme, daß die Gefahr einer durch die Analyse hervorgerufenen Ich-Störung um so größer wird, je gesünder der Patient ist; daß der relativ gesunde neurotische Patient im Vergleich zum Borderline- oder psychosenahen Patienten möglicherweise nicht in der Lage ist, sich einer Beeinflussung durch die Persönlichkeit des Analytikers zu widersetzen, während der weniger gesunde Patient dieser Gefahr überraschenderweise in geringerem Maße ausgesetzt ist. Das bedeutet, daß ein Patient der zuletzt genannten Gruppe aufgrund seines weniger integrierten Ichs durch die Persönlichkeit des Analytikers weniger leicht beeinflußt wird oder von einem solchen Einfluß vielleicht sogar profitieren kann. Hinter dieser scheinbaren Unlogik könnte sich ein Problem verbergen.

Ich verstehe unter der Spiegeltechnik eine zweiphasige Haltung, in der sich der Analytiker zunächst mit dem Patienten identifiziert und daran anschließend durch seine Deutung zeigt, welchen »Eindruck« die Gedanken und Überlegungen des Patienten auf ihn machen. Auch Ferenczi (1919) hat eine solche zweiphasige Haltung beschrieben. Wenn ich ihn richtig verstehe, mißt er der Vorstellung, daß die Überlegungen und Gedanken des Analytikers das Bild, das er seinem Patienten widerspiegelt, nicht verzerren oder färben dürfen, besonderes Gewicht bei. Dies setzt nicht nur ein hohes Maß an Identifizierung sowie ein Minimum an Projektion seitens des Analytikers voraus, sondern auch seine Fähigkeit, aus den von ihm introjizierten Mitteilungen des Patienten ein ganzes Objekt aufzubauen und sich mit dem Introjekt zu identifizieren, ohne dessen Ähnlichkeit mit dem Original zu gefährden. Es setzt keine Unmenschlichkeit seitens des Analytikers voraus; nur ein Mensch kann sich mit einem anderen Menschen identifizieren. Falls der Analytiker diese Art von Identifizierung aber nicht zu leisten vermag oder sie aus irgendeinem Grund nicht für ratsam hält, bricht das Spiegelmodell zusammen; wenn wir Freuds Diktum aus dem Jahr 1912 ernst nehmen, praktiziert er dann eine Methode, die keine »richtige Psychoanalyse« mehr ist.

Soweit ich weiß, hat Freud die Frage des Timings von Reflexionen, also von Deutungen, in diesem Zusammenhang nicht erörtert. Seine Metapher, welche die Undurchsichtigkeit des Analytikers betont, sollte deutlich machen, daß dieser dem Patienten seine eigene Persönlichkeit und seine Meinungen nicht kundtun und ihm weder Rat noch Sympathie oder Trost vermitteln sollte. Seine Aufgabe besteht Freud zufolge einzig und allein darin, dem Patienten das, was er verstanden hat, widerzuspiegeln. Gewiß, der Spiegel reflektiert augenblicklich und ununterbrochen, aber dies hat Freud meiner Ansicht nach nicht gemeint; insofern der Analytiker seine Deutungen erst gibt, wenn er den richtigen Zeitpunkt für gekommen hält, weicht er vom Spiegelmodell ab. Natürlich wird seine Entscheidung, abzuwarten und nicht sofort zu deuten, den Effekt seiner verbalen Deutung unweigerlich ebenso beeinflussen wie der Tonfall seiner Stimme, sein Sprachrhythmus usw.

Freud war durchaus bewußt, daß der Analytiker zwangsläufig als Person reagiert; dies bedeutet aber nicht, daß er dem Patienten seine Persönlichkeit aufdrängt oder es für hilfreich hält, dies zu tun. Wir haben grundsätzlich die Erfahrung gemacht, daß der Patient den Analytiker normalerweise nicht so wahrnimmt, wie dieser wirklich ist, es sei denn, daß ihm der Analytiker Ratschläge gibt oder ihn mehr oder weniger zwingt, seine Persönlichkeit als solche zu erkennen. Die Fähigkeit des Patienten, die Realität wahrzunehmen, variiert je nach Analysephase. Jeder Patient benutzt uns seinen individuellen Bedürfnissen gemäß, und wir werden auf mindestens ebenso viele verschiedene Weisen wahrgenommen, wie wir Patienten haben. Es ist möglich, daß ein bestimmter Patient uns als kalt und streng erlebt, während wir auf einen anderen warmherziger und mütterlicher wirken; auch unser Alter, die Farben unseres Zimmers und unserer Kleidung werden unterschiedlich wahrgenommen. Während langer Phasen werden wir in zahlreichen Analysen überhaupt nicht als Personen erlebt. Heutzutage neigen wir mitunter dazu, den Einfluß, den die reale Persönlichkeit des Analytikers auf die Behandlung ausübt, allzu stark zu gewichten oder zu sehr zu vereinfachen. Unter der Voraussetzung, daß das Spiegelmodell befolgt wird, halte ich dies nicht für gerechtfertigt. Mehr noch als der Patient hat der Analytiker selbst Schwierigkeiten, sich konsequent an diesem Modell zu orientieren. Wenn wir müde sind und nicht achtgeben, widmen wir den Gedankenassoziationen möglicherweise weniger Aufmerksamkeit – denn diese Konzentration bedeutet harte Arbeit – und hören statt dessen der Beschreibung von Ereignissen aus dem Leben des Patienten zu, auf die wir gerne freundlich eingehen würden. Wenn wir dies tun, geben wir unsere Persönlichkeit zu erkennen: Wir weichen vom Spiegelmodell ab; häufiger als der Patient aber haben meiner Ansicht nach wir selbst den Wunsch, das Modell nicht strikt befolgen zu müssen.

Ich möchte eine neue Überlegung formulieren, eine Überlegung, welche die Distanz des Analytikers zum Patienten betrifft. Hat der Patient das Gefühl, daß ihm der Analytiker nahe ist, wenn sich dieser freundlich und mitfühlend verhält? Und erlebt er den Analytiker als distanziert, wenn dieser das Spiegelmodell befolgt? Meine Überlegung lautet, daß sich ein Patient eher allein, isoliert und dem Analytiker fern fühlen wird, wenn dieser freundlich oder mitfühlend ist, das heißt vom Spiegelmodell abweicht, weil nämlich der behandlungsbedürftige, kränkere Teil des Patienten sich in dieser Situation unter Umständen von der mitfühlenden, freundlichen Beziehung ausgeschlossen fühlt. Wenngleich der mitfühlende, freundliche Analytiker dem anderen, gesunderen Teil des Patienten möglicherweise ein Gefühl der Zufriedenheit oder sogar Befriedigung vermittelt, fühlt sich sein kranker Teil, der Hilfe sucht (zum Beispiel der aggressive, verstimmte Teil), von diesem Kontakt ausgeschlossen, nicht angesprochen, ja, ignoriert.

Meiner Ansicht nach ermöglicht das Spiegelmodell es dem Analytiker, weder distanziert noch nahe, sondern einfach dazusein, wenn nötig nicht anders als die von M. Balint ([1959] 1960, S. 55) beschriebenen primären Substanzen, zum Beispiel die Luft, die wir atmen. Das könnte bedeuten, daß Patienten nicht häufig den Versuch unternehmen, uns in freundliche und mitfühlende Analytiker zu verwandeln. Dies trifft möglicherweise besonders auf schwerkranke Patienten zu, denen es bekanntlich mitunter schwerfällt, zwischen sich selbst und ihrer Umwelt zu differenzieren. Sie können folglich auch keine Beziehung zu ihr entwickeln, denn dies würde ihre Verwirrung noch steigern. Sie sind auf die Undurchsichtigkeit des Analytikers angewiesen und benötigen das Spiegelmodell, weil es ihnen hilft, zu einer gewissen Getrenntheit zu finden. Der scheinbare Erfolg, der sich durch freundliches Verhalten gelegentlich erzielen läßt, ist vielleicht darauf zurückzuführen, daß diese Freundlichkeit es dem Patienten ermöglicht, von seiner eigentlichen Aufgabe abzurücken, nämlich seine Verwirrung aufzuklären. Es ist möglich, daß er sich vorübergehend besser fühlt, dauerhafte therapeutische Resultate aber sind auf diese Weise nicht zu erzielen. Wenn reale Arbeit geleistet werden soll, ist es für diese Patienten besonders wichtig, einen Analytiker zu haben, den sie nicht als ihnen nahestehend erleben; dessen Identifizierung mit dem Patienten das Minimum nicht übersteigt, das für seine Wahrnehmung als Person erforderlich ist; der eine, wie man sagen könnte, von respektvoller Distanz geprägte Beziehung zu ihnen aufnimmt und eine rezeptiv abwartende, nicht extravertierte, identifizierende Haltung wahrt.

In diesen Phasen empfindet der Patient unter Umständen jede verbale Deutung als »aufdringlich« (Eissler 1953). Er ist so sehr von seinem Bedürfnis in Anspruch genommen, mit dem, was er in sich selbst fühlt, in Kontakt zu bleiben, es festzuhalten und zu konsolidieren, daß er sich davor schützt, es von einer anderen Person verstanden oder ergänzt, gestört, unterbrochen oder geordnet zu sehen. Jeder beunruhigende Gedanke, der von außen an ihn herangetragen wird, erscheint ihm disruptiv, ja verletzend. Deutungen laufen Gefahr, teils aufgrund der paranoiden Ängste des Patienten, als Verzerrungen erlebt zu werden; und weil es in solchen Phasen sehr schwierig ist, korrekt zu deuten, können sie tatsächlich Verzerrungen sein. Jede verzerrte Widerspiegelung, jede Projektion der Gefühle und Gedanken des Analytikers auf den Patienten muß in diesen Phasen nahezu unerträglich sein, da sie als Zeichen für überwältigende Feindseligkeit oder überwältigende Verführung erlebt wird.

Häufig stellt der Analytiker fest, daß es nicht ratsam ist, dem Patienten dessen unorganisierte Gedanken in organisierter Form widerzuspiegeln; vielleicht muß er ihm statt dessen widerspiegeln, daß es ihm besondere Schwierigkeiten bereitet, Störungen zu tolerieren.

Man könnte dieselben klinischen Beobachtungen auch anders beschreiben und sagen, daß das Ich des Patienten unzugänglich sei: es ist unerreichbar. Dies ist meiner Ansicht nach zum Beispiel dann der Fall, wenn aus dem Analytiker nur die Stimme der Vernunft spricht, das heißt wenn er seine eigene Realitätswahrnehmung in Worte faßt. In dieser Phase können Patienten »Vernunft« nur in sehr kleinen Dosen ertragen. Sie müssen zunächst ihre eigene Realität organisieren und diese dann dem Analytiker vermitteln, bevor sie auch nur geringe Dosen seiner Realität zu akzeptieren vermögen. Solchen Patienten kann man keine wie auch immer geartete äußere Realität aufzwingen.

Damit kehren wir zu meinen Bemerkungen über die Tatsache zurück, daß Freud die Frage des Timings von Widerspiegelungen, das heißt von Deutungen, nicht erörtert hat. Tatsächlich verwendete er im selben Beitrag noch eine andere Metapher: Der Analytiker solle sich auf den Analysanden einstellen, »wie der Receiver des Telephons zum Teller eingestellt ist«

(1912e, S. 381). Jedes System, das mit einem beidseitig angepaßten Mikrophon und Receiver arbeitet, benötigt einen eingebauten, selektiven Verstärker.[2] Dieser muß so konstruiert oder programmiert sein, daß er störende Signale vernachlässigt, selbst wenn sie sehr laut und wirkungsvoll sind, schwache, aber wichtige Signale jedoch heraussuchen kann. Als wir die Möglichkeiten von Kurztherapien untersuchten, haben wir diese Funktion als »selektive Aufmerksamkeit« oder »achtsames Vernachlässigen« bezeichnet. Das klingt bombastisch, ist aber nichts Neues. Häufig vernachlässigt man bei einer Traumdeutung sehr beeindruckende Einzelheiten und entdeckt den Schlüssel zum Verständnis des Traumwunsches in einem unauffälligen Detail des Gesamthintergrundes. Unter diesem Blickwinkel betrachtet, stellen die Begriffe der selektiven Aufmerksamkeit und selektiven Vernachlässigung nur eine präzisierte Formulierung des Phänomens dar, das Freud als gleichschwebende Aufmerksamkeit bezeichnet hat.

Wenn wir darin übereinstimmen, daß viele Borderline- und psychosenahe Patienten zwar mitunter einen Analytiker benötigen, der das, was sie ihm mitteilen, ähnlich wie ein feinabgestimmter Receiver mit eingebautem selektiven Verstärker in sich aufnimmt und zum rechten Zeitpunkt widerspiegelt, daß sie aber einen Analytiker, der das Spiegelmodell mißachtet, nie benötigen – von welchen Patienten, wenn überhaupt, wird ein solcher Analytiker dann benötigt? Welche Art von Patient muß wissen, was sein Analytiker denkt und fühlt, und welche Art von Patient ist auf das Mitgefühl des Analytikers angewiesen?

Im 3. Kapitel habe ich eine Patientin beschrieben, für die es während einer kurzen Phase ihrer Analyse notwendig war, daß ich auf ihre Mitteilungen in einer Art und Weise reagierte, die nicht nur den Inhalt ihrer Kommunikationen aufzeigte, sondern auch die Auswirkungen, die sie auf mich hatten, deutlich werden ließ. Vorangegangen war dieser Phase ein recht langer Zeitraum, in dem sie von mir nichts hatte annehmen können; meine Aufgabe bestand darin, inkohärente und fragmentarische Mitteilungen zu akzeptieren, sie in meinem Gedächtnis zu bewahren und abzuwarten, bis die Patientin und ich gemeinsam über das sprechen konnten, was sie zuvor nicht hatte in Worte fassen wollen oder können. Man könnte sagen, daß ich hier keine Spiegelfunktion erfüllte, sondern als Aufbewah-

[2] Ich danke Dr. W. Blomfield aus Melbourne für diesen Hinweis.

rungsort oder Ablagesystem für Material diente, das dem Spiegel erst später zugeführt wurde. Im Anschluß an diese Phase benötigte die Patientin mich, damit ich ihr dieses Material auf normale Weise widerspiegelte, das heißt deutete; allerdings konnte sie während dieser Zeit nur arbeiten, wenn sie auch zu meinen Gefühlen Verbindung hatte. Damit meine ich nicht, daß ich ihr sagen mußte, welche Gefühle ich ihr gegenüber empfand – vielmehr drehte sie sich auf der Couch herum, um mich anzusehen und meine Stimmung und meinen Tonfall in dieser Situation bewußt wahrnehmen zu können. (Ich muß hinzufügen, daß sie meine Gefühle bemerkenswert häufig zutreffend einschätzte.) Sie zeigte, daß sie darauf angewiesen war, ihre Analytikerin als konkrete Person sehen zu können, die in der früheren Phase nicht von ihr zerstört worden war; nur so konnte sie herausfinden, welchen Einfluß ihr Verhalten und ihre Mitteilungen auf diesen Teil der Welt (die Analytikerin), von dem sie sich zuvor zurückgezogen hatte, ausgeübt hatten. Sie versuchte, mich zu erreichen. Umgekehrt durfte ich dies natürlich nicht versuchen. Unter dieser Bedingung konnte sie weitergehen und während der folgenden Phase die Widerspiegelung akzeptieren, Kritik an mir üben sowie Wut und Destruktivität zum Ausdruck bringen, ohne in allzu große Angst zu geraten. All dies war in den früheren Phasen nicht möglich gewesen.

Diese Sichtweise stimmt letztlich mit der von Eissler (1953) und vielen anderen Psychoanalytikern vertretenen Auffassung überein, daß es bestimmte Prozesse in der Analyse gibt, die Modifizierungen des Modells der Undurchsichtigkeit erforderlich machen. Mein Beispiel zeigt, daß solche Modifizierungen vonnöten sein können, wenn der Patient im Anschluß an eine Phase drohender Ich-Desintegration wieder auf dem Wege zur Gesundung ist. Nachdem er die Gefahr überwunden hat, ist er unter Umständen auf Reaktionen des Analytikers angewiesen, die zu seinem ersten Introjekt der neuen Phase werden können, einem Introjekt, welches das Ich ohne Angst vor weiterer Verzerrung oder Disruption aufnehmen kann. Meiner Erfahrung nach ist es, sofern die Analyse selbst korrekt durchgeführt wird, nicht notwendig, daß der Analytiker Mitgefühl zum Ausdruck bringt.

Aus dem bisher Gesagten läßt sich somit der Schluß ziehen, daß die Implikationen von Freuds Spiegel-Metapher weitreichender sind, als man auf den ersten Blick vermuten würde. Alles, was wir heute als analytische Situation bezeichnen, die Analytiker-Patient-Beziehung usw., hat sich auf der Grundlage ebendieser Metapher entwickelt. Eine weitere Konsequenz dieser Metapher besteht darin, daß sie jedem Analytiker die berufliche Verpflichtung auferlegt, jedes Detail der verbalen und nonverbalen Mitteilungen des Patienten genauestens zu untersuchen und jeder winzigen Einzelheit, ungeachtet seiner eigenen, persönlichen Prioritäten und Schwerpunkte, die gleiche ernsthafte Aufmerksamkeit zu widmen.

Mir erscheinen diese Konsequenzen der Spiegel-Metapher wichtiger als die von ihr abgeleitete und häufiger als sie selbst zitierte Regel, daß die verbale Deutung das einzige Instrument sei, das der Analytiker benötige, um seiner Aufgabe gerecht zu werden.

Dieser Gedankengang führt uns zu einem überraschenden Ergebnis, wenn wir unsere Erkenntnisse noch einmal in etwas anderen Worten formulieren. Das Spiegel-Modell setzt keinen distanzierten, sondern einen teilnehmenden Beobachter voraus, dessen Teilnahme allerdings streng begrenzt ist. Ohne Teilnahme, das heißt ohne Introjektion, Identifizierung und Widerspiegelung, ist analytische Arbeit unmöglich. Dieser Erkenntnis kommt für unsere analytische Technik allergrößtes Gewicht zu. Über ihre Bedeutung für den Psychoanalytiker hinaus aber beginnt diese Denkweise die gesamte moderne Medizin zu beeinflussen.

Unsere Forschungen haben gezeigt, daß sich das zeitgenössische medizinische Denken, das auf den durch »wissenschaftliche«, das heißt durch objektive, nicht-teilnehmende Beobachtungen gewonnenen Daten basiert, trotz gewaltiger Erfolge in bestimmte Grenzen fügen muß, die wir in ihrer Gesamtheit als »krankheits-orientierte Medizin« bezeichnen. Jeder Fortschritt über diese Grenzen hinaus, jede Entwicklung in Richtung »patienten-orientierter Medizin« muß auf einer neuen Beobachtungskategorie, nämlich der Beobachtung durch teilnehmende Beobachter, beruhen. Solche Beobachter müssen sich neben der wissenschaftlich-objektiven, distanzierten Beobachtung auch Introjektion, Identifizierung und Reflexion als Arbeitsinstrumente zunutze machen.

5. Gerechtigkeit und gegenseitige Anerkennung als Erziehungsziele

Enid Balints Ehemann und Mitarbeiter, Michael Balint, starb im Dezember 1970. Nach seinem Tod fand sie einen Umschlag, der mit den Worten »Fair Shares« gekennzeichnet war. Er enthielt Notizen, die sie beide angefertigt hatten, und einige Seiten eines Typoskripts über ein Thema, das sie miteinander intensiv und ausführlich diskutiert hatten; sie stellte diese Notizen, mit einigen Ergänzungen versehen, zu dem vorliegenden kurzen Beitrag zusammen.

Balint hielt ihren Vortrag »Gerechtigkeit und gegenseitige Anerkennung als Erziehungsziele« im Juli 1971 auf dem 27. Kongreß der Internationalen Psychoanalytischen Vereinigung in Wien. Sie reiste im selben Flugzeug dorthin wie Anna Freud, die zum erstenmal seit ihrer Emigration in ihre Heimatstadt zurückkehrte. Angeregt wurde »Gerechtigkeit und gegenseitige Anerkennung als Erziehungsziele«[1] durch Michael Balints Konzept eines Harmoniezustandes, den er als »primäre Objektliebe« bezeichnete und dem Konzept des primären Narzißmus entgegensetzte (M. Balint 1937). Enid Balint arbeitet es zu einem wichtigen Thema aus: sie beschreibt Wachstum und zentrale Bedeutung der wechselseitigen Anteilnahme zwischen Mutter und Baby und zwischen Patient und Analytiker sowie die Rolle, welche die Gegenwart signifikanter anderer Personen in der inneren Welt für diesen Prozeß spielt.

Die in diesem Essay enthaltenen pädagogischen Reflexionen bilden einen zentralen Punkt aktueller Debatten. Das Füttern nach Bedarf, das hier diskutiert wird, stellt den infantilen Hintergrund der sogenannten kindzentrierten Erziehung dar. Im Gegensatz dazu entspricht die Freudsche Über-Ich-Theorie eher einer Erziehung, die vom Kind erwartet, die Regeln und Vorschriften einer erwachsenen Autorität zu internalisieren. Balint ist der Meinung, daß diese beiden Wege einander nicht unbedingt ausschließen sollten. Immer sind zwei Personen am Geschehen beteiligt – Mutter und

---

[1] Balint hielt den Vortrag »Fair Shares and Mutual Concern« im Juli 1971 auf dem 27. Kongreß der Internationalen Psychoanalytischen Vereinigung. Publiziert wurde er 1972 im *International Journal of Psycho-Analysis*. Die vorliegende Übersetzung von Käthe Hügel erschien erstmals in *Psyche* 27 (1973), S. 118-128.

Baby, Lehrer und Kind, Analytiker und Patient; und wechselseitige Anteilnahme setzt die Überwindung jeglicher Theorien voraus, die dem einen Vorrang auf Kosten des anderen geben.

◆

Die vorliegende Arbeit geht auf Notizen zurück, die zum größeren Teil noch von Michael Balint, zum kleineren von mir vor Jahren niedergeschrieben worden sind. Sie waren in einem großen Umschlag aufbewahrt, der die Aufschrift »Fair Shares« trug; der Umschlag enthielt außerdem einige maschinengeschriebene Seiten, die Michael einmal diktiert hatte. Die Notizen selbst beruhen auf langen Diskussionen, die wir im Laufe der Jahre miteinander geführt hatten; sie gingen zwar von verschiedenen Ausgangspunkten aus, betrafen aber eigentlich das gleiche Problem. In der früheren Diskussion ging es darum, was in der Frühkindheit und in der Erziehung eines Menschen geschehen muß, damit er später Spannungen ertragen, unvermeidliche Rückschläge überwinden und die Versagungen und scheinbaren Ungerechtigkeiten, die ihm im Leben zuteil werden, verarbeiten kann. Gibt es ein Verbindungsglied zwischen diesen Eigenschaften und der Fähigkeit, sich leidenschaftlich für andere einzusetzen und zu interessieren, oder sind diese Eigenschaften rein biologisch determiniert, nur getrennt bei verschiedenen Typen anzutreffen und nicht miteinander verknüpft? – Die zweite Diskussion ergab sich bei der Beobachtung der Art und Weise, wie unsere Enkelkinder aufwuchsen.

Es gibt eine Reihe psychoanalytischer Konzepte, die auf unsere Frage Bezug haben. Wir sprechen von Persönlichkeit, Charakter, Individualität, Identität, Ich und Selbst – und es gibt viele Theorien zur Erklärung der individuellen Unterschiede, besonders der Voraussetzungen, unter denen das Individuum ein belastungsfähiges Ich entwickeln und Spannungen aushalten kann. Allgemein gesprochen stützten wir uns in unseren Diskussionen auf zwei Theorien: erstens auf eine der frühesten Theorien Freuds, nämlich die Lehre vom Über-Ich, in dem die Gebote und Verbote niedergelegt sind. Diese Theorie, die auf der Hypothese vom Urvater beruht, umfaßt Vorstellungen über Identifizierung, Idealisierung und die Beziehung des Kindes zu seinem Vater, den es sehr liebt, aber auch haßt und beneidet. Die Konflikte des Kindes lösen sich schließlich, und es übernimmt die väterlichen Gebote. Dieser Prozeß kann zu heimlicher Auflehnung, zu Reaktionsbildungen usw. führen. Der Mensch ist niemals ganz frei, und seine Beziehung zur äußeren Wirklichkeit ist in gewissem Ausmaße gebahnt. Die Gebote, die ihm gegeben werden, sind keineswegs individuell für ihn erfunden, das heißt, sie haben keinen Bezug zu seiner Fähigkeit, Versagung oder Unlust im jeweiligen Moment zu ertragen; sie sind vielmehr, wie alle Erziehungssysteme, ein Versuch der älteren Generation, den Charakter der jüngeren gemäß ihren Ideen oder Idealen zu formen. Jedoch glaubt der Vater an die Gesetze, die er weitergibt; er kann sagen »du sollst« oder »du sollst nicht«, und er ist sicher, daß er das Kind auf die richtige Weise erzieht. Er übernimmt auch die Verantwortung dafür, daß das Kind sich so verhält, wie das von ihm vertretene Gesetz es fordert.

Unsere zweite, entgegengesetzte Theorie beruht weniger auf der Beziehung des Kindes zum Vater und seinen Geboten als vielmehr auf seiner Beziehung zur Mutter und hat mit dem sogenannten Füttern auf Verlangen zu tun. Damit meinen wir nicht nur die früheste Erziehungsphase, die Wechselbeziehung zwischen der einen Mutter und ihrem Säugling, wobei der Säugling nicht nach einem von der Mutter oder dem Kinderarzt aufgestellten Zeitplan gefüttert wird, sondern nach dem vom Kinde geäußerten »Bedürfnis«; wir meinten damit auch die ganze Erziehungslehre, die sich offenbar aus diesen Vorstellungen des Fütterns auf Verlangen entwickelt hat. Überspitzt könnte man sagen, daß nach dieser Theorie das *Kind* die Gesetze macht und die Mutter ihnen gehorcht, und daß auch hier keine Individualisierung herrscht, nur ist es diesmal die Mutter, die sich anpassen muß. Dabei lernt das Kind, daß es seinerseits auf nichts Rücksicht zu nehmen braucht und daß nur seine Bedürfnisse gelten.

Zusätzlich besagt diese Theorie, daß Warten unmöglich ist. So wird aufgrund dieser Theorie jede Spannungsvermehrung als Ungerechtigkeit und daher als ein Angriff der Welt auf das Individuum erlebt, und das ist unträgbar. Man könnte sagen, daß auch hier die Eltern Gebote aufstellen – aber diesmal diktieren die Gebote, daß das Kind nicht frustriert werden dürfe, denn Frustration führt zu Haß, Ambivalenz und Charakterdeformierung. Aber es ist genau wie bei der Über-Ich-Theorie: Kein Vater, keine Mutter kann streng nach diesem Gesetz handeln; nur wenige Eltern glauben, daß ein Kind niemals frustriert werden dürfe und daß sie es auch fertig brächten, es nie zu frustrieren, noch daß sie wüßten, wie lang sie versuchen sollten, es nicht zu frustrieren. Es handelt sich wohl mehr darum, herauszufinden, in welcher Phase und wie auf Verlangen gefüttert werden soll, und auch, wer die Verantwortung für diese Regeln übernimmt.

Es wird oft behauptet, daß es für das Kind schädlich sei, wenn in sein sich selbst regulierendes System störend eingegriffen wird, daß man das Kind vielmehr sich selbst entwickeln lassen sollte; Eingreifen führe zu Verdrängung, Verzerrung, Reaktionsbildung, Ich-Verbildung usw. Darin steckt gewiß ein Körnchen Wahrheit, denn Experimente haben gezeigt, daß Kinder, denen man die freie Wahl läßt – wenn man ihnen z. B. gestattet, so viel zu essen, wie sie wollen –, sich rasch ihren Bedürfnissen entsprechend verhalten und in der Tat die richtigen Mengen der verschiedenen Nahrungsmittel essen. Ebenso würden sie, sich selbst überlassen, auch die richtige Schlafdauer einhalten, und die Reinlichkeitsgewöhnung würde auch spontan einsetzen. In der Tat könnte man sagen, daß die biologischen Funktionen ihre eigenen, eingebauten Regulatoren besitzen.

Könnten also die Eltern – einigermaßen normale Verhältnisse vorausgesetzt – es ihren Kindern überlassen, sich selbst zu erziehen und Wege zu finden, wie sie zu den nötigen Fertigkeiten und Kenntnissen, Manieren und Moralvorstellungen kommen, etwa durch Identifikation, Imitation usw.? Gäbe es dann keine Probleme bezüglich der Disziplin und Rücksichtnahme auf andere, würden sich eine natürliche Disziplin und Rücksicht entwickeln, und brauchten die Eltern daher die Kinder nur noch vor gewissen Gefahren zu bewahren, wie Feuer, Wasser, dem Autoverkehr usw.? Und bedeuten diese Vorstellungen, daß wir unbedingt die Gebote und Lehren des Fütterns auf Verlangen befolgen sollten? Unsere Meinung ist, daß dies für viele, vielleicht sogar die Mehrzahl der menschliche Funktionen gelten mag, die vermutlich eingebaute Regulatoren besitzen, aber wohl nicht für die sozialen Funktionen, die sich im Zuge der Anpassung an die menschliche Umwelt entwickeln müssen.

Bei dieser Frage werden uns die hier kurz beschriebenen beiden Theorien kaum weiterhelfen. Keine von ihnen berücksichtigt ja die Objektbeziehung. Beide betreffen nur die Gebote und Forderungen eines an einen anderen, sei es ein Elternteil, sei es das Kind. Wir kommen unserem Problem erst näher, wenn wir den Begriff des Objekts und eine Theorie der Objektbeziehungen einführen und Eltern und Kind als gleichrangige Partner betrachten, also nicht denken, nur der eine von ihnen sei ein menschliches Wesen und habe Triebe und Bedürfnisse, oder auch daß die Bedürfnisse von Mutter und Kind immer vollkommen aufeinander abgestimmt seien. Dann aber müssen wir fragen, wieviel Spannung und Versagung von den Eltern (und vom Kinde) ertragen werden können und unter welchen Bedingungen. Was befriedigt, was frustriert? Macht es mancher Mutter mehr Freude, auf Verlangen zu füttern, sich benutzen zu lassen und das einzige Objekt der Triebe des Kindes zu sein, statt seine Triebe ihren Bedürfnissen anzupassen? In welchem Ausmaß darf das Kind ihr einziges Objekt sein und für wie lange? Wann sorgt sie besser für das Kind: wenn sie es »auf Verlangen« befriedigt oder wenn sie es ihren Bedürfnissen anpaßt? Diese Fragen erheben sich nur, wenn man annimmt, daß im Leben die Befriedigungsbilanz zwischen Mutter und Kind normalerweise nicht zu allen Zeiten völlig ausgewogen ist, trotz der biologischen Grundlagen ihrer Interdependenz. Aus Beobachtungen wissen wir, daß das Maß an Versagung, Spannung und Befriedigung, das uns als Analytikern im Hinblick auf die verschiedenen Patienten tragbar erscheint, gemäß unserer eigenen Persönlichkeit und unserem Charakter stark variiert, und ich halte es nicht für zu weitgehend anzunehmen, daß es zwischen Eltern und Kindern genauso ist. Was in der einen Analyse dem Analytiker wie dem Patienten angemessen und erträglich erscheint, ist es in der anderen für beide oder doch für einen von ihnen nicht. Die Über-Ich-Theorie, die gleiches Recht für alle lehrt, d. h. verspricht, daß jeder, der den vom Vater gesetzten Geboten gehorcht, auch seinen gerechten Anteil erhält, wird als nicht der Wirklichkeit entsprechend empfunden, und natürlich sind in der prä-ödipalen Phase diese Gesetze ohnehin noch nicht introjiziert, so daß noch jede Versagung vom Kind als ungerecht empfunden wird. Je nachdem wie das Kind die Versagung erlebt, kann es das Gefühl haben, daß es nicht verstanden oder nicht geliebt wird (und paranoide Ängste entwickeln), oder es kann das Gefühl haben, es sei allein an allem schuld, weil es so böse sei (und Schuldgefühle und depressive Ängste entwickeln). Unter dem Gesetz des Fütterns auf Verlangen hat auch die Mutter das Gefühl, es sei »ungerecht« gegen sie. »Jedem das Gleiche« ist natürlich nicht dasselbe wie »jedem das Seine«: die Bedürfnisse sind unterschiedlich. Und selbst wenn es gerecht wäre, jedem das gleiche zuzuteilen – »was dem einen recht ist, ist dem anderen billig« –, so variiert doch die Art und Weise, wie die

Anteile gegeben und wie sie genommen werden. Wenn wir annehmen, daß zwischen der Mutter und ihrem Kind zu verschiedenen Zeiten Unterschiede in der Befriedigung bestehen, so führt das bei der nächsten Gelegenheit unweigerlich zu Unterschieden in der Beziehung zwischen Geber und Empfänger, und es zeigt sich, daß wir es mit einer Objektbeziehung und nicht mit einer Theorie über mehr oder minder gute Gesetze oder gerechte beziehungsweise gleiche Anteile zu tun haben.

Warum ein Mensch Spannung ertragen, gefühlsstark und aktiv sein kann, ist aufgrund des Studiums der Über-Ich-Erziehung oder Erziehung nach dem System des Fütterns auf Verlangen nicht zu verstehen. Wir müssen vielmehr die Objektbeziehungen studieren, um herauszufinden, was zur Widerstandsfähigkeit gegen Spannung und zum Erwerb von Rücksicht auf das Objekt führt.

Ein Weg, sich diesem Problem zu nähern, führt über Michael Balints Theorie der frühen Objektbeziehungen, der »Urformen der Liebe«. Dann müssen wir die Entwicklung betrachten, die in der Beziehung zwischen Mutter und Kind eintritt und dazu führt, daß die primäre Objektbeziehung (in welcher Mutter und Kind füreinander wechselseitig bedürfnisbefriedigendes und befriedigungsbedürftiges Objekt sind) zu einer Beziehung wird, in der beide aufeinander Rücksicht nehmen. Ich möchte hier betonen, daß beide, die Mutter und das Kind, einzeln und gemeinsam solche bedürfnisbefriedigenden und befriedigungsbedürftigen Objekte sein können und oft auch sind. Obwohl die Mutter wahrscheinlich niemals völlig als Objekt der wechselseitigen Rücksichtnahme wahrgenommen wird, sich dagegen immer wünscht, in gewissem Ausmaße von ihren Kindern als primäres Objekt erlebt zu werden und tatsächlich auch so erlebt wird, wird das Kind durch die Beziehung zu ihr wie auch zu dem gesetzgebenden Vater instand gesetzt, sein Verlangen nach einem Objekt, das nur primäres Objekt ist (d. h. einem Objekt, dessen Bedürfnisse von ihm nicht berücksichtigt zu werden brauchen), aufzugeben und Rücksicht auf sein Objekt zu entwickeln. In seinem Vortrag auf der Internationalen Psychoanalytiker-Konferenz in Budapest 1937 sagte Michael Balint: »Ich glaube, das Ertragen von Spannung kommt nicht nur auf Befehl des Über-Ichs zustande, sondern kann auch gegen einen solchen Befehl stattfinden und ist dann eine autonome Funktion des Ichs.« Wir betrachten das also eher als eine Ich-Leistung denn als eine Über-Ich-Entwicklung. An dieser Leistung sind beide, Mutter und Kind, beteiligt, und das Kind entwickelt dabei Fertigkeiten, die ihm helfen, zwischen sich und dem Objekt zu unterscheiden – ein Aspekt der sich entwickelnden Realitätsprüfung. Mutter und Kind beginnen zur selben Zeit, sich voneinander abzulösen und sich ihrer verschiedenen Interessen bewußt zu werden; zugleich treten andere Beziehungen in Kraft, in denen die Interessenunterschiede schon von vornherein bestehen, z. B. zwischen Mutter und Vater. Die Beziehung zwischen dem Primärobjekt, der Mutter, und dem Gesetzgeber, dem Vater (obwohl normalerweise natürlich beide Eltern beide Funktionen in sich vereinen), ist in diesem Entwicklungsprozeß von größerer Bedeutung als die Art der Gesetze und Forderungen, die von den Eltern und dem Kind gegeben bzw. empfangen werden. Die Qualität der Objektbeziehung – in der Realität und so, wie sie von allen dreien wahrgenommen wird – der Eltern zueinander und jedes Elternteils zum Kind ist wichtiger als die Gebote; was das Individuum einmal von seiner Umwelt erwarten wird, hängt weit mehr davon ab, wie ihm die Gebote gegeben wurden oder wie es fühlte, daß sie ihm gegeben wurden, als von der Art, wie seine Bedürfnisse befriedigt wurden; vielleicht auch noch mehr davon, was die Mutter selbst fühlte, als davon, was sie tat und wie das Kind bewußt und unbewußt sie wahrnehmen und introjizieren und sich später mit ihr identifizieren konnte. Es ist wichtig, hier den Unterschied zwischen der Art und Weise hervorzuheben, wie die Objektbeziehungen von den beobachtenden Erwachsenen bzw. vom Kind erlebt werden. Diese Erfahrungen und Wahrnehmungen hängen von den Projektionen beider Partner auf den jeweiligen anderen ab, was wiederum das schon Introjizierte verändert und verzerrt. Das beeinflußt natürlich sowohl das intrapsychische Leben des einzelnen als auch die Art und Weise, wie er sich zu anderen verhält, und damit auch die ferneren Introjektionen.

Die Qualität der Objektbeziehung zwischen Mutter und Vater, wie sie vom Kind gesehen und gefühlt wird, d. h. der Grad ihrer Fähigkeit, den Eindruck gegenseitiger Fürsorge, Rücksichtnahme und Fairneß zu vermitteln, ist ein wichtigeres Introjekt als die Funktion jedes Elternteils für sich genommen, sowohl als Introjekt wie als äußeres Objekt. Hierher gehört vielleicht auch unsere Theorie über die Introjektion der Eltern, aber dieser Prozeß wird gewöhnlich im Rahmen der Lösung des Ödipuskomplexes betrachtet, während wir uns vor allem auf die präödipalen und späteren

Entwicklungsphasen, den Anfang des Gewahrwerdens und der Introjektion intimer, fast unbeobachtbarer, in geheimem Einvernehmen geschehender und gebilligter Aktivitäten zwischen beiden Eltern und zwischen Eltern und Kind konzentriert haben. (Der Einfachheit halber sehe ich hier vom Vorhandensein von Geschwistern ab.) Sobald das Ich diese Spannung ertragen gelernt hat, kann die Vorstellung *gerechten Teilens* sich entwickeln. Das ist jedoch schon anstrengender und in stärkerem Maße abhängig von der individuellen (in der Regel mütterlichen) Fähigkeit, große Nähe zu ertragen und zu genießen, ohne die Freiheit des Partners zu sehr zu beschneiden. Sie muß die Nähe ertragen, ohne Befriedigung und ohne die Herrschaftsausübung zu beanspruchen, die damit einherzugehen pflegt, wenn man als bedürfnisbefriedigendes Objekt begehrt wird.

Wir kehren jetzt zu unserer Annahme zurück, daß man in einem weitgehend normalen Familienleben es den Kindern überlassen könne, sich selbst zu erziehen. Wir können jetzt einen Schritt weitergehen und annehmen, daß unter diesen Umständen das Kind nicht von übermäßigen Triebimpulsen überflutet wird und daß die Eltern, wenn das doch einmal geschieht, imstande sind, die Krisen mitzuerleben, ohne zu viel einzugreifen, und echte Partner, weder zu viel noch zu wenig involviert, zu sein. Jetzt könnten wir folgern, daß nur drei Faktoren für die Erziehung wesentlich sind: a) Toleranz gegenüber der spontanen Entwicklung der »natürlichen« Beherrschung und Disziplin; b) normales Gefühlsleben im Elternhaus, so daß das Kind eine Chance hat, geliebt zu werden und sich mit einer liebenden Umwelt zu identifizieren, in der es nicht einsam ist, nicht zu lange alleingelassen oder zu viel gemaßregelt wird, noch gezwungen ist, zu viel elterliche Disharmonie, Unzufriedenheit oder übermäßig erregende oder leidenschaftliche Szenen mitanzusehen; c) nicht zu viel primitive Befriedigung der Eltern selbst mittels des Kindes. Wird aber dieses Mindestmaß an Erziehung das Kind auch für die mühsame Aufgabe vorbereiten, eigenes schweres Unglück oder das Unglück anderer zu ertragen und allmählich echte Leidenschaft zu verstehen? Wird es imstande sein, sich anzustrengen, auch wenn noch viel Zeit vergehen muß, bis es die Befriedigung, die aus der Anstrengung aller Kräfte erwächst, erkennen oder erleben kann? Wird es Spannung aushalten und Versagung seiner Wünsche hinnehmen lernen, wird es ertragen, daß andere begabter und erfolgreicher sind als es selbst? Wenn die Eltern durch ihr Beispiel demonstrieren, daß solche Spannungen ertragen werden können, und wenn sie die Krisen des Kindes als echte Partner miterleben, ohne das Kind zu beschämen – brauchen sie dann das Kind noch auf irgendeine andere Weise vorzubereiten? Wenn die Eltern so mit dem Kind mitleben, kann man sagen, daß sie das Kind für eine Welt vorbereiten, in der es erwarten wird, gerechtes Maß zugeteilt zu bekommen und zu geben, in der es imstande sein wird, Rücksicht zu üben und zu erfahren. Gewiß wird es Rücksicht von seiner Umwelt erwarten – aber wird diese Erziehung es auch vorbereiten zu ertragen, daß ein anderer auf seine Kosten Befriedigung findet und daß es das sogar genießen kann?

Winnicott (1963) geht dieses Problem an, indem er die Beziehung des Kindes zu zwei verschiedenen Seiten der Mutter beschreibt: der Objekt-Mutter und der Umwelt-Mutter. Er nimmt an, daß das Kind die Fähigkeit der Rücksichtnahme entwickeln kann, wenn sein Schuldgefühl hinsichtlich seiner Triebe gegenüber der Objekt-Mutter sich modifiziert und wenn das Kind die Verantwortung für sie und für die entsprechenden Funktionen übernehmen kann. Die Umwelt-Mutter wird zur Entwicklung dieses Schuldgefühls und des Wunsches zur Wiedergutmachung und zur daraus sich ergebenden Entwicklung der Fähigkeit zu Rücksichtnahme gebraucht. Das ist eine wichtige Beobachtung und unterstellt, daß das Kind die Fähigkeit zu Rücksichtnahme nur in einer solchen Bindung, d. h. in einer Zweier-Beziehung, entwickeln kann. Unsere Frage lautet, ob das richtig ist oder ob nicht auch eine mehrere Personen umfassende Beziehung benötigt wird. Wir betrachten nun einen Prozeß, der mit der Zweier-Beziehung Mutter-Kind beginnt, aber, wenn er sich voll entfalten soll, eine besondere Art von Mehr-Personen-Beziehung erfordert, deren Struktur noch nicht beschrieben worden ist, obwohl es sehr wichtig wäre, sie zu studieren.

Vielleicht können wir unser Problem einmal nicht von der Familie mit zwei oder drei Personen, sondern von der Gruppentherapie ausgehend betrachten. Natürlich führt uns das wieder zur Familie zurück, jedoch zu einer Familie, in der mehr als nur drei Menschen leben und in der die Phase der Zweier-Beziehung von einer Phase abgelöst ist, in der das Kind schon Beziehungen zu mehreren Personen unterhält. In einer therapeutischen Gruppe, in der das Maß an Zeit und Beachtung, das der einzelne Teilnehmer erhält, von Zeit zu Zeit stark variiert – wobei die Variationen von der übrigen Gruppe gewöhnlich ohne weiteres ertragen werden –, besteht doch ein sehr feines Gefühl dafür, daß im großen ganzen jedes Mitglied seinen fairen Anteil an Zeit und Beachtung erhält. Das bedeutet keinesfalls gleiches Maß für alle, aber doch soviel, daß jedes Mitglied erhalten muß, was einerseits zur Zeit mit seinen Bedürfnissen in Einklang steht, und daß andererseits dieses Maß in einem Verhältnis zu den Bedürfnissen der anderen Mitglieder steht. Wenn der Therapeut hierfür nicht Sorge trägt, kann große Unruhe entstehen. Wir stellten 1961 einen Vergleich zwischen den Ergebnissen der eigentlichen Psychoanalyse und denen der Gruppentherapie unter psychoanalytischer Leitung an. Wir sagten dort, daß »nach einer erfolgreichen psychoanalytischen Behandlung der Patient sicherlich weniger neurotisch (oder psychotisch), aber nicht unbedingt reifer sein wird. Dagegen ist der Patient nach einer erfolgreichen Behandlung mit Gruppenmethoden nicht unbedingt weniger neurotisch, aber sicherlich reifer«. Die Gründe, die wir angaben, waren folgende: Während der Patient in der Psychoanalyse die volle, ungeteilte Aufmerksamkeit des Analytikers in einer sehr engen Zweier-Beziehung erhält, muß der einzelne Patient im Rahmen der Gruppentherapie sich mit der Bedingung gerechten Teilens vertraut machen. Wir unterstrichen, daß der Rahmen, in welchem die Behandlung durchgeführt wird, ein wichtige Rolle bei den therapeutischen Prozessen und für die therapeutischen Resultate zu haben scheint.

In der Gruppentherapie hilft es den Patienten, wenn sie gewahr werden, daß auch andere Menschen Spannungen zu ertragen haben. Wir könnten hier fragen, ob dies auch in der Beziehung des Kindes zu den Eltern ohne traumatische Schäden erlebt werden könnte. Natürlich hilft es den Patienten in psychoanalytischer Therapie nicht immer, wenn sie sich der Gefühle des Analytikers bewußt werden; ebensowenig hilft es ihnen natürlich, wenn sie sehen, daß er keiner Gefühle fähig ist. Kann vielleicht das Ertragen oder sogar Genießen der Beobachtung, daß ein anderer auf unsere Kosten Befriedigung findet, nur in einer Mehrpersonen-Beziehung erlernt werden, wo Gesetze sich in einer Gruppe von Gleichen ausbilden und nicht von einem »Überlegenen«, sei es Kind oder Erwachsener, gegeben werden? Gewiß ist sowohl in einer therapeutischen Gruppe als auch in der Familie das Vorhandensein, sogar die Anwesenheit einer Elternfigur wesentlich. Aber das Klima von Rücksichtnahme in der Gruppe scheint sich mehr aus den Beziehungen zwischen den Gruppenmitgliedern untereinander als aus denen zwischen Gruppenleiter und Gruppenmitgliedern zu ergeben, und es entsteht offenbar nicht, wie Freud (1921) vermutete, nur anstelle des Geschwisterneides, also als eine Reaktionsbildung, die ja der Forderung nach gleicher Behandlung aller Kinder entsprechen würde. In der Familie sind es oft vielmehr die Eltern als die Kinder, die besorgt sind, ob auch alle den genau gleichen Anteil erhalten.

Ich will nicht behaupten, daß in der Gruppe nicht auch primitive Impulse und Affekte gegenüber dem Gruppenleiter empfunden würden oder daß nicht alle um seine Liebe wetteiferten, genau wie im Rahmen der Familie, oder daß in diesem Rahmen nicht viele Mechanismen aufträten, wenn es um primitive Konflikte geht, die über die Beziehung zum Gruppenleiter zur Zweier-Psychopathologie gehören. Aber in einer ganz stillen, fast unmerklichen Weise nehmen die Gruppenmitglieder manchmal Rücksicht aufeinander und helfen dem Gruppenleiter, mehr oder weniger jedem Mitglied zu geben, wessen es bedarf (wobei sie auch die Bedürfnisse des Gruppenleiters selbst mit beachten).

Ich weiß nicht, ob dies auch möglich ist, wenn nicht eine ausreichend gute frühe Zweier-Beziehung erlebt wurde, obwohl wir aus der Arbeit mit Patienten in Einzelanalysen wissen, daß diese Strukturen sich schon sehr früh bilden. Das Kind hat nicht nur den Wunsch, etwas zu bekommen, und meiner Meinung nach ist es für das Kind besser, wenn der Wunsch der Mutter zu geben nicht übermäßig stark ist. Vielleicht erhält auch der Gruppenleiter Hilfe von den Gruppenmitgliedern, weil sein Bedürfnis zu »heilen« von anderen geteilt wird.

Zusammenfassung

Bei den Versuchen zu erkennen, unter welchen Umständen Menschen entspannt und zufrieden, unter welchen sie umgekehrt krank und unzufrieden sind, richtete sich in den letzten Jahren die Aufmerksamkeit mehr und mehr auf die Bedeutung einer befriedigenden Objektbeziehung zwischen dem Individuum und seinen Mitmenschen – vorausgesetzt, daß ein günstiges Gleichgewicht zwischen Befriedigung und Versagung der Triebe und eine gesunde Entwicklung der Ich-Funktionen besteht.

Wir behaupten, daß die beiden Faktoren in der Struktur mitmenschlicher Beziehungen, die wir untersuchten, ihren Ursprung in den ganz frühen Bedingungen haben, was auch bedeutet, daß sie in erheblichem Maße unbewußte Elemente und Phantasien enthalten. Die Entwicklung dieser Phantasien wurde hier nicht untersucht; man hätte sich dabei auf Material aus Patientenbehandlungen stützen müssen, das in diesem Rahmen nicht vorgelegt werden konnte. Gewöhnlich werden nur die sekundären Aspekte dieser beiden Faktoren studiert, d. h. solche, die sich als Reaktionsbildungen auf primitive aggressive Tendenzen entwickeln. Darüber hinaus kann die Vorstellung des gerechten Anteils und der gegenseitigen Rücksichtnahme bei Kindern, Jugendlichen und Erwachsenen am besten als direktes Derivat primitiver Gefühlseinstellungen verstanden werden, die, obwohl man sie von den frühesten Stadien der menschlichen Kindheit an beobachten kann, oft zu verschwinden scheinen und, wenn sie später wieder auftauchen, als Reaktionsbildungen aufgefaßt werden; wenn sie keine Spontaneität zeigen, können sie ihre defensive Struktur in der Tat nicht verleugnen.

6. Die Analyse der Frau durch eine Analytikerin: »Was will das Weib?«

»Die Analyse der Frau durch eine Analytikerin: ›Was will das Weib?‹«[1] ist ein wichtiger, ungemein kreativer Beitrag zum Verständnis der frühen Entwicklung der Wünsche und internalisierten Objektbeziehungen der Frau. Als Ausgangspunkt für diese Arbeit diente Balint eine Beobachtung, die zu einem Meilenstein in der Entwicklung ihrer Technik wurde. Die beiden hier beschriebenen Analysen nahmen einen befriedigenden, ja, allzu befriedigenden Verlauf; irgend etwas konnte daran nicht stimmen, irgend etwas Entscheidendes kam nicht in den Blick. Die Patientinnen pflegten der Analytikerin ein Gefühl der Zufriedenheit zu vermitteln, die Distanz aber, die sie gleichwohl wahrten, lehrte Balint zu verstehen, daß beide Frauen nicht in der Lage gewesen waren, sich mit körperlichen Introjektionen ihrer Mütter zu identifizieren. Statt dessen hatten sie die Mutter immer aus einer Distanz heraus befriedigt, so daß sie trotz ihrer primär heterosexuellen Wünsche kein Gefühl für ihre eigene Weiblichkeit hatten integrieren können. Die Patientinnen sorgten dafür, daß ihre Mütter beruhigt waren, oder hielten ihre eigenen Feindseligkeiten ihnen gegenüber in Schach. Die Folge war, daß auch ihre Ehen ähnlich geruhsam und nichtssagend beschaffen sein mußten.

Eine Reihe von Gedanken, die in diesem Beitrag formuliert werden, greifen frühere Überlegungen wieder auf. Zugleich zeichnet sich ihre spätere Weiterentwicklung ab. In unterschiedlicher Weise beschäftigen sich sämtliche Konzepte, die hier entwickelt werden, mit der Komplexität der Beziehungen zwischen Körper und Psyche sowie zwischen präverbalen und verbalen psychischen Vorgängen. Im 10. Kapitel erweist sich diese Beziehung als eines der zentralen Themen, mit denen sich Balint fortwährend auseinandergesetzt hat. Die hier (S. 114) formulierte Beobachtung,

---

[1] Dieser Beitrag erschien erstmals unter dem Titel »Technical Problems Found in the Analysis of Women by a Woman Analyst: A Contribution to the Question ›What Does a Woman Want?‹« im *International Journal of Psycho-Analysis* 54 (1973), S. 195 bis 201, und wurde wiederabgedruckt in *The British School of Psychoanalysis: The Independent Tradition* (hg. von Gregorio Kohon, London, Free Association Books 1986, S. 331-343).

daß die Patientin anstelle einer internalisierten Mutter einen eingefrorenen »Fremdkörper« in sich berge, steht auch mit einer im 9. und 10. Kapitel erörterten Überlegung in Zusammenhang, der Überlegung nämlich, daß eine Identifizierung mit dem Introjekt nur dann zustande kommen und über die Introjektion nur dann nachgedacht werden kann, wenn sie imaginativ wahrgenommen wird.

Noch eine weitere, eng mit dem soeben erwähnten Thema zusammenhängende Frage taucht im vorliegenden Beitrag auf. Die analytische Beziehung kann aus Material etwas hervorbringen, das bereits vorhanden ist, aber noch nicht imaginativ von den beiden Personen, die für eine imaginative Wahrnehmung immer notwendig sind, wahrgenommen wurde. Wieder einmal führt Balint unser Verständnis über die bislang obligatorische frühe ödipale Auffassung des infantilen Bedürfnisses, eine depressive Mutter zufriedenzustellen, hinaus.

♦

In einer Fußnote zu seinen Vorbemerkungen über Freuds 1925 entstandenen Beitrag zur weiblichen Sexualität zitiert Strachey eine Überlegung, die Freud einmal gegenüber Marie Bonaparte geäußert hat: »Die große Frage, die nie beantwortet ist und die ich trotz dreißig Jahre langem Forschen in der weiblichen Seele nicht habe beantworten können, ist die: ›Was will das Weib?‹« (Zit. nach Jones [1955] 1984, S. 493) Freuds wichtigste ergänzende Beiträge zum Thema der weiblichen Sexualität betrafen die prä-ödipale Mutterbindung des kleinen Mädchens, die, wie er sagte, von größerer Intensität, Vielseitigkeit und längerer Dauer sei und folglich weit mehr Raum für Fixierungen und Charakterentwicklung lasse, als er zuvor vermutet habe (Freud 1925j, 1931b). Er betonte, daß das Mädchen gegenüber der Mutter sowohl aktive als auch passive sexuelle Ziele verfolge, daß es sie schwängern und ihr ein Baby gebären wolle und sich diese Wünsche auf indirekte Weise erfülle. Freud bekannte auch, daß wir über das Sexualleben kleiner Mädchen weniger wissen als über das des Jungen: das Sexualleben der erwachsenen Frau sei »ein *dark continent* für die Psychologie« (1926e, S. 241). Daran hat sich trotz umfangreicher neuerer Forschungen nach wie vor nichts Wesentliches geändert. Ich werde mich in diesem Beitrag ausschließlich auf die zahlreichen unbekannten Aspekte der Mutterbindung der Frau konzentrieren, die zu den Regionen dieses *dunklen Kontinents* zählen. Sie müssen erhellt werden, wenn wir das weibliche Sexualleben besser verstehen und die Frage: »Was will das Weib?« beantworten wollen.

Die Vorgänge, die zur Lösung der starken Mutterbindung beitragen, haben immer wieder Anlaß zu Diskussionen gegeben. Es geht dabei um mehr als nur um einen einfachen Objektwechsel (von der Mutter zum Vater); nicht selten weckt diese Entwicklung einen Haß auf die Mutter, der zeitlebens bestehen bleibt, auch wenn er im Erwachsenenleben normalerweise sorgfältig überkompensiert wird. In ihrem wichtigen Beitrag zu diesem Thema illustriert Lampl-de Groot (1927) anhand klinischen Materials die ungeheuren Schwierigkeiten, die es dem kleinen Mädchen bereitet, auf den Besitz seiner Mutter zu verzichten und anzuerkennen, daß diese ihm einzig als Liebes- und Identifikationsobjekt zur Verfügung steht. Das Mädchen hat das Gefühl, sich den Besitz der Mutter nur sichern zu können, wenn es nicht kastriert ist, sondern über einen Penis verfügt. Das Mädchen, das auf den Besitz der Mutter nicht zu verzichten vermag, muß infolgedessen die Kastration verleugnen – es entwickelt entweder überhaupt keine Beziehungen zu Männern und betrachtet weiterhin die Mutter als wichtigsten Besitz oder geht unter heimlicher Verleugnung der Kastration zwar Beziehungen zu Männern ein, bleibt aber frigide und innerlich nach wie vor an die Mutter gebunden. Ich habe jedoch die Erfahrung gemacht, daß solche Frauen nicht zwangsläufig frigide sein müssen. Sie identifizieren sich weder mit ihren Müttern noch mit anderen reifen Frauen, sondern können auf vielerlei Weise zufriedenstellende Beziehungen zu Männern entwickeln. Allerdings bilden diese Männer nie den eigentlichen Mittelpunkt ihres Lebens; dieser bleibt vielmehr anderen Frauen vorbehalten, der Anteil nehmenden Beziehung zu ihnen und dem Bedürfnis, für ihre Zufriedenheit Sorge zu tragen – unter der Voraussetzung allerdings, daß ihr Körper Männern reserviert bleibt: Sie streben Frauen gegenüber weder aktive noch passive direkte körperliche Befriedigung an; sie wollen für diese Frauen sorgen, Distanz aber muß gewahrt bleiben. Lampl-de Groot beschreibt eine ihrer eigenen Patientinnen, die den Wunsch hatte, Analytikerin zu werden. Ihr ging es jedoch nicht darum, sich mit ihr, der Analytikerin, identifizieren zu können – vielmehr wollte sie den (männlichen) Analytiker ihrer Analytikerin loswerden, um dann selber seinen Platz einzunehmen, zur Analytikerin ihrer Analytikerin zu werden und auf diese Weise in einer nicht-sexuellen oder sexuell gehemmten Funktion für sie zu sorgen.

Helene Deutsch (1946) beschreibt, daß sich die Frau von ihrer Mutter zu lösen bemüht, gleichzeitig aber ein intensiviertes und ängstliches Bedürfnis bekundet, weiterhin unter ihrer Obhut zu bleiben. Auch sie ist der Ansicht, daß die Mutterbindung im Erwachsenenleben erhalten bleibe, und sagt:

> In allen Phasen der Entwicklung und des Erlebens sicht man immer wieder die große Rolle, die die Mutter im weiblichen Seelenleben spielt. Viele psychischen Geschehnisse sind Ausdrucksformen der schubweise erfolgenden Lösungsversuche; von ihrem Gelingen oder Mißlingen hängt oft das seelische Gleichgewicht und das Schicksal des Weibes ab. (Deutsch [1946] 1959, Bd. 1, S. 24)

Deutsch glaubt, daß das kleine Mädchen, das sich von seiner Mutter nicht erfolgreich lösen kann, auch als erwachsene Frau auf ein beträchtliches Maß an mütterlicher Zärtlichkeit und Fürsorge angewiesen bleibt und das Leben als unerträglich empfindet, wenn diese Bedürfnisse nicht befriedigt werden. Ich habe in den Analysen, die diesem Beitrag zugrunde liegen, die Erfahrung gemacht, daß ein solcher Wunsch in sein Gegenteil verkehrt wurde; das heißt, die von mir analysierten Frauen mieden die mütterliche Obhut und hatten statt dessen den Wunsch, andere Frauen zu behüten. Möglicherweise konnten sie ihr eigenes Schutzbedürfnis auf diese Weise stellvertretend befriedigt sehen.

Mir wurde dieses Problem erstmals während der Analyse von zwei Patientinnen bewußt, die zwar in nahezu jeder Hinsicht sehr unterschiedlich waren, aber sowohl in der Übertragung als auch in ihren Beziehungen zu Männern ähnliche charakteristische Merkmale zu erkennen gaben. In beiden Analysen schien die Arbeit gut voranzukommen; ich fühlte mich nicht frustriert und hatte keine Unzulänglichkeitsgefühle, sondern im Gegenteil häufig, vor allem unmittelbar während der Sitzungen, den Eindruck, bei diesen Patientinnen wirklich gute Arbeit zu leisten. Wir konnten einige der Konflikte, die in ihren Beziehungen zu Männern auftauchten, bewußt machen und zu einem gewissen Grad lösen. Es gab jedoch einen Bereich, in dem die Arbeit wiederholsam und unfruchtbar blieb; er betraf alles, was mit den Müttern dieser Patientinnen zusammenhing. Obgleich sie über ihre Mütter sprachen, trat in ihren Phantasien oder Erinnerungen kaum unbewußtes Material ans Licht, und ihre Gefühle gegenüber den Müttern oder ihre Einstellung zu ihnen bzw. zu mir blieben praktisch unverändert. Und obwohl diese Patientinnen sehr unterschiedliche (beinahe gegensätzliche) Übertragungsmuster entwickelten, blieben diese Probleme in beiden Analysen Tag für Tag dieselben.

Da ich den Eindruck hatte, daß meine Zufriedenheit während der Sitzungen möglicherweise nicht gerechtfertigt war, begab ich mich auf die Hut und erkannte nach und nach, daß ich es offensichtlich mit einem gravierenden technischen Problem zu tun hatte. Es schien, als ob mich beide Patientinnen befriedigen und mein Wohlgefallen wecken wollten; da dieser Wunsch aber agiert wurde, war er schwierig zu analysieren: in einem Fall war er erotisiert, im anderen nicht. Beide Patientinnen hatten, jede auf ihre Art, das Gefühl, mich – die sie als Mutter, selten als Vater sahen – zu befriedigen, indem sie regelmäßig zur Analyse erschienen, Träume produzierten und frei assoziierten. Auf diese Weise wurde ihr Hauptproblem Tag für Tag gelöst. Und da sie dieses Bedürfnis in der Übertragung befriedigten, verloren darüber hinaus ihre Beziehungen zu Männern an Spannung und Gezwungenheit, während ihre unbewußten Objektbeziehungen weitgehend unverändert blieben. Ich zweifelte, ob es ihnen je möglich sein würde, ihre Mütter zu introjizieren oder sich in einem nächsten Schritt mit den Introjekten hinreichend zu identifizieren, um auf die sonderbare Befriedigung, sich distanziert und vertraulich zugleich um das Wohlgefallen ihrer Mütter zu bemühen und sie zu umsorgen, verzichten zu können und statt dessen eine wirklich befriedigende, achtungsvolle Beziehung zu Männern zu entwickeln.

Beide Patientinnen waren verheiratet und hatten Kinder; beide hatten einen Geliebten; beide wurden wegen »ehelicher Schwierigkeiten« an mich überwiesen; beide mochten ihre Ehepartner und hielten sie für nette, gute, sogar interessante Männer, begegneten ihnen aber kalt und kritisch, während sie sich ihren Liebhabern gegenüber, zu denen sie gute und keineswegs rein sexuelle Beziehungen hatten, warmherzig, vertraulich und liebevoll verhalten konnten. Keine der beiden Frauen war der Ansicht, daß der Geliebte dem Ehemann etwas voraus habe oder auch nur netter sei als er. Es gab eine Fülle von Anhaltspunkten für die Hypothese, daß sich die Patientinnen in der vom Ödipuskomplex dominierten Sexualphase befanden – die einem Analytiker keine sonderlichen Schwierigkeiten bereiten sollte. Sie verleugneten es zum Beispiel, daß ihre Mütter von ihren Vätern befriedigt werden oder überhaupt je eine befriedigende sexuelle Beziehung zu ihnen gehabt haben könnten. Auf diese Weise konnten sie den Neid auf ihre Mütter und die Feindseligkeit, die sie ihnen gegenüber empfanden, verleugnen. Beide Patientinnen verleugneten auch die Schuldgefühle, die ihnen aus ihren Beziehungen zu den Vätern erwachsen waren, räumten jedoch Phantasien ein, in denen sie Babys vom Vater empfingen oder vom Vater bevorzugt wurden. Beide hatten ihre Vagina positiv besetzt, dennoch aber gab es Hinweise auf eine Verleugnung der Kastration und Vermeidung des Penisneides. Beide Patientinnen wirkten ihrer äußeren Erscheinung und ihrem Benehmen nach mädchenhaft, obwohl die eine bereits Mitte Vierzig, die andere Mitte Dreißig war, und es hatte den Anschein, als seien sie beide nicht in der Lage, sich als wirklich erwachsene Frau zu erkennen zu geben, die genitale Befriedigung durch den eigenen Ehemann, den Vater ihrer Kinder, finden könnte. Ebenso wie in der Phantasie mit ihren eigenen Vätern konnten sie jedoch die Babys ihrer Männer bekommen und ihren Kindern Mütter sein. Sie verleugneten Schuldgefühle, fanden bei ihren Ehemännern aber keine Befriedigung. Eine der beiden Patientinnen konzentrierte sich darauf, der Mutter und mir (zunächst erotisch, später auf eine eher fürsorgliche Weise, die nur gelegentlich eine Reaktionsbildung gegen feindselige Gefühle darstellte) zu gefallen; der anderen ging es in erster Linie darum, bei niemandem, weder bei ihrer Mutter noch bei mir, Wohlgefallen zu wecken. Die Mütter waren für beide Frauen wichtiger als die Ehemänner, obwohl sie Männern – vorausgesetzt, daß es sich nicht um die eigenen handelte – Lust spenden und sich von ihnen befriedigen lassen konnten. Ihr Über-Ich schien weniger streng zu sein, als ich zunächst vermutet hatte, so daß sie trotz der Feindseligkeit, die sie ihren Müttern gegenüber hegten, in gewissem Rahmen Beziehungen zu genießen vermochten. Beide Frauen hatten ältere Brüder, denen sie in ihrer Jugend sehr nahestanden. Vielleicht hatten sie ihre ödipalen Probleme zu einem gewissen Grad gelöst, indem sie einen Teil ihrer sexuellen Strebungen von den Vätern auf ihre Brüder verschoben und so die Feindseligkeit und die Schuldgefühle, die sie auf der ödipalen Stufe den Müttern gegenüber empfanden, linderten.

Während der ersten Analysejahre arbeitete ich mit diesen Überlegungen, denen beide Patientinnen auf nicht überzeugende Weise unter mildem Protest beipflichteten (obwohl eine von ihnen, wie ich später zeigen möchte, verwirrt wurde). Diese Arbeit änderte jedoch nichts an ihrer Einstellung den Müttern oder mir gegenüber. Ihre Analysen blieben wiederholsam. Eine der Patientinnen hatte eine Bindung an mich entwickelt, die auf einem zielgehemmten Sexualtrieb und auf der Hoffnung beruhte, meine Feindseligkeit zu überwinden; der Bindung der zweiten Frau lag ein verzweifelter Versuch zugrunde, mir nahe zu sein. Dieser Versuch beinhaltete gelegentlich auch die Suche nach einem Penis, der ihr helfen würde, ihr Ziel zu erreichen.

Ich werde nun Auszüge aus dem Material dieser Patientinnen wiedergeben, bevor ich mich erneut den theoretischen Schlußfolgerungen zuwende.

In einer frühen Phase ihrer Analyse agierte Frau X. ihren Wunsch, mich – die Analytikerin-Mutter – zufriedenzustellen und mir zu gefallen, durch aufreizendes, erotisches Verhalten. Insgeheim hegte sie die Vorstellung, mich jedesmal zu befriedigen, sobald sie mein Zimmer betrat. Auf diese Weise identifizierte sie sich mit einem Penis; ich wurde von ihr als äußeres Objekt wahrgenommen und zugleich als Objekt, mit dem sie identifiziert war (Freud 1923b). Sie hatte Angst, mich zu berühren, das Betreten meines Zimmers aber repräsentierte symbolisch ein Eindringen in meinen Körper, das mir Befriedigung vermittelte und ihr auf diese Weise den Freiraum gab, sich mit ihrem Geliebten zu vergnügen. Sie war ängstlich, wenn sie – immer höchst umsichtig und taktvoll – mein Zimmer verließ. Sie berührte mich nie und schien das Gefühl zu haben, die Couch nicht mit ihrem ganzen Gewicht belasten zu dürfen. Sie erzählte mir, daß sie die Männer hasse, wenn sie sich nach dem Geschlechtsverkehr zurückzögen, und danach nie glücklich, sondern immer traurig sei, weil sie würde warten müssen, bis der Mann sie wieder brauchte. Vorerst sei sie ihm gleichgültig, er würde einschlafen. Sie wünschte sich, ununterbrochen gewollt zu werden und für ihren Liebhaber ebenso wie für Frauen das bedürfnisbefriedigende Objekt zu sein. Im Falle des Geliebten war dies einfach (weil sie eine Vagina besaß), Frauen gegenüber jedoch schwieriger, weil ihnen ihre Vagina nichts nutzte. Trotzdem empfand sie diese Aufgabe keineswegs als hoffnungsloses und unmögliches Unterfangen. Zu Beginn ihrer Analyse hatte sie viele Liebhaber, da sie glaubte, mich mit ihren Geschichten über sie erregen und stimulieren und amüsieren zu können, so wie sich ihre Mutter offensichtlich über ihre kindlichen Sexualspiele amüsiert hatte. Sie ging nie auch nur für eine Sekunde das Risiko ein, meinen Neid zu wecken, sondern stellte immer zweifelsfrei klar, daß ihr die Männer eigentlich nicht wichtig seien, was in gewisser Hinsicht tatsächlich zutraf. Sie genoß ihre Männerbeziehungen jedoch auf recht bedenkenlose Weise. Als Frau X. später in ihrer Analyse erkannte, daß ihre sexuellen, auf Frauen gerichteten Ziele unrealisierbar waren, gab sie mich als äußeres Sexualobjekt auf. Nach und nach kam sie mit einem frühen, primitiveren, verdrängten introjizierten Objekt in Kontakt, das als wirklich weiblich empfunden wurde und dem sie Sorge und Anteilnahme entgegenbringen konnte. Dieses Objekt repräsentierte ihre Kinderfrau, die zu ihr kam, als sie zweieinhalb Jahre alt war, und sich um sie kümmerte, bis sie groß war und sich von ihr zurückzog. Von dieser strengen und infolgedessen als fürsorglich und zuverlässig erlebten Kinderfrau war die Patientin wirklich abhängig gewesen. Sie hatte sich mit der fürsorglichen Kinderfrau identifiziert, so daß sie sich, wenn diese krank war, um sie kümmern und sie umsorgen konnte. Zwischen ihnen hatte sich eine Beziehung wechselseitiger Anteilnahme entwickelt, wie ich sie im 5. Kapitel beschrieben habe. Die Kinderfrau hatte auf die Fürsorglichkeit der Patientin reagiert, die Mutter hingegen nicht. Es ist vielleicht von Bedeutung, daß die Patientin, bevor diese Kinderfrau angestellt wurde, bereits von mehreren anderen Kindermädchen betreut worden war. Außerdem hatte ihre Mutter das Stillen immer wieder unterbrochen, um das Gewicht des Babys zu kontrollieren – es wurde angelegt, zwischendurch gewogen, dann wieder angelegt und bekam zum Schluß noch eine Flasche.

Freud (1923b) beschreibt die Probleme, die entstehen, wenn die Objektidentifizierungen des Ichs nicht miteinander vereinbar sind, und sagt, daß eine Spaltung im Ich die Folge sein könne. Frau X. ist diese Spaltung erspart geblieben, und zwar möglicherweise gerade deshalb, weil die Mutter nicht von ihr introjiziert wurde, sondern ein äußeres Sexualobjekt blieb. Aus diesem Grund war die Kinderfrau das einzige weibliche Introjekt, ihre Identifizierung mit ihm aber wurde abgetrennt und blieb verborgen. Bald nachdem sich die Patientin an die Identifizierung mit der Kinderfrau und an die Beziehung zu ihr erinnert hatte, gab sie ihre Mutter (sowie mich) als Sexualobjekt auf und versuchte, sie auf nicht-erregende, nicht-sexuelle Weise zu umsorgen und zu lieben. Nun zog sich die Mutter von ihr zurück. Die Patientin reagierte darauf mit neuerlichen Versuchen, der Mutter erotisch zu gefallen. Sie bemühte sich, ihre auftauchende Weiblichkeit zu verbergen, wurde sehr dünn und begann, sich wie ein Junge zu kleiden. Als auch diese Versuche erfolglos blieben, benahm sie sich wie ein dummes, hysterisches Mädchen, indem in aller Öffentlichkeit Szenen machte, ihre Reife versteckte und ihre Freude darüber, daß sie sich ihrem Mann und ihren Kindern zugehörig fühlen konnte, nicht zu erkennen gab. Im Anschluß an diese Episode durchlebte Frau X. in ihrer Analyse eine Phase des Kummers und der Hoffnungslosigkeit, bis sie schließlich die Zurückweisung ihrer Mutter akzeptierte und sich von ihr zu befreien begann. Nach und nach traten Veränderungen zutage: Sie kleidete sich wie eine Frau und ließ mich sehen, wie sehr sie ihren Mann liebte und achtete. Während dieser Zeit fiel sie mir gegenüber nur selten auf ihr altes Beziehungsmuster zurück; statt dessen begann sie, mir ihre Anteilnahme und ihre Liebe zu zeigen; angesichts der geschilderten Umstände betrachtete ich dieses Verhalten nicht als Reaktionsbildung, sondern verstand es als Resultat ihrer auftauchenden Fähigkeit, die Realität zu akzeptieren. Die Übertragungsmanifestationen wandelten sich von Zeit zu Zeit, insgesamt gesehen aber begegnete sie mir, wie sie ihrer Kinderfrau begegnet war. Sie hörte auch auf, ihren Mann so zu behandeln, wie sie selbst und ihr Vater ihrer Meinung nach von der Mutter behandelt worden waren, nämlich als minderwertige Objekte, die ununterbrochen sexuell stimuliert werden mußten.

Die zweite Patientin, Frau Y., war 43 Jahre alt, als sie die Analyse aufnahm. Ihre Mutter war einige Jahre zuvor gestorben und vermutlich ihr ganzes Leben lang depressiv gewesen. Dies ging aus ihren Tagebüchern hervor, welche die Patientin, obwohl sie sich in ihrem Besitz befanden, erst las, als sie nach vielen Analysejahren ihre eigenen Probleme in gewissem Umfang hatte lösen können. Diese Tagebücher zeugten von den Bemühungen der Mutter, zu meiner Patientin, ihrer einzigen Tochter, eine enge Beziehung aufzubauen, und ihren Schwierigkeiten, die körperliche Nähe beim Stillen zu ertragen. Sie brachte es nicht fertig, sie fest im Arm zu halten; um die Strapaze, die das Stillen für sie bedeutete, überhaupt ertragen zu können, hatte sie mit dem Kind an der Brust pausenlos geraucht und gelesen.

Frau Y. hatte nur wenige Erinnerungen an ihre frühe Beziehung zur

Mutter, die Analyse deckte aber schon bald Erinnerungen an frühe Beziehungen zu ihren Brüdern und zu ihrem Vater auf. Als sie noch sehr klein war, hatte sich ihr älterer Bruder John (John war auch der Name ihres Liebhabers) um sie gekümmert, und in der ödipalen Phase wurde er zu ihrem wichtigsten Objekt. Ihre Beziehung zur Mutter wurde nicht greifbar. Die Mutter tauchte in Träumen als eingefrorene, eisige Schachtel auf, als Sarg oder als unerreichbares, leeres Zimmer. Dieser Teil ihrer inneren Welt hatte zu ihren übrigen Liebesobjekten keinerlei Verbindung – er war auch nicht ins Ich integriert – und wirkte wie ein in ihrem Innern eingefrorener, unberührbarer Fremdkörper.

Frau Y. hatte gehört, daß eine Analyse eine schmerzvolle Behandlung sei; wenn sie durcheinander war und sich verletzt fühlte, wußte sie infolgedessen, daß ich eine gute Analytikerin war und meine Arbeit gewissenhaft erledigte. Ich würde mich freuen, und damit war sie zufrieden. In ihren Augen war ich zwar eine häßliche Alte, aber das störte sie nicht; im Gegenteil, ihre feindseligen und neidischen Gefühle mir gegenüber wurden auf diese Weise gelindert. Sie hatte den Eindruck, daß ich ihr nahe sei, wenn sie durcheinander war, und glaubte, der ihr zukommenden Aufgabe gerecht zu werden, solange diese Situation Bestand hatte. Die Patientin war überzeugt, daß ihre Brüder, ihre Mutter und ihr Vater allesamt intelligent seien und sie als einzige aus der Art schlage. Während der Analyse aber merkte sie, daß sie so dumm eigentlich nicht sein könne, da sie verstand, was ich sagte, und ich bereit war, mit ihr zu arbeiten; wäre sie wirklich dumm, müßte ich mich mit ihr langweilen. »Dumm« bedeutete für sie »kastriert«.

Dennoch ertrug sie es nicht, wenn ich ihr die ödipalen Konflikte, die in ihren Träumen zutage traten, aufzeigte oder wenn ihre Träume und Assoziationen uns zu den frühen Erfahrungen mit ihrer Mutter zurückführten. Noch schwieriger wurde es für sie, wenn ich die Probleme dieser ersten Jahre mit den Konflikten verknüpfte, die sich in ihrem gegenwärtigen Leben zwischen ihr selbst und ihrem Mann und ihrem Liebhaber abspielten. Durch diese Deutungen geriet sie in Verwirrung, sie fühlte sich angegriffen und konnte mich nicht verstehen. Trotzdem gab sie mir weiterhin Träume und Assoziationen, in denen sich ihr gegenwärtiges Leben mit ihrer Vergangenheit und dem eingefrorenen, isolierten Teil ihrer inneren Welt verband, der ihre Mutter repräsentierte. Ich versuchte, ihr dabei zu helfen, die Sorge um die Mutter und ihr Bedürfnis, sie zu wärmen, erleben zu können, aber auch dies wurde von ihr als Angriff und Ausdruck meiner Wut auf sie empfunden, so daß sie das Gefühl hatte, daß auch ich mich von ihr distanzieren würde. Sie war nicht imstande, die Bedeutung meiner Worte zu akzeptieren oder wirklich zu verstehen; sie wurden Teil der isolierten, eingefrorenen Vergangenheit. Eines Tages jedoch träumte sie von ihrer Suche nach einem Penis: Sie ging in eine Drogerie, um dort einen zu kaufen. Mit ihm würde sie ihre Mutter aufwärmen können: danach konnte sie sich an bestimmte Kleidungsstücke der Mutter erinnern, an Dinge, die sie in ihren Schränken aufbewahrte, und an die Bücher, die in ihren Regalen gestanden hatten; diese Gegenstände repräsentierten nicht die eingefrorene Mutter in ihrem Innern, sondern wurden nach und nach zu vertrauten Objekten, die Gefühle der Liebe und Sorge in ihr weckten. Nun begann sie, ihre Erinnerungen an die Mutter aus dem Kältespeicher zu holen.

Frau Y. hatte immer ein überaus reiches Traumleben und pflegte zu weinen, wenn sie mir ihre Träume schilderte; eines Tages jedoch betrat sie das Zimmer mit einem glücklicheren Gesichtsausdruck als sonst und erzählte mir, daß sie einen wirklich wunderbaren Traum gehabt habe – ganz anders als die üblichen.

Der Traum handelte von einem Stück Samt – nie hatte sie einen schöneren, griffigeren Stoff und herrlichere Farben gesehen; aber der Samt gehörte nicht ihr. Es gehört Hope (einer ihrer Freundinnen). An dieser Stelle weinte die Patientin. Nur wenn sie Hope wäre, könnte sie den Samt besitzen, anfassen oder streicheln – und sie war nicht Hope. »Trotzdem war es ein wunderbarer Traum«, sagte sie. »Ich hätte nie gedacht, daß es einen so schönen Stoff überhaupt gibt.« Danach sprach sie über ihre Mutter und erkannte bald, daß der Stoff den Körper der Mutter repräsentierte. Sie berichtete, wie sich ihr Vater gegenüber der Mutter verhielt, wenn diese »blue«, depressiv, war (bislang wußte ich noch nicht, welche Farbe der Samt gehabt hatte, zuerst sagte sie »goldfarben« – später sprach sie von einem herrlichen Blau, genau wie die Augen ihrer Mutter). Ihr Vater konnte der Mutter nicht helfen, und deshalb ging er in seinen Schuppen, wenn sie depressiv war, und besserte sein Boot aus. Dann weinte die Patientin wieder und sprach über ihre Hoffnungslosigkeit. Niemand konnte ihre Mutter heilen oder trösten oder streicheln – nur Hope konnte sie streicheln. In derselben Sitzung sprach Frau Y. später von ihrem Geliebten: Er streichelte sie häufig, vermied aber jede Berührung mit seiner eigenen Frau; und sie ließ sich von ihrem Ehemann nicht berühren.

Natürlich war die Bedeutung dieses Traumes überdeterminiert: Er erwies sich als Wendepunkt der Analyse, die sich nun eine Zeitlang auf das Thema Hoffnungslosigkeit konzentrierte. Diese Hoffnungslosigkeit hing mit ihrem Gefühl zusammen, der Mutter nicht helfen zu können, unfähig zu sein, sie zu umsorgen, zufrieden zu machen und ihr nahe zu sein. Ich, die Analytikerin, war nun keine häßliche Alte mehr, und langsam begann der eingefrorene isolierte Teil der Patientin, die ungeliebte frostige Mutter, in den Hintergrund zu treten. Später entwickelte Frau Y. Beziehungen zu anderen Frauen und nahm sich einer zornigen alten Dame an, die sie bis zu deren Tod pflegte. Noch später konnte sie es zulassen, daß ihr Mann sich von ihr trennte. Das heißt, daß sie in der Lage war, ihn freizugeben und *ihm* das Recht einzuräumen, die hoffnungslose Beziehung zu ihr und seine Bemühungen um ihr Wohlgefallen aufzugeben. Sie ist nach wie vor in Analyse und entdeckt gerade, was es heißt, eine Frau zu sein, sich zur Welt in Beziehung setzen zu können – was für sie auch bedeutet, Beziehungen zu Menschen, denen nicht zu helfen ist, abzubrechen – und in der Lage zu sein, von der Analytikerin Hilfe anzunehmen.

Theoretische Überlegungen

Ich habe anhand meines Materials einige jener Schwierigkeiten zu illustrieren versucht, die sich einer Analytikerin in der Arbeit mit Patientinnen stellen, deren Mütter depressiv oder zurückgezogen waren. Das oberste Anliegen dieser Patientinnen besteht darin, ihre Mütter zu befriedigen, ohne auf die Lust am eigenen Genitale, mit dem sie Männer befriedigen, zu verzichten. Sie genießen ihre Vagina und haben sie positiv besetzt, können sich an ihrer Weiblichkeit insgesamt aber nicht freuen. Dieses doppelte Ziel (die Befriedigung ihrer Mutter und der Männer) setzt voraus:
(a) die Verleugnung der Kastration;
(b) die Entwertung des Ehemannes, der den Vater repräsentiert;
(c) eine bestimmte Form der Beziehung zu Frauen, denen ihrer Meinung nach die sexuelle Lust verwehrt bleibt, deren sie selbst sich erfreuen.

Die Vorstellung, diese Frauen zu berühren, jagt ihnen panische Angst ein; sie wollen ihnen jedoch ihre potentielle Gefährlichkeit nehmen und sie wärmen oder stimulieren.

Ich möchte folgende These formulieren: Ein Zustand primitiver Sorge und Anteilnahme ist einer der Faktoren, welche die Struktur menschlicher Beziehungen konstituieren, und kann in der Analyse bestimmter Patientinnen erreicht werden, sobald es ihnen gelingt, ihre Abwehr der eigenen Feindseligkeit, ihre auf aggressiven Strebungen beruhenden Reaktionsbildungen und eine Phase der Hoffnungslosigkeit zu überwinden. Ihre frühen, primitiven Gefühle können dann in reife Objektbeziehungen eingehen.[2]

Es ist fraglich, ob man diese Patientinnen als latente Homosexuelle betrachten sollte. Ich würde dies eher verneinen. Zwar gilt ihr Hauptinteresse Frauen, die Ursache dafür aber sind nicht ihre libidinösen Strebungen, denn diese sind auf Männer gerichtet, sondern ihre Liebe zu ihren Müttern, die Angst um sie, das Mitleid mit ihnen und der Wunsch, sie lebendig zu erhalten.

In der Analyse müssen diese Patientinnen zunächst einmal akzeptieren, daß sie ihre Mütter nicht sexuell befriedigen können: Dann internalisieren sie sie (wenn dies zuvor noch nicht geschehen ist) und empfinden Liebe zu ihren Introjekten und Sorge um sie. Schließlich müssen sie eine Phase der Hoffnungslosigkeit und des Kummers durchlaufen, weil ihre Liebe und ihre Anteilnahme der Mutter keinen Nutzen bringt. Daraufhin wenden sich nicht einer anderen Frau zu, um diese sexuell zu befriedigen, sondern finden Frauen, die sie umsorgen und denen sie ihre Liebe entgegenbringen können. Ich bin nicht der Ansicht, daß Schuldgefühle die Hauptantriebskraft dieser Veränderung darstellen. Die Patientinnen können dann auch liebevolle und nicht nur sexuelle, erotische Beziehungen zu ihren Ehemän-

---

[2] John Klauber lieferte einen wertvollen Beitrag zu diesen Ausführungen, als ich sie vor der British Psycho-Analytical Society vortrug, und gestattete mir, seine Überlegungen hier wiederzugeben. Er vertrat die Meinung, daß das grundlegende Problem damit zusammenhänge, wie sich die Urteile des Ichs gegenüber den Trieben behaupten, sowie mit der wichtigen Funktion, die dem Ich bei der Aufgabe zufällt, mit den realen Eigenschaften des Charakters der Mutter zurechtzukommen. Dies wiederum beruht seiner Ansicht nach auf der basalen Gesundheit des Kindes, das die bösen Anteile seiner frühen Erfahrungen überleben und sich die guten Anteile schließlich in reifen Objektbeziehungen zunutze machen kann.

nern entwickeln. Ich möchte noch einmal darauf hinweisen, daß diese Frauen bei anderen Frauen keine sexuelle oder körperliche Befriedigung suchen. Sie nehmen Frauen als Liebesobjekte wahr – und als Objekte gegenseitiger Anteilnahme –, sehen in ihnen aber nicht in erster Linie triebbefriedigende Objekte.

Diese Patientinnen illustrieren die technischen Schwierigkeiten, die sich einer Analytikerin in der Analyse jener Frauen stellen, deren Hauptanliegen darin besteht, eine depressive Mutter zu befriedigen, während sie zugleich ein eigenes Sexualleben führen. Ich habe zu zeigen versucht, wie schwierig es ist, die Schicksale ihres Trieblebens zu verfolgen, und daß diese parallel zu den Bemühungen des Ichs verlaufen, seine Objektbeziehung aufrechtzuerhalten. Die Analytikerin muß die der ödipalen und präödipalen Phase adäquaten Konflikte verstehen und erkennen, wie sie mit den primitiven Objektbeziehungen, in denen die wechselseitige Anteilnahme ihren Ursprung nimmt, zusammenhängen. Im Falle der von mir beschriebenen Patientinnen weichen die Triebe nicht ab, die Unfähigkeit dieser Frauen aber, die Mutter zu befriedigen, wird sowohl in ihren Beziehungen zu ihren Ehemännern und Liebhabern, die für sie notwendige, aber nur teilweise befriedigende Objekte darstellen, agiert als auch in der Beziehung zur Analytikerin, die sie ihrer Meinung nach für alle Zeiten befriedigen können. Ich habe betont, daß diese Patientinnen das Bedürfnis haben, für ihre Mütter zu sorgen, nicht aber das meiner Ansicht nach frühere Bedürfnis, von der Mutter umsorgt zu werden.

Bevor ich meinen Beitrag zusammenfasse, möchte ich einige allgemeine Schlüsse zu ziehen versuchen, um die in meiner Überschrift enthaltene Frage »Was will das Weib?« teilweise zu beantworten. Ich halte Generalisierungen (vermutlich zu Recht) für bedenklich, weil sie das klinische Material, das ihnen zugrunde liegt, meiner Meinung nach eher entstellen und zwangsläufig zahlreiche wichtige Aspekte unberücksichtigt lassen. Aber vielleicht ist es in diesem Stadium angemessen, einige vorsichtige Verallgemeinerungsversuche zu formulieren.

Meiner Ansicht nach haben Frauen das Bedürfnis, in ihre Beziehungen zu anderen Frauen wie auch zu Männern jene primitive Struktur menschlicher Beziehungen zu integrieren, die ich als Fähigkeit zu gegenseitiger Anteilnahme bezeichnet habe (vgl. 5. Kapitel). Aufgrund ihres primitiven Charakters kann diese Beziehungsstruktur nur durch den Körper selbst oder durch Gefühle im Körper, die auf inneren Körperrepräsentationen beruhen, sowie durch Körpererinnerungen angemessen zum Ausdruck gebracht werden. Die Vagina bildet den wichtigsten Teil des weiblichen Körpers, um gegenseitige Anteilnahme in der Beziehung zu Männern zum Ausdruck zu bringen (dies schließt die Beteiligung des übrigen Körpers nicht aus). Aber die Frau weiß nicht, wie sie diese gegenseitige Anteilnahme Frauen gegenüber bekunden soll, wenn sie als Säugling keinen weiblichen Körper introjiziert hat, von dem sie befriedigt wurde und den sie befriedigte, oder weil keine Identifizierung mit diesem Introjekt erfolgte. Wenn sie durch den Körper der Mutter befriedigt wurde, hatte sie vermutlich zu Recht das Gefühl, daß ihr eigener Körper auch die Mutter befriedigte. Ich halte es nicht für angemessen, dabei an eine Identifizierung mit Teilen eines weiblichen Körpers zu denken oder an die durch die Mutter geschaffene Umwelt. Darüber hinaus möchte ich behaupten, daß in der Beziehung zu Männern wahrscheinlich etwas fehlen wird und Männer geringgeschätzt und nicht als Objekte gegenseitiger Anteilnahme empfunden werden, wenn eine Frau diese wechselseitige Anteilnahme nicht in der Beziehung zu anderen Frauen erleben kann.

Zusammenfassung

1. In der Analyse von Frauen kann es für eine Analytikerin sehr schwierig sein, bestimmte technische Probleme aufzudecken, die mit der Mutterbindung im Erwachsenenleben zusammenhängen. Falls diese Probleme nicht erkannt werden, können sie den Behandlungsfortschritt aufhalten, so daß die Analyse auf der Stelle tritt.
2. Eine solche Tendenz zeigt sich auf vielerlei Weise. Zum Beispiel kann das Betreten und Verlassen des Zimmers der Analytikerin den wichtigsten Teil der Sitzung darstellen. Die verbale Kommunikation ist bedeutungslos, wenn man nicht versteht, welche Bedeutung das Betreten des Zimmer hat.
3. Das Gefühl der Patientin, daß die Analytikerin bei ihr Befriedigung suche und von ihr erregt werde, ist nicht nur als Wunsch zu verstehen, die Mutter und die Analytikerin zu befriedigen, sondern auch als Methode der Patientin, sich ihre eigene Weiblichkeit zu bewahren und zu verhindern,

daß die Mutter allzu großen Neid auf sie als Besitzerin einer erregenden, erregten Vagina entwickelt, die ihre Mutter ihrer Meinung nach nicht besitzt und von der sie in der Beziehung zu ihr keinen Gebrauch machen kann.

4. Man könnte dies als Form latenter Homosexualität verstehen, aber ich habe nachzuweisen versucht, daß die heterosexuellen Strebungen primär sind und nicht als Abwehr einer Homosexualität dienen. Der Wunsch, für die Mutter zu sorgen, entsteht zum Teil, weil diese in der Kindheit der Patientinnen depressiv oder zurückgezogen war, zum Teil aufgrund der Feindseligkeiten der ödipalen Phase. Diese Frauen können nach einer gewissen Analysezeit und sobald die Reaktionsbildungen gegen Feindseligkeit überwunden worden sind, beginnen, die Mutter/andere Frauen zu umsorgen, weil es in ihrer frühen Kindheit ein Objekt gab, von dem sie selbst umsorgt wurden.

Heterosexuelle Strebungen und die Lust, die ihre Vagina Männern spenden kann, werden von solchen Patientinnen nicht verdrängt. Trotzdem konzentriert sich ihr ganzes Leben auf die Mutter: Sie heiraten Männer, um das Muster ihrer Mutterbeziehung zu wiederholen, und führen eine Ehe, in der sie keine Befriedigung finden, so wie sie selbst ihre Mütter nicht befriedigen konnten. Sie befriedigen heimlich andere Männer, nicht aber ihre Ehemänner. Es ist möglich, daß sich auch darin ein Muster wiederholt, das sie als Kinder erlebt haben, wenn sie ihre Brüder befriedigten. Infolgedessen ist das Leben dieser Frauen in zwei scheinbar zusammenhanglose Teile gespalten – Frauen werden geachtet, sind aber unbefriedigt und können nicht befriedigt werden; Männer werden geringgeachtet, aber es gibt einige, die befriedigt werden und befriedigt werden können.

7. Erinnerung und Bewußtsein

Wie läßt sich der Sprach- und Erinnerungsverlust erklären, der einen im Berufsleben ausgesprochen erfolgreichen Patienten in die Analyse führt? Das Konzept der imaginativen Wahrnehmung zeichnete sich in Balints früherem Werk bereits ab, nun aber wird es explizit formuliert und gewinnt für ihr Denken zentralen Stellenwert; es steht im Mittelpunkt des vorliegenden Kapitels[1] sowie der drei anschließenden Beiträge. »Herr Smith«, dessen Fall diesem Kapitel zugrunde liegt, ist einer der Patienten, die im 8. Kapitel beschrieben werden. In ihrem Essay »Unbewußte Kommunikation« nimmt Balint eine detaillierte Untersuchung des Themas vor, das den vorliegenden Beitrag gewissermaßen umrahmt (siehe S. 122, 136). Diese Gruppe von Aufsätzen behandelt somit eng verwandte Themen.

Die Arbeit mit Herrn Smith ist so vielschichtig, daß man sie unmöglich zusammenfassen kann. »Erinnerung und Bewußtsein« illustriert, wie Balint – unvoreingenommen trotz ihrer Kenntnisse – minutiös die Bewegungen, Gesten, die nonverbalen Äußerungen und die gesamte Erscheinung eines Patienten bis in die frühesten Phasen seiner Geschichte zurückverfolgt. Das einfache Schema von Stimulus und Feedback hat sich zu einem subtilen Verständnis der Kommunikation zwischen dem Unbewußten des Patienten und dem der Analytikerin weiterentwickelt.

Herr Smith hat eine als unerträglich empfundene Realität verleugnet, in einem für ihn erträglichen Bereich aber eine andere Persönlichkeit entwickelt. Die verleugnete Realität konnte durch die normalen Prozesse, welche die Voraussetzung für die Internalisierung des Erträglichen darstellen, das heißt erstens durch Introjektion und zweitens durch Identifizierung mit dem Introjekt, nicht in eine akzeptable oder bedeutsame Realität transformiert werden. Der Patient, der aus eigener Kraft versuchte, das anzusehen, was nicht angesehen werden konnte, und das Unfühlbare zu fühlen, war auf die Gegenwart einer anderen Person angewiesen, die ihn erkannte. Wenn es dem Baby nicht gelingt, seiner Welt einen Sinn beizumessen,

---

[1] Balint trug »Memory and Consciousness« am 15. Januar 1986 vor der British Psycho-Analytical Society vor. Die Arbeit wurde im *International Journal of Psycho-Analysis* 68 (1987), S. 475-483, publiziert.

indem es genügend Ähnlichkeiten zwischen den Dingen entdeckt, oder wenn die Abweichungen allzu traumatisch sind, kann es in dieser Welt keinen Platz für sich selbst finden. In der Gemeinsamkeit mit einem wirklich anwesenden »Anderen« aber kann sich eine imaginative Wahrnehmung der Realität entfalten, die Erinnerung und Bewußtsein ermöglicht.

◆

Freud (1915e) zufolge beruht die Annahme, daß auch ein anderer Mensch ein Bewußtsein habe, auf einem Rückschluß, den wir nicht mit der gleichen Sicherheit vertreten können, mit der wir auf unser eigenes Bewußtsein verweisen. Er schreibt darüber hinaus, daß das Unbewußte eines Menschen auf das einer anderen Person einwirken könne, ohne das Bewußtsein zu passieren.

Diese Rückschlüsse beschäftigten mich während der Behandlung eines ungewöhnlichen Patienten, dessen Analyse ich in diesem Kapitel wiederaufleben lassen möchte, bevor ich sie in Theorien einbinde. Auch in der analytischen Arbeit selbst stelle ich unsere Theorie zunächst hintan. Das bedeutet natürlich nicht, daß ich versucht hätte, sie zu ignorieren – sie sind mir bei der Arbeit mit diesem Patienten ebenso wie mit allen anderen ununterbrochen gegenwärtig –, gerade in diesem Fall aber erschien es mir besonders notwendig, mich sowohl in der Analyse selbst als auch beim Verfassen dieses Textes um größtmögliche Unvoreingenommenheit zu bemühen. Natürlich sind es die Theorien Bions und Winnicotts, denen für meinen Beitrag die größte Bedeutung zukommt. Ich habe Bions Theorien kennengelernt, indem ich seine Arbeiten immer wieder las; Winnicotts Theorien sind mir aus dem langen persönlichen Kontakt, den ich zu ihm hatte und von dem ich noch stärker profitierte als von seinen schriftlichen Beiträgen, vertraut.

Mein Patient ist also kein gewöhnlicher Patient; zunächst erschien er mir vor allem deshalb »ungewöhnlich«, weil er in mir selbst während der ersten drei Jahre seiner Analyse »ungewöhnliche« Gefühle auslöste – Frustrationsgefühle und Verwirrung solchen Grades, wie ich sie selbst bei perversen oder psychotischen Patienten noch nicht erlebt hatte. Ich hatte – vollkommen zu Recht – den Eindruck, nie zuvor so wenig Kontakt zu einem Patienten gehabt zu haben; gleichzeitig war mir jedoch bewußt, daß es irgendwo ein »Er« gab, zu dem ich eine Verbindung würde aufnehmen können. Trotz aller Schwierigkeiten standen mein Entschluß, mit ihm zu arbeiten, und sein Entschluß, mit mir zu arbeiten, nie in Frage. Er befindet sich nach wie vor in Analyse, und es ist schwierig, über einen Patienten zu schreiben, dessen Behandlung noch andauert, so daß immer alles in Bewegung ist: Nachdem ich diesen Text fertiggestellt hatte, haben sich in ihm und in der Analyse selbst bereits weitere, erhebliche Veränderungen vollzogen. Ich begann mit der Niederschrift, als sich nach ungefähr vier Behandlungsjahren Veränderungen abzeichneten; mir war jedoch nicht klar, wie sie sich entwickeln oder wie sich die analytische Arbeit selbst verändern würde.

Der Patient, Herr Smith, ein großer, massiger, gelenkiger Mann, war 48 Jahre alt, als er seine Behandlung vor nunmehr fast fünf Jahren aufnahm. Er ist verheiratet, hat jedoch keine Kinder. Seine Frau und er verbringen die Wochenenden zusammen, leben aber aus beruflichen Gründen während der Woche getrennt. Die Eltern von Herrn Smith waren im Norden Englands zu Hause und zogen nach London, als der Patient ungefähr sechs Jahre oder etwas jünger war. Sein Vater war ein erfolgreicher Akademiker und starb, als der Patient Anfang Zwanzig war. Seine Mutter und die achtzehn Monate jüngere Schwester sind noch am Leben und wohnen zusammen.

Zu Beginn der Analyse – es war seine dritte – konnte Herr Smith keinerlei Erinnerungen irgendwelcher Art in Worte fassen, die aus der Zeit vor seinem Eintritt in eine staatliche Schule stammten, das heißt aus der Zeit vor seinem elften, zwölften Lebensjahr. Er war ein guter Schüler, und es hatte den Anschein, als habe sein Leben erst mit dieser Einschulung begonnen. Er konnte sich an nichts, was vorher geschehen war, erinnern, allerdings erinnerte er sich auch nicht daran, was in seiner letzten Sitzung oder in irgendeiner anderen oder in seinen früheren Analysen passiert war. Er erinnerte sich jedoch an alles, was mit seiner Arbeit zusammenhing. In diesem Bereich gab es keinen Gedächtnisverlust. *Er erklärte mir, es habe keinen Zweck, Deutungen über seine Eltern zu geben, weil er keine Eltern habe.* Er machte den Eindruck, als habe er nicht nur keine Erinnerungen an seine Kindheit, auf die er sich hätte beziehen können; vielmehr schien er in seiner Kindheit und im Säuglingsalter überhaupt nicht existent gewesen zu sein. Als er Anfang Zwanzig war, mußte er sich einer Hodenoperation unterziehen, die zur Unfruchtbarkeit führte. Er sagte, es sei eine Erleichterung gewesen; es habe all seine Probleme gelöst. Um welche Probleme es sich handelte oder welche Assoziationen ihm dazu durch den Kopf gingen, sagte er nicht, später jedoch spielten sie in seiner Analyse eine entscheidende Rolle. Als Schüler begann Herr Smith Lyrik, Dramen und historische Werke zu lesen. Seine Lektüre schlug ihn in Bann. Sie vermittelte ihm eine Vorstellung von Phantasie, von Menschen, Konflikten, Paradoxa und Beziehungen. All dies aber waren Schöpfungen der Autoren, deren Werke er las, und er brachte diese Schöpfungen nie mit seinem eigenen Leben in Verbindung. Er war gar nicht in der Lage, solche Verbindungen in Erwägung zu ziehen. Ebenso wie es keine Eltern gab, gab es auch keine »Person«, keinen »Jemand«, zu dem man sie hätte in Beziehung setzen können. Dennoch aber verschönerten die Bücher sein ganzes Leben, sie konnten imaginativ, vielleicht sogar symbolisch benutzt werden. Er konnte diese Schriften in sich aufnehmen, und er begann, eine Welt von Charakteren und Ereignissen und Orten aufzubauen – einen »Raum«, in den er projizieren konnte. Somit konnte er projektive Mechanismen gegenüber jener Art von Literatur einsetzen, die ihm behagte; zu seinem eigenen Leben aber setzte er diese Welt nie in Verbindung.

Herr Smith konnte nicht unverbindlich plaudern. Er war verloren in der Welt und verirrte sich tatsächlich, wenn er alleine ausging. Er konnte aber kreativ arbeiten. Anschließend ließ er sich (von einem Chauffeur) nach Hause bringen. Sich zum Dinner oder aus anderen gesellschaftlichen Anlässen unter Leute begeben zu müssen war ihm ein Graus. Er mußte die Kontrolle behalten, und unter dieser Voraussetzung war er sensibel und rücksichtsvoll und ungemein erfolgreich, wenn es darum ging, Gruppen zu organisieren, die mit ihm zusammenarbeiteten (er war in einem Forschungszweig der Industrie tätig). Vermutlich machte er sich dabei zunutze, was er aus seinen Büchern über Beziehungen gelernt hatte. Insgesamt gesehen lebte er allein. Ich hatte den Eindruck, als bleibe er sogar bei der Arbeit »außen vor« – als sei er nicht Teil des Geschäfts, das ihm selbst gehörte.

Abgesehen von dem Haus, das sie offenbar beide liebten, hatten er und seine Frau keine gemeinsamen Interessen oder Freunde. (Dies hat er mir in den Anfangsjahren der Analyse wiederholt erklärt, in Wahrheit aber sind ihre Interessen gar so unterschiedlich nicht.) Herrn Smith' Frau ist intelligent, gebildet und eine gute Gesprächspartnerin; in ihrem Beruf bekleidet sie ebenso wie mein Patient eine Spitzenposition. Sie arbeiten jedoch in gänzlich unterschiedlichen Bereichen und sind sich, was ihre Art zu denken betrifft, überhaupt nicht ähnlich.

Herr Smith verbrachte einen Großteil seines Lebens damit, engen Beziehungen grundsätzlich aus dem Weg zu gehen. Allerdings scheint er sich in der Gesellschaft von Männern weniger unbehaglich zu fühlen als in Gegenwart von Frauen; vielleicht hat er mit einigen wenigen Männern Gemeinsamkeit erlebt. Seine Mutter war nicht existent: es verhielt sich weniger so, daß er *keine* Mutter gehabt hätte, vielmehr hatte er eine »Nicht-Mutter«. Die Mutter wurde, in dem Sinn, den Freud (1940*a*) dem Begriff beilegt, verleugnet, sie war nicht vorhanden. Freud bezeichnet mit diesem Terminus die Weigerung, die Realität einer traumatischen Wahrnehmung anzuerkennen. (Anna Freud [1936] spricht von einem »Ungeschehen-Machen«.) Der Vater meines Patienten war jedoch realer, und ich stellte ihn mir vor, wie er – gesichtslos – am Schreibtisch saß und hart arbeitete. Er wurde sowohl von meinem Patienten als auch von mir selbst zu einem gewissen Grad *imaginativ wahrgenommen*. Ich werde erst an späterer Stelle definieren, was ich unter »imaginativer Wahrnehmung« verstehe; es handelt sich um eine Überlegung, die sich für mich während dieser Analyse mit Leben füllte. Winnicott (1962, 1971 a) spricht von kreativer Erfahrung und kreativem Sein und sagt, daß eine kreative Objektwahrnehmung dem Individuum das Gefühl vermittle, daß das Leben lebenswert sei. Winnicott hält den Begriff Objektivität für relativ, weil wir uns das, was wir objektiv wahrnehmen, zu einem gewissen Grad subjektiv vorstellen. Ich habe beschlossen, in diesem Beitrag die Formulierung »imaginative Wahrnehmung« zu benutzen, weil sie meiner Ansicht nach direkter zum Ausdruck bringt, was mir dieser Patient demonstrierte.

Herr Smith löste das Problem, sich eine Meinung über Frauen zu bilden, indem er sie in zwei Kategorien einteilte: zur ersten Kategorie gehörten die Mädchen, die zwar dumm, aber liebenswert waren und in seinen bewußten Phantasie auftauchten; sie blieben rein imaginär, obwohl ihnen reale Personen als Vorbild dienten, und wurden folglich *imaginativ wahrgenommen*.

Zur zweiten Kategorie gehörten die reifen Frauen, die in seinem bewußten Phantasieleben keine Rolle spielten, ihn nicht sexuell erregten und auch nicht *imaginativ wahrgenommen*, verstanden, wurden; sie blieben ihm unbegreiflich. Seine Frau ließ sich weder der Kategorie der dummen Mädchen noch jener der reifen Frauen eindeutig zuordnen. Er war bereits über dreißig, als er sie heiratete, und da sie nicht zu seiner Kindheit gehörte, war sie vielleicht nicht völlig unwirklich. Ich glaube sogar, daß er sie zu Beginn seiner Ehe wahrgenommen hat und auch sie ihn wahrnahm; es gab eine Beziehung zwischen ihnen, mittlerweile aber erscheint sie ihm ebenso unverständlich wie er ihr. Beide hatten sich bemüht, den anderen am eigenen realen Leben und imaginativen Denken teilnehmen zu lassen, aber jeder Versuch endete mit einem Scheitern.

Herr Smith wurde von einem Allgemeinmediziner an mich überwiesen, der mir bereits zuvor einige sehr »gut« analysierbare Patienten geschickt hatte. Deshalb erklärte ich mich bereit, ihn kennenzulernen, obwohl ich keinen freien Platz hatte. Atemlos und ängstlich traf er bei mir ein und ließ sich auf einen Stuhl fallen. Er erklärte, daß er komische Geräusche produziere, und vermittelte mir, daß er ungewöhnlich sei und ich ihn möglicherweise nicht würde ertragen können. Er machte mir auch nachdrücklich klar, daß er verzweifelt sei und ich ihn nehmen, mich mit ihm abfinden müsse; aber er sprach dies nicht aus. Wir vereinbarten, uns vorerst einmal wöchentlich zu sehen, bis weitere Stunden frei würden. Während eines Teils der Analyse wurde ich von Herrn Smith in einer Weise kontrolliert, die sich nur schwer beschreiben läßt, aber mir im Zusammenhang mit Frustration verständlicher erscheint. Ich hatte nicht den Eindruck, daß Versagungen bei Herrn Smith Erinnerungen an Versagungen wecken und nützliche analytische Arbeit ermöglichen würden. Vielmehr war ich im Gegenteil der Meinung, daß er ohne das Gefühl, die Kontrolle in der Hand zu haben, überhaupt nichts erreichen würde. Er unternahm keinen Versuch, mich zu kontrollieren, indem er das Ende der Sitzungen hinauszögerte oder zu früh eintraf, sich weigerte, seine Rechnungen zu zahlen, oder irgendeine andere der Methoden benutzte, die manche Patienten anwenden. Statt dessen verhielt er sich einige Jahre lang so, als sei ich für ihn überhaupt nicht existent, als sei ich nur ein Ort, an dem er für die Dauer der ihm zugestandenen fünfzig Minuten die Kontrolle übernehmen und sich meiner ungeteilten Aufmerksamkeit sicher sein konnte. Er vermittelte mir das Gefühl, daß ich ihm helfen wollte; daß dieses Vorhaben nicht unrealistisch sei; aber ich konnte nicht begreifen, wie dieser Mann, der sich in meinem Zimmer befand, es fertigbrachte, in der Geschäftswelt derart zu erfolgreich sein. Ich konnte ihn in diesem Stadium nicht *imaginativ wahrnehmen*.

Wenn Herr Smith zu seinen Sitzungen erschien, warf er sich quer über die Couch, so als habe er keine Zeit, eine normale Haltung einzunehmen (dies gelang ihm erst im weiteren Verlauf der Sitzung), und forderte augenblicklich meine Aufmerksamkeit. Er produzierte laute bis sehr laute, höchst variantenreiche Grunz- und Quiekgeräusche. Bevor nach ungefähr drei Analysejahren Erinnerungen auftauchten, begannen seine Sitzungen, wie ich es beschrieben habe; allerdings wurden die Geräusche nach knapp drei Jahren eindeutig als Begrüßung erkennbar. Zu Beginn der Sitzungen gab es ihn und mich, und wir begegneten einander. Das heißt, ein Baby (Nicht-Er) und eine Analytikerin (Nicht-Mutter) begegneten sich. Manchmal hatte ich den Eindruck, die Kinderfrau zu repräsentieren, zumeist aber war ich mir der Nichtexistenz einer Mutter und der Nichtexistens eines »Ichs« bewußt. Mitunter allerdings sagte ich »Hallo«, wenn unsere Anwesenheit realer zu sein schien und ich den Eindruck hatte, daß eine verbale Reaktion auf die Geräusche notwendig war und keine Deutung, die ich hätte geben können, korrekt sein würde.

Es war absurd, die Nicht-Responsivität und die unzulänglichen, unangemessenen Reaktionen, die er offenkundig in seiner frühen Kindheit erlebt hatte, zu wiederholen, wenn er mein Zimmer betrat. Er benutzte die Couch und vor allem die Kissen, wie es ein Baby tun würde, indem er das Gesicht in den Kissen verbarg und mit der Hand einen Zipfel umklammerte, wenn er mit seinen Babyängsten in Verbindung kam. Sein Körper war überaus anwesend, und Herr Smith trat und zappelte von Zeit zu Zeit mit den Beinen. Die Decke benutzte er nie. Er verbalisierte weder Beobachtungen über mich oder mein Zimmer, noch tauchten Erinnerungen auf. Dem Grunzen folgte gewöhnlich ein angespanntes Schweigen. Wenn ich Gefühle deutete, die sein Babykörper meinem Eindruck nach empfand – zum Beispiel den Wunsch, sich an etwas festzuklammern, ohne finden zu können, wonach er suchte –, hörte er mir zu und begann dann nach einer kurzen Pause, klar und zusammenhängend in wohlüberlegten Worten zu sprechen, mir von seinem Arbeitsleben zu berichten oder zu schildern, was am Morgen im Bett geschehen war. Er pflegte von sich selbst nicht als »Ich« zu sprechen, sondern sagte »Er« und benutzte die Vergangenheitsform. So erzählte er beispielsweise, daß er am Morgen nicht habe arbeiten können. Er sei schon sehr früh erwacht, deshalb sei er aufgestanden und habe zu arbeiten versucht. Dann sei er wieder ins Bett gegangen und habe masturbiert. Im Anschluß daran beschrieb er eine sehr komplizierte Phantasie, »gegen« die er masturbiert hatte. Er sagte immer »gegen«, nie »mit«, wenn er über die Phantasie sprach. Dies vermittelte mir den Eindruck, als stünde er den Personen seiner Phantasie ebenso distanziert gegenüber wie den Menschen in seinem Leben. Er redete mich nie direkt an, wenn er mit mir sprach, sagte nie »Sie« – ich war in seinen Ausführungen »die Analytikerin«, während er von sich selbst in der dritten Person sprach. Die Sitzung nannte er »die Stunde«.

Ich beobachtete meine eigenen Gefühle und die Gefühle, die er in mich projizierte, aufmerksamer als gewöhnlich. Ich mußte die Verbindung zu mir selbst aufrechterhalten, da er von meiner Existenz nichts zu wissen schien. Bei diesem Patienten war es noch wichtiger als bei anderen, daß ich keine falsche Persönlichkeit in ihn projizierte oder ihn in der Weise zu verstehen versuchte, in der er als Säugling *miß*verstanden worden war (Ferenczi 1933). Allerdings war diese Gefahr geringer als in anderen Analysen, weil er sich offenbar selbst überhaupt nicht verstand, sondern sich nur als verworrenen, schwerfälligen, inkohärenten Körper erlebte.

Er ließ mich dieses Gefühl selbst empfinden, und bevor er mir beschreiben konnte, wie es sich für ihn anfühlte, mußte ich mit diesem unbehaglichen Zustand leben, ohne ihn erklären zu wollen. Gelegentlich gab es Richtungswechsel, eine Andeutung von Klarheit – einen Riß in den Wolken –, und dies waren sehr wichtige Augenblicke in der Analyse, die er vergaß, während sie mir als Orientierung dienten.

Am Ende der Sitzung waren drei Personen anwesend: Ein »Er« – vermutlich das Baby –, eine »Analytikerin« und *jemand, der über »ihn« und die Analytikerin sprach* und eine Zeitlang von ihm als »der Erzähler« bezeichnet wurde. Während der Sitzungen und am Ende trafen »Er« (das Baby) und der »Erzähler« – die Person, die Sätze formulierte und nicht nur einen Körper, sondern auch eine Stimme hatte – zusammen. Wenn er sich von der Couch erhob, war ich ich selbst; er blickte mich an und nahm mich flüchtig wahr. Dann hastete er aus dem Zimmer.

Ich wende mich nun wieder den Sitzungen zu. Wenn der Erzähler über den erwachsenen Mann sprach, kamen der Erwachsene und das Baby zu einem gewissen Grad zusammen. Manchmal empfand er die Worte als einen Genuß und zitierte Lyrik, und in solchen Situationen schien der Mund des Babys die Worte zu kosten, zu essen und sie aus seinem Mund lustvoll auszuspucken.

Irgendwann ließ ich den Ausdruck »Brabbeln« fallen, vielleicht in dem Sinne, in dem Bion ([1963] 1992, S. 69) von »Gekrakel« spricht, und Herr Smith fand an diesem Wort großes Gefallen. Es war zutreffend, sowohl für das Baby auf der Couch als auch für den Erzähler-Mann (und zwischen beiden wurde nun getrennt). Der erwachsene Mann konnte sich als Baby wahrnehmen, wenn ich die Wörter benutzte. Bald danach verschwand der Erzähler, und zurück blieben ein erwachsener Herr Smith, der arbeitete und las, sowie ein Baby, das er wahrnehmen konnte, wenn ich die richtigen Worte benutzte. Dies war der Stand nach rund dreijähriger Arbeit. In dieser Phase berichtete er mir, daß er viel Obst esse, vor allem Birnen schmeckten ihm ausgezeichnet, während er Äpfel verabscheue. Die Implikationen dieser Vorliebe waren recht naheliegend, und ich gab ihm eine Deutung über eine Erinnerung an Brüste und Flaschen, die er nicht in Bausch und Bogen von sich wies. In diesem Fall wurden die Worte über das, was das Baby wahrgenommen hatte, nicht verleugnet (Freud 1923e); seine Vorliebe für Birnen und die Abneigung gegen Äpfel enthielt eine Erinnerung daran, wie er die Brust und die Flasche wahrgenommen hatte. Manchmal steckte er seine Finger in den Mund und drehte, wie ich bereits erwähnt habe, den Kopf suchend hin und her, und wenn ich deutete, was er suchte, schlief er gewöhnlich ein. Beim Aufwachen war er sprachlos, wenngleich ich ihn manchmal fragte, ob er geträumt habe. Gelegentlich tauchten Wörter wie »Tanksäule« oder »Baum« oder »Korridor« auf, die aber keine Einfälle, keine Assoziationen in ihm weckten. Weder Ähnlichkeiten noch Muster wurden erkennbar. Ich begann, mir Herrn Smith als autistisches Kind vorzustellen, und dachte an Frances Tustins (1972) Beobachtungen über autistische Kinder, die mir für diesen Patienten insofern relevant erschienen, als er sich seiner selbst kaum bewußt war, keine innere Repräsentanz seiner eigenen Realität besaß und keinerlei Muster zu erkennen vermochte.

Als Herr Smith das Alter erreichte, in dem Kinder normalerweise zu sprechen beginnen, wurde seine Schwester geboren; der Zusammenhang zwischen seinen Schwierigkeiten mit der Sprache und der Geburt seiner

Schwester war, soviel scheint mir sicher, wesentlich; abgesehen von einigen Assoziationen aber, die ich im folgenden wiedergeben möchte, habe ich für diese Vermutung keine direkten Anhaltspunkte. Ebensowenig könnte ich behaupten, daß er nicht schon vorher verwirrt und verloren gewesen sei oder daß ihm dieses Trauma nicht als eine Organisation gedient hätte, die ihn davor schützte, mit früheren desorganisierten Zuständen, die noch schwerer zu ertragen waren, in Verbindung zu kommen. Er sagte, daß er nie mit seiner Schwester gespielt habe. Dann bedeckte er seine Augen und erklärte, er habe seine Ersatzbrille verloren. Damit sagte er mir meines Erachtens, daß ihm der Anblick seiner Schwester unerträglich gewesen sei und daß er diese Schwierigkeit nicht im Spiel bewältigen konnte. Nun purzelten Gegenstände aus seinen Taschen. Ich sagte, er wolle mir zeigen, daß er ganz durcheinander sei und daß er seine Schwester nicht sehen wolle. Er erinnerte mich an das Fragment einer Geschichte, die er geschrieben hatte und in der eine Prinzessin, die in Wirklichkeit ein als Frau erzogener Mann war, sich darüber freute, eine Frau zu sein (was nicht den Tatsachen entsprach). Ich sagte, damit ließen sich die Konflikte vermeiden, die sie als Mann hätte, wenn sie Dinge sehen müßte, die sie nicht sehen wollte. Ebenso habe er in einer Welt leben müssen, die nicht auf seinen eigenen Wahrnehmungen aufbaute. Zum Beispiel mußte er auf diese Weise nicht den Unterschied zwischen sich selbst und seiner Schwester sehen. Ich bezog mich hier auf seine Schilderung der Gefühle, die er nach seiner Hodenoperation empfunden hatte. Er hatte gesagt, die Operation habe all seine Probleme gelöst. Jeder, oder niemand, war kastriert. Es war nicht notwendig, den Verlust eines Objekts oder eines Subjekts zu fürchten. Es gab nichts, was Angst hätte erregen können.

Die Arbeit mit diesem Material ging sehr, sehr langsam vonstatten. Wie in jeder Analyse mußte ich warten, bis er selbst etwas entdeckte, aber ich war überrascht, als er mir etwas erzählte, auf das er soeben gestoßen war. Er erinnerte sich nicht, daß wir über genau dieses Thema bereits seit einiger Zeit gesprochen hatten.

Nach ungefähr drei Jahren sprach Herr Smith das erste Wort aus, das ein Glied in einer Kette von Erinnerungen bildete und auf seinen eigenen Wahrnehmungen beruhte; es war der Name seiner Kinderfrau – Do-Do. Zu dieser Erinnerung assoziierte er eine von ihm selbst verfaßte Geschichte über eine unordentliche und chaotische Kinderfrau, die drei Prinzessinnen aufzieht und die Göttin des Chaos und der Harmonie ist. Er sagte, sie sei vielleicht nach dem Vorbild der Analytikerin gestaltet, die ihm oft wirr und unbegreiflich erscheine. Zu anderen Zeiten empfand er die Analytikerin als wunderbar klar; er orientierte sich an ihren Sätzen und schrieb sie manchmal sogar auf. Nachdem er mir von Do-Do erzählt hatte, war ich versucht, ihn nach dem Namen seiner jüngeren Schwester zu fragen, da ich miteinander zusammenhängende Worte und Erinnerungen finden wollte. Ich wußte, daß sie Jennifer hieß, aber wurde sie auch so genannt? Zuerst bejahte er diese Frage; dann korrigierte er sich und erklärte, nein, sie wurde Jen genannt. Dann erzählte er mir, daß ich in seinem Tagebuch BAL heiße und daß er sich in der letzten Zeit für Anagramme interessiert habe. Er spielte mit den drei Buchstaben und dachte an Balance, kam damit aber nicht sehr weit. Dies änderte sich später. Diese Information war Teil einer freundlichen Kommunikation – den Anfängen einer Beziehung zwischen mir und ihm. Es gab ein »Sie« und ein »ich«. Dieser Fortschritt ging nie wieder völlig verloren und führte zu ersten Erinnerungen an das, was in der Sitzung am Vortag oder sogar in der vorangegangenen Woche geschehen war. Es war eine plötzliche Veränderung (nach ungefähr dreieinhalbjähriger Analyse). Man könnte diesen plötzlichen Wandel als Beginn der Bewußtheit bezeichnen oder auch sagen, der Patient sei aus einem traumlosen Schlaf – einer Leere – erwacht oder habe die Fähigkeit erlangt, mit seinen Träumen und seinen Erinnerungen in Berührung zu kommen.

Ich entdeckte bald, daß er die fragmentarischen Geschichten, die er mir erzählt hatte, alle niedergeschrieben und dann in den Schrank gesperrt hatte. Wenn die Zeit gekommen sei, so glaubte er, würden sie sich in die bemerkenswerteste Geschichte der Welt verwandeln oder aber in Bausch und Bogen nutzlos sein. Er sprach über Puzzlespiele, die aus einer Unzahl von Teilen bestehen, die zusammengehören, aber nicht ineinander passen. Wir hatten vorher über eine Unzahl von Assoziationen gesprochen. Dann erzählte er mir eine Geschichte, die Kohärenz zu entwickeln begann und von Prinzessinnen, Drachen, Riesen, Gnomen, Zwergen und Elfen handelte. Die Elfen spielten; die Gnome verrichteten die Arbeit, und es war weder ihm noch mir völlig klar, was die Riesen taten. Er war der Ansicht, daß die Elfen zerbrachen, was die Gnome zusammenfügten. Er sagte, es gäbe keine Geschichte, wenn es keine Erzählung gäbe. Er könne nicht schreiben, wenn er nur Ideen und Gedanken hätte. Es müsse einen »Plot« geben. Ich deutete seine Suche nach der Erinnerung und setzte diese mit Geschichte, Historie [his-story] gleich. Er sagte, daß man die Analyse eigentlich als Synthese bezeichnen sollte – Psychosynthese. Er wiederholte, daß die Elfen in seiner Geschichte die Worte zerbrachen, bis sie nur noch Geräusche seien, und daß die Gnome daran arbeiten mußten, sie wieder zusammenzufügen. Wir sprachen über die Geräusche, die er produziert und in Worte zu verwandeln versucht hatte; sie mußten zuerst zerbrochen werden, damit er sie betrachten und verstehen und wieder zusammenfügen konnte.

Als es im Anschluß an die Do-Do-Erinnerungen ein »Er« und ein »Ich« und ein »Sie« gab, tauchte eine Erinnerung auf, die mit seinem zweiten Geburtstag zusammenhing. Seine Mutter hatte eine Feier veranstaltet, auf der ein Kasperle-Spiel aufgeführt wurde. Er war in Panik geraten, hatte sich unter einer Decke versteckt (was er bei mir nicht tat, statt dessen verbarg er sich hinter seiner Kleidung, hinter Papieren und Geräuschen). Diese Erinnerung rückte ihn in einen Familienzusammenhang: auf eine Bühne mit drei Personen, auf der das Kasperle-Theater eine von fremdartigen Geräuschen begleitete Urszene und ein zerschmettertes Baby repräsentierte. Seine Imagination war vermutlich ungefähr in dieser Zeit ins Spiel gekommen, und die Vorgänge des Kasperle-Spiels wurden *imaginativ wahrgenommen* und mit seinem Phantasieleben verknüpft; dieses und alles, was mit ihm assoziiert war, war ausgelöscht worden. Der Zweijährige, der diesen Vorgang erlebt hatte – ein zweijähriger Junge mit einem funktionsfähigen Ich – begann wieder zu existieren.

Er nahm meine Deutungen an und begann, über den möglichen Anfang seiner Geschichte zu assoziieren. Wer setzt alles in Gang? Wo fängt alles an? Das ist die Ödipus-Frage, und die erste Geschichte. Wo ist *sein* Platz in dieser Geschichte? Kann es ein lebendiges Baby mit einer lebendigen Mutter und einem lebendigen Vater geben? Eine Geschichte, die diese Fragen thematisierte oder zu lösen versuchte, tauchte später auf, wie ich zum Abschluß dieses Beitrags zeigen werde. Zunächst aber führte dies zu einem Teil einer Geschichte, die auf jene bereits erwähnte Episode, den Verlust der Ersatzbrille, zurückverwies, eine Episode, die seine Angst zu sehen sowie seine Kastrationsangst veranschaulichte. Auch diese Geschichte handelte von dem Ritter, der wie ein Mädchen gekleidet war: Diesmal kam ein weiterer Ritter des Weges und befahl dem ersten, seine Mädchenkleider auszuziehen, Waffen anzulegen und zu kämpfen. Er willigte ein, und es gefiel ihm, als er aber das Visier anlegte, bekam er panische Angst und mußte es herunterreißen.

Die Geschichte schien eine reale Erinnerung an die panischen Ängste zu enthalten, den Körper seiner Schwester zu erblicken, Ängste, welche die Befürchtungen und Ungewißheiten repräsentierten, die er nicht zu ertragen vermochte und die für ihn zu einem Brennpunkt wurden. Sie weckte in ihm auch die panische Angst, in die Welt hinausgehen und kämpfen zu müssen, mit anderen Männern zu rivalisieren, als Mann in der realen Welt zu leben. Die Deutung, die ich ihm dazu gab, führte zu einem Traum, in dem ich, die Analytikerin, zum erstenmal als Person auftauchte, die da war und ihm Nahrung anbot. In seinem Traum regredierte er auf eine Stufe, bevor er die Brust verloren hatte oder bevor ihn der nicht vorhandene Penis ängstigte. Dann sprach er über die Schwierigkeiten des Ritters, denn wenn jemand anderer ihm Dinge aufdrängte oder ihn in falsche Kleider steckte, war es schwer für ihn, sie wieder loszuwerden. Anschließend erzählte er mir eine weitere Geschichte über einen Jungen, der in den Wäldern eine Nymphe gesehen hatte: Die Nymphe war nackt, und der Junge erkannte, daß sie anders war als er; dann hatte der Junge eine Erektion. In dieser Geschichte sagte die Mutter zu dem Jungen, daß er böse sei und daß böse Geister in ihm wirkten. Ich sagte, der Ritter sei von seiner Mutter irregeführt worden, aber auch er selbst, der Patient, könne es nicht ertragen, zu sehen oder eine Erektion zu haben. Ich sagte, er wäre lieber ein Mädchen, um den Anblick von Ungleichheiten vermeiden zu können, vor allem die Ungleichheit zwischen ihm selbst und seiner Schwester. Er beharrte darauf, daß es in der Geschichte wahr sei. Dem Ritter wurden die Kleider und die Waffen aufgedrängt, während dies bei ihm selbst nicht der Fall war. Er habe eine völlig eigene Entscheidung getroffen. Ich deutete, daß er glaube, beschließen zu können, seine Mutter und seinen Vater an der Zeugung eines Geschwisters zu hindern. Dieses habe ihn verwirrt, deshalb tat er so, als sei er selbst das Geschwister, das kleine Mädchen, um dem Wissen auszuweichen, daß er nicht alles unter Kontrolle hatte und noch ein Baby – Junge oder Mädchen – war.

Ich betrachtete es als meine Hauptaufgabe, seine Mythen und Geschichten eine Zeitlang in derselben Art zu benutzen, wie man bei anderen Patienten Träume verwendet. Er sagte, daß die Personen, die er erfinde, natürlich allesamt Teile seiner selbst verkörperten, aber er hatte sie bislang nicht mit Gefühlen ausgestattet und empfand ihnen gegenüber auch keine Gefühle. Die Analyse konzentrierte sich eine Zeitlang stärker auf Wörter und Anagramme von Wörtern als auf eine Erzählung oder eine Geschichte. Solange dies der Fall war, wich der Patient der Notwendigkeit zu fühlen aus, schließlich aber führte ihn das Spielen mit Worten an Gefühle heran. Indem er seine eigenen Worte fand, statt die so häufig von ihm zitierten Worte der Dichter zu benutzen, wußte er, was sie für ihn bedeuteten. Er gab mir ein Zeichenvokabular, das von Gefühlen erfüllt war und direkt mit ihm selbst zusammenhing. Das brabbelnde Baby und der eloquente Mann wuchsen enger zusammen.

Er versuchte, seine eigene Geschichte zu finden und sie zu Sätzen zusammenzufügen, um eine Geschichte über sich selbst zu entwerfen, die er mit seinen eigenen Worten würde erzählen können. Als er dies tat, konnte Herrn Smith nach und nach unter großem Kummer seine eigene Existenz imaginieren. Seine verbalen und visuellen Wahrnehmungen kamen enger zusammen. Die Aufgabe bestand darin, ihm zu helfen, sich als Person zu imaginieren und zu akzeptieren – als jemanden, der die Existenz anderer Personen, die zuvor gesehen wurden, ohne mit Leben erfüllt zu sein, imaginiert und akzeptiert.

Wenn die Fähigkeit zur Wahrnehmung fehlt, weil diese zu traumatisch oder zu fremdartig ist, kann man dann sagen, daß ein solches Individuum wirklich bewußt sei? Kann ein solcher Mensch unbewußte Phantasien oder Imagination und bewußte Phantasien haben? Ich unterscheide hier zwischen der unbewußten Phantasie und der bewußten, weil Imagination und bewußte Phantasien aus der Fähigkeit hervorgehen, die äußere Realität wahrzunehmen, sich mit ihr zu identifizieren und mit ihr zu spielen; während die unbewußte Phantasie im Triebleben wurzelt, das erst bewußt werden muß, damit es zum Gegenstand des Spiels werden kann. Der Inhalt unbewußter Phantasien sind natürlich Repräsentationen der Triebe; sie sind eine in unserem Unbewußten ständig stattfindende Kommentierung unserer Triebstrebungen. Wir dürfen zweifellos von einer wechselseitigen Beeinflussung ausgehen, dennoch aber halte ich es für möglich, daß es ein unbewußtes Phantasieleben gibt, das von der äußeren Realität getrennt wird. Der Säugling kann im »Bereich der Kreativität« (M. Balint 1968) bleiben.

Nebenbei bemerkt: Können wir unbewußte Phantasien auf anderem Wege als durch das Ich kennenlernen? Oder ist unsere Methode der freien Assoziation eine Technik, mit der wir das Ich überlisten? Äußere Realität jedenfalls kann für das Individuum nur existieren, wenn es sie introjiziert und sich mit ihr identifiziert hat und sie dann *imaginativ wahrnimmt*. Identifizierung allein genügt nicht. Als kleines Kind verleugnete Herr Smith die äußere Realität, ebenso wie während der ersten Jahre seiner Analyse, aber sein unbewußtes Phantasieleben existierte und drang fragmentarisch in sein Bewußtsein ein, als er seine Geschichte zu schreiben begann. Infolgedessen könnte man sagen, daß sein Triebleben zwar aktiv, aber insofern pervers war, als es in der äußeren Realität, in der äußeren Welt, keine Befriedigung fand und für ihn selbst nicht kohärent war. Er konnte kein kohärentes unbewußtes Phantasieleben aufbauen; ebensowenig vermochte er die äußere Realität bewußt wahrzunehmen, weil das, was er wahrnahm, für ihn absolut unannehmbar war. Deshalb schob er es auf, die äußere Realität kennenzulernen und mit ihr zu spielen, was ihn zu einem Teil dieser Realität gemacht hätte. Er halluzinierte weder positiv noch negativ, sondern verschob die Realität sozusagen und legte sie auf Eis. Andererseits könnte man sagen, daß Herr Smith, als er noch klein war, überhaupt nicht bewußt gewesen sei, insofern er kein Gefühl für sich selbst an einem bestimmten Ort hatte. Er war ein »Außenseiter« und ist es in gewisser Hinsicht noch heute.

Bewußtes Denken setzt das Gefühl voraus, jemand zu sein. Möglich wird dieses Gefühl nur, wenn dieser Jemand zu einer Umwelt gehört, in die er selbst projizieren und deren Projektionen er verwenden kann, um sich später zu ihnen in Beziehung zu setzen. Um bewußt sein zu können, muß es ein »Ich« und ein »Du« geben: eine Beziehung innerhalb eines Settings. Bion (1970) sagt, daß das Denken (das heißt Bewußtheit) zur Bewältigung von Versagung notwendig sei und daß das Denken einem Patienten, der Versagungen (oder, wie ich es ausdrücke, die äußere Realität) nicht zu ertragen vermag, nicht die Erleichterung verschaffe, die es ihm vermitteln würde, wenn er Frustrationen tolerieren könnte. Äußere Realität, so schrecklich sie auch sein mag, ist besser als nichts. Dennoch aber war Herr Smith offenkundig in der Lage, projektive Mechanismen einzusetzen, nämlich mit Hilfe von Büchern und Spielen, die ihn nicht bedrohten und imaginativ auf ihn zu reagieren schienen (Eigen 1985). Er konnte tatsächlich mit der Imagination ihrer Autoren spielen und pflegte den Wortlaut mancher Bücher, die er las, zu verändern, damit sie auf ihn selbst paßten und er sie kontrollieren konnte. Er konnte mit den Gedanken der Autoren spielen und sie nach seinem Geschmack verändern. Auf diese Weise wurden die Geschichten zu seinen eigenen, während er sich seine frühen Objekte nie hatte aneignen können. Diese wurden ebenso wie zu Beginn der Analyse die Analytikerin nicht wahrgenommen, sie waren nicht Teil seiner Welt, blieben unerreichbar, unveränderbar, unwandelbar, er konnte nicht mit ihnen spielen.

Herr Smith hatte fragmentarische Ideen, fragmentarische Gedanken und fragmentarische unbewußte Phantasien, konnte aber keine verwendbaren Gedanken aus ihnen machen, da sie nicht zusammengefügt – dynamisch benutzt – werden konnten; deshalb konnte aus ihnen keine Erzählung hervorgehen. Der Patient formulierte Sätze, aber sie repräsentierten nicht die Gedanken, die er sich zu bilden versuchte, oder die Ideen, auf die er zu kommen versuchte, oder die Ängste, denen er auszuweichen versuchte.

Wenn ich mich frage, ob meine Arbeit mit diesem Patienten und die Gefühle, die ich ihm gegenüber empfinde, meinen Gefühlen anderen Patienten gegenüber ähneln, so sehe ich die engste Parallele in der Arbeit, die ich mit perversen Patienten geleistet habe. In der Gegenübertragung nahm ich häufig ein sich entwickelndes Thema wahr, das ich dem Patienten hätte mitteilen *können*. Hier stellt sich die Frage: Ist der Gedanke, den die Analytikerin im betreffenden Moment hat, auf eine Projektion des Patienten zurückzuführen (der unbewußte Gedanken hat, die er nicht zusammenbringen, Ideen, die er nicht ertragen kann)? Sollte die Analytikerin an diesen Gedanken festhalten, bis der Patient imstande ist, die Frustration und die Angst zu tolerieren, die notwendig sind, damit er selbst die Gedanken haben kann? Kann der Patient Deutungen der Analytikerin über die Projektionen aus seinem Unbewußten überhaupt in sich aufnehmen – hören? Manchmal klärt sich die Situation durch eine körperliche Aktion des Patienten oder durch einen körperlichen Schmerz, den er empfindet; dann kann die Deutung erfolgen. Kann das Unbewußte des Analytikers unbewußte Kommunikationen des Patienten empfangen, die dann bewußt werden, so daß der Analytiker mit diesen Projektionen in sein Unbewußtes therapeutisch arbeiten kann? Dies sind Fragen, die unsere Technik betreffen.

Bevor ich zu meiner Zusammenfassung und zum Schluß komme, möchte ich noch eine Geschichte wiedergeben, die, nachdem sie viele Male erzählt worden war, Gefühle der Qual und Verzweiflung in meinem Patienten darüber weckte, daß seine Zeit bei der Analytikerin auf nur fünfzig Minuten begrenzt war, daß er Wochenendunterbrechungen hinzunehmen hatte usw. Er empfand diese »normalen« Reaktionen zum erstenmal. Die Geschichte, die ich zuvor mit Varianten – und ohne Gefühle – gehört hatte, lautete folgendermaßen: »Aus irgendeinem feierlichen Anlaß fand ein Bankett statt. Der Ritter war dort, konnte aber den Bankettsaal nicht betreten. Er konnte von außen zusehen, durch ein Fenster oder eine Tür. Laute Musik spielte, und dann trat jemand ein und hielt ein neugeborenes Baby, ein Mädchen (die Königin), in die Höhe. Jubel und Frohlocken! Die Mutter des Babys war gestorben – aber niemand trauerte. Es spielte keine Rolle. Der Ritter konnte von außen zusehen, aber nicht eintreten.« Nun schluchzte mein Patient und stöhnte, blieb aber bewußt und erinnerte diese Episode in der nächsten Sitzung. In späteren Sitzungen erfuhr die Geschichte weitere Veränderungen und wurde mit intensiveren Gefühlen erzählt.

Hinzugefügt wurden der Geschichte die Schreie der gebärenden und schließlich sterbenden Mutter; der Patient sagte, Geburt und Tod müßten ebenso wie Trennung mit Qual verbunden sein. Nun tauchte Herrn Smith' eigene Geschichte – die alltäglichen Ereignisse seines Lebens – auf, einschließlich seiner Qual, nicht fähig zu sein, seiner Frau ein Heim oder ein Baby oder all das, was sie sich wünschte, zu geben, seiner Verwirrung über die Frage, ob er jenes Baby sei, und des Erlebens von Frustration und Angst.

Schlußfolgerungen

Es fiel mir schwer zu entscheiden, wie ich die Hauptabwehr dieses Patienten beschreiben sollte: das Konzept der Verdrängung (Freud 1909d, 1915d) greift zu kurz – man kann nichts verdrängen, was nicht zuvor durch das Ich aufgenommen wurde; als ebenso unzulänglich erweisen sich die Skotomisation, wie sie Freud (1927e) für den Fetischismus beschreibt, oder die Spaltung im Ich oder in der Persönlichkeit in verschiedene autonome Anteile (Freud 1940e); Herr Smith ist auch kein Melancholiker, denn in der Melancholie liegt ebenfalls eine Ich-Spaltung vor (Freud 1916-17a). Diese Überlegungen spielen jedoch keine zentrale Rolle für das Problem, das mich in diesem Beitrag beschäftigt, nämlich das Problem des Bewußtseins. Im 3. Kapitel habe ich mit dem Konzept des Selbst gearbeitet, aber in dieser Analyse ist es zu vage und erweist mir keine klinische Hilfe.

Das Erkennen von Mustern und Ähnlichkeiten ist von wesentlicher Bedeutung für die Fähigkeit des Babys, eine Welt aufzubauen, in der es leben und einen Platz für sich selbst finden kann. Ich nehme an, auch wenn dies in der Analyse nicht nachgewiesen wurde, daß die Mutter ihren Säugling erkennen und ihm das Gefühl der Zugehörigkeit vermitteln muß.

Die Unfähigkeit des Babys, eine solche Welt zu errichten, könnte darauf zurückzuführen sein, daß es die Ungleichheiten, die es wahrnimmt (oder aber die Art und Weise, wie es selbst wahrgenommen wird) nicht erträgt, so daß es seine Wahrnehmungen verleugnet, als sei die Brust allzeit gegenwärtig und nicht von Zeit zu Zeit abwesend oder als werde sie nicht gebraucht und enthielte keinerlei Bedeutung. Der Penis ist immer da, und wenn nicht, hat es keine Bedeutung, einen Penis zu besitzen. Alle Menschen sind gleich. Aber positive oder negative Halluzinationen müssen nicht zwangsläufig auftauchen; statt dessen werden Bedürftigkeit und Gemeinsamkeit und Unterschiede verleugnet und Bewußtsein und Erinnerung aufgeschoben, gewissermaßen auf Eis gelegt.

Diese Verleugnungen können zu einem vollständigen Verlust der Erinnerung an die ganze Welt führen, in der nicht akzeptable Wahrnehmungen gemacht wurden, einschließlich der Wahrnehmungen des »einen«, des »Ich« und des »anderen«; unter diesen Bedingungen kann sich keine imaginative Welt entwickeln, mit welcher der Patient spielen kann, so daß er sie zu verstehen und in Besitz zu nehmen lernt und seinen Weg findet.

Dies muß das Individuum nicht zwangsläufig daran hindern, in einem anderen, von seinen familiären Konflikten getrennten Bereich eine Persönlichkeit zu entwickeln; aber die Verleugnungen bleiben bestehen, ebenso wie das Fehlen von Erinnerungen an die Umgebung, in welcher der Patient aufgewachsen ist. So verbringt er sein Leben in einem nur teilweise bewußten Zustand, auch wenn er seinen normalen Tagesaufgaben nachgeht und beruflich erfolgreich ist, oder in einem ihm selbst unbekannt bleibenden

Bewußtseinszustand. Wie Freud (1915e) sagt, besteht die Möglichkeit, daß es eine unendliche Vielzahl von Bewußtseinszuständen gibt – mein Patient kann in einer Umgebung, die ihn an die frühen, nie bewältigten Qualen erinnert oder zu erinnern droht, nach wie vor nur manchmal *wahrnehmen*.

8. Kreatives Leben

Ausgehend von der Behandlung zweier potentiell kreativer Patienten entwickelt Enid Balint eine neue Theorie des psychischen »Raumes« der Kreativität. Sie beschreibt einen Bereich bedeutungsloser Nicht-Beziehung, der vielleicht mit jenem identisch ist, den Michael Balint (1968) als Bereich der Grundstörung charakterisiert hat, einen primären Riß, eine zwar bewohnte, aber scheinbar unüberbrückbare Kluft in der psychischen Kommunikation, die jedoch – allerdings nur unter der Voraussetzung, daß sie erforscht wird – überwunden werden kann. Für den Patienten ist die Analytikerin nicht existent, dennoch nimmt er ihre nicht-existente Anwesenheit wahr oder empfindet, daß früher einmal jemand anwesend war, und dieses Gefühl ermöglicht es ihm, in diesem bislang nicht begehbaren Raum nach etwas zu suchen, das er verloren hat. Das Behandlungszimmer mit seinen Inhalten, Geräuschen und Deutungen wird zu einem Raum, der nicht identisch mit Leere ist. Die Suche kann nur dann stattfinden, wenn der Patient unter Mühen, aber unwiderruflich auf die willfährigen Verhaltensweisen, die er aktivieren mußte, um überleben zu können, verzichtet. Obwohl er die Suche allein unternimmt, enthält das, was er findet, etwas von dem anderen in sich, so daß eine gemeinsame imaginative Wahrnehmung der Welt entstehen und der potentielle Künstler anderen potentiell mitteilen kann, was er gefunden hat.

◆

Ich beginne mit einigen Zitaten. Das erste stammt nicht von einem Analytiker, sondern von einem Priester (Drury 1988):

> Zwischen uns selbst und der Realität errichten wir mehr oder weniger brüchige Systeme von Bildern. Ob dies seine Ursache darin hat, daß uns das reale Leben nicht genügt oder uns zu viel ist, oder ob es daran liegt, daß uns die alltäglichen Geschehnisse zwar nicht genügen, uns aber dennoch zuviel sind (was ich für das wahrscheinlichste halte) – wir versuchen in jedem Fall, mit dieser

---

[1] »Creative Life« wurde bislang noch nicht veröffentlicht. Enid Balint hielt diesen Vortrag am 18. Oktober 1989 vor der British Psycho-Analytical Society.

Realität fertigzuwerden, indem wir uns Vorstellungen und Bilder von ihr machen. [...] Ähnlich wie Tennysons Lady von Shalott träumen wir uns an unseren Webstühlen aus der Welt fort und sehen sie als gebrochenes Bild im Spiegel.

Der Maler wendet sich vom Spiegel ab, um die Welt zu betrachten. [...] Er vermag Zeichen zu setzen, die keine exakten Imitationen darstellen, sondern freie Parallelen, Repräsentationen im eigentlichen Sinn. [...] Er hat die fremden Sonderbarkeiten der Natur durch seinen Körper und Geist, durch sein Herz, sein Auge und seine Hand passieren lassen, und so konnten sie wiedergeboren werden und umfassende menschliche Bedeutungen annehmen.

Van Gogh (1958, Brief Nr. 531) schrieb: »Ich komme sehr gut ohne Gott aus, in meinem Leben sowohl wie in meiner Kunst, aber ich kann nicht auf etwas verzichten, das größer ist als ich, nämlich auf mein Leben – die Kraft zu schaffen.« Ebenso wie andere Künstler, zum Beispiel Cézanne, sagt auch van Gogh, daß er malen müsse, um seine Erlösung zu finden, um zu existieren. Die Gefahr, die ihn bedroht, ist das Nicht-Sein. Man muß sein, um dem Chaos und der Passivität zu entrinnen, die dem Tode gleichkommen.

Ein einziges Zitat nur von Freud (1939a, S. 176): »Sooft [die Menschen] mit ihrer Gegenwart unzufrieden sind – und das sind sie oft genug –, wenden sie sich zurück in die Vergangenheit und hoffen, diesmal den nie erloschenen Traum von einem goldenen Zeitalter bewahrheiten zu können.«

Mein letztes Zitat stammt von dem russischen Filmregisseur Andrej Tarkowsky (1989): »Regisseure lassen sich im wesentlichen in zwei Gruppen einteilen: jene, die versuchen, die Welt, in der sie leben, zu imitieren, ihre Umwelt neuzuerschaffen, und jene, die ihre eigene Welt erschaffen. Diejenigen, die ihre eigene Welt schaffen, sind gewöhnlich die Dichter.«

Diese tiefsinnigen und nachdenklich stimmenden Worte bilden einen Hintergrund, vor dem ich meine Gedanken über meine Arbeit mit Patienten formulieren möchte, denen es schwerfällt, sich in der Welt lebendig zu fühlen oder sie, wie ich es im vorangegangenen Kapitel beschrieben habe, imaginativ wahrzunehmen. Trotzdem können sie potentielle Künstler sein. (Vielleicht sind wir dies alle, aber das ist ein anderes Thema.) Die Schwierigkeit potentieller Künstler, Verbindung zur äußeren Realität aufzunehmen, nimmt ein besonders traumatisches und überwältigendes Ausmaß an. Diese Menschen sind als Säuglinge nicht gestorben, weil sie dazu verführt wurden, Nahrung aufzunehmen und zu leben (Winnicott 1988). Vielleicht wurden auch die Eltern solcher Patienten bereits auf diese Weise verführt, manchmal stellt sich dies in der Behandlung heraus. Solche Säuglinge lassen sich passiv ernähren, wenngleich sie nicht völlig bedürfnislos sein können. Winnicott vermutet hier eine Spaltung der Persönlichkeit und nimmt an, daß neben einer inauthentischen und willfährigen, unkreativen Beziehung zur Außenwelt immer auch eine stumm bleibende Beziehung zu einer geheimen, privaten Welt subjektiver Phänomene besteht, die ich als imaginativ wahrgenommene Phänomene bezeichne. Wenn aus dem Säugling im späteren Leben ein Künstler wird, verbindet er diese ersten, »für ihn realen« Wahrnehmungen laut Winnicott (1945, 1965, 1988) mit jenen, die er in einer Haltung der Willfährigkeit aufgenommen hat.

Ebenso wie Winnicott betrachte ich die ersten »subjektiv wahren« Wahrnehmungen des Künstlers und des Säuglings als Grundlage des Lebens. Im Gegensatz zu Winnicott aber bin ich der Ansicht, daß sich der Künstler, der darum ringt, die Barriere zu überwinden und seine eigenen imaginativ wahrgenommenen Phänomene anderen Menschen zugänglich zu machen, von den Wahrnehmungen seines willfährigen Teils befreien muß. Künstler und manchmal auch spielende Kinder können es den Menschen ermöglichen, mit einer Erfahrung, einer imaginativen Wahrnehmung, in Verbindung zu treten, die ihnen verlorengegangen ist – und dieser Verlust hatte zur Folge, daß sie sich ihres eigenen Seins weniger bewußt sein können. Es trifft zu, daß der Künstler durch die Repräsentationen seiner imaginativen Wahrnehmungen sich selbst porträtiert, aber er braucht, ja *darf* die Welt seiner willfährigen Pseudobeobachtungen nicht mit seinen imaginativen Wahrnehmungen, das heißt seinen eigenen, für ihn realen Wahrnehmungen, vereinen. Er muß das willfährige Selbst konsequent aus seiner Kunst verbannen.

Eine solche Arbeit ist kreativ, ebenso wie auch das Spiel der Kinder häufig kreativ ist. Die frühen imaginativen Wahrnehmungen des Säuglings bleiben unbewußt, aber sie sind nicht statisch. Sie entwickeln sich als Bestandteil des unbewußten Phantasielebens weiter, und wenn dieses in der Analyse oder der künstlerischen Kreativität zutage tritt, kann der

Verlust der Erfahrung qualvolle Angst im Patienten oder im Künstler hervorrufen. Es entsteht ein Dilemma, es darzustellen oder nicht, denn es könnte für den Analytiker, für das Publikum oder für das willfährige Selbst des Patienten oder Künstlers allzu überwältigend sein. In jedem Fall drohen Chaos, Wahnsinn oder panisches Entsetzen. Die größte Angst aber scheint immer darin zu bestehen, daß die Erfahrung nicht wiederholt werden kann und für immer verloren ist. Der Patient sucht nach Worten oder Bewegungen, welche die vergessenen, aber nicht verlorengegangenen infantilen imaginativen Wahrnehmungen repräsentieren; und gleichzeitig versucht er, ihre Repräsentation zu verhindern. Es ist von größter Bedeutung, daß sich der Analytiker in diesen Phasen ruhig und nicht-intrusiv verhält, aber uneingeschränkt *da ist*. Es ist schwierig, dies zu beschreiben – es kommt darauf an, daß der Analytiker einfach weiteratmet. Er darf in die Gefühle und Gedanken des Patienten nichts hineinlegen; der Patient ist damit beschäftigt, seine eigenen Worte oder Handlungen zu finden. Am Ende der Sitzung aber, wenn die Intensität nachgelassen hat und der Patient in seine normale Welt zurückkehrt, können Deutungen unter Umständen erforderlich sein. Für gewöhnlich glaubt der Patient, daß die Erfahrung vorbei sei, und ist dann überrascht, wenn der Prozeß in der nächsten Sitzung erneut einsetzt.

Diese Wahrnehmungserfahrung ist in der Analyse möglich oder in einer angemessenen Atmosphäre, die vom Künstler für sie geschaffen wird. Der Künstler ist, objektiv gesehen, alleine, aber er muß als Säugling bestimmte imaginative Wahrnehmungen gehabt haben, die ihn nun befähigen, eine solche Atmosphäre zu schaffen, die in der Analyse von Analytiker und Patient gemeinsam wiederhergestellt wird. Meiner Ansicht nach kann der Säugling die Realität nur dann wahrnehmen, wenn er sie gemeinsam mit einem anderen Menschen wahrnimmt. Die Mutter, die ihrem Baby ihre ganze Aufmerksamkeit widmen kann, ist normalerweise die erste Person, die diese Atmosphäre herstellt, wenngleich ihr dies nicht jederzeit möglich ist und sie es auch nicht immer ohne Ärger oder Furcht tun kann. Selbst wenn es für den Säugling noch keine andere Person oder kein Objekt gibt, lebt er nicht in einer Leere. Diese Abwesenheit von Leere, die ich im 3. Kapitel beschrieben habe, ist wichtig. Es gibt einen Raum, in dem der Säugling lebt (Winnicott 1988), einen Raum, in dem er vielleicht etwas riechen, anfassen, hören, sich an etwas festhalten kann. Dies ist ein lebendiger Raum, anders als der tote Raum, den Green (1986, Kapitel 7) so treffend dargestellt hat. Diesen Raum kann der Patient in der Analyse wiederfinden. Für die erste imaginative Wahrnehmung der Welt durch den Säugling ist es von herausragender Bedeutung, daß der Raum teilweise gefüllt ist mit dem Inhalt der unbewußten inneren Welt: der anderen, bislang nicht wahrgenommenen Person. Man hat so häufig gesagt, daß es einen Säugling ohne eine Mutter nicht geben könne. Wir müssen hinzufügen, daß es – weder im biologischen noch im psychologischen Sinn – keine lebendige, milchspendende Brust ohne einen lebendigen Säugling geben kann. Beide erschaffen sich gegenseitig. Winnicott ([1956] 1983, S. 237) sagt, daß die Bedeutung, welche die Mutter für das Kind hat, von der Kreativität des Kindes abhängig sei. Ich denke, daß sich die erste imaginative Wahrnehmung nur aus einem Zustand erwartungsvoller Lebendigkeit entwickeln kann, den Säugling und Mutter miteinander teilen – der Säugling mit dem Lebenspotential und die Mutter, die innerlich lebendig ist und sich auf den auftauchenden Säugling abstimmt.

Als Kliniker sind wir uns dessen bewußt. Wir wissen um die Notwendigkeit, daß Patienten ihre eigenen Worte und Bewegungen entdecken, um darstellen zu können, was sie fühlen, und nicht in einer Haltung der Willfährigkeit unsere eigenen benutzen. Dies ist besonders wichtig, wenn der Patient sich in dem sehr frühen, rezeptiven, unintegrierten Zustand befindet. Und wenn wir als Autoren unsere analytischen Beobachtungen zu beschreiben versuchen, ist es ebenso wichtig, daß wir die für uns selbst und für unsere Leser richtigen Worte benutzen. In ein Konzept dürfen sie erst dann integriert werden, wenn Autor und Leser dazu bereit sind, so daß das Konzept die weitere kreative Arbeit nicht verhindert.

Ich benutze die Formulierung »imaginative Wahrnehmung«, um zu beschreiben, was geschieht, wenn der Patient das, was er wahrnimmt, imaginiert und sich auf diese Weise seine eigene, teils imaginierte, teils wahrgenommene Welt erschafft. Drurys Worte, daß der Künstler »Zeichen setzen könne, die keine exakten Imitationen, sondern freie Parallelen, Repräsentationen im eigentlichen Sinn« darstellen, sind einfach, prägnant und für mich richtig. Der Autor kann keine Worte benutzen, die er passiv von einer anderen Person übernommen hat und die für ihn keine Bedeutung haben. Er muß seine eigenen erschaffen, aber auch diese Worte gehen aus der Beziehung zu einer anderen Person hervor.

Ich möchte nun kurz von meiner Arbeit mit zwei Patienten berichten. Analyse gründet natürlich immer in einer Beziehung zwischen zwei Personen, so daß es zwei identische Analysen nicht geben kann. Die Aufmerksamkeit aber konzentriert sich nur auf einen der beiden Beteiligten, nämlich auf die Imagination und auf die Wahrnehmungen des Patienten. Sowohl der Säugling als auch der Analysepatient beginnen Anteilnahme für den anderen und schließlich Schuldgefühle zu empfinden, und schon bald entwickelt sich ein Zustand gegenseitiger Anteilnahme. Dies hängt allerdings von der Fähigkeit ab, die Existenz der anderen Person zu tolerieren; und in der Analysephase, über die ich berichten möchte, wurde ein solcher Zustand noch nicht erreicht. Die Patienten nahmen wahr, daß sie nicht alleine waren. Ich glaube, daß nichts auch nur beginnen kann, wenn der Patient das Gefühl hat, sich in einer Leere zu befinden. Vielleicht ist er nicht in der Lage, irgendein Objekt, das er begehrt oder imaginieren kann, wahrzunehmen, er kann sich jedoch nähren lassen, kann das, was gesagt wird, hören und sogar passiv in sich aufnehmen, während er zugleich spürt, daß es etwas gibt, das er verloren hat oder das nicht da ist. Vielleicht versucht er, das fehlende, einst imaginativ wahrgenommene Objekt zu finden, oder er wiederholt das Trauma seines Verlustes und nährt sich lebenslang passiv.

Die Gefahr besteht darin, daß der Patient dieses passive, akzeptierende »Nähren«, das ihm der Analytiker anbietet, indem er als Person gegenwärtig ist, die Couch, den Sessel, eine warme Atmosphäre, Deutungen usw. zur Verfügung stellt, in der Analyse zu wiederholen versucht. Unter Umständen dauert es lange Zeit, möglicherweise Jahre, bis der Patient es riskieren kann, seinen Blick vom Spiegel abzuwenden und die Person hinter der Couch und das, was sie repräsentiert, abzulehnen. Damit beginnt eine neue Phase, die neue Arbeit ermöglicht.

Michael Balint (1968) hat diese Art der Arbeit beschrieben, als er das Phänomen untersuchte, das er als Bereich der Grundstörung bezeichnet. Er sagt, daß Worte in bestimmten Analysephasen noch keine festgelegte Bedeutung für den Patienten haben und dieser möglicherweise verstummt, leblos wird und vielleicht jede Hoffnung verliert. Im selben Buch beschreibt Balint einen anderen psychischen Bereich, den er als Bereich der Kreativität bezeichnet. Meiner Ansicht nach ist der Bereich der Grundstörung nur zu überwinden, wenn diese Phase durchgearbeitet wird, das heißt wenn der Patient nicht länger auf eine Stufe regrediert ist, auf der er keine gemeinsame Erfahrung mit seinem Analytiker hat, sondern verstummt, feindselig, desillusioniert und verzweifelt wird und schließlich jede Hoffnung aufgibt. Manchmal tut er dies, ohne den Analytiker anzuklagen, der sich vielleicht fragt, was er falsch macht. Er erkennt aber, daß er sich von den Projektionen des Patienten nicht passiv überwältigen lassen darf, sondern sie noch minutiöser als gewöhnlich verfolgen muß; mit der gleichen Aufmerksamkeit muß er seine eigenen, starren Erwartungen beobachten. Dieser Zustand ist nur zu überwinden, wenn der Patient es unter Schmerzen wagen kann, sich allein zu fühlen – in der Gegenwart des Analytikers, aber ohne die Anwesenheit einer *Person*. Dann beginnt er vielleicht, selbst wahrzunehmen und in den Bereich der Kreativität vorzudringen. Der Patient ist allein, keine andere Person ist anwesend, aber der Raum ist nicht leer. Der Patient macht nicht die Erfahrung, in einer Leere zu sein, und die analytische Sitzung ist gegenüber der früheren Erfahrung der Willfährigkeit tatsächlich eine Erleichterung. Wenngleich sie keine augenscheinliche Befriedigung vermittelt, beginnt sie das Leben des Patienten mit Inhalt zu füllen. Dem Zustand der Passivität zu entrinnen ist an sich bereits befriedigend. Um den Bereich der Grundstörung zu überwinden, ist es deshalb meiner Ansicht nach notwendig, in den Bereich der Kreativität vorzudringen.

Keiner der beiden Patienten, die ich beschreiben werde, war ein kreativer Künstler. Ich sollte besser sagen, daß keiner von ihnen mit dem, was ihn an kreativer künstlerischer Arbeit hinderte, gerungen oder es überwunden hatte. Ihre Angst, im Stich gelassen zu werden und allein zu sein, alles zerstört zu haben, war zu groß. Beide durchliefen kürzere oder längere Phasen, in denen es niemanden für sie gab, in denen sie nicht kommunizieren konnten und Worte keine Bedeutung hatten; aber sie bemühten sich mit aller Kraft, etwas zu erschaffen und zu leben. Beide Patienten waren meinem Eindruck zufolge keine falschen Persönlichkeiten, wenngleich im Falle der weiblichen Patientin gewisse Anzeichen zu Beginn der Analyse darauf hinzudeuten schienen.

Als diese Frau ihre Analyse aufnahm, war sie vierzig Jahre alt. Sie war verheiratet und hatte zwei Kinder. Während der ersten drei oder vier Jahre war ich in der Übertragung für sie real existent. Manchmal idealisierte sie mich, aber es dauerte nicht lange, bis sie mich vom Sockel stürzte. Sie kam mit einem depressiven, beinahe melancholischen Teil ihrer selbst in Verbindung, der das Gefühl hatte, für keinen Menschen irgend etwas tun zu können, sondern jene, die ihr nahestanden, zu zerstören. Wir konnten eine Phase in ihrem Teenageralter bearbeiten, in der zwei nahe Familienangehörige, einer von ihnen durch Selbstmord, gestorben waren. Die Anerkennung dieser Verluste und die Schuldgefühle und Schmerzen, die sie weckten, ließen Verbindungen zu früheren Phasen ihres Lebens erkennbar werden. Ich war der Ansicht, daß ihr all dies helfen würde, ihre Angst ein wenig zu verlieren und jene Menschen, die ihr nahestanden, lieben und umsorgen zu können und sich selbst lebendiger zu fühlen. Vor der Analyse ertrug sie es nicht, mit Menschen zusammenzusein oder mit ihrem Mann in einem Zimmer zu schlafen, selbst wenn sie trank und Schlaftabletten nahm.

Vorübergehend, ungefähr ein Jahr lang, fühlte sie sich besser. Dann begann eine lange Phase, in der sie sich im Bereich der Grundstörung befand. Sie erlebte mich immer stärker als Enttäuschung und wollte überhaupt nichts mehr tun. Sie gab all ihre früheren Aktivitäten auf; insbesondere hörte sie auf, für jene Menschen etwas zu tun, die sie gern hatte. Ihre Träume offenbarten den Wunsch, sie zu vernichten, sowie ihre Angst, sie bereits zerstört zu haben. Die Patientin wurde depressiv und wütend und war sowohl über sich selbst als auch über die Analytikerin enttäuscht. Sie bemühte sich, ihre Familie und die Analytikerin zu beunruhigen und zu verletzen. Sie fühlte, daß sie etwas verloren hatte, das sie einst besaß, und lehnte das Leben infolgedessen ab.

Diese Verhalten nahm nach und nach intensiveren Charakter an. Es gab schweigsame Phasen in ihrer Analyse, sie begann, sich selbst und die Analytikerin zunehmend zu verabscheuen, und verlor jede Hoffnung. Sie sagte, daß meine Worte zwar richtig seien, sie aber nichts empfinden könne. Ich schien wie durch einen langen Tunnel hindurch zu ihr zu sprechen. Sie konnte nicht imaginativ wahrnehmen. Sie versuchte, der Analyse zu entkommen, versäumte aber nie auch nur eine Sitzung. Dann begann sie zu malen, was zunächst mit großer Angst verbunden war. Sehr formale, recht hübsche Bilder tauchten auf. Ganz allmählich jedoch und zu ihrem eigenen Schmerz und Entsetzen begannen die Bilder sich zu verändern. Schließlich entstanden keine Bilder mehr. Ihr Schweigen in der Sitzung wurde lebendig. Sie war in den Bereich der Kreativität eingetreten.

Nun begann sich die Analytikerin lebendig zu fühlen und wurde von der Patientin als lebendig empfunden, zunächst jedoch nicht als Analytikerin oder gar als Person, sondern als Ort, als Raum, in dem sie sein konnte. Viel später erst nahm sie die Analytikerin als Person wahr, die von Zeit zu Zeit Sorge und Schuldgefühle in ihr weckte – das, was sie der Analytikerin angetan hatte, bereitete ihr panische Angst. Sie begann wieder zu malen, und diese Tätigkeit wurde ihr immer wichtiger. Es dauerte noch lange Zeit, bis sie eine gute Sitzung oder auch nur einen Teil einer Sitzung als freie und für beide Beteiligte befriedigende Zeit imaginieren konnte. Wenn ihr dies gelang, erlebte sie einen Zustand glückseliger Freude, der aber nicht von Dauer war, so daß sie fürchtete, ihn niemals wiederfinden zu können. Dann wollte sie von mir hören, was geschehen war, und konnte meine Worte in sich aufnehmen, wenn ich die Ähnlichkeit zwischen ihrem Erleben bei mir und ihrer Erfahrung während der ersten Tage ihres Lebens deutete. Dies machte ihr Sinn, nicht intellektuell, sondern in Form intensiver Körpergefühle. Ich sollte hinzufügen, daß der Vater während der ersten Lebenswochen der Patientin schwerkrank gewesen war und die Mutter, die ihr Kind zu stillen versucht hatte, vermutlich an andere Dinge dachte und deshalb für die Patientin zu existieren aufhörte oder starb. Als die Mutter sich um den Vater keine Sorgen mehr machen mußte, war sie überenthusiastisch und überwältigte ihr Baby, das nun vor ihr zurückschreckte und ein Leben, in dem es niemandem gab, einem Leben vorzog, in dem es jemanden gab, der seine Erfahrung aus jenen ersten Wochen wiederholte. In dieser Zeit hatte die Patientin ein wunderbares »Objekt«, eine wunderbare Atmosphäre, imaginiert und wahrgenommen, aber diese Erfahrung war verschwunden und wurde offenbar vergessen. Sie hatte Angst davor, sie wiederzufinden, und sah das Leben deshalb, wie Drury sagt, in einem Spiegel. Wahrscheinlich konnte ihre Mutter die ersten guten Tage nicht wiederholen, sondern sie nur an ihr Scheitern erinnern, das die Patientin dann als eigenes Versagen erlebte.

In einer späteren Analysephase konnte sich die Patientin dank ihres Interesses am Malen und Bilderbetrachten zumindest in einem Teil der Welt geborgen fühlen. Sie konnte diesen Teil erschaffen, indem sie ihn imaginativ wahrnahm. Für kurze Zeit wurde sie plötzlich wunderbar lebendig, wenngleich es nach wie vor Phasen gab, in denen sie erneut regredierte und die Analytikerin für sie nicht mehr existierte.

Projektive Mechanismen wurden in der Übertragung sehr aktiv eingesetzt und mußten minutiös beobachtet werden. Sowohl die Analytikerin als auch die Patientin waren der Ebbe und Flut von Glauben und Unglauben, von Illusion und Desillusion unterworfen. Ich mußte hart arbeiten, um ihre Projektionen nicht passiv anzunehmen. Als sie mir zum Beispiel vorwarf, eifersüchtig auf sie zu sein und destruktive Gefühle gegenüber ihren Freunden, den Malern, zu hegen, mußte ich für mich selbst zweifelsfrei klären, daß dies nicht der Fall war; es gelang ihr jedoch, mir das Gefühl zu vermitteln, daß ich eifersüchtig sei und daß sich ihre Freunde zwischen mich, die eigentliche Nährerin, und den Säugling, der reale Nahrung brauchte, gedrängt hatten. Ich habe den Gegensatz zwischen der Passivität dieser Patientin und der imaginativen Wahrnehmung erwähnt, möchte aber darauf hinweisen, daß diese Passivität selbst in den allerersten Jahren der Analyse nie in einen Zustand völliger Bedeutungslosigkeit und Leblosigkeit mündete. Auch die Passivität wechselte immer wieder mit Phasen heftiger Verzweiflung, Phasen der Lebendigkeit, in denen sie sich gegen das Leben wehrte, das ihr ihrer Meinung nach von der Analytikerin angeboten wurde. In den bereits beschriebenen Bereichen der Grundstörung und der Kreativität gab es für sie im Unterschied zu Patienten, die Nahrungsaufnahme oder Orgasmus imaginativ erleben und sich dann restlos zufrieden fühlen können, keine Triebbefriedigung. Der Zustand, den ich hier beschreibe, geht der Triebbefriedigung durch reale Nahrungsaufnahme voran; er muß aber existieren, damit die Nahrungsaufnahme kein willfähriges Saugen darstellt, sondern als etwas Reales erlebt werden kann.

Der zweite Patient, nämlich Herr Smith, mit dem ich mich bereits im 7. Kapitel beschäftigt habe, war in einem spezifischen Bereich durchaus kreativ; sein Wunsch jedoch, eine Geschichte mit seinen eigenen Wörtern und Gedanken statt mit den Gedanken und Wörtern anderer zu schreiben, war so intensiv, daß der Patient tatsächlich unfähig war, überhaupt etwas zu schreiben oder wahrzunehmen. Seine Mutter hatte kurz vor seiner Geburt ihren Bruder verloren und gab dem Baby den Namen des Toten. Es hat den Anschein, als habe sie zu dem Baby selbst keine Beziehung aufnehmen oder es nicht, so wie es war, als ihren Sohn akzeptieren können. Da sie nicht imstande war, ein lebendiges Baby, einen neugeborenen Jungen, zu sehen, konnte sie ihm keine Existenz zugestehen. Das Kind mußte dieser

Haltung mit Willfährigkeit begegnen, reagierte aber darauf, indem es die Existenz seiner Mutter und seines Vaters verleugnete und diese Verleugnung bis in sein späteres Leben hinein aufrechterhielt.

Herr Smith nahm seine Analyse bei mir auf, als er Ende Vierzig war und meiner Ansicht nach bereits im Bereich der Grundstörung operierte oder existierte. Er war zuvor bei zwei anderen Analytikern gewesen und warnte mich im Erstinterview, daß es mir sehr schwerfallen würde, ihn zu verstehen. Von der ersten Sitzung an konnte ich monate- oder sogar jahrelang erkennen, daß das, wonach er suchte, der analytische Raum war, die Couch und die Kissen; in diesem Raum hoffte er einen Gedanken und eine Sprache zu finden. Als Person existierte ich nicht für ihn. Er sagte mir oft, daß er, wenn er nicht »in der Stunde« sei, nie an mich denke, in Wahrheit aber dachte er überhaupt nie an mich als an eine Person. Während des ersten Teils der Sitzung entsprachen seine Bewegungen und Geräusche denen eines Säuglings, sobald er aber aus diesem Zustand infantiler Frustration auftauchte, in dem es keine akzeptablen Objekte und keine Worte gab, sprach er klar und verständlich. Meine Deutungen waren nutzlos und lösten sogar ein Gefühl des Chaos in ihm aus; und es war klar, daß er es absolut nicht ertrug, wenn ich Worte in ihn hineinlegte, die eine Bedeutung haben sollten, für ihn aber keine besaßen. Meine Aufgabe bestand darin, abzuwarten, bis er selbst Worte, Bedeutung und Gedanken finden würde.

Allmählich, nach zwei Jahren, gelang ihm dies. Das »Denken« trat in Form von Mythen und Geschichten zutage, die seine frühesten Erfahrungen repräsentierten. Auch einige wenige Erinnerungen tauchten auf. Er kämpfte darum, Erfahrungen oder Beziehungen zu schaffen, die wirklich seine eigenen waren. Er hatte als Jugendlicher in Gedichten und Dramen Worte gefunden, die zu ihm paßten, und trug mir häufig Gedichtzeilen vor. Dabei ging es ihm nicht um den Inhalt oder um die Bedeutung, sondern um die Worte an sich, die er mir beinahe entgegenspuckte – diese Worte betrachtete er als seine eigenen und nicht als meine. Die Reaktion dieses Patienten auf das passive Genährtwerden hatte nicht zur Entwicklung eines falschen Selbst oder auch nur einer auffälligen Rebellionshaltung oder Passivität geführt. Er wies das, was ihm angeboten wurde, zurück und war entschlossen, sich aus eigener Kraft etwas zu erschaffen. In einigen Bereichen seines Lebens ist ihm dies tatsächlich gelungen. Das Erschaffen war für ihn das eigentliche Wesen seines Seins, aber es gab nur eine einzige Person. Das Wort »wir« existierte nicht.

Mein Patient erinnerte mich an ein autistisches Kind, das die Worte anderer aufnimmt, sie aber nicht begreift oder nicht auf sie reagiert. Er konnte lebendig werden, wenn er Lyrik und Dramen las, und zwar vor allem Werke, in denen Verlust- und Trennungsmotive eine dominierende Rolle spielten. Wirklich in Bann aber schlug ihn der Klang von Wörtern, die »für ihn real« waren. Solche Wörter wurden nicht durch einen Spiegel gesehen oder passiv angenommen, sondern konstituierten reale Wahrnehmungen. Gelegentlich konnte er in der Analyse Gedanken oder Worte von mir annehmen, auf die er dann mit großer Freude, aber auch sehr vorsichtig reagierte. Es war entscheidend, daß ich ihm keine Gedanken und Worte aufdrängte, die nicht Teil seiner imaginativ wahrgenommenen Welt waren. Wenn ich aber die richtigen Worte fand, behielt er sie in Erinnerung und erzählte mir später, was ich gesagt hatte, wobei er gewöhnlich erklärte, er habe vorher selbst bereits daran gedacht.

Ich habe in diesem Beitrag Personen beschrieben, denen der Versuch, mit der Welt zu kommunizieren und an ihr teilzuhaben, große Schwierigkeiten bereitet; sie halten aber an diesem Versuch fest, denn sonst bliebe ihnen kein anderer Weg, als eine Welt, die für sie bedeutungslos ist, voller Unbehagen und Verwirrung passiv zu akzeptieren. Als Patienten akzeptieren sie ihre Analyse und haben vielleicht das Gefühl, gefunden zu haben, was sie suchten; aber sobald ein gewisses Stück normaler analytischer Arbeit dieser Art geleistet wurde, ist eine Phase erreicht, in der sich der Versuch weiterzumachen weder für den Patienten noch für den Analytiker lohnt. Dann lehnen sie den Analytiker, nicht jedoch die Analyse, ab und versuchen unter Qualen und so, als seien sie in der Sitzung allein, wiederzufinden, was sie verloren haben, oder zu erschaffen, was sie benötigen. Sie versuchen, einen Zustand zurückzuerlangen, in dem sie das Gefühl, nicht tot, sondern lebendig zu sein, imaginativ wahrnehmen oder erschaffen können, und hoffen, daß sich dieses Gefühl in der analytischen Sitzung einstellen werde. Die Sitzung selbst ist gegenwärtig und wird gebraucht. Angst- und schreckenerfüllte Phasen beginnen mit einem Gefühl der eigenen Lebendigkeit zu wechseln, das häufig jedoch ebenfalls Angst auslöst. Später spüren diese Patienten vielleicht, daß zwischen ihnen und dem

Analytiker etwas geschaffen wurde; der Analytiker ist nun existent, aber es ist überhaupt nicht klar, was dieses »Etwas« ist. Nach wie vor sehen sie den Analytiker nicht immer als Person, er ist aber zweifellos nicht abwesend.

Vielleicht sind all diese Patienten potentielle Künstler. Ich denke, daß dies auf die von mir analysierten Personen zutrifft. Sie wurden als Säuglinge in einer sehr frühen Phase offenbar gezwungen, die Welt durch die Augen ihrer Mutter oder eines Mutterersatzes zu betrachten und zu erleben, einer Bezugsperson, die den Säugling nicht so anzusehen vermochte, daß sie ihm ein lebendiges Baby widerspiegelte, und es ihm nicht ermöglichte, zu fühlen oder zu wissen, wie er selbst aussah, wie er roch oder wie er war. So hatten diese Patienten keine gemeinsame Erfahrung mit einem anderen, die es ihnen ermöglicht hätte, sich in der Welt zu Hause zu fühlen, etwas von ihr zu bekommen oder ihr etwas zu geben. Die Alternative war passive Akzeptanz oder Rebellion oder Ablehnung. Sie wurden nicht als lebendige Säuglinge, sondern eher als angsterregende Objekte wahrgenommen, die leicht sterben können; infolgedessen nahmen sie in ihren Müttern wie auch in der Welt, in der sie lebten, nur Angst und Entsetzen wahr. All dies weckte in ihnen ein intensives Verlangen und Bedürfnis, sich ihre eigenen Wörter, Bilder, Geräusche und Bewegungen zu erschaffen, ein Bedürfnis, das vielleicht allen Künstlern als Antriebskraft dient.

Zwischen diesen Patienten und jenen, die, wie ich es 3. Kapitel beschrieben habe, »nicht in sich selbst« sind, besteht ein Unterschied. Diese Patienten sind von sich selbst erfüllt, erhalten aber kein adäquates Feedback, das heißt, sie werden durch die in ihrer Welt lebenden Menschen nicht angemessen widergespiegelt. Deshalb nehmen sie die Welt als leer wahr und können keine wechselseitige Beziehung zu ihr aufbauen. Anders als die »selbst-entleerten« Patienten leben sie nicht in einer Leere, weil die Reflexion durch die äußere Welt nicht vollständig fehlt. Sie haben in irgendeiner, wenngleich vielleicht nur kurzen Phase ihres Lebens wahrscheinlich reale Erfahrungen gemacht, ein akzeptables Feedback erhalten, das sie nicht in Bausch und Bogen abgelehnt oder getilgt haben. Dies gibt ihnen etwas, um dessen Wiedergewinn sie kämpfen können, das sie wiederfinden oder aus den Erinnerungen, die sie verloren haben und die vielleicht nie wieder bewußt werden, erschaffen wollen.

9. Unbewußte Kommunikation

Das zentrale Thema des vorliegenden Beitrags über »Unbewußte Kommunikation«[1] ist die im 7. Kapitel bereits angesprochene Überlegung einer direkten Kommunikation zwischen dem Unbewußten zweier Personen. Ein weiteres Thema bildet ebenso wie im 7. und 8. Kapitel das Konzept der imaginativen Wahrnehmung.
Die Wichtigkeit und Originalität der klinischen Arbeit sowie des theoretischen Verständnisses, das sich aus ihr herleitet, ist trotz der Einwände, zu denen der Beitrag herausfordern mag, offenkundig. Enid Balint entwickelt, kurz gesagt, die Überlegung, daß unbewußte Inhalte unter Umständen von einer Generation nicht an die nächste, sondern an die übernächste weitervermittelt werden und sich im psychischen Leben dieser Generation zwanghaft und destruktiv Ausdruck verschaffen. Retrospektiv kann man zum Beispiel von einer nicht erkannten körperlichen Erkrankung in der zweiten, übersprungenen Generation auf eine solche Transmission rückschließen. In dem hier dargestellten Fall lebt die Geschichte der Beziehung zwischen der Großmutter und ihrem Baby als »Fremdkörper« – eine Überlegung, die bereits im 6. Kapitel (S. 114) auftauchte – im Unbewußten der Enkelin fort. Das Baby nimmt etwas in sich auf, ohne sich jedoch damit identifizieren oder es als das, was es ist, erkennen zu können. Vorgänge dieser Art unterscheiden sich qualitativ von den vertrauteren Mechanismen der Projektion und projektiven Identifizierung, denen sie entwicklungsgeschichtlich wie auch zeitlich vorangehen.

♦

---

[1] »Unconscious Communication« wird hier erstmals veröffentlicht. Enid Balint trug den Text am 2. November 1990 an der Academy of Medicine in New York auf einer Veranstaltung vor, die unter der Schirmherrschaft des Institute of Contemporary Psychotherapy stattfand.

> So wird das Über-Ich des Kindes eigentlich nicht nach dem Vorbild der Eltern, sondern des elterlichen Über-Ichs aufgebaut; [...] Die Menschheit lebt nie ganz in der Gegenwart, in den Ideologien des Über-Ichs lebt die Vergangenheit, die Tradition der Rasse und des Volkes fort, die den Einflüssen der Gegenwart, neuen Veränderungen, nur langsam weicht, und solange sie durch das Über-Ich wirkt, eine mächtige, von den ökonomischen Verhältnissen unabhängige Rolle im Menschenleben spielt.
> S. Freud (1933a, S. 73)

> Es ist bemerkenswert, daß das *Ubw* eines Menschen mit Umgehung des *Bw* auf das *Ubw* eines anderen reagieren kann. Die Tatsache verdient eingehendere Untersuchung, [...] ist aber als Beschreibung unbestreitbar.
> S. Freud (1915e, S. 293)

Im Mittelpunkt dieses Beitrags steht ein spezifischer Aspekt der Beziehung zwischen einer Mutter und ihrem Kind: eine Beziehung, die Freud verstanden hat, die aber erst später durch klinisches Material von Patienten illustriert wurde, die den Holocaust überlebt haben (vgl. Pines 1986). Darüber hinaus wurde empirisch untersucht, in welcher Weise Säuglinge durch die innere Welt ihrer Mütter beeinflußt werden, eine innere Welt, die Babys wahrnehmen, noch bevor die äußere irgendeine Bedeutung für sie besitzt (Stern 1985). In diesem Zusammenhang haben zahlreiche Analytiker, am überzeugendsten vielleicht Green (1986, Kap. 7), darauf hingewiesen, daß die Gemütsverfassung der Mutter wichtiger ist als das, was sie tut. Ich habe festgestellt, das der Säugling bereits sehr früh weit mehr in sich aufnimmt als die allgemeine Stimmungslage der Mutter und beispielsweise auf ihre Lebendigkeit oder innere Abgestorbenheit sowie auf ihre unbewußten Ängste reagiert, die nicht zwangsläufig aus der Beziehung zwischen der Mutter und ihrem Baby erwachsen. Der Säugling kann Aspekte des unbewußten Lebens seiner Mutter, das heißt Aspekte ihres psychischen Lebens, deren sie selbst sich nicht bewußt ist, imaginativ wahrnehmen und internalisieren. Folglich muß ein Psychoanalytiker Anteile des mütterlichen Unbewußten verstehen, die er, da er nicht die Mutter selbst behandelt, kaum zu überprüfen vermag. Eine mögliche Erklärung könnten die Projektionsmechanismen bieten. Der springende Punkt besteht jedoch darin, daß es, um eine Frau zu verstehen, immer notwendig ist, eine Verbindung zu drei Generationen aufrechtzuerhalten: zur Patientin, zu den Eltern der Patientin und schließlich zu den Eltern ihrer Eltern, also zu den Großeltern der Patientin.

Ich werde eine Analysephase beschreiben, in der mir klar wurde, daß ich nur mit Hilfe folgender Arbeitshypothese weiterkommen würde: Das Unbewußte der Mutter meiner Patientin kommunizierte auf sehr direktem Wege mit dem Unbewußten der Tochter, und zwar unter Umgehung des Bewußten beider Frauen, und: Die Krankheit der Tochter, ja im Grunde ihr ganzes Leben, wurde von dieser Kommunikation beherrscht.

Zunächst einige Hintergrundinformationen: Die Mutter dieser Patientin, eine intelligente und gebildete Frau, die mit einem erfolgreichen Geschäftsmann verheiratet war und sich hingebungsvoll um ihre beiden Kinder kümmerte, führte nach außen hin ein ruhiges, zurückgezogenes Leben. Sie war vermutlich leicht depressiv und entsprechend angstanfällig. Soweit ich erkennen konnte, gab es keine Hinweise auf das innere Chaos, mit dem man bei einer Frau, die als Säugling schweren Verlusttraumata ausgesetzt gewesen war, hätte rechnen können. Statt dessen verhielt sich ihr erstes Kind, meine Patientin, so, als hätte sie schwere Traumata und Schädigungen erlitten. Sie nämlich führte ein Leben, das alles andere als ruhig und beschaulich war. Während der ersten Analysejahre begriff ich nicht, daß die Patientin ebensowohl die Katastrophen ihrer Mutter wie auch ihre eigenen auslebte oder demonstrierte. Erst als dies klar wurde, begann die eigentliche Arbeit in der Analyse. Nun konnte ich auch die alltäglichen Übertragungsmanifestationen sowie die Gefühle, die ich selbst während der Sitzungen empfand, und ihre möglichen Ursachen verstehen. Es schien mir, als hätten Teile des Unbewußten der Patientin auf mein Unbewußtes eingewirkt, ohne meine oder ihre bewußten Gedanken und Gefühle zu passieren. Etwas ähnliches, so mein Eindruck, hatte sich möglicherweise – vermutlich in der frühen Kindheit der Patientin – zwischen Mutter und Tochter abgespielt. Auf diese Weise konnte ich mir ihre intensive Art zu leben, ihre Bestrebungen, ihre Krankheit und auch mein Gefühl, außerhalb zu stehen, aber doch nicht nutzlos zu sein, erklären. Ich hatte eine Gefahr gewittert, konnte sie jedoch rational nicht lokalisieren. Die Analyse schien mühelos voranzukommen, alles Wichtige aber wurde umgangen; und ich fühlte mich am Ende jeder Sitzung unbehaglich und irgendwie betrogen. Ich deutete ihre Beziehung zu mir und zeigte ihr mögliche Bezüge zur Vergangenheit auf. Mir selbst erschienen diese Deutungen durchaus angemessen, sie änderten jedoch nichts an der Situation und blieben für ihre wie auch für meine Gefühle, für die Angst und die Überaktivität, die sie im Leben entwickelte, folgenlos.

Als meine Patientin Kay ihre Analyse aufnahm, war sie dreißig Jahre alt, verheiratet und Mutter eines achtzehn Monate alten Kindes. Ihre eigene Mutter war unehelicher Herkunft und bald nach ihrer Geburt in einem Waisenhaus untergebracht worden. Im Alter von zweieinhalb Jahren wurde sie adoptiert. Sämtliche Erinnerungen von Kays Mutter betrafen ausschließlich ihre gütigen, fürsorglichen Adoptiveltern, die mittlerweile gestorben waren. Meine Patientin sprach ohne Angst oder Unbehagen über die Kindheit ihrer Mutter, und deren eigene Erinnerungen waren stets von Zuneigung und Freude geprägt. Als ich dies zu einem recht frühen Zeitpunkt der Analyse in Frage stellte, begriff Kay überhaupt nicht, was ich meinte, und ließ das Thema fallen. In ihren Ohren waren meine Worte analytische Theorie, und sonst nichts. Mit ihren eigenen Familie hatte all das nichts zu tun.

Kay ist mit einem Geschäftsmann verheiratet; sie lebt in sorgenfreien Verhältnissen, genießt ihren Garten und hat Freude an ihrem Haus und ihren persönlichen Dingen. Sie konnte es sich leisten, ihren Beruf vor der Geburt ihres Babys aufzugeben, und hat sich seither ausschließlich um das Kind gekümmert. Sie kam zu mir, weil sie intensive Ängste und Erschöpfungszustände entwickelt hatte und ihr eine Analyse empfohlen worden war. Mit ihrem Mann hatte ich einige Jahre, bevor sie heirateten, ein Beratungsgespräch geführt, und er selbst hatte ihr vorgeschlagen, mich aufzusuchen. Zu diesem Zeitpunkt hatte ich keinen freien Platz, bot ihr aber an, einige Monate zu warten, was sie zunächst ablehnte, dann aber akzeptierte.

Kays Vater stammt aus einer wohlhabenden Mittelschichtsfamilie und wuchs im Norden Englands auf. Als Kay schließlich begann, darüber nachzudenken, daß ihre Mutter als Säugling und Kleinkind möglicherweise schwere Zeiten durchgemacht hatte, fragte sie nach. Ihre Mutter berichtete nun, daß sie den Erzählungen ihrer Adoptiveltern zufolge während der ersten Monate, die sie bei ihnen verbrachte, nur geweint habe. Aber selbst diese Information brachte Kay nicht auf den Gedanken, daß ihre Mutter die ersten Eltern, mit denen sie in jenem Kinderheim zusammengelebt hatte, vermißt oder geliebt haben könnte. Ebensowenig vermochte sie sich vorzustellen, was es für die Mutter bedeutet hatte, ihre leibliche Mutter, Kays Großmutter, zu verlieren. Kays eigene panische Angst, Objekte zu verlieren und nicht wiederfinden zu können, trat in ihrer Analyse von Anfang an zutage. Ich hatte nicht den Eindruck, daß die Mutter meiner Patientin von der Bürde der mit Verlusterfahrungen zusammenhängenden Verleugnungen und Depressionen niedergedrückt wurde, sondern wußte bald, daß meine Patientin selbst mit dieser Bürde lebte. Zu Beginn der Analyse brachte ich dies mit einem bestimmten Ereignis in Verbindung: Kays Mutter hatte sich, als Kay erst wenige Wochen alt war, eine schwere Erkrankung zugezogen, und man hatte das Baby damals für kurze Zeit von ihr getrennt. Ich brachte die Erfahrungen, die Kay und ihre Mutter als Babys gemacht hatten, miteinander in Verbindung; die ungeheure Bedeutung jedoch, die der Katastrophe, welche die Mutter erlitten hatte, für Kay zukam, wurde mir erst viel später bewußt; auch der entscheidende Unterschied zwischen dem Leben der Mutter und Großmutter einerseits und dem Leben meiner Patientin andererseits war mir in dieser Phase nicht wirklich klar. Ich sah vor allem die Ähnlichkeit, das heißt die Tatsache, daß beide Mutter-Tochter-Paare einander offenbar verloren und nicht wiedergefunden hatten. Objektiv gesehen war Kays Mutter natürlich nicht für alle Zeiten verschwunden; wenn man aber berücksichtigt, daß Kay damals nicht den Realitätssinn einer Erwachsenen besaß, sondern als Baby in ihrer eigenen Welt lebte, dann wurde die Mutter, die nach der kurzen Krankheit zurückkam, imaginativ nicht als jene Mutter wahrgenommen, die sie zuvor gekannt hatte. Diese Mutter war für immer verloren. Oder war es möglich, sie wiederzufinden? Im weiteren Verlauf der Analyse zeigte sich, daß Kay gezwungen war, nicht nur ihr eigenes Leben, sondern auch das Leben ihrer Mutter und ihrer Großmutter zu leben. Sie versuchte, für sie etwas zu lösen und ihre eigene »erste« Mutter wiederzufinden.

Als Kay ihre Analyse aufnahm, kümmerte sie sich vierundzwanzig Stunden am Tag um ihren Sohn; sie konnte sich nicht von ihm trennen. Sowohl sie selbst auch als ihr Baby litten, aber sie litten nicht unter einer Verlusterfahrung, sondern unter der Angst vor Verlust. Wessen Verlust war es, den es um jeden Preis zu vermeiden galt?

Die Analyse kam mühelos in Gang, und obwohl Kays panische Angst vor Abhängigkeit und Verlust unverkennbar war, vermochte sie sie doch gut zu bewältigen, indem sie ihre Beziehung zu ihrem Sohn, von dem sie vollständig abhängig war und den sie keine Sekunde aus den Augen ließ, benutzte, um ihre Abhängigkeit von mir zu verbergen und zu verleugnen. Sie verließ ihre Sitzungen in Eile, gewöhnlich mit irgendeiner humorvollen Bemerkung, und hastete zurück in das »wirkliche Leben«, das sich zu Hause bei ihrem Sohn abspielte. Das Leben bei mir erschien ihr nicht »wirklich«. Sie mühte sich, zu finden, was ihr fehlte, und hatte zugleich panische Angst, es tatsächlich zu finden.

Nach den ersten Analyseferien verpaßte sie ihre Sitzung und erklärte mir am nächsten Tag, daß sie nicht gekommen sei, weil sie einen Ring verloren habe. Sie habe immer wieder überall nach ihm gesucht und nicht aufhören können, ihn zu suchen. Der Ring sei wertlos; er habe keine Bedeutung; irgendwann würde er ohnehin wieder auftauchen. In Wahrheit handelte es sich um einen wertvollen Ring aus dem 18. Jahrhundert, den ihr Mann ihr geschenkt hatte, und er tauchte nie wieder auf. Dieser Verlust weckte ungeheuer intensive Angst und Zweifel. Deutungen über die Ferien und die versäumte Sitzung brachten ihr keine Erleichterung. Im Grunde hielten weder meine Patientin noch ich selbst sie für relevant, obwohl sie so einleuchtend erschienen. Das Agieren kann einleuchtend, aber nichtsdestoweniger bedrückend sein, solange es das, was verleugnet oder nicht anerkannt wird, erfolgreich verbirgt.

Nach dem Zwischenfall mit dem Ring verlor sie noch zwei weitere Gegenstände. Der eine fand sich nach einer Phase intensiver Verzweiflung und Verwirrtheit wieder, die mir erneut vor Augen führte, was ein Verlust für Kay bedeutete. In beiden Fällen handelte es sich um Kuscheltiere ihres kleinen Sohnes, den dieser Verlust nicht weiter zu beunruhigen schien. Die Gelassenheit des Kindes aber übte auf seine Mutter keinerlei Einfluß aus. Kay erklärte, das Verschwinden der Kuscheltiere mache sie wahnsinnig, und ganz so sah es aus. Erst später konnte sie die Panik und den Schmerz in der Identifizierung mit dem verlorengegangenen, vernachlässigten Objekt erleben, das heißt nicht nur in der Identifizierung mit der Person, die es verloren hatte. Dies ermöglichte es, die Panikgefühle mit Kays Angst, verlorenzugehen, und ihrer Furcht, etwas zu verlieren, in Zusammenhang zu bringen. Verschlimmert wurde die Sache dadurch, daß das verlorene

Objekt für sie wertlos war; sie fühlte sich schuldig, weil sie ihm keine Bedeutung beimaß, insbesondere im Falle des Ringes, den ihr Mann ihr geschenkt hatte. Wahrscheinlich beruhten diese Schuldgefühle auf ihrer unbewußten Annahme, daß weder ihre Mutter und Großmutter einander wertvoll gewesen seien noch sie und ich einen Wert für einander besaßen.

Ähnliche Panikzustände entwickelten sich auch aus anderen Anlässen, nicht nur im Zusammenhang mit einem Verlust; in der Regel aber verlor sich die panische Angst schon bald wieder, um einer schweren, anfallsartigen »Depression«, wie die Patientin es nannte, zu weichen. Diese Episoden schienen mit Kays Geburtstag zusammenzuhängen, und deshalb hielt ihre Familie es für selbstverständlich, daß Geburtstagsfeiern nicht angesagt seien. Genaugenommen war die Depression die »Feier«, ein Zustand der Leblosigkeit, Unbeweglichkeit, der Agonie, in dem Kay absolut nicht tun konnte, zerstreut wirkte und nur bestimmte Kleider trug, die aussahen wie Babysachen. Sie waren weiß, aber nicht weich und anschmiegsam, sondern steif gestärkt. Während der hoffnungslosen, leeren Depression sprach sie über Verlust und über das Gefühl, daß »alles dahin« sei. Diese Formulierung beschrieb etwas unvorstellbar Schreckliches. Manchmal mußte Kay den Eindruck erwecken, als sei sie selbst »verloren«, damit ich spürte, wie es sich anfühlte. Es war für sie wichtig, mir nicht das Gefühl zu vermitteln, als sei ich selber völlig leblos oder »verloren«, aber sie sorgte dafür, daß ich *sie* so wahrnehmen konnte.

Nach und nach lernten wir, diese Krankheitsausbrüche als Wiederholungen der traumatischen Ereignisse zu verstehen, die ihr selbst und ihrer Mutter in den ersten Lebenswochen zugestoßen waren. Kay nahm an, daß ihre Geburt so furchtbar gewesen sei, daß ihre Mutter dabei fast gestorben wäre. Dies entsprach nicht den Tatsachen. Vielmehr hatte sie zunächst einige schöne Wochen mit ihrer Mutter verlebt, und beide hatten sich, nachdem die Mutter ihre Krankheit überwunden hatte, in der Realität »wiedergefunden«. In ebendiesem Zusammenhang wurde mir bewußt, daß die beiden Säuglinge, Kay und ihre Mutter, völlig unterschiedliche Erfahrungen gemacht hatten, denn die Großmutter bekam ihr Baby nie zurück, und jenes Baby fand seine Mutter nie wieder. Ich überlegte und deutete, daß Kay in diesen Zuständen etwas erlebte, das ihre Großmutter empfunden hatte, als sie den Kontakt zu ihrem Baby unwiderruflich verlor.

Die Großmutter war verlorengegangen und wurde nie wiedergefunden; Kays Mutter war verlorengegangen und wurde nie wiedergefunden. Fortschritte in der analytische Arbeit stellten sich erst ein, als Kay sich mit ihrer Großmutter, die ihr Baby verloren hatte, zu identifizieren begann. Kays Mutter hatte zwar ihre eigene Mutter unwiederbringlich verloren, aber dennoch ein Ersatzzuhause gefunden, in dem man sich vermutlich ausreichend um sie kümmerte; im Alter von zweieinhalb Jahren aber verlor sie auch diesen Ersatz wieder, und heute erinnert sie sich nur noch daran, wie gut sie es in ihrem dritten Zuhause hatte, bei ihren Adoptiveltern. Jedes Gefühl, das mit diesen Verlusten zusammenhing, wurde verleugnet. Aber die Mutter gab die Verstörung, die Verwirrung und das Chaos an ihr Baby weiter, das darauf reagierte, ohne zu wissen, worauf es reagierte. Es nahm diese Kommunikation in sich auf, konnte sie aber nicht zu einem Teil der Welt machen, die es kannte und sich selbst geschaffen hatte. Sie wurde nicht imaginativ wahrgenommen.

Es war schwierig, die Nachwirkungen der unbewußten Last zu verfolgen, die meiner Patientin Angst und Depression eintrugen und spontane, unkontrollierbare, vom Denken isolierte Aktionen auslösten. Auch die Analyse der Übertragung war schwierig. Die Patientin sah in mir vor allem die Großmutter oder das Baby – beide waren sie leblos und allein. Nun verstand ich die beiläufigen, scherzhaften Bemerkungen, die sie täglich, bevor sie ging, fallenließ; mit ihrer Hilfe versuchte sie, den Schmerz zu vermeiden, den ihr das Wissen bereitete, daß sie mich als mutterloses Kind oder als kinderlose Mutter allein ließ, während sie selbst nach Hause zu einem Kind ging, das eine Mutter hatte. Kays Leben begann sich ganz auf ihren Wunsch zu konzentrieren, die Schrecken zu lindern, die ihrer Großmutter und deren Baby zugestoßen waren, auf ihren Wunsch, sich mit ihrem eigenen Schuldgefühl und den Schuldgefühlen ihrer Mutter auseinanderzusetzen und ihre »gefährliche« Großmutter von ihrem eigenen Kind fernzuhalten. Als ich deutete, daß Kay Mitleid mit mir empfand, weil ich kein Kind hatte, und glaubte, daß ich neidisch auf ihr Kind sei, stimmte sie mir zu. Später konnte sie diese Gefühle mit den realen Erfahrungen ihrer Großmutter in Verbindung bringen.

Freud (1900*a*, S. 155) sagt, daß die Identifizierung es den Kranken ermögliche, »gleichsam für einen ganzen Menschenhaufen zu leiden und alle Rollen eines Schauspiels allein mit ihren persönlichen Mitteln darzustellen«. Diese Aussage beschreibt Kays Verhalten sehr treffend; allerdings lag ihrem Verhalten, wie ich später ausführlicher erläutern werde, die Tatsache zugrunde, daß sie sich mit den von ihr introjizierten Kommunikationen der Mutter eben *nicht* hatte identifizieren können.

Nachdem wir dieses Material im Laufe ihres dritten Analysejahres bearbeitet hatten, begann Kay, von einem zweiten Kind zu sprechen. Ihre Mutter hatte nach ihr noch ein Kind bekommen, Kays jüngeren Bruder, aber dies schien nicht der Grund zu sein, weshalb Kay über ein weiteres Kind bislang nicht nachgedacht hatte. Sie fürchtete vielmehr, daß ihr erstes Kind vernachlässigt, »in einem Heim abgestellt« werden würde, wenn sie noch ein Baby bekäme. Bislang sei ihr Zuhause sauber und ordentlich gewesen, alles sei goldrichtig für ihren Sohn, durch ein zweites Kind aber würde sich dies radikal ändern. Natürlich fürchtete Kay auch meinen Neid. Sie wurde während meiner Ferien schwanger, wartete aber mit der Abtreibung, zu der sie sich in dem Augenblick, in dem die Schwangerschaft feststand, entschlossen hatte, bis zu meiner Rückkehr. Die Vorstellung, was mit ihrem Sohn oder mit mir geschehen würde, wenn sie ein Baby bekäme, war ihr unerträglich. Wie immer entwickelte sie eine starke körperliche Reaktion. Sie wurde krank und war völlig erschöpft.

Während des folgenden Jahres konzentrierte sich die Analyse auf Panikzustände, die in Form körperlicher, zum Teil schwerer und medizinisch nicht diagnostizierbarer Erkrankungen Ausdruck fanden. Verschiedene Heilmittel wurden getestet. Schließlich freundete sich Kay mit einer Frau an, die sechs Kinder hatte, und bald fühlte sie sich trotz ihrer Widerstände in dem turbulenten Haushalt, in dem die Kinder ungeachtet allen Trubels offenbar ausgezeichnet gediehen, wohl und behaglich. Die Gefühle und Vorstellungen, die sie mit solchen Haushalten verband, machten es ihr schwer anzuerkennen, daß sich die Kinder gut entwickelten und ein geborgenes Zuhause hatten. Bald nachdem sie sich dies eingestanden hatte, wurde Kay schwanger und bekam ihr zweites Kind, ohne sich überfordert zu fühlen.

Fassen wir zusammen: Manche Patienten werden durch Aspekte des unassimilierten, unbewußten Lebens ihrer Eltern belastet, die das Verhalten oder die Aktivität der Eltern selbst nicht zu beeinflussen scheinen. In der Analyse lassen sich diese Einflüsse auf Erfahrungen der Großeltern zurückführen, von denen die Eltern unberührt blieben; sie haben sich nach der Introjektion nicht mit ihnen identifiziert, sondern sie statt dessen an ihre Kinder weitergegeben. Die Kinder introjizieren diese Erfahrung, identifizieren sich aber nicht mit ihr, und infolgedessen kann sie auch nicht bewußt werden. Ich bin zu dem Resultat gelangt, daß sie im Innern des Enkelkindes als Fremdkörper aktiv ist, der unbewußt bleibt, aber Affekte und Handlungen auslöst, die in der Generation der Eltern selbst nicht hervorgerufen wurden. Ob man diesen Vorgang als Verneinung oder Verleugnung charakterisieren sollte oder ob hierbei andere Mechanismen wirksam sind, ist weiterhin klärungsbedürftig. Wenn jener Teil des Unbewußten durch bestimmte Ereignisse in der äußeren Welt aktiviert oder angesprochen wird, nötigt er den Patienten zu bestimmten Verhaltensweisen. In Verwirrung gerät der Patient nur dann, wenn er nicht imstande ist, diesen Anforderungen gemäß zu handeln. Kay zum Beispiel war gezwungen, verlorene Objekte wiederzufinden, sich um sie zu kümmern und sie zu reparieren. Solange sie dies tun konnte, war sie in der Lage, ein harmonisches soziales Leben zu führen. Sie machte nicht den Eindruck, als sei sie in zwei getrennte Personen gespalten; vielmehr hatte es den Anschein, als müsse sie zwei getrennte Leben führen, was ihr unter einigen Mühen auch gelang. Wenn sie zum Beispiel einen Haushaltsgegenstand, den sie reparieren wollte, nicht finden konnte, geriet sie in Verzweiflung.

Wie in jeder Analyse ist man auch bei diesen Patienten versucht, in ihrer frühen Kindheit nach Erklärungen für ihre Assoziationen und ihre Geschichte zu suchen. Die Übertragung scheint solche Rekonstruktionen in der Regel zu bestätigen und zeigt, daß es tatsächlich irgendein Trauma gab, das für die Panik und das Leid des Patienten verantwortlich sein könnte. Der Analytiker aber empfindet diese Gefühle gewöhnlich nicht so, wie es bei anderen Patienten der Fall ist. Auch er ist mit dem unbewußten Denken, das der zwanghaften Aktivität des Patienten zugrunde liegt, nicht in Verbindung. Nun könnte man vermuten, daß die unbewußten Gedanken und Gefühle sich dem Analytiker durch projektive Mechanismen mitteilen, aber diese Mechanismen sind bei solchen Patienten nicht aktiv. Infolgedessen entwickelt der Analytiker immer stärker das Gefühl, keinen Kontakt zu haben; seine Rekonstruktionen sind nicht imstande, die Konflikte, die Angst- oder Schuldgefühle zu aktivieren, die man eigentlich erwarten würde. Ebensowenig können sie die Panik in irgendeiner Weise beeinflussen. Die Patientin empfindet weiterhin Angst, hat aber keine Ahnung, wovor. Sie wird in einen Aktivismus hineingetrieben. Wenn sie nicht aktiv sein kann, gerät sie in Verwirrung und findet ein Ventil, indem sie zum Beispiel irgendein Objekt »befreit«: sie kauft es oder versucht, es zu reparieren, ein Bemühen, das häufig mißlingt.

Als Kay mir davon zu erzählen begann, wie sie sich um ihr Haus kümmerte, um ihre Kleidung und die Gegenstände, die sie umgaben, zeigte sie mir zweierlei. Einerseits vermittelte sie mir den Eindruck einer zwanghaften Fürsorglichkeit. Erst als sie dieses Verhalten mit der Tragödie ihrer Großmutter (nie jedoch mit der Tragödie ihrer Mutter) in Verbindung zu bringen begann, ließ der Zwang zu derlei Aktivitäten ein wenig nach, und sie hörte auf, sich Filme anzusehen und Bücher zu lesen, die ebenjenes Leiden, das sie zu verhindern suchte, illustrierten. Andererseits konnte sie ausgesprochen pflichtvergessen und unsensibel sein; als ihr dies bewußt wurde, war sie verblüfft. Es war zum Beispiel auffällig, daß sie für sich beanspruchte, mit ihren Dingen tun und lassen zu können, was sie wollte; wenn jemand Einspruch erhob, trennte sie sich von den Sachen, ohne einen weiteren Gedanken an sie zu verschwenden. Wenn jemand sie direkt bat, sich um einen hilfsbedürftigen Menschen zu kümmern, weigerte sie sich. Auch in solchen Fällen bewies sie eine recht bedenkenlose Fähigkeit, jeden, der mit einer derartigen Bitte an sie herantrat, abzuwimmeln. Wenn ihre Mutter krank war, kümmerte sie sich nicht um sie; aber sie dekorierte ihr die Fenster, und falls der Hund ihrer Mutter krank war, sorgte sie vierundzwanzig Stunden am Tag für ihn, wie es für sie typisch war.

Die Überlegung, daß das Unbewußte eines Menschen sich durch das Unbewußte eines anderen mitteilen kann, ist uns vertraut. So läßt sich die Wahl von Ehepartnern häufig nur verstehen, wenn man sich vor Augen führt, wie die unbewußten Wünsche beider Partner miteinander interagieren – diese Kommunikation spielt eine weit größere Rolle als bewußt getroffene Entscheidungen (vgl. 17. Kapitel). Weniger häufig begegnet uns in der Analyse eine Situation, in der ein unbewußter Aspekt eines Menschen vom Unbewußten eines anderen übernommen wird und sich in Erfahrungen niederschlägt, die mit keinerlei Erinnerung und mit keiner objektiven oder imaginativen Wahrnehmung zusammenhängen. Der Vorgang ähnelt einer Psychose, in der der Patient keine Gedanken hat außer jenen, die von einem anderen in ihn hineingelegt wurden. Auch Roustang (1982) hat dieses Phänomen beschrieben.

Kays Mutter nahm den Verlust ihrer eigenen Mutter und den Verlust ihres ersten Zuhauses vermutlich wahr, aber diese Wahrnehmungen waren so traumatisch, daß sie sie nicht assimilieren und bearbeiten konnte, sondern sie verleugnete. Als sie selbst ein Baby bekam, gab sie die ungelösten Konflikte ihrer eigenen Geschichte an dieses Kind weiter, sie projizierte sie in ihre Tochter. Kay konnte mit den Erfahrungen der Mutter keine Wahrnehmung verbinden, dennoch aber verhielt sie sich, als seien es ihre eigenen Probleme, und versuchte, eine Lösung für sie zu finden. Sie hatte keine Ahnung, weshalb sie gezwungen war, beschädigte Objekte zu finden und zu reparieren oder an dieser Wiederherstellung zu scheitern; ebensowenig wußte sie, weshalb sie sich derart rücksichtslos von Menschen lossagen mußte, die sich diesem Zwang entgegenstellten. Die Wunden, die in Kay nicht heilten, und die Konflikte, die von ihr nicht gelöst werden konnten, waren die Wunden und Konflikte ihrer Mutter, die diese nicht wahrgenommen oder nur kurzfristig wahrgenommen hatte, um sie dann zu verleugnen; es waren auch die Wunden ihrer Großmutter, das Leid, das ihr zustieß, als sie ihr Baby verlor. Die nicht verheilten Narben waren nicht Kays Narben, sondern die der Mutter und der Großmutter. Eine Lösung war erst möglich, als Kay sich ihrer Identifizierung mit der Großmutter bewußt wurde. Nun wurden ihre eigenen Schuldgefühle und die ihrer Mutter zugänglich, und Kay vermochte die Unvermeidlichkeit ihrer Geschichte sowie der Geschichte ihrer Mutter anzuerkennen und zu ertragen.

Wann und unter welchen Voraussetzungen ist ein Ich zu schwach, um die von einer anderen Person projizierte Erfahrung zu assimilieren? Kays Mutter erkrankte ein einziges Mal in ihrem Leben, nämlich kurz nach Kays Geburt. Vielleicht war dies die einzige Situation, in der sie innerlich mit dem Verlust ihrer eigenen Mutter und den Schuldgefühlen, die dieser Verlust in ihr geweckt hatte, in Verbindung kam. Und vielleicht war genau dies auch der Zeitpunkt, zu dem sie ihre Geschichte an ihr Baby weitergab. Solche unbewußten Mitteilungen der Mutter an das Unbewußte ihres Babys stehen in keinerlei Zusammenhang mit den übrigen Lebenserfahrungen des Kindes, dennoch aber haben wir es meiner Ansicht nach nicht mit Spaltungen oder mit dem Zerbrechen von Verbindungen zu tun. Vielmehr gibt es bestimmte Erfahrungen, die zwar introjiziert werden, mit denen sich das Ich aber nicht identifizieren kann. Deshalb wirken sie neben den übrigen Lebenserfahrungen von Anfang an fremd. Aus diesem Grund rufen sie nicht jene Art von Erkrankung hervor, die wir als Resultat einer Spaltung im Ich betrachten, sondern lassen eine Art Fremdkörper im Ich oder Über-Ich entstehen. Dieser Fremdkörper bleibt unter Umständen solange unverändert erhalten, bis sein »Wirt« sich mit ihm auseinandersetzen kann oder stark genug ist, um das zu tun, was das ursprüngliche Traumatisierungsopfer nicht tun konnte. Theoretisch läßt sich dies vielleicht mit dem Bereich der Grundstörung (M. Balint 1968) in Verbindung bringen.

Solch eine Kette von Ereignissen bedeutet, daß eine Generation Traumata bewältigen muß, an deren Bewältigung eine andere Generation gescheitert ist. Dies erklärt vielleicht Situationen, in denen wir den Eindruck haben, als seien charakteristische Eigenschaften auf genetisch unerklärliche Weise von einer Generation an die nächste vererbt worden. Unter klinischem Blickwinkel betrachtet, könnten dadurch möglicherweise auch bestimmte Formen der negativen therapeutischen Reaktion verständlicher erscheinen.

In der hier beschriebenen Analyse hatte die auf diesen Hypothesen beruhende Arbeit eine Veränderung in der Beziehung der Patientin zu mir zur Folge. Es fiel der Patientin leichter, sich klar zu machen, was sie von mir wollte; auch die Projektionsmechanismen, die zuvor gefehlt hatten, wurden aktiv. Sie hatte keine Angst mehr, von mir überwältigt zu werden. Ich existierte für sie. Man könnte sagen, daß sie in der Lage war, mich zu erschaffen oder mir Zugang zu ihrem kreativen Raum zu gewähren. Das heißt, sie konnte mich und Teile der Realität, die ihr verschlossen gewesen waren, imaginativ wahrnehmen.

10. Die Technik einer Analytikerin

In diesem Aufsatz[1] stellt Enid Balint die wichtigsten Merkmale ihrer eigenen, in ihren früheren Arbeiten indirekt beschriebenen psychoanalytischen Methode dar. Der Beitrag selbst ist ein Resümee ihrer Art zu arbeiten, so daß sich eine Zusammenfassung an dieser Stelle erübrigt. Balints zentrales Anliegen ist ihr fortdauerndes Interesse an der Entwicklung von Techniken, die ein Verständnis prä-verbaler und körperlicher Prozesse sowie des Übergangsbereichs zwischen dem Verbalen und dem Prä-verbalen ermöglichen. Wann und wie wird eine Erfahrung zu einem Gedanken? Man kann etwas introjizieren, es sozusagen psychisch »schlucken«; damit aber die Identifizierung mit diesem Introjekt zu einem Gedanken werden kann, muß man es imaginativ wahrnehmen. Im 9. Kapitel beschrieb Balint eine Patientin, bei der dieser Vorgang nicht stattgefunden hatte. Imaginative Wahrnehmung ist ein individuelles, von Patient zu Patient unterschiedliches Geschehen, und deshalb, so Balints Schlußfolgerung, besteht die Aufgabe des Analytikers nicht darin, den Patienten »zu erklären« oder eine Reise durch die Geschichte zu unternehmen, sondern eine Sprache zu erlernen.

Vielleicht ist die »Technik« – im umfassenden Sinn des Begriffs – das Gebiet, dem Balints stärkstes Interesse gilt – Technik als Wissenschaft, nicht als Reservoir an Kunstgriffen: nicht als angelernte Fertigkeit, sondern als Suche nach einer Möglichkeit zu lernen.

♦

---

[1] »One Analyst's Technique« (1991) ist eine neue, für dieses Buch verfaßte Arbeit; sie wurde bislang weder veröffentlicht noch als Vortrag gehalten.

> Ich wage nicht in Abrede zu stellen, daß eine ganz anders
> konstituierte ärztliche Persönlichkeit dazu gedrängt werden
> kann, eine andere Einstellung gegen den Kranken und gegen
> die zu lösende Aufgabe zu bevorzugen.
> S. Freud (1912e, S. 376)

In diesem abschließenden Kapitel des ersten Teils möchte ich kurz jene Aspekte der psychoanalytischen Technik beschreiben, denen ich für meine Arbeit die größte Bedeutung beimesse, Aspekte, die meinen Lesern, so hoffe ich, bereits einsichtig geworden sind. Ich werde also beschreiben, wie ich mit Patienten arbeite, und setze dabei voraus, daß die analytischen Grundprinzipien dem Leser vertraut sind. Der Analytiker erlernt die Theorie und Technik während seiner Ausbildung; im Laufe seines gesamten Berufslebens lernt er ständig hinzu. Seine notwendige Beschäftigung mit den kontinuierlichen Prozessen des eigenen Unbewußten und des Unbewußten des Patienten spielt dabei eine überaus wichtige Rolle, ebenso wichtig aber ist auch die Auseinandersetzung mit den Diskrepanzen, den zutagetretenden Lücken und Widersprüchen, nicht zu vergessen jene Analysephasen, in denen der Austausch zwischen Analytiker und Patient zwar einen vernünftigen und kohärenten Eindruck erweckt, in Wahrheit aber flach und bedeutungslos ist. Um all die Gepflogenheiten aufzuzählen, die sich während der vergangenen fünfzig Jahre entwickelt haben und unter den Begriff »analytische Technik« subsumiert werden, wäre ein eigenes Kapitel vonnöten. Ich möchte hier nur auf jene Aspekte eingehen, die vor dem Hintergrund dessen, was ich über meine Arbeit im Behandlungszimmer und in anderen Settings geschrieben habe, vielleicht erläuterungsbedürftig erscheinen.

Die ersten behandlungstechnischen Empfehlungen überhaupt finden sich bei Freud. Ich zitiere nur zwei kurze Textstellen, obwohl ich mich, wenn ich diese Aussagen betrachte, versucht fühle, weit mehr Passagen anzuführen. Freud sagt zum Beispiel: »Man darf nicht darauf vergessen, daß man ja zumeist Dinge zu hören bekommt, deren Bedeutung erst nachträglich erkannt wird« (1912e, S. 377). Im selben Text heißt es etwas später im Zusammenhang mit dem guten Gedächtnis, über das der Psychoanalytiker verfügen muß: »Man höre zu und kümmere sich nicht darum, ob man sich etwas merke«, und: »Man nimmt [...] lächelnd das unverdiente Kompliment des Analysierten wegens eines ›besonders guten Gedächtnisses‹ entgegen, wenn man nach Jahr und Tag eine Einzelheit reproduziert, die der bewußten Absicht, sie im Gedächtnisse zu fixieren, wahrscheinlich entgangen wäre« (ebd., S. 377).

Wenn Ausbildungskandidaten oder Therapeuten ohne Kenntnisse der fundamentalen Entdeckungen, von denen Freud seine technischen Regeln herleitete, in Supervision kommen, erwarten sie unter Umständen etwas ganz anderes, als der Analytiker ihnen bieten kann. Aber wenn sie mich in meiner Eigenschaft als ausgebildete Psychoanalytikerin bitten, ihre Arbeit zu supervidieren, nehme ich selbstverständlich an, daß sie mich aufsuchen, weil ich Psychoanalytikerin bin; ich kann nur als Psychoanalytikerin arbeiten. Wenn ich mich auf andere Weise benutze, bin ich ein Amateur, wie ein Freund. Manchmal kann ich den bewußten Entschluß fassen, meine analytische Arbeitsweise oder sogar mein analytisches Denken hintanzusetzen; trotzdem kann ich es nicht restlos verhindern, daß ich als Analytikerin denke.

Meine Grundausbildung ist zu einem Teil meiner selbst geworden. Außerhalb meiner Arbeitszeiten kommt dieser Teil nicht zum Tragen, sobald ich jedoch – gleichgültig in welchem Rahmen – arbeite, mache ich ihn mir zunutze. Meine Aufgabe besteht darin zu merken, wenn etwas von mir verlangt wird, dem durch diese Grundausbildung oder durch das, was ich bin und was ich weiß, nicht Genüge getan werden kann; in einem solchen Fall werde ich unter Umständen einen Rat geben oder mich als Nichtfachfrau verhalten, aber ich muß mir dessen, was ich tue, bewußt sein. Das heißt, ich benutze mich selbst als Nichtfachfrau, vielleicht als Mensch mit beträchtlicher Lebenserfahrung, und dies muß ich demjenigen, der von mir Hilfe erwartet, klar machen. Lebenserfahrung kann nützlich sein, ebenso wie ein Roman, ein Gedicht oder ein Bild. Für meine Arbeit als Analytikerin erscheint mir diese Unterscheidung noch wichtiger als in der Supervisionsarbeit.

Meiner Ansicht nach ist analytische Arbeit nicht nur davon abhängig, ob ich den Patienten fünfmal in der Woche sehe; für weit entscheidender halte ich mein grundlegendes Verständnis der Aufgabe, welche die Psychoanalyse zu lösen hat. Freud hat gesagt, daß der Analytiker die Abwehrmechanismen erforschen und sich der Übertragungsphänomene bewußt sein müsse. Zudem betonte er nachdrücklich, daß jeder Analytiker seinen eigenen, ihm gemäßen Stil entwickeln werde. Ich betrachte das Verständnis der intrapsychischen Prozesse und Zustände sowie der Beziehung, die zwischen ihnen und der äußeren Realität – oder der wahrgenommenen äußeren Realität – besteht oder nicht besteht, als Dreh- und Angelpunkt der Psychoanalyse. Ein Analytiker wird auch nicht vergessen, daß es einen Zustand gibt, der weder eindeutig dem intrapsychischen noch dem äußeren Bereich angehört, sondern einen Übergangsraum, wie Winnicott (1971a) es genannt hat, darstellt.

Mein persönlicher Stil wird, wie ich hoffe, bereits in den vorangegangenen Kapiteln dieses Buches erkennbar geworden sein. Falls ich, was manchmal geschieht, gebeten werde, die meiner Ansicht nach entscheidende Voraussetzung analytischer Arbeit zu beschreiben, verweise ich zunächst auf die Notwendigkeit einer soliden, gründlichen theoretischen und praktischen Ausbildung und betone dann, daß sich der Analytiker grundsätzlich nicht allzu intrusiv verhalten sollte. Dies mag paradox und verblüffend klingen, weil das ausdrückliche und allgemein anerkannte Ziel der Psychoanalyse darin besteht, Unbewußtes bewußt zu machen: einzudringen und die Widerstände zu überwinden. Aber nicht der Analytiker, sondern der Patient bestimmt, wie seine Analyse durchgeführt und seine Widerstände überwunden werden müssen. Der Patient weist den Weg zu jenem Bereich des Unbewußten, der bewußt werden muß. Der Analytiker hat die Regeln zu befolgen, die ihm richtig erscheinen, und muß sie zugleich einen ständigen Überprüfung unterziehen. Wenn er von ihnen abweicht, muß er sich dessen nicht nur bewußt sein, sondern sich darüber hinaus auch die Beweggründe für seine Abweichung klar machen und aus dieser Erfahrung lernen. Dies kann ihm helfen, den Patienten besser zu verstehen. Der Analytiker muß zu verfolgen versuchen, was er tut, und wenn es ihm selbst – nicht einmal unbedingt dem Patienten – unbefriedigend oder falsch oder inkohärent erscheint, kann er aus dieser Erfahrung sowohl etwas über den Patienten lernen als auch über die Rolle, die er selbst im betreffenden Augenblick in der Beziehung zu seinem Patienten spielt. Die Rede ist hier nicht von der Gegenübertragung, und ich halte die Erfahrung, die ich soeben erläutert habe, auch nicht für pathologisch. Der Analytiker darf nicht intrusiv sein oder zeigen, wo es »lang geht«; er muß vielmehr da sein und aufmerksam zuhören; und manchmal ist es seine Aufgabe, Hindernisse aus dem Weg zu räumen, welche die Fähigkeit des

Patienten blockieren, einen Gedanken oder einen Traum oder einen Impuls zu fassen zu bekommen, der ihn aufhält. Manchmal muß der Analytiker den Patienten auf solche Hindernisse aufmerksam machen, die es ihm verwehren, das zu finden, was er sucht, die er aber auch selbst errichtet hat, um sich ebendieser schmerzvollen Aufgabe zu entziehen.

Gelegentlich mag sich der Analytiker, ohne dies zu realisieren, versucht fühlen, einen einfacheren Weg einzuschlagen. Dies geschieht vor allem dann, wenn ihm nicht klar ist, wohin der Patient seinen Ängsten und Konflikten zum Trotz gehen möchte und gehen muß. Für gewöhnlich aber ist es die Aufgabe des Analytikers, abzuwarten. Dieser Punkt wird meiner Erfahrung nach nicht unwichtiger, sondern eher wichtiger, wenn der Analytiker an Erfahrung gewinnt und Varianten und Widersprüche sensibler wahrzunehmen lernt. Er kann wach und aufmerksam sein, so daß er dem Patienten die Möglichkeit gibt, ihm nicht nur zu zeigen und zu sagen, was er sagen und erinnern muß, sondern ihm auch vor Augen zu führen, daß er es vermeiden möchte, sich selbst und seine Beziehung zu seinem Analytiker kennenzulernen. Vielleicht droht die Leere den Patienten zu verschlucken, vielleicht steht er am Rand einer Klippe oder läuft Gefahr, von einem reißenden Strom erfaßt zu werden. Schmerzen dieser Art können nicht »erlitten« werden (Bion 1970, S. 9). Vielleicht kann sich der Patient nicht bewegen oder weiß nicht, wer sein Analytiker ist. In solchen Phasen ist es am wichtigsten, daß sich der Analytiker nicht zurückzieht, daß er keine guten Lösungen vorschlägt und nicht versucht, den Patienten zu beruhigen oder seine Angst zu lindern. Und er darf sich auch nicht dem Gedanken hingeben, daß seine Aufgabe in dem Augenblick, in dem der Patient ihn an meisten braucht, nicht zu bewältigen ist. Wenn weder der Patient noch der Analytiker zu verstehen oder zu verbalisieren vermögen, dann müssen sie beide es ertragen, sich nicht helfen lassen zu können bzw. keine Hilfe geben zu können, sich nicht retten lassen zu können bzw. nicht retten zu können; statt dessen müssen sie da ausharren, wo sie sind, ohne sich während der Zeit, in der nichts Hilfreiches getan werden kann, von der Angst überwältigen oder zu Aktivitäten drängen zu lassen. Regressive Phasen gehen unter Umständen sehr rasch vorüber, sie müssen aber als solche wahrgenommen und respektiert werden – eine Erfahrung, die ich mit zahlreichen Patienten viele Male gemacht und im 3., 7. und 8. Kapitel detailliert beschrieben habe.

Wie zu Beginn dieses Kapitels erwähnt, setzt ein solches Konzept voraus, daß der Analytiker eine solide Ausbildung absolviert hat und die von Freud und anderen Autoren beschriebene Theorie und Technik beherrscht. Der Analytiker muß die traumatische Erfahrung ertragen, dem Leiden, das ihm begegnet, nicht entrinnen zu können, keinen Weg zum Unbewußten oder zu den Erinnerungen des Patienten finden zu können, der es diesem ermöglichen würde, zu verstehen und den nächsten Schritt zu tun. Er muß eine Situation aushalten können, die vor ihm noch niemand erlebt zu haben scheint, obgleich dies vermutlich nicht zutrifft. Dennoch wird der Analytiker während der ersten zehn oder zwanzig Jahre seines Berufslebens, wenn auch vielleicht nur vorübergehend, Rat in Zeitschriftenartikeln und Büchern suchen, die seine Probleme thematisieren, denn er ist überzeugt, daß ein anderer Analytiker – zumindest ein Kollege mit größerer Erfahrung – dem leidenden Patienten mühelos helfen, ihm einen Weg aufzeigen und seine panische Angst verstehen könnte. Unter Umständen hat er damit recht. Analytiker finden Hilfe, indem sie Literatur über die Erfahrungen und Theorien anderer Analytiker lesen. Wirklich entscheidend aber ist die Anerkennung der Einzigartigkeit jeder Erfahrung sowie die Fähigkeit, sie auszuhalten und dem Patienten das Gefühl zu vermitteln, daß er einzigartig, aber nicht vollkommen anders ist als jeder andere Mensch. Darüber hinaus dürfen wir auch nicht vergessen, daß der Patient diese Erfahrung in der Analyse überhaupt nur machen kann, weil er etwas Ähnliches in seinem Leben bereits erfahren hat. Es ist durchaus wahrscheinlich, daß der Analytiker im Laufe der Arbeit an der Wiederholung früher Erfahrungen beteiligt wird, zum Beispiel der Erfahrung einer Mutter, die ein Baby hat, das sie nicht stillen kann, oder ein Kind, das nicht gedeiht. Solche Kenntnisse alleine nutzen dem Analytiker allerdings nur wenig, denn die Arbeit beruht auf der gemeinsamen Fähigkeit, das Unerträgliche zu ertragen. Die Behandlung des Patienten und mitunter sein Leben sind von der Fähigkeit des Analytikers abhängig, die Tatsache, daß er nicht hilfreich ist, auszuhalten, ohne starr, distanziert oder unzugänglich zu werden. Das bedeutet nicht, daß er sich auf masochistische, gedemütigte Weise passiv verhalten sollte; er darf nicht das Gefühl haben, paralysiert oder in eine Falle geraten zu sein, sondern muß sich sicher und entspannt fühlen können. In Verbindung mit der Entschlossenheit des Patienten zu überleben wird diese Fähigkeit es schließlich ermöglichen, das, was fehlt oder verlorengegangen ist, zu finden, und zwar wahrscheinlich auf symbolische oder somatische Weise.

Ich behaupte nicht, daß Analytiker effektiver arbeiten, wenn sie in dieser Verfassung sind oder generell den Eindruck haben, nicht gut voranzukommen. Mit genügender Aufmerksamkeit können sie sehr häufig auch ohne solche regressiven Episoden gute Arbeit leisten, aber sie müssen die Situation sorgfältig abwägen, bevor sie zu einem frühen Zeitpunkt der Überlegung nachgeben, daß es hilfreich wäre, etwas scheinbar Offenkundiges wie beispielsweise die Kastrationsangst oder die Angst vor der Wochenendtrennung zu deuten. Solche Deutungen können sehr einleuchtend wirken, so daß es verlockend ist, sie zu geben, um die Angst zu lindern; es besteht jedoch die Gefahr, daß sie die Arbeit nicht fördern, sondern aufhalten. Allerdings ist es auch gefährlich, wenn der Analytiker diese Art von Deutungen, die der Patienten auf einer bestimmten Ebene erwartet, nicht gibt. Unter Umständen aber werden sie einen Traum oder einen Einfall vereiteln. Man könnte sagen, daß sowohl der Analytiker als auch der Patient Gefahr laufen, willfährig zu reagieren. In jedem Fall aber muß der Analytiker zu erkennen versuchen, weshalb er und der Patient eine solche Willfährigkeit möglicherweise anstreben. Der Patient kann die Regeln zunächst nicht kennen, und auch der Analytiker ist dazu bei diesem bestimmten Patienten noch nicht in der Lage. Ihm gehen während der gesamten Behandlung die verschiedensten Gedanken durch den Kopf: »Warum sagt er das jetzt? Warum habe ich das und das Gefühl? Was erwartet der Patient heute von mir?« All diese und zahlreiche andere Fragen sind dem Analytiker gewärtig, während er der Stimme des Patienten lauscht, seine Körperbewegungen registriert und beobachtet, ob der Patient mit offenen Augen und wachem Verstand hinsieht oder nicht.

Der Patient ist immer im Konflikt zwischen seinem Wunsch, etwas aussprechen, und seinem Bedürfnis, es zu verbergen. Jeder Analytiker muß sich der mannigfachen Konflikte bewußt sein, die ständig, in jeder Sitzung, aktiv sind, und versuchen, den Konflikt anzusprechen, den er für den drängendsten hält – es muß nicht zwangsläufig der offensichtlichste sein. Vor kurzem zum Beispiel klagte eine meiner Patientinnen, daß sie kalt und durchnäßt sei und ein ängstliches Gefühl habe. Ich sagte nichts dazu. Später berichtete sie mir einen Traum, der, wie die Deutungsarbeit zeigte, mit Treulosigkeit zusammenhing und mit dem Gefühl, vom Leben anderer

Menschen ausgeschlossen zu sein und nirgendwo hinzugehören. Im Anschluß daran erkannten wir, daß dieses Gefühl eine Zeit in ihrem Leben repräsentierte, in der sie – vielleicht nur für wenige Minuten, vielleicht für wenige Stunden – von ihrer Mutter alleingelassen worden war. Sie lag kalt und naß im Bettchen, während sich die Mutter im selben Zimmer mit jemandem unterhielt oder sich aus irgendeinem anderen Grund von ihrem Kind zurückgezogen hatte, statt sich um das Baby zu kümmern und die durchnäßten Windeln zu wechseln. In dieser Situation hat sich das Baby/die Patientin vermutlich allein und verloren gefühlt, abgeschnitten von der Welt, die es nicht haben wollte. Es wäre voreilig gewesen, das Kälte- und Nässegefühl meiner Patientin gleich zu Beginn der Sitzung, bevor sie mir über den Traum berichtete, zu deuten. Nach der Schilderung dieses Traumes aber konnte ich deuten, daß sie offenbar noch einmal eine traumatische Erfahrung durchlebe, die ich reaktiviert hatte, als ich kurz zuvor im selben Monat eine Sitzung absagte. Die Patientin hatte daraufhin ihrerseits eine Sitzung abgesagt. Der Traum über die Treulosigkeit hatte mir diese Unterbrechungen wieder in Erinnerung gerufen, und nun erzählte mir die Patientin, daß es ihr in der Sitzung am Tag nach meiner Abwesenheit so vorgekommen sei, als habe sie mich nie zuvor gesehen. Ich war ihr völlig fremd, und sie hätte sich vergewaltigt gefühlt, wenn ich ihr nahegekommen wäre. Davon hatte sie mir zum betreffenden Zeitpunkt nichts gesagt. Der Traum und ihre Assoziationen ließen die traumatischen Ereignisse ihrer ersten Lebensmonate und -jahre wieder lebendig werden und gaben dem, was sie zu Beginn der Sitzung gesagt hatte, Bedeutung. Hätte ich dies nicht erkannt, so wäre die Sitzung interessant verlaufen, aber recht nutzlos geblieben. Sie hätte sich auf das Gefühl der Kälte und Feuchtigkeit konzentriert, in dem das Bedürfnis der Patientin zum Ausdruck kam, versorgt zu werden, auf ihren Eindruck, nicht zu wissen, ob sie selbst oder irgendeine andere Person da sei. Die Assoziation, daß sie sich wie eine Fremde fühlte und ihre Eltern in ihrem ehemaligen Zuhause Fremde waren, wäre ihr nicht eingefallen. Tatsächlich hatte sie sich beinahe während ihres ganzen Lebens in der Welt fremd gefühlt.

In manchen Sitzungen muß der Analytiker nicht wissen, was er dem Patienten sagen soll, und er darf niemals vergessen, daß es Ungewißheiten gibt. Der Patient merkt, wenn er mechanisch deutet; und das heißt in der Realität, daß er sich ihm ebensosehr versagt, ihn ebensosehr vernachlässigt oder ihm seine Anwesenheit vorenthält, als wenn er eine Sitzung ausfallen ließe. Die Patientin benötigt trockene, warme Kleidung, der Grund aber, weshalb sie sie benötigt, und ihre Wut darüber, sie nicht zu bekommen, sind ebenso wichtig oder sogar noch wichtiger als das Kälte- und Nässegefühl selbst. Diese Patientin hatte eine Körpererinnerung an das Gefühl gehabt, feucht und kalt zu sein; nie zuvor aber war mit diesem Gefühl ein Gedanke einhergegangen, und ebensowenig war ihr der nächste potentielle Gedanke – daß sie nämlich »aussteigen« und sich von der Familie zurückziehen sollte, der sie nicht mehr angehörte, und daß sie keinen Platz mehr hatte, wo sie sich geborgen fühlte – je in den Sinn gekommen. All dies war nie gedacht worden, hatte ihr Leben aber gleichwohl beeinflußt. Nun jedoch kamen ein Gedanke und ein Gefühl, nämlich das Gefühl, durchnäßt, kalt und zornig zu sein und nirgends dazuzugehören, zusammen. In frühen Phasen der Analyse hatte sie über Nässe und Kälte nachgedacht, sie hatte Wut und Fremdheit empfunden, das Gefühl, keinen Platz in der Welt zu haben und nirgendwo hinzugehören; all dies aber hatte sie nie miteinander in Verbindung gebracht.

Wenn man mit Patienten arbeitet, die Erinnerungen wiederzugewinnen oder wiederzufinden versuchen, welche nie zuvor gedacht oder in Worte gefaßt wurden (Bollas 1987; Bion 1970), muß man sich selbst und dem Patienten Zeit lassen. Worte geben Erfahrungen Bedeutung, und dann können diese Erfahrungen, denen Assoziationen, Träume und Körpergefühle zugrunde liegen, zu Gedanken werden. Der Patient, der solche Erfahrungen miteinander zu verbinden vermag, kann es zulassen, daß sie in Worten bewußt werden, die sein Selbsterleben in der Beziehung zu anderen Menschen verändern. Dies geschieht nicht von einem Augenblick zum nächsten, sondern markiert den Beginn eines Prozesses. Solche Episoden werden sich häufig wiederholen, nach und nach aber erfahren sie Veränderungen, und statt sich von einer Welt zurückzuziehen, der er sich nicht zugehörig fühlt, versucht der Patient – vielleicht indem er seine Erfahrungen symbolisiert, vielleicht auf künstlerische Weise –, ein Gefühl des Vertrauens und der Sicherheit zu gewinnen. Dann kann er zwischen sich selbst und dem Analytiker einen gewissen Raum zulassen und größeres Vertrauen in die Menschen der äußeren Welt setzen, die anders als er selbst und von ihm getrennt sind.

Bion (1970, S. 9) sagt:
> Es gibt Menschen, die Schmerz oder Frustration als so unerträglich empfinden (oder deren Schmerz oder Frustrationsgefühl derart unerträglich ist), daß sie den Schmerz zwar wahrnehmen, aber ihn nicht erleiden, so daß man sagen könnte, daß sie ihn nicht aufspüren [...] der Patient, der keinen Schmerz leidet, kann auch keine Lust »leiden«, und dies hat zur Folge, daß ihm die Ermutigung, die ihm zufällige oder intrinsische Erleichterung vermitteln könnte, verwehrt bleibt.

Einer meiner Patienten geriet in Verwirrung, wenn er nicht die Kontrolle in der Hand hatte. Deshalb war er der Meinung, zumeist alles im Griff zu haben; er dachte sich Worte aus und erfand ein ganzes Vokabular, das ihm gemäß war. Wenn ich die falschen Worte benutzte, wurde er verwirrt, sagte mir aber in der Regel nicht, was an meinen Worten falsch gewesen war. Eines Tages erschien er sehr verwirrt zu seiner Sitzung und erklärte mir, er habe, als er sich meinem Haus näherte, nicht »Numero 7« gelesen, sondern »*no* 7«. Er glaubte, mein Haus sei verschwunden, erkannte dann aber seinen Irrtum, drückte die Klingel und kam herein. Dies war das erste Mal, daß er mir zeigen konnte, daß er um meine Existenz und meine Macht wußte, Dinge in einer Weise zu tun, die er nicht zu verstehen vermochte.

Meine Entscheidung, dieses spezifische Ereignis nicht zu deuten, wirkt vielleicht willkürlich, und ich kann nicht beweisen, daß sie richtig war. Vielleicht hätte ich das Leiden meines Patienten lindern und eine Lücke ausfüllen können, die er zu schließen versuchte, wenn ich das fehlende Stück seines Puzzles ausgesprochen und in Worte gefaßt hätte. Dieses Stück repräsentierte seine Mutter, die nicht da war, wo er sie erwartete, sowie sein überwältigendes Bedürfnis, sie zu finden; ebendieses Bedürfnis veranlaßte ihn, wie ich später entdeckte, in den Spiegel zu blicken, wo er die Mutter oder doch sich selbst, aussehend wie sie, finden konnte.

Worte hatten für diesen Patienten allergrößte Bedeutung und wurden häufig benutzt, um Gefühle abzuwehren. Manchmal jedoch brauchte er sie, weil man ihm nicht die richtigen, sondern die falschen Worte gegeben hatte. Die Art, in der ihm als Säugling über sich selbst erzählt wurde, vermittelte ihm keine akzeptable Widerspiegelung seiner selbst. Viel später, als Teenager, mußte er versuchen, seine eigenen Worte zu finden, indem er nach Sätzen und Formulierungen suchte, die auf ihn zugeschnitten schienen und ihm seine eigenen Gedanken, seinen Charakter und sein Bild widerspiegelten.

Meiner Ansicht nach muß der Analytiker das, was er nicht tut, ebenso, wenn nicht sogar noch aufmerksamer beobachten wie das, was er tut. Er muß das, was er nicht sagt, gründlicher im Gedächtnis behalten als das, was er sagt, denn die Entscheidung, es dem Patienten zu überlassen oder den richtigen Zeitpunkt abzuwarten, ist sehr wichtig. Es ist viel leichter, auszusprechen, was einem in den Sinn kommt, wenn der Patient etwas sagt, als das in Erinnerung zu behalten, was man gedacht, aber nicht ausgesprochen hat. Dies geschieht in jeder Sitzung fortwährend, manchmal aber ist es, wie in dem von mir beschriebenen Beispiel, sehr auffällig, wenn etwas nicht ausgesprochen wird; und dann gerät es in Vergessenheit, ebenso wie das Trauma, das der Patient zu erinnern versucht.

Zum Schluß ein weiteres, einfacheres Beispiel von einem nicht regredierten Patienten: gleichwohl zeigt es, daß der Analytiker bei seinen Deutungen Zurückhaltung üben und mit seiner eigenen Gedanken- und Gefühlswelt und derjenigen des Patienten in Kontakt sein muß. Eine Frau Anfang Dreißig, die keine Beziehungen eingehen und nicht in der Welt (zumindest nicht in einer Welt mit Kindern) leben konnte, begann mit dem Gedanken zu spielen, schwanger zu werden. In der Sitzung sprach die Patientin über ihren Ehemann, der ihr nicht das Gefühl vermittelte, daß sie geeignet sei, ein Baby zu bekommen; er gab ihr vielmehr zu verstehen, daß sie nicht richtig gesund oder vielleicht nicht die rechte Person sei, um Kinder zu haben wie andere Leute. Ihm selbst war bewußt, daß er sich als Vater möglicherweise unzulänglich fühlen würde. Er war Arzt und arbeitete in einem Lehrkrankenhaus. Die Patientin sprach über einen Traum, in dem es um ein vernachlässigtes Kind ging, das eine promiskuöse Mutter hatte. Danach erzählte sie mir von einer Konferenz, an der sie kurz zuvor teilgenommen hatte. Sie hatte sich dort wohlgefühlt und gut ausgesehen. Man sagte ihr, daß sie seit ihrem Universitätsabschluß nicht mehr so gut ausgesehen habe. Sie brachte dies mit ihrer Arbeit bei mir in Verbindung und hoffte, mir auf diese Weise ein Gefühl der Zufriedenheit darüber zu vermitteln, daß sie so gut aussah. Aber war sie genauso wie ihre Mutter? War sie promiskuös und pflichtvergessen? Mußte sie beruhigend auf mich einwirken, damit ich sie in ihrer Fähigkeit oder in ihrem Recht bestätigen konnte, ein Baby und einen Ehemann zu haben?

Die Mutter der Patientin hatte ihre Tochter nicht etwa bewundert, sondern wollte selbst umschmeichelt werden und duldete keine Rivalin. Ich gab entsprechende Deutungen; die Patientin war bestürzt, schwieg und assoziierte dann zu einem Kind, das in ihrer Nachbarschaft wohnte. Der Bruder dieses Kindes war vor kurzem gestorben, so daß es seine Mutter vorübergehend »verloren« hatte. Nützliche Arbeit fand in dieser Sitzung statt, als die Patientin über den »Verlust« der Mutter und über ihr eigenes Gefühl sprechen konnte, keine hinreichend gute Mutter zu sein, weil es ihr zweifelhaft erschien, ob ihr Baby Eltern haben würde; womöglich würde sie weglaufen und ihre Ruhe haben wollen, ohne mit ihrem Mann oder ihrem Kind etwas zu tun haben zu müssen. Wie sollte ein Baby ihr vertrauen können?

Dieses recht einfache Stück Arbeit illustriert die Tatsache, daß man die gesamte analytische Arbeit immer unter vielerlei Blickwinkeln betrachten kann; und wenn es dem Analytiker nicht gelingt, mit seiner eigenen unbewußten und imaginativen Gefühls- und Gedankenwelt in Verbindung zu bleiben, wird er den Fokus aus dem Blick verlieren und sich nur mit den Worten beschäftigen, die der Patient benutzt, nicht aber mit dem Patienten, der sich für diese Worte entschieden hat. Er wird den falschen Konflikt in den Mittelpunkt rücken.

Wie wichtig sind unser erster Eindruck, Erstinterviews oder sogar Beratungsgespräche? Ich habe die Erfahrung gemacht, daß mein erster Eindruck, meine erste imaginative Wahrnehmung eines Patienten, im weiteren Verlauf der Arbeit eine bedeutsame Rolle für mich spielt. Ich pflege die Erstinterviews, die ich mit Patienten durchführe, sehr sorgfältig schriftlich aufzuzeichnen, und zwar weniger, um die Daten ihrer Geburt, Heirat, die Anzahl der Geschwister usw. korrekt festzuhalten. Solche Dinge sind natürlich wichtig, und ich kümmere mich gleich zu Beginn um diese Fakten, weil ich später vielleicht keine Gelegenheit mehr dazu haben werde. Wichtiger ist es jedoch, den ersten Eindruck festzuhalten, der sich, falls man den Patienten in Behandlung nimmt, mit der Zeit wandeln wird. Mitunter kehrt man allerdings zu dem Bild zurück, das man ursprünglich gewonnen hat, und merkt, daß es ein ganz richtiges Moment enthält, das man im Laufe der Zeit aus dem Blick verloren hat. Zuerst erkennt man unter Umständen, an welcher Stelle etwas falsch gelaufen ist; die Gründe dafür lernt man dann in der späteren Arbeit zu verstehen. Wichtig ist, daß der

Analytiker sich von Anfang an bewußt macht, wie er den Patienten wahrnimmt, wie der Patient ihn wahrnimmt und wie sich die Gegenströmungen, Projektionen und Introjektionen von Beginn an bemerkbar machen.

Dasselbe geschieht in Beratungsgesprächen, aber der Analytiker muß auf der Hut sein, diesen Mechanismen freien Lauf zu lassen. Er kann sie durch Interventionen abblocken, auf die er verzichten würde, wenn er vorhätte, den Patienten in Analyse zu nehmen. In Beratungsgesprächen gebe ich »Deutungen« über die Beziehung zwischen mir selbst und dem Patienten; dabei spreche ich nicht das Unbewußte des Patienten an, sondern seine bewußten Erwartungen und Ängste und seine Schwierigkeit, der beratenden Ärztin zu vertrauen. Seine Reaktion auf derartige Bemerkungen dient als hilfreicher Hinweis; sie sind nicht intrusiv, und sie lösen nicht zwangsläufig eine wahrheitsgemäße Antwort aus.

Wenn der Patient Verbindungen zwischen Gegenwart und Vergangenheit herstellen möchte, muß man ihm zuhören und seine Worte respektieren; man darf aber nicht auf das, was er sagt, reagieren, denn als Berater kann man nicht wissen, ob es eine reale Verbindung gibt oder ob der Versuch, Übertragungsdeutungen im eigentlichen Sinn zu geben, nicht bedeuten würde, sich auf ein analytisches Spiel einzulassen.

Schlußfolgerungen

Es kann nie zwei identische Analysen geben. Darüber hinaus hat jeder Psychoanalytiker seinen persönlichen Arbeitsstil, der sich von dem anderer Analytiker unterscheidet, auch wenn es grundlegende Ähnlichkeiten gibt. Wir alle kennen das behagliche Gefühl, wenn uns in einem schriftlichen Beitrag oder im Gespräch mit einem Kollegen Unsicherheiten und Gewißheiten begegnen, in denen unsere eigenen Zweifel und Überzeugungen widerhallen.

Wenn ich analysiere oder in irgendeinem anderen Rahmen als Analytikerin arbeiten soll, bin ich mir bestimmter Grundregeln bewußt, die ich bereits während meiner Ausbildung internalisiert habe. Ich entdeckte das Gefühl, auf meine eigene Art eigenständig zu arbeiten; das ist Ein-Personen-Psychologie. Als Analytikerin zu arbeiten bedeutet, daß noch eine weitere Person anwesend ist; gleichgültig aber, mit wem ich arbeitete, es wurde mir bewußt, daß ich mit einer spezifischen eigenen Identität in meinem Sessel saß. Ich kann nicht davon ausgehen, daß alle Analytiker über ähnliche internalisierte Strukturen verfügen. Ich hatte das besondere Glück, zu Beginn meiner Ausbildung zwei Jahre lang einmal wöchentlich Anna Freuds Theorieseminare besuchen zu dürfen. Die Klarheit ihres Denkens und ihre Fähigkeit, die Verwirrung anderer Personen zu tolerieren, waren außergewöhnlich, so daß ich nicht davon ausgehen kann, daß jeder diese Struktur verinnerlicht hat. Allerdings neige ich zu der Annahme, daß jeder, der eine analytische Ausbildung absolviert hat, über eine innere Struktur verfügt. Ich spreche hier nicht von metapsychologischen Konzepten wie dem Ich, Über-Ich und Es, den Trieben und Abwehrmechanismen, Objektbeziehungen usw., sondern von der Art und Weise, wie ein Analytiker auf einen Patienten reagiert. Er muß in der Lage sein, sonderbare Phänomene zu beobachten und Komplexitäten und Paradoxa in menschlichen Beziehungen, die keinen Sinn ergeben oder im Hinblick auf die Übertragungsbeziehung zwischen Patient und Analytiker irgendwann keinen Sinn zu ergeben scheinen, nicht zu vernebeln.

Nur allmählich wird auf dieser Grundlage Gegenseitigkeit erkennbar: Wachstum und Veränderung einer Person infolge einer gemeinsamen Erfahrung, einer gemeinsamen Entwicklung von zwei Personen. In jeder Behandlung aber gibt es auch regressive Phasen. Sie kommen und gehen. Es gibt Analysen, in denen sich der Patient jahrelang in einem Regressionszustand befindet, während er außerhalb der Analysestunden ein scheinbar normales Leben führt.

Ich halte es für besonders wichtig, mir Zeiten, in denen ich nicht die Arbeit leiste, die ich eigentlich leisten sollte, und das Gefühl habe, keine »richtige« Analytikerin zu sein, bewußt zu machen, statt die Augen zu verschließen. Es ist möglich, daß ich Abwehrmechanismen, Übertragungsphänomene oder Konflikte und Paradoxa nicht bewußt wahrnehme, daß mir nichts mehr einfällt oder ich mich außerstande fühle, Hypothesen zu formulieren, so daß ich mich wieder ganz und gar auf die Regeln stütze, die ich von Freud und anderen Menschen gelernt habe, und vergesse, daß jede Sitzung einzigartig ist. Das heißt, ich versuche, mich einer vorgeprägten Form anzupassen: einer Form, die völlig nutzlos und unfruchtbar ist, weil sie mit den imaginativen Vorgängen, die sich im Patienten oder in mir selbst abspielen, nichts zu tun hat – Vorgängen, die mit gegenseitigen

Bedürfnissen zusammenhängen, mit gegenseitiger Befriedigung, gegenseitigen Enttäuschungen. Imagination ist eine Voraussetzung des kreativen Lebens. Sie kann nur gefahrlos benutzt werden, wenn Struktur und Ausbildung gewährleistet sind; Struktur und Ausbildung aber nützen nichts, wenn die Imagination des Analytikers oder des Patienten gefesselt ist.

Um sich selbst und den Patienten aus der Fesselung zu befreien, muß der Analytiker seine Fähigkeit unter Beweis stellen, abzuwarten, das heißt die Analyse mehr als Erlernen einer Sprache zu begreifen denn als gemeinsames Erklärungsunterfangen oder als Forschungsexpedition. Der Analytiker, der dazu imstande ist, wird während seines gesamten Berufslebens mit jedem Patienten, der zu ihm in Analyse kommt, weiterlernen.

Zweiter Teil

Die Arbeit des Analytikers mit Allgemeinmedizinern

11. Der Psychoanalytiker und die Medizin

Die Beziehung zwischen Psychoanalyse und Medizin hat sich von Land zu Land unterschiedlich entwickelt und kann nur im Rahmen ihres jeweiligen Kontextes betrachtet werden. In den Vereinigten Staaten zum Beispiel wurde die Psychoanalyse in weiten Bereichen, wenn auch ambivalent, als Bestandteil des medizinischen und psychiatrischen Milieus anerkannt, während ihr breites und vielleicht sogar verwässertes Eindringen in die intellektuelle Kultur Frankreichs zur Folge hat, daß jede fürsorgende Profession sie zu einem gewissen Grad berücksichtigen muß. In Großbritannien haben sich vergleichbare Verhältnisse nicht entwickelt. Zwischen der Psychoanalyse und der Medizin gibt es, von der Arbeit Enid und Michael Balints als einzigartiger Ausnahme abgesehen, kaum Beziehungen. Im vorliegenden Beitrag[1] erläutert Enid Balint die auf beiden Seiten zu beobachtende Zurückhaltung. Man kann psychoanalytische Überlegungen kurzerhand ablehnen oder sie allzu umstandslos akzeptieren. Balint betont zudem, daß Psychoanalytiker die besonderen Fähigkeiten und das spezifische Verständnis des Arztes anerkennen müssen. Ihre Absicht ist es nicht, aus Ärzten Pseudo-Psychotherapeuten zu machen. Vielmehr will sie es ihnen ermöglichen, all die verschiedenartigen Aspekte des Menschseins ihrer Patienten als etwas Natürliches zu akzeptieren, auch jene, die absonderlich und irrational erscheinen. Dies ist möglich, wenn der Arzt über die Fähigkeit verfügt, Unsicherheit und Verwirrung zu ertragen und gleichzeitig Dinge zu beobachten, nach denen wir normalerweise nicht Ausschau halten.

Im letzten Teil des Kapitels beschreibt sie, wie sie die unter der Bezeichnung »Balint-Gruppe« berühmt gewordene Methode nutzt, um als Psychoanalytikerin Ärzten dabei zu helfen, diesem Ziel näherzukommen. Dieser Beitrag schafft auch einen Kontext, in den sich die in den nachfolgenden Kapiteln beschriebene Arbeit einfügt.

Die Ärzte, für die diese Gruppen organisiert wurden, werden im briti-

---

[1] Enid Balint hielt den Vortrag »The Psychoanalyst and Medicine« am 10. März 1975 als Freud Memorial Lecture am University College, London. Er wurde bisher nicht vollständig veröffentlicht; eine gekürzte Fassung erschien im *International Journal of Psychiatry in Medicine* 7 (1976-77), S. 35-46.

schen Gesundheitswesen als »Allgemeinmediziner« [»general practitioners« oder »GPs«] bezeichnet. Dieser Begriff taucht in sämtlichen Beiträgen des Zweiten Teils sowie in dem Interview auf, das dieses Buch beschließt. Es handelt sich um Ärzte, die nicht an ein Krankenhaus gebunden sind, sondern die medizinische Grundversorgung der Bevölkerung sicherstellen. Sie haben eine Liste von Patienten, für die sie »der Doktor« sind, und werden normalerweise von sämtlichen Angehörigen einer Familie konsultiert. Sie überweisen ihre Patienten an Fachärzte, falls dies geraten erscheint, zunächst aber sucht jeder Patient, gleichgültig, unter welchen Beschwerden er leidet, seinen »Doktor« auf. Infolgedessen ist die Arbeit eines solchen Allgemeinmediziners und Hausarztes durch eine gewisse Bandbreite und Kontinuität charakterisiert, da sie über Jahre hinaus mit sämtlichen Aspekten der Gesundheit ihrer Patienten vertraut sind. Es ist wichtig, dies als allgemeinen Hintergrund der Arbeit einer Balint-Gruppe im Blick zu behalten.

Enid Balint betont auch, daß Psychoanalyse und Medizin zusammenarbeiten müssen. Jede Disziplin sollte durch die andere bereichert werden (S. 185), denn die Wichtigkeit, die Balint der Medizin für die Psychoanalyse und der Psychoanalyse für die Medizin beimißt, ist nicht zu übersehen.

◆

Ich denke, daß man mich gebeten hat, über das Verhältnis zwischen Psychoanalyse und Medizin zu sprechen, weil ich Psychoanalytikerin bin und seit fünfundzwanzig Jahren mit Allgemeinmedizinern zusammenarbeite. Man kann dieses Thema unter verschiedenen Blickwinkeln betrachten, die sich unter zwei Stichworten zusammenfassen lassen. Da ist zum einen der biologische Ansatz, der von uns verlangen würde, über psychosomatische Erkrankungen, über die Funktionen biologischer Systeme oder über den Einfluß physiologischer Phänomene auf psychische Prozesse zu diskutieren. Die zweite Möglichkeit, die ich an dieser Stelle eingehender betrachten möchte, besteht darin, nicht die Beziehung zwischen Systemen und Prozessen, ihre körperlichen oder psychischen Äußerungsformen und den Einfluß, den das eine auf das andere nimmt, zu untersuchen, sondern vielmehr die Beziehung zwischen zwei bestimmten Personengruppen und deren wechselseitige Beeinflussung. Die Personen, an die ich dabei denke, gehören verschiedenen Disziplinen an: Es handelt sich um den Psychoanalytiker – und damit meine ich die Person, nicht ihre Theorie oder ihre klinischen Methoden – und den Arzt. Sie beide behandeln nicht nur Prozesse, Systeme und Krankheiten, sondern den ganzen Menschen. Folglich müssen wir untersuchen, wie jemand, der für die Arbeit in einer dieser beiden Disziplinen ausgebildet ist, die Arbeit des Spezialisten der anderen Disziplin bereichern oder wie zwischen beiden Disziplinen eine Beziehung hergestellt werden kann. Nebenbei bemerkt erscheint es mir für die weitere Entwicklung beider Disziplinen wesentlich, daß sie einander auch künftig befruchten. Analytiker müssen die Auswirkungen physiologischer Prozesse auf geistige und emotionale Vorgänge erforschen, ebenso wie Ärzte den Einfluß psychischer Prozesse auf den Körper untersuchen müssen.

In der Vergangenheit war die Medizin bestrebt, ihre Homogenität zu wahren, indem sie sich psychologischen Methoden und Konzepten gegenüber verschloß, selbst wenn deren wissenschaftlicher und therapeutischer Nutzen unumstritten war. Dies lag nicht nur an einer mangelnden Bereitschaft der Medizin, sich die Erkenntnisse der Psychoanalyse zunutze zu machen, sondern auch an einer gewissen Zurückhaltung seitens der Psychoanalytiker selbst. Psychologie, Psychopathologie, Psychotherapie und Psychoanalyse wurden als Disziplinen betrachtet, die zwar irgendwie mit der Medizin zusammenhängen, aber doch nicht direkt in deren Bereich fallen. Im Laufe der Zeit aber hat man hier und da eingesehen, daß es höchst willkürlich ist, strikt zwischen psychischen und physischen Erkrankungen sowie zwischen psychischen und physischen Vorgängen zu unterscheiden, und man ihrer Interaktion Rechnung tragen muß. Es ist zum Beispiel seit langem unumstritten, daß die Psychologie etwas mit der Biologie zu tun hat. Die Aktivität des Gehirns läßt sich biologisch erklären, während man die Gefühls- und Gedankenwelt etwa im Hinblick auf Probleme, die mit der Beziehung zu anderen Menschen und zur eigenen Person oder mit der Anpassung des Individuums an die Umwelt zusammenhängen, psychologisch verstehen muß. Freilich läßt sich nicht immer leicht entscheiden, ob ein psychologischer oder physiologischer Ansatz geraten ist, wenn ein Patient wegen dieser oder jener Krankheit zum Arzt kommt. Eines aber wissen wir seit langem: Falls man sich für einen psychologischen Ansatz entscheidet und die Psychoanalyse in der Medizin von Nutzen sein soll, müssen modifizierte Techniken gefunden werden. Die psychoanalytische Technik im eigentlichen Sinn ist, abgesehen von einer begrenzten Anzahl von Fällen, die von Psychoanalytikern behandelt werden, nicht geeignet.

Die Gefahren, die mit einer breiteren Anwendung der Psychoanalyse verbunden sind, wurden schon recht früh erkannt. So warnte Freud (1910k) vor der »wilden« Analyse. Auch Alexander, der ein wichtiges Buch über die Beziehung der Psychoanalyse zur Medizin verfaßt hat (Alexander 1932), warnte vor der fahrlässigen Anwendung lückenhafter Kenntnisse und ungeprüfter Verfahren. Dennoch galt es bereits in den dreißiger Jahren als unbestritten, daß sich mit der Weiterentwicklung psychodynamischer Kenntnisse riesige neue Bereiche erschließen würden. Sie wurden bis zum heutigen Tag nicht systematisch erforscht, denn dies würde die Anwendung des psychodynamischen Wissens auf verschiedene Formen der Psychotherapie voraussetzen. Bereits im Jahre 1918 prophezeite Freud (1919a) auf dem Budapester Kongreß, daß die Gesellschaft irgendwann werde akzeptieren müssen, daß das Individuum das gleiche Anrecht auf seelische Hilfeleistungen habe wie auf medizinische. Es blieb späteren Autoren, insbesondere Michael Balint (1957; 1961; 1965), vorbehalten, nach Antworten auf die Frage zu suchen, ob das von Psychoanalytikern gewonnene theoretische Wissen im gesamten Bereich der Medizin anwendbar und Ärzten ebenso wie Psychotherapeuten, Psychiatern und Psychosomatik-Spezialisten von Nutzen sein könnte. Es stellte sich, wie ich zeigen werde, heraus, daß für das breitere Feld der Medizin tatsächlich nicht das theoretische Wissen, sondern andere Aspekte des analytischen Rüstzeugs die größte Bedeutung erlangten. Der »rätselhafte Sprung im Organischen«, eines der ältesten psychoanalytischen Konzepte, das auf Freuds eigene frühe Arbeit und die anderer Pioniere wie Ferenczi, Jelliffe und Groddeck zurückgeht, ist nach wie vor attraktiv und fesselnd. Aber dieses Interesse beschränkte sich im großen und ganzen auf wenige ausgewählte Fälle, und das psychosomatische Denken ist nie zu einem wirklich integralen Bestandteil der psychoanalytischen Theorie geworden.

Lange Zeit hat man sich gefragt, ob Analytiker in diesem weitergespannten Bereich überhaupt Verantwortung übernehmen sollten. Und wenn ja, welche Art von Verantwortung? Oder sollten sie sich besser ganz heraushalten? Sollten sie zum Beispiel psychotherapeutische Techniken entwickeln, die in der medizinischen Praxis Anwendung finden können? Vermutungen, daß solche Techniken bereits zur Verfügung stünden, gingen natürlich weit an der Realität vorbei. Wenn Psychoanalytiker eine derartige Verantwortung übernehmen, welche Aufgaben fallen ihnen dann zu? Wenn wir nicht vorsichtig sind, laufen wir Gefahr, die Relevanz des ärztlichen Wissens zu unterschätzen und dem Arzt nicht dabei zu helfen, es sinnvoll einzusetzen. Das nämlich ist meiner Ansicht nach unsere Hauptaufgabe. Viele Analytiker sind derart besorgt über das Risiko, das Unbewußte des Patienten auszubeuten, daß sie es als ihre oberste Pflicht betrachten, ihren nicht-analytischen Kollegen zu raten, was sie *nicht* tun sollten. Diese Sorge nimmt sie so sehr in Anspruch, daß sie nicht mehr hören oder sehen, was Ärzte tun *können*.

Als Psychoanalytiker sehen wir am Tag nur sehr wenige Personen, so daß wir nach wie vor dazu neigen, in einer geschlossenen Gesellschaft zu leben und einen Großteil unserer übrigen Zeit damit zu verbringen, unsere Überlegungen untereinander zu diskutieren. Wann immer ich jedoch einen Vortrag vor einem gemischten Publikum halte oder in solchem Rahmen eine Theoriediskussion führe, stelle ich fest, daß die Teilnehmer sehr gut informiert sind und häufig glauben, daß ich ihnen die Dinge allzu einfach mache, selbst wenn mir selbst die Überlegungen, die ich darstelle, zwar faszinierend, aber zugleich auch schwierig, komplex und schwer verständlich erscheinen. Vielleicht habe ich sie ebenso wie andere Psychoanalytiker einfacher gemacht, als sie es in Wirklichkeit sind. Ich möchte mich gerne auf Josipovici (1971, S. XII f.) berufen, der gesagt hat:

Dahin sind die (wie es heißt) glücklichen Tage, in denen die überwiegende Mehrheit der Öffentlichkeit die Moderne [lies »Psychoanalyse«] kurzerhand ablehnte und nur einige wenige tapfere Stimmen sich zu ihrer Verteidigung erhoben. Damals zumindest war die Situation klar. Heute haben wir es mit einer Situation zu tun, in der alle schreiben und reden, als ob sie die Moderne [die Psychoanalyse] verstünden, während in Wirklichkeit die alten Vorurteile nach wie vor die Oberhand behalten. [...] Nur wenige scheinen den Eindruck zu haben, daß die Themen, die von diesen [psychoanalytischen] Autoren aufgeworfen wurden, überhaupt noch *relevant* sind [...] das sind die Klassiker [...] für die überwiegende Zahl der Leser sind sie wahr und wahrhaftig tot. Gerade ihre allzu einfache Assimilation ins Curriculum legt nahe, daß man sie nicht wirklich verstanden hat.

Kein aufrichtiger Analytiker hat je wirklich das Gefühl, die Funktionsweisen auch nur eines einzigen Aspekts der menschlichen Psyche oder unserer Theorie restlos, ein für allemal, verstanden zu haben, auch wenn wir einem solchen Verstehen in der Arbeit mit einzelnen Patienten zu bestimmten Zeiten nahe kommen; es ist immer harte Arbeit. Sobald wir ein theoretisches Konzept entwickelt haben, fangen wir an, es zu revidieren und zu erweitern. Freud hat dies ebenso wie alle anderen Wissenschaftler getan, und wir verhalten uns entsprechend. Natürlich können wir, wenn wir es wollen, eine Redewendung benutzen oder irgendeine Theorie zitieren, so daß unsere Zuhörer den Eindruck haben, daß wir die latenten Ursachen des menschlichen Denkens und Handels genauer kennen, als es in Wirklichkeit der Fall ist. Aber »Allgemeinkenntnisse« über psychoanalytische Theorie und der Gebrauch, den der Analytiker in seiner klinischen Arbeit davon macht, gehen häufig weit auseinander. Wir können unsere Theorie im Brustton der Überzeugung vertreten, und sie kann uns dabei helfen, die Mitteilungen unserer Patienten besser zu verstehen. Es muß jedoch gesagt werden, daß sich das theoretische Wissen für unsere Beobachtungen mitunter eher als hinderlich denn als dienlich erweist; und wenn wir nicht auf der Hut sind, kann es uns sogar blockieren. Ich spreche mich gegen eine Anwendung der Theorie ohne Bezug auf Beobachtungen in einem klinischen Setting aus und bin der Meinung, daß nur die wirklich fundamentalen theoretischen Grundannahmen über jeden Zweifel erhaben sein sollten.

Zu diesen Grundannahmen gehört natürlich das Konzept der unbewußten psychischen Prozesse. Wenngleich Sie dieses Konzept kennen, wird Ihnen dieser oder jener Punkt vermutlich doch nicht restlos klar sein, denn wir können nie davon ausgehen, daß alles, was über ein Konzept gesagt werden könnte, auch tatsächlich gesagt worden ist und sich unser Verständnis nicht weiterentwickeln kann. So fangen wir gerade erst an, seine Implikationen außerhalb des klinischen Settings der Psychoanalyse zu untersuchen, und haben über entsprechende Anwendungsmöglichkeiten nur höchst vage Vorstellungen. Daß ihm für die Medizin insgesamt sowie für das breitere soziale und politische Umfeld eine wichtige Rolle zukommt, ist offenkundig. Gleichwohl aber läßt sich diese Rolle nur sehr schwer definieren, geschweige denn in der Praxis realisieren. Allgemeinen oberflächlichen, auf symbolische Bedeutungen hinauslaufenden Interpretationen liegt ein allzu vereinfachtes Verständnis der Symbolik zugrunde, so daß sie für gewöhnlich nicht ins Schwarze treffen. Sie implizieren darüber hinaus, daß der Mensch allein von seinen unbewußten Trieben geleitet wird, und lassen die Tatsache außer acht, daß das Unbewußte Widersprüche und Paradoxa toleriert, daß sich der Mensch fortwährend mit seinen Strebungen und Wünschen im Widerstreit befindet und sich gegen sie schützt, teils aufgrund seiner Angst, Personen zu verletzen, die ihm wichtig sind, teils wegen der Folgen, welche die Realisierung seiner Wünsche nach sich ziehen würde.

Mein Verständnis des Beitrags, den der Psychoanalytiker zur Medizin zu leisten vermag, ist Lionel Trillings Verständnis des Beitrags, den der Psychoanalytiker zur Kunst leisten kann, nicht unähnlich. Trilling zitiert Charles Lamb, um die Vorstellung zu widerlegen, daß die Aktivität der Imagination eine Art von Geisteskrankheit darstelle, und betont, daß die Tendenz des Psychoanalytikers insgesamt darin bestehe, die *Natürlichkeit* künstlerischen Denkens nachzuweisen (Trilling 1950, S. 153 f.). Wenngleich Freud den Künstler in gewisser Weise als Neurotiker zu betrachten und zu entwerten schien, sah er doch unzweifelhaft, daß der Künstler in Wahrheit weit mehr ist als ein Neurotiker, und zeigte, wie sehr er ihn verehrte. Er wies nach, daß unbewußte Konflikte nicht nur Destruktivität, sondern auch Kreativität erzeugen und nicht nur sinnlos, sondern auch wertvoll sein können. Ebenso wie Trilling erkannte, daß es der Psychoanalyse um die Natürlichkeit des künstlerischen Denkens zu tun ist, möchte ich zeigen, daß der entscheidende Beitrag des Analytikers zur Medizin darin besteht, die Natürlichkeit des Menschen selbst nachzuweisen. Zu dieser Natürlichkeit gehören insbesondere jene Aspekte des Menschen, die wir gerne als seine irrationalsten und am wenigsten akzeptablen betrachten; ein qualifizierter Beobachter aber kann in ihnen gleichwohl einen nicht vollständig abgewehrten Anteil der Psyche wahrnehmen, einen Teil, in dem sich, wenn er nur erkannt wird, unter Umständen die Einzigartigkeit des Individuums offenbart. Ich spreche mit Absicht von der Psyche, nicht vom Unbewußten.

Den meisten Menschen fallen diese Aspekte nicht einmal auf, weil sie nicht gewohnt sind, sie wahrzunehmen. Josipovici erläutert die Grenzen, die uns die Gewohnheit auferlegt, und betont den Grundsatz der Moderne, »daß das, was für vorangegangene Generationen *die Welt* war, nur *die durch die Brille der Gewohnheit gesehene Welt* gewesen ist« (Josipovici 1971, S. XVI). Auch der Psychoanalytiker muß sich davor hüten, sein Blickfeld durch die Macht der Gewohnheit einengen zu lassen. Idealerweise sollte es ihm bewußt sein, wenn ihn seine Gewohnheit daran hindert, etwas zu sehen, was zu sehen er nicht gewohnt ist. Wenn wir aus Gründen der Gewohnheit nur das sehen, was in uns selbst eine Saite zum Schwingen bringt, sind wir möglicherweise blind für das, was an einem Menschen einzigartig ist; wenn wir unseren Blick auf viele verschiedene Bereiche der Gedanken- und Gefühlswelt richten können, werden uns viele verschiedene Aspekte in hellem Licht erscheinen. Ärzte, welche die Einzigartigkeit ihrer Patienten anzuerkennen vermögen, und Psychoanalytiker, die ihnen dabei helfen, das heißt, es ihnen erleichtern, Phasen der Konfusion zu tolerieren, in denen sich keine vertrauten Pfade eröffnen, können einen wichtigen Beitrag zur Medizin leisten. Vielleicht können Ärzte dann sogar noch größere Freude an ihren Patienten haben, deren Krankheiten sie diagnostizieren und behandeln. Meiner Ansicht nach besteht das Ziel des Psychoanalytikers darin zu zeigen, daß das, was für den Menschen oder in der Gesellschaft als natürlich gilt, nicht zwangsläufig natürlicher und ganz gewiß nicht nützlicher sein muß als das, was pervers oder absonderlich erscheinen mag. *Humani nihil a me alienum puto.*

Bevor ich mein Thema weiter ausführe, werde ich kurz das Setting beschreiben, in dem ich mit Ärzten arbeite. Während der vergangenen fünfundzwanzig Jahre habe ich an Gruppen teilgenommen, die wir als Ausbildungs- und Forschungsseminare bezeichnen und in denen jeweils ein Psychoanalytiker, dem die Gruppenleitung obliegt, zwei Jahre oder länger einmal wöchentlich mit acht bis zwölf Allgemeinmedizinern zusammenarbeitet. Diese Ärzte werden gebeten, über irgendeinen Patienten zu sprechen, mit dem sie Schwierigkeiten haben oder der sie besonders interessiert. Dabei sollte es sich möglichst nicht um Patienten mit zweifelsfrei neurotischen oder psychotischen Erkrankungen handeln, sondern um »normale« Patienten, die sie während ihrer Sprechstunde untersucht haben. Anschließend werden die übrigen Ärzte in der Gruppe um ihre Kommentare gebeten. Der Psychoanalytiker, der die Gruppe leitet, ist bestrebt, die Arbeit in Gang zu halten, den Ärzten dabei zu helfen, ihre Beobachtungen und Überlegungen auszutauschen und auf übersehene oder unverständlich erscheinende Probleme und Widersprüche zu achten. Der Gruppenleiter setzt auch gewisse Grenzen. »Wilde« Deutungen zum Beispiel über die privaten Probleme des Arztes werden weder unterstützt, noch sind sie auch nur erlaubt. Diskutiert werden einzig und allein seine professionellen Schwierigkeiten mit dem Patienten. Auch wilden Vermutungen über eine verborgene Psychopathologie des Patienten wird ein Riegel vorgeschoben. Im Mittelpunkt steht die Frage: »Was geschieht zwischen dem Arzt und seinem Patienten (oder geschieht *überhaupt* etwas?), das von besonderem Interesse ist und Licht auf die Schwierigkeiten, die der Arzt mit dem Patienten hat, oder auf dessen Krankheit werfen könnte?« Natürlich geht es in den Diskussionen häufig auch um Symptome, sogar um sogenannte neurotische Symptome; und die Ärzte versuchen zu verstehen – in der Anfangsphase mitunter durch das Herbeizitieren psychoanalytischer Theorien –, weshalb ein bestimmter Patient ein bestimmtes Symptom entwickelt hat. Der Gruppenleiter unterstützt das Seminar dabei, ein wahrheitsgemäßes Bild des Falles zu entwickeln und den Unterschied zwischen Fakten und Phantasien über den Patienten sowie zwischen Beobachtungen und Rückschlüssen zu erkennen; und er ermutigt den Arzt, der Gruppe soviel wie möglich von dem mitzuteilen, was er über den Patienten weiß, einschließlich der scheinbar trivialen Gedanken, die ihm durch den Kopf gehen, und nicht überstürzt nach Erklärungen zu suchen. Häufig konzentriert sich die Diskussion auf die ersten Lebensjahre des Patienten, und man versucht, Zusammenhänge zwischen Ereignissen aus dessen Kindheit und seinen gegenwärtigen Problemen und Symptomen herzustellen. Manchmal hilft dies dem Arzt, schwierige Patienten besser zu ertragen, was sowohl ihm selbst als auch dem Patienten zugute kommt. Das Bild aber, das die Gruppe vom Patienten entwickelt, ist zwangsläufig impressionistisch, und selbst wenn die Entwicklung seiner Symptome und sein unbewußtes Bedürfnis nach diesen Symptomen korrekt verstanden wurden, reicht diese Hilfe dem Arzt, der den Patienten zu behandeln hat, nur selten wirklich aus.

Uns ging es bei dieser Arbeit unter anderem vor allem darum, die vielfältigen und im Austausch zwischen Patient und Arzt selbst unbemerkt bleibenden Geschehnisse zu beobachten, die, sobald man den Blick für sie geschärft hat, ins Auge springen. Diese Beobachtungen verglichen wir dann mit jenen Ereignissen, die tatsächlich gesehen und als relevant betrachtet worden waren. Mit den unbemerkt bleibenden Geschehnissen, von denen ich hier spreche, meine ich nicht die unbewußten Prozesse, die im Arzt und im Patienten stattfinden. Diese kann der ausgebildete Psychoanalytiker sogar außerhalb seines eigenen klinischen Settings mitunter erraten, sie lassen sich aber nicht exakt beobachten und sind deshalb für die Therapie nutzlos. Ich meine vielmehr die weniger »lärmenden«, weniger ins Auge springenden Aspekte der Gedanken und Handlungen des Arztes sowie des Patienten in dem betreffenden Augenblick, mit dem wir uns beschäftigen. Unser Respekt vor der Signifikanz, die diesen Beobachtungen für das Verständnis des Patienten, seiner Krankheit und der Behandlung zukommt, ist im Laufe der Zeit deutlich gewachsen.

Hier ein Beispiel. Vor kurzem stellte ein Arzt in einem Seminar einen vierunddreißigjährigen Patienten vor. Herr F. war verheiratet und hatte einen achtzehn Monate alten Sohn. Er war von Beruf Feinmechaniker und seit einigen Monaten krank geschrieben. Der Arzt stellte ihn im Seminar vor, weil er das Gefühl hatte, daß alle seine Bemühungen, den Patienten wieder arbeitsfähig zu machen, fehlschlugen. Herr F. wirkte depressiv, und der Arzt war beinahe wütend auf die Vorgesetzten des Patienten, die diesem solch anstrengende Arbeit abverlangten. Er führte Gespräche mit dem Patienten und verschrieb ihm geeignete Medikamente.

In der Diskussion entstand der Eindruck, daß der Arzt sich sehr entschiedene Vorstellungen über die Zukunft des Patienten in den Kopf gesetzt hatte. Ihm wäre es am liebsten gewesen, wenn dieser seinen Job aufgegeben und eine leichtere Arbeit angenommen hätte. Weil der Arzt das Bild eines schikanierten, überlasteten Patienten entwickelt hatte, war ihm entgangen, wie sich der Patient selbst fühlte. Niemand wußte genau, was der Patient wirklich wollte, trotzdem aber sparte das Seminar nicht mit Ratschlägen. Die Psychoanalytikerin wies vorsichtig darauf hin, daß es nicht darum gehe, wie der Patient wieder arbeitsfähig gemacht werden könne. Die Frage sei vielmehr, ob ihm seine Arbeit tatsächlich gefalle oder ob er lieber zu Hause bei seiner dominanten, aber liebenswerten Frau bleibe. Kurz, wie sahen seine eigenen Ambitionen aus? Was für eine Art Mensch war er?

In einer katamnestischen Besprechung drei Monate später sagte der Arzt, es habe sich herausgestellt, daß der Patient nicht wütend auf seine

Arbeitgeber sei, sondern seinen Job und seinen Chef möge, dem er sich vielleicht sogar allzusehr verbunden fühle. Als der Arzt wieder zuhörte, konnte der Patient, wie es ihm zuvor nie möglich gewesen war, über das reden, was er tun *konnte* und wollte. Es stellte sich auch heraus, daß er nicht in der Lage gewesen war, sich an seinem Arbeitsplatz zu behaupten und durchzusetzen. Nachdem er über all dies gesprochen hatte, war er wieder arbeiten gegangen. Er hatte sich wohlgefühlt, ließ sich aber drei Monate später erneut krank schreiben. Es fiel ihm nun leichter, anderen zu erklären, daß sie warten sollten, bis er mit seiner Arbeit fertig sei, statt ihn anzutreiben, und er konnte die Verantwortung für eine Situation übernehmen und alleine damit fertigwerden. Interessanterweise kam seine Frau mit dem neuen Herrn F. überhaupt nicht zurecht, was die früheren Überlegungen des Seminars hinsichtlich ihrer Dominanz zu bestätigen schien. Offenbar spielte Frau F. in der neuen Beziehung nun eine etwas »untergeordnete« Rolle, und sie klagte, daß ihr Mann Bücher aus der Bibliothek lese, mit dem gemeinsamen Sohn spiele und ihr keine Hausarbeit mehr abnehme. Zwischen Vater und Sohn und zwischen dem Angestellten und dem Arbeitgeber hatte sich eine gute Beziehung entwickelt, und den Preis dafür mußte seine Frau zahlen. All dies war vielleicht das Ergebnis der Fähigkeit des Patienten, sich gemeinsam mit seinem Arzt zu behaupten; der Patient mußte mit einer anderen Person zusammen etwas erkennen, bevor er es akzeptieren und sich selbst zunutze machen konnte.

Während der Diskussion dieses Falles boten sich in Hülle und Fülle Gelegenheiten zu wilden Deutungen über die Rolle der Vater-Figuren, der Angst des Patienten vor Homosexualität usw. Als wirklich nützlich aber erwiesen sich die normaleren Dinge, die scheinbar auf der Hand liegenden Bagatellen im Zusammenhang mit der häuslichen Situation und der dominanten Ehefrau sowie der Beziehung des Patienten zu seinem Chef. An diesen Bagatellen konnten wir Herrn F.s Bedürfnis diskutieren, seinem eigenen Tempo zu folgen und sich seine Selbständigkeit zu sichern. Sobald er seine »Einzigartigkeit« mit seinem Arzt teilen konnte, das heißt darüber sprechen konnte, was für eine Art Mensch er war – geschickt, rechthaberisch, aber durchaus in der Lage, auf seine Weise klarzukommen –, konnte er einen Schritt nach vorn tun. Dieses Beispiel illustriert, was ich oben bereits gesagt habe: Persönlichkeitsaspekte, die wegen ihrer Sonderbarkeit vielleicht einen kranken Eindruck erwecken, müssen von einer anderen

Person anerkannt werden, bevor der Betreffende selbst sie zu akzeptieren vermag.

In diesem Fall war ein Verständnis der unbewußten Prozesse des Patienten irrelevant. Sicher, manche Ärzte, die mit psychosomatischen Krankheiten arbeiten, sind der Ansicht, daß sie ein Symptom wie zum Beispiel eine Anorexia nervosa oder ein Dickdarmgeschwür heilen können, wenn sie seine unbewußten Ursachen verstehen; und tatsächlich kann man einem Patienten unter Umständen das Leben retten, wenn es gelingt, das Symptom zu beseitigen. Die psychoanalytische Theorie hat es Ärzten zweifellos erleichtert, das unbewußte Symptombedürfnis ihrer Patienten zu verstehen, und sie kann ihnen auch dabei helfen, dieses Verständnis in einer für den Patienten annehmbaren Weise zu vermitteln. Dennoch aber ist der Mensch, wie ich bereits sagte, ein kompliziertes Wesen, und wir benötigen ein umfassenderes Verständnis kranker Menschen, das wir zum Beispiel in psychoanalytischen Arbeiten über die Literatur finden können. So zeigt uns Alexander (1933), daß Shakespeare seinen Falstaff nicht durch Textsymbolik oder durch ein Verständnis seiner unbewußten Motive oder Konflikte charakterisiert, sondern indem er die Entwicklung seiner Persönlichkeit in der Beziehung zu dem jungen Prinzen Heinz, dem späteren König Heinrich IV., nachzeichnet. Alexander erklärt, daß Falstaff auf uns so anziehend wirkt, weil Shakespeare durch ihn einen Aspekt ins Licht rückt, der uns allen zu eigen ist, den wir aber normalerweise aus Gründen der Gewohnheit nicht sehen.

Eines der Ziele, die wir als Analytiker oder Ärzte verfolgen, besteht darin, nicht zu versuchen, die Konflikte unserer Patienten *aus der Welt zu schaffen*, indem wir sie auffordern, ihre Wut zu dämpfen oder sich weniger leidenschaftlich oder unvernünftig zu verhalten; vielmehr wollen wir sie befähigen, diese Anteile sinnvoll einzusetzen, statt sie nur in ungünstigem Licht zu sehen. Nehmen wir ein zweites Beispiel: Ein Arzt berichtete, daß er Schwierigkeiten mit einer Patientin gehabt habe, die bereits über achtzig sei, sich weigere, ihre Medizin einzunehmen, und für ihre sechzigjährige Tochter seit vielen Jahren eine wirkliche Belastung darstelle. Die Tochter beklagte sich über die Mutter und umgekehrt. Der Arzt versuchte, eine Haushaltshilfe für diese Familie zu finden, aber jeder, der auftauchte, wurde ausgesprochen grob behandelt und weigerte sich, ein zweites Mal hinzugehen. Schließlich wies der Arzt die achtzigjährige Mutter ins Krankenhaus ein, um die Tochter zu entlasten. Zu seiner Verblüffung aber wurde diese depressiv und verhielt sich noch wütender als zuvor. Der Fall wurde in der Gruppe diskutiert, und man überlegte, ob die beiden Frauen sich möglicherweise überhaupt nur dann beklagten, wenn der Arzt sie aufsuchte. Die Mutter kehrte nach Hause zurück, und die Harmonie wurde, wenn auch nicht ohne Konflikte, wiederhergestellt. Offenbar waren Mutter und Tochter in spezifischer Weise aufeinander angewiesen, konnten aber auch nicht darauf verzichten, sich zu beklagen. Sie versteckten ihre Befriedigung. Ihre Konflikte wurden durch die Trennung nicht gelöst, und zudem wollten sie gar nicht getrennt sein.

Ich möchte noch eine dritte Patientin beschreiben. Ein zwanzigjähriges Mädchen suchte gemeinsam mit seinem Vater den Arzt auf. Die junge Frau war unverheiratet und schwanger, und der Vater bat den Arzt, einen Termin für einen Abbruch zu arrangieren. Er war fest entschlossen, daß seine Tochter ihr Baby nicht zur Welt bringen sollte. In der Gruppe fand eine langwierige Diskussion statt, bevor überhaupt irgend jemandem auffiel, daß wir nichts über die Mutter der Patientin, über die Beziehung des Vaters zu seiner Frau oder auch nur über den Vater des Babys wußten. Dies veranlaßte die Teilnehmer, über die Mutterbeziehung der Patientin zu spekulieren sowie über ihre Beziehung zu dem Vater des Kindes. Auch die Frage, weshalb der Arzt selbst nicht realisiert hatte, daß er über all dies keinerlei Informationen besaß, wurde erörtert. In jenem Gespräch, das in Anwesenheit des Vaters geführt worden war, hatte er die leidenschaftlichen Gefühle, welche die Patientin ihrer eigenen Mutter gegenüber hegte, und ihre Ambivalenz angesichts der Aussicht, selbst Mutter zu werden, übersehen. Merkwürdigerweise maß niemand diesen Gefühlen irgendeine Bedeutung bei. Sie sollten einfach nicht gesehen werden.

Dies bringt uns in Schwierigkeiten. Wir müssen Theorien darüber entwickeln, weshalb ein bestimmtes Individuum Konflikt und Ambivalenz ertragen kann, ein anderes jedoch nicht; und wir müssen untersuchen, ob Analytiker oder Ärzte ihren Patienten dabei helfen können, eine größere Toleranzfähigkeit zu entwickeln. Ein solches Vorhaben würde uns weit von unserem eigentlichen Thema abbringen, ich betone diesen Punkt aber, weil zahlreiche Künstler und Schriftsteller ebenso wie auch andere Menschen, die unsere Hilfe suchen, befürchten, daß wir sie nicht etwa entlasten und stärken, damit sie ihre Spannungen in ungehemmterer und besserer Weise nutzen können, sondern ihre Konflikte einfach beseitigen, die ihrem Empfinden nach mit der bösen, perversen Seite ihrer Persönlichkeit zusammenhängen, ihnen aber zugleich das Leben lebenswert machen.

Indem wir es Ärzten ermöglichen, ihre eigene Imaginationskraft freier, wenn auch nach wie vor diszipliniert zu nutzen und zu respektieren, können wir ihnen – davon bin ich überzeugt – helfen, Beobachtungen zu machen, die es ihnen erleichtern, bestimmte Wahrnehmungen an ihren Patienten zu tolerieren und diese als das, was sie sind, anzuerkennen. Dies gehört zu ihrer normalen, alltäglichen Arbeit. Sie müssen keine psychotherapeutische Ausbildung absolvieren, keine symbolischen Deutungen geben und sollen ihre Phantasien auch nicht in pseudo-»freudianischer« Weise wild ausufern lassen – im Gegenteil. Es gibt jedoch bestimmte Arten von Beobachtungen, die Ärzte ihren Patienten meiner Ansicht nach schuldig sind und die sie nicht treffen können, wenn sie vor ihrer eigenen Imagination und ihren eigenen Stärken oder der Imagination und den Stärken ihrer Patienten Angst haben. Eine der Möglichkeiten des Analytikers, dem Arzt zu helfen, besteht darin, ihm zu zeigen, wie er seine eigenen Grenzen, sein Verhalten und seine Imagination, die er ebenso wie während seiner Ausbildung weiterhin diszipliniert handhaben muß, respektieren und verstehen und jene Dinge an seinen Patienten beobachten und respektieren kann, die anders sind, als er es erwartet hat: jene Dinge nämlich, von denen Hippokrates sagte, daß sie »die Geheimnisse sein sollten, auf die sich die ärztliche Aufmerksamkeit konzentriert«. Meiner Erfahrung nach kann solche Arbeit die Zufriedenheit des Arztes über seinen professionellen Umgang mit seinen Patienten ebenso steigern wie die Zufriedenheit des Patienten, der sich seiner Obhut anvertraut.

Bevor ich zum Schluß komme, möchte ich einige der Ärzte, die während der vergangenen zwei Jahre mit mir in einem Seminar zusammengearbeitet haben, selbst zu Wort kommen lassen. Unsere Sitzungen werden auf Band aufgezeichnet und transkribiert; es handelt sich also um wörtliche Zitate.

Dr. A: Wir scheinen das, was wir tun, unter verschiedenen Blickwinkeln zu betrachten. Wir haben hier diesen Fall diskutiert, diesen spezifischen Fall, über den wir gesprochen haben, und es hat den Anschein, als ob wir

herumwühlten, um irgendwo irgend etwas zu finden, das nicht in Ordnung ist, damit wir es behandeln können oder was auch immer, und Sie haben es in ein anderes Licht gerückt und sagen: »Eigentlich versuchen wir alle, uns gemeinsam ein Bild zu machen.« So ist es vermutlich.
Ich: Vielleicht findet man eine Pathologie, vielleicht auch nicht. Das kann man erst sagen, wenn man genau hingesehen hat.
Dr. B: Möglicherweise findet man etwas und hält es dann für besser, es so zu lassen, wie es ist.
Ich: Aber man registriert es. Man registriert Dinge und tut möglicherweise nichts. Wenn Sie den Patienten dann aber wiedersehen, wird das, was Sie registrieren, unter Umständen eine andere Frage in ihrem Kopf auftauchen lassen, die vielleicht darauf hinausläuft, daß Sie eine andere Untersuchung vornehmen, entweder eine körperliche oder indem sie sich selbst Fragen stellen; vielleicht stellen Sie sogar dem Patienten eine Frage.
Dr. C: Wenn man ein Fitzelchen Pathologie findet, nachdem man sehr gründlich nach allem möglichen gesucht hat, besteht immer die Gefahr, daß man sich sagt: »Ah! Das ist die Krankheitsursache, und genau das mußt du behandeln.«
Ich: Aber offenbar tun Sie das nicht.
Dr. B: Man untersucht die Dinge nicht. Das ist die falsche Bezeichnung. Man lernt nur, sie wahrzunehmen.
Dr. F: Ich denke, das ist nicht genau das, worum es eigentlich ging. Der Punkt ist doch, daß wir hier über eine völlig durchschnittliche, einfache Konsultation in der Sprechstunde reden, und oberflächlich betrachtet wirkt es ausgesprochen grotesk, wegen einer wirklich unbedeutenden Situation über die ehelichen Probleme zu sprechen, wenn jemand durchaus gerechtfertigt in die Sprechstunde gekommen ist; und so gesehen scheint es, als ob wir im Dreck wühlen; und was heißt es schon, Phantasien im Zusammenhang mit einer Situation zu haben, die absolut in Ordnung zu sein scheint? Aber wenn man das Ganze herumdreht und sagt, wie geht diese Familie mit der unbeantworteten Frage nach Verhütung und dem nächsten Kind um, ohne gleich zu behaupten, das sei der Grund, weshalb die Mutter das Kind heute mit einem Schnupfen gebracht hat – wissen Sie, dies dient uns in gewisser Weise als Fenster, durch das wir die Familie betrachten können, statt zu sagen, daß diese familiären Probleme der Anlaß für die Konsultation gewesen seien, wie ich es früher getan hätte.

Ich möchte mit einem Zitat schließen, das diesmal allerdings nicht aus dem Seminar stammt, sondern aus einem Interview, das ich vor kurzem mit einem Arzt geführt habe. (In der Regel vereinbare ich mit jedem Arzt nach zweijähriger Zusammenarbeit ein Gespräch, um zu hören, was er seiner Ansicht nach aus der Arbeit gewonnen hat, inwiefern sie ihn enttäuscht hat und warum.) Dieser Arzt sagte: »Die Gruppe hat mir die Fähigkeit vermittelt, einfach dumm zu sein, irrationale Beobachtungen anzustellen und dann zu versuchen, ihnen einen Sinn zu geben.« Dieser Prozeß, so muß ich hinzufügen, verlangt wirklich harte Arbeit. Es wäre gut, anzunehmen, daß Psychoanalytiker es Ärzten und umgekehrt auch Ärzte es Psychoanalytikern ermöglichen können, sich manchmal »einfach dumm« zu fühlen, ihren gewohnheitsmäßigen Blick auf Leute zu verändern, »durch eine andere Brille zu schauen« und den vorübergehenden Orientierungsverlust und die daraus möglicherweise resultierende Verwirrtheit zu ertragen – und dann daran zu arbeiten, nicht einfache, bereitliegende Antworten zu finden, sondern zu sehen, was es zu sehen gibt, und ihren Patienten nicht ihre eigene Welt aufzuzwingen.

Sobald dies möglich ist, kann sich eine reichere und kreativere Beziehung zwischen dem Psychoanalytiker und der Medizin entwickeln, von der nicht nur wir selbst, sondern auch unsere Patienten profitieren werden.

12. Therapeutische Gespräche

Es ist interessant zu sehen, wie sich Balint ihrem Thema, den »therapeutischen Gesprächen«[1], unter einem allgemeinen Blickwinkel nähert, und es verblüfft, daß der Beitrag nichts darüber enthält, wie der Arzt mit seinem Patienten sprechen sollte. Statt dessen legt Balint die gesamte Betonung auf die Art und Weise, wie der Arzt oder Therapeut *zuhört*. Dies erinnert an die in der »Einführung« beschriebene Supervisionserfahrung. Eine wesentliche Voraussetzung für eine solche Art des Zuhörens ist das Behandlungssetting oder der Therapierahmen, der zum Teil von äußeren Bedingungen wie Zeit und Ort abhängig ist, in höherem Maße jedoch von der inneren Haltung des Arztes, seiner Rezeptivität. Der »analytische Rahmen« bildet eine Grundlage der psychoanalytischen Technik. In diesem Kapitel zeigt Balint, daß man das Konzept auf verschiedenartige therapeutische Settings anwenden kann, ohne die zwischen ihnen bestehenden Unterschiede zu verwischen. (Ihre in diesem Zusammenhang formulierten Kommentare zur Partnertherapie sind natürlich für den dritten Teil dieses Buches höchst bedeutsam.) Charakteristisch für all diese Settings ist ein spezifisches therapeutisches Engagement, das »distanziert und intim zugleich« ist (S. 212). (Hier wird eine Verbindung zu den im 4. Kapitel enthaltenen Ausführungen über Distanz und Nähe deutlich; auf einen weiteren Zusammenhang verweist die Vorbemerkung zum folgenden Kapitel.) Trotz dieses gemeinsamen Faktors aber spricht sich Balint dagegen aus, diese therapeutischen Gespräche generell als »Psychotherapie« zu bezeichnen, weil die für sie kennzeichnende Art des »Redens-und-Zuhörens« ein integraler Bestandteil der Medizin insgesamt sein sollte. Nichtsdestoweniger betont die Autorin, daß eine solche Arbeit eine spezifische Ausbildung voraussetzt. »Niemand würde die Ansicht vertreten, daß Ärzte irgendeine andere Tätigkeit ohne gründliche Kenntnisse auf dem betreffenden Gebiet und ohne die Fähigkeiten verrichten sollten, die der zu behandelnden Störung angemessen sind« (S. 215).

Das klinische Beispiel von Herrn F., der im vorangegangenen Kapitel bereits ausführlich vorgestellt wurde, war auch in der ursprünglichen Fas-

---

[1] »Talking Treatments« erschien als kritische Einführung in *Psychiatry in Medical Practice* (hg. von R. G. Priest, London, Macdonald und Evans, Pitman Publishing 1982).

sung dieses Beitrags enthalten. Um überflüssige Wiederholungen zu vermeiden, haben wir beschlossen, an entsprechender Stelle auf den früheren Beitrag zu verweisen.

Balints Erläuterungen über die Resultatsforschung (S. 207) entsprechen dem Erkenntnisstand zur Zeit der Niederschrift dieses Beitrags. Einen aktuelleren Überblick geben Holmes und Lindley (1989, S. 29-43).

◆

Einleitung: Der Charakter therapeutischer Gespräche

Was hat es mit therapeutischen Gesprächen tatsächlich auf sich? Haben sie in der Medizin einen berechtigten Platz? Besitzen sogenannte psychotherapeutische Methoden überhaupt eine wissenschaftliche Grundlage, und können sie, falls es denn so ist, gelehrt werden? Wie sehen die Methoden aus, und wer sollte sie lehren und praktizieren? Ich kann hier nur einige dieser Fragen, die allesamt darauf zielen, Ärzten die Entscheidung über die angemessene Behandlung bestimmter Patienten zu erleichtern, etwas näher betrachten.

Einleiten können wir unsere Diskussion dieser Fragen, indem wir uns an die Arbeit eines berühmten und hochangesehenen Arztes, nämlich Joseph Breuers, erinnern, der in den achtziger Jahren des vergangenen Jahrhunderts hysterische Patientinnen behandelte; Freud war mit ihm befreundet, wenngleich er erheblich jünger war als Breuer und seine medizinische Ausbildung gerade erst abgeschlossen hatte. Breuer schilderte ihm die Behandlung einer bestimmten Hysterika, die unter dem Namen Fräulein Anna O. berühmt wurde: Breuer ließ die Patientin sprechen und hörte ihr zu, wie ich es weiter unten ausführlicher beschreiben werde. Und als sich Freud später für die Erforschung der Hysterie zu interessieren begann und erkannte, daß die damals empfohlenen Behandlungsmethoden wie Hydrotherapie, Massage, Ruhekuren usw. nicht sonderlich erfolgreich waren, wandten sich seine Gedanken erneut dem bemerkenswerten Erfolg zu, den Breuer bei Fräulein Anna O. erzielt hatte. Breuer beschrieb diese Arbeit später, gemeinsam mit Freud, in den *Studien über Hysterie* (Breuer und Freud 1893-95), mit denen die Psychoanalyse ihren Anfang nahm. Es ist interessant, sich zu fragen, inwieweit und auf welche Weise die in diesen

Studien beschriebenen Verfahren und Entdeckungen allen Gesprächstherapien, die heute existieren und Einfluß auf die Medizin insgesamt ausüben, den Weg gebahnt haben.

Freuds größte Leistung war vielleicht seine Erfindung eines Instruments, mit dem er die menschliche Psyche untersuchen konnte – einer systematischen Methode zur Erforschung des Unbewußten. Man könnte sagen, daß Breuer diese Methode entdeckt habe, Freud jedoch war derjenige, der sie als erster systematisch erprobte und dies, gemeinsam mit seinen Kollegen, lebenslang fortsetzte. Er war nicht der erste, der das Wesen der menschlichen Psyche erforschte oder die Existenz des Unbewußten erkannte, aber er entdeckte und beschrieb eine Möglichkeit zu seiner Erforschung, und er entwickelte auf der Grundlage seiner Entdeckungen ein Strukturmodell der Psyche, mit dem wir nach wie vor arbeiten. Sein Werk gibt uns die Möglichkeit, die Entwicklung der Methode, die er für diese Erforschung entwickelte, sowie der von ihm entdeckten Struktur und Dynamik der Psyche, auf die er seine Theorien stützte, nachzuvollziehen. Zu jener Zeit war das, was er beschreibt, in erster Linie eine Ein-Personen-Psychologie, nach und nach aber haben Psychoanalytiker auf der Grundlage seiner Erkenntnisse Theorien einer Zwei- und Drei- und Multi-Personen-Psychologie entwickelt, und heute betrachten Analytiker ihre Arbeit nicht nur als Untersuchung der menschlichen Psyche und ihrer Struktur, sondern als Basis zur Erforschung menschlicher Beziehungen.

Breuers Patientin, Anna O., demonstrierte selbst, wie sich ein Teil jener Hindernisse überwinden läßt, die Ärzten bei ihrer Arbeit im Wege sind, und sie selbst erfand auch einen Namen für ihre Behandlung: Sie bezeichnete sie als »Redekur« und als »Kaminfegen« (Breuer und Freud 1893-95, S. 23).

Breuer wie auch Freud hatten mit Hypnose und hypnotischer Suggestion experimentiert, im Falle von Anna O. aber erwiesen sich diese Methoden als beinahe vollständig überflüssig. Diese Patientin produzierte verbales Material in Hülle und Fülle, so daß Breuer eigenem Bekunden zufolge nur noch dasitzen und ihr zuhören mußte, ohne sie zu unterbrechen. Freud schildert, daß auch er zunehmend auf die Hypnose verzichtete und sich damit zufrieden gab, zuzuhören und seine Patientin gelegentlich in einen Konzentrationszustand zu versetzen, indem er mit seiner Hand Druck auf ihre Stirn ausübte. Heute stellen viele von uns fest, daß sich der Patient, solange wir abwarten und zuhören, wenn er dies von uns erwartet, ohne jede Aufforderung konzentriert und in genau der Art und Weise spricht, die ihm wichtig erscheint, selbst wenn wir die Bedeutung seiner Worte zunächst nicht voll und ganz verstehen. Wir haben dieses Verhalten darüber hinaus an Patienten in zahlreichen unterschiedlichen professionellen Settings beobachten können.

Vielleicht sollte man therapeutische Gespräche auch als »Therapie des Zuhörens« bezeichnen, weil nämlich das Zuhören – genauer: eine spezifische Art des Zuhörens – gewährleistet sein muß, damit der Patient so sprechen kann, wie es für ihn selbst hilfreich ist. Meiner Ansicht nach sollte man diese Art des »Redens-und-Zuhörens« nicht Psychotherapie nennen (wenngleich es in einem schriftlichen Beitrag schwierig ist, diese Nomenklatur zu vermeiden), da der Begriff dem Leser suggeriert, daß es sich um etwas Spezifisches handelt, während therapeutische Gespräche in Wahrheit einen integralen Bestandteil der Medizin bilden sollten.

In der gesamten Medizin müssen Patienten lernen, welches Maß und welche Art an Hilfe sie von ihren Ärzten erwarten dürfen und wieviel Angst und Leid sie allein zu tragen haben. Auch Ärzte müssen wissen, wieviel sie allein aushalten müssen, wieviel Hilfe sie von ihren Kollegen, von Spezialisten usw. bekommen und inwieweit sie lernen können, die Krankheiten ihrer Patienten oder ihre Patienten als ganze Menschen mit oder ohne Krankheiten besser zu verstehen, indem sie ihnen zuhören. Meiner Ansicht nach kann die Fähigkeit zuzuhören dem Arzt in manchen Fällen etwas von der Last abnehmen, die ihm auferlegt wird, so daß er auch die Verantwortung für den Patienten leichter tragen kann. Dies gilt nur für Ärzte, die mit ihrer Arbeit mit bestimmten Patiententypen unzufrieden sind und nach Möglichkeiten suchen, an dieser Situation etwas zu ändern.

Es besteht kaum ein Zweifel, daß ein Großteil der Beschwerden, mit denen Patienten ihre Ärzte aufsuchen, nicht nur mit körperlichen Erkrankungen, sondern auch mit emotionalen Problemen und Konflikten zusammmenhängt. Für unsere Zwecke ist es irrelevant, genau zu untersuchen, wie viele Patienten sowohl unter emotionalen als auch organischen Krankheiten oder sogar in erster Linie unter emotionalen Problemen leiden. Die Angaben in der Literatur schwanken erheblich. Vielleicht ist es nützlich festzuhalten, daß die niedrigste Zahl, die mir bekannt ist, sich auf

10% sämtlicher Patienten beläuft. In diesem Zusammenhang erscheint es mir interessant, aus einem Artikel der *Prawda* (Vel'vovskii 1973) zu zitieren, in dem es heißt, daß durchschnittlich 20% der Patienten, die von Ärzten verschiedener Fachrichtungen in eine Klinik eingewiesen wurden, kaum hätte geholfen werden können, wenn sie nicht auch einen »psychotherapeutischen Arzt« konsultiert hätten; und weitere 30% benötigten seinen Rat im Laufe der Behandlung. Dies war das Ergebnis einer Untersuchung in einer Poliklinik, die für die medizinische Betreuung russischer Fabrikarbeiter zuständig war. Die Informationsquelle ruft einige Überraschung hervor, und es scheint, als könne es – wenn diese Zahlen zutreffen – gar nicht genügend Psychotherapeuten oder Psychiater geben, um dem Bedarf gerecht zu werden. Vielleicht müssen auch andere Ärzte neue Fähigkeiten entwickeln, zum Beispiel die Fähigkeit, so zuzuhören, daß sie diagnostizieren können, ob bei einem Patienten, der zeigt, daß er leidet, aber nicht genau zu erklären vermag, woher sein Schmerz kommt, ein emotionales Problem neben einem organischen Leiden oder sogar ausschließlich ein emotionales Problem vorliegt. Selbst wenn sich keine Behandlung anschließen kann, ist bereits die Fähigkeit, eine Diagnose zu stellen, von beträchtlicher Bedeutung, und sie beruht weitgehend auf der Fähigkeit, zuzuhören und mit dem Patienten zu sprechen; die Diagnosephase kann an sich bereits therapeutisch wirken.

Bevor ich fortfahre, möchte ich eine bestimmte Form therapeutischer Gespräche betrachten, die in der Medizin, nämlich in Balint-Gruppen, Anwendung findet. Sie wurde von Loch (Loch und Dantlgraber 1976) beschrieben. Im Anschluß daran sollte es möglich sein, die verschiedenartigen Settings näher zu untersuchen, in denen die Behandlung stattfinden kann.

Loch sagt, das Ziel von Balint-Gruppen – die Ärzten dabei helfen, ihr Verhalten gegenüber ihren Patienten zu überdenken und ihnen auf andere Weise zuzuhören – bestehe darin, es einem leidenden Individuum (dem Patienten) zu ermöglichen, einen Teil seiner Situation zu verstehen. Indem man den Patienten hilft, die Situation zu verstehen, in der sie »gefangen« sind, eine Situation, die sich aus der gleichzeitigen Aktivität eigener, widersprüchlicher Strebungen entwickelt hat, können sie zu einem Grundgefühl des Wohlbehagens zurückfinden und »mit sich selbst ins reine kommen«. Loch zitiert Hampshires (1972) Feststellung, daß der Mensch sich selbst verstehen und sich verstanden fühlen müsse, um frei zu sein und den Radius seines aktiven Lebens erweitern zu können. Loch zufolge ermöglichen therapeutische Gespräche es dem Patienten, wieder aktiv zu werden und seinen Weg zu finden.

Herr F., den ich im vorangegangenen Kapitel (S. 192 f.) beschrieben habe, war ein solcher Patient, der etwas sagen und verstanden werden mußte, bevor er sich mit einem Aspekt seiner selbst, der ihm nur verschwommen bewußt gewesen war, vertraut machen und ihn akzeptieren konnte; dann war er imstande, entsprechend zu handeln. Die Konflikte und Widersprüche des Patienten wurden nicht diskutiert; vielmehr schien es zum betreffenden Zeitpunkt einzig und allein nötig zu sein, daß er selbst, indem er erzählte, herausfand, zu welchen Aktivitäten er fähig war und was ihm Spaß machte. Manche Patienten brauchen mehr. Sie begeben sich in Psychoanalyse oder andere Arten der Behandlung; unter Umständen sind jedoch auch Allgemeinmediziner in der Lage, dieses »Mehr« zu geben.

Eine andere Patientin, eine Frau Mitte Fünfzig, mußte erst sagen, daß sie liebenswert und liebesfähig war, um es wirklich zu wissen. Diese Patientin suchte ihren Arzt bereits seit einigen Jahren auf, und zwar vor allem wegen leichterer Beschwerden wie zum Beispiel Spannungskopfschmerzen. Eines Tages klagte sie erneut über Kopfweh und sagte, daß sie ihre Arbeit in der Fabrik eigentlich aufgeben müsse, weil es dort zu laut sei und die Kopfschmerzen wahrscheinlich von diesem Lärm herrührten; sie fügte hinzu, daß sie aber nicht kündigen könne, weil ihr Mann und sie auf das Geld angewiesen seien. Der Arzt wußte, daß dies nicht ganz richtig war, und begann, sich ausführlicher nach den Gründen, weshalb sie arbeiten zu müssen glaubte, zu erkundigen. Zu seiner Überraschung begann die Patientin nun, von ihrer Kindheit zu erzählen. Sie war in einem Heim aufgewachsen und erinnerte sich daran, wie sie zugesehen hatte, wenn andere Kinder von Eltern und Freunden Besuch bekamen. Sie hatte darüber früher bereits gesprochen – niemals jedoch mit emotionaler Beteiligung. Die Patientin bekam im Kinderheim nie Besuch und war immer vollkommen überrascht, wenn irgend jemand Wert auf sie legte; sie fiel aus allen Wolken, als ihr künftiger Ehemann ihr einen Heiratsantrag machte, denn sie rechnete nicht damit, von jemandem begehrt oder gebraucht zu werden. Nie hatte sie es für möglich gehalten, daß ihr Mann sie liebte, in diesem

Gespräch aber wurde ihr mit Hilfe des Arztes plötzlich klar, daß sie nicht unbedingt so viel Geld verdienen mußte: vielleicht brauchten sie es gar nicht. Nach wie vor konnte sie nicht glauben, daß sie geliebt wurde.

Einige Wochen später suchte die Patientin den Arzt erneut auf, diesmal mit Halsschmerzen. Sie berichtete, daß sie nun weniger arbeite und auf dem Weg zum Bus, mit dem sie zur Praxis fahren wollte, erkannt habe, daß ihr Mann sie vielleicht tatsächlich liebte; als sie dies dem Arzt sagte, brach sie zu ihrer eigenen Überraschung in Tränen aus. Offenkundig war in dem vorangegangenen Gespräch etwas geschehen, das sie veranlaßt hatte, einige der Vorstellungen, die sie über sich selbst hegte, zu überdenken. Dabei war ihr dann auch klar geworden, daß sie möglicherweise doch geliebt wurde und diese Liebe verdiente. Aber erst als sie diese Gefühle in dem zweiten Gespräch mit dem Arzt in Worte faßte, brach sie in Tränen aus und fühlte sich wirklich umsorgt. Im Anschluß daran begannen sich ihre Gefühle über ihre eigene Person zu verändern; sie verbrachte mehr Zeit zu Hause und unternahm häufiger etwas mit ihrem Mann. In dieser kurzen Beschreibung klingt dies vielleicht ein wenig einfach und naiv, wir verfügen aber über einen ausführlichen katamnestischen Bericht, aus dem hervorgeht, daß die Veränderungen stabil waren. Es ist wichtig zu wissen, daß die Patientin selbst die Gespräche mit ihrem Arzt nie mit den Veränderungen in Zusammenhang brachte, die im Anschluß daran in ihrem Leben stattfanden. Der Arzt schien jedoch für sie eine Schlüsselperson zu sein; ein notwendiges Bindeglied, das es ihr ermöglicht hatte, sich zu verändern.

Die beteiligten Ärzte verfolgten in diesem Fall und im Fall von Herrn F. völlig unterschiedliche Ziele. Eine Ähnlichkeit bestand jedoch darin, daß beide Patienten ein Problem verbalisierten – was die Ärzte veranlaßte, auf andere Weise aktiv zu werden. Meiner Ansicht nach war in beiden Fällen ebendiese Verbalisierung in einer bestimmten Atmosphäre, in einem bestimmten Setting und zu einem den Patienten angemessenen Zeitpunkt erforderlich.

Bevor ich fortfahre, halte ich es für notwendig, auf die erstaunlich geringe Zahl früher behandlungstechnischer Schriften – insbesondere Freuds – hinzuweisen, die vermuten läßt, daß Freud nicht anders als die meisten von uns ein gewisses Widerstreben empfand, solche Art von Material zu publizieren. Er betrachtete den Nutzen technischer Unterweisung sogar mit großer Skepsis und betonte zeitlebens, daß man nur aus der klinischen Erfahrung und nicht aus Büchern die Fähigkeit erlernen könne, Schwierigkeiten zu meistern.

Obwohl ich mir der damit verbundenen Gefahr durchaus bewußt bin, schreibe ich dieses Kapitel und hoffe, daß der Leser es in erster Linie als Wegweiser zur Behandlung sowie als Einführung in die Kunst des Zuhörens versteht, nicht aber als Anleitung zur Durchführung einer Behandlung. Auch ich bin nach wie vor der Auffassung, daß man nur bei der Arbeit selbst wirklich lernt, wie man dem Patienten zuhören und wie man mit ihm sprechen kann. Dennoch möchte ich hinzufügen, daß man nach Möglichkeit auch in der Lage sein sollte, sich mit Kollegen über die eigenen Erfahrungen auszutauschen, denn andernfalls besteht die Gefahr, daß man Dinge, die während des Gesprächs stattgefunden haben, übersieht: Es ist wichtig, jemanden zu haben, der einem selbst zuhört.

Eine der Schwierigkeiten, Patienten mit emotionalen Problemen zu untersuchen, besteht darin, daß der Arzt auch seinen eigenen Gefühlen Rechnung tragen muß. Sie spielen häufig eine wichtige Rolle, und es ist nur natürlich – und ganz gewiß nicht ungewöhnlich –, daß der Arzt dem Patienten gegenüber zornig wird, daß er die Geduld verliert oder sich im Gegenteil mitleidig und protektiv verhält und diese Gefühle nicht immer zu kontrollieren vermag. Wenn sie dem Arzt jedoch bewußt sind, ist die Wahrscheinlichkeit geringer, daß solche Gefühle die Kommunikation mit seinem Patienten beeinträchtigen. Wenn sie verstanden werden, können sie sogar hilfreich sein. So schrieb Ferenczi, offenbar im Hinblick auf eine Auseinandersetzung, die er mit Freud geführt hatte:

> Da aber der Arzt immerhin ein Mensch, und als solcher Stimmungen, Sym- und Antipathien, auch Triebanwandlungen zugänglich ist, – ohne solche Empfänglichkeit hätte er ja kein Verständnis für die Seelenkämpfe des Patienten, – so hat er in der Analyse fortwährend eine doppelte Arbeit zu leisten: einesteils muß er den Patienten beobachten, das von ihm Erzählte prüfen, aus seinen Mitteilungen und seinem Gebaren sein Unbewußtes konstruieren; andernteils hat er gleichzeitig seine eigene Einstellung dem Kranken gegenüber unausgesetzt zu kontrollieren, wenn nötig, richtigzustellen, das heißt die *Gegenübertragung* (Freud) zu bewältigen.
> (Ferenczi [1919] 1970, S. 281)

Dies verlangt uns allen eine ganze Menge ab, auch den Analytikern, die während ihrer Ausbildung sehr viel Zeit damit verbracht haben zu lernen, ihre Gefühle (Gegenübertragung) auf angemessene Weise zu nutzen; noch schwieriger ist diese Aufgabe für Allgemeinmediziner in der Sprechstunde – meiner Meinung nach aber ist es keine unmögliche Aufgabe. Nach wir vor besitzen wir nur dürftige Theorien über die menschlichen Beziehungen, zahlreiche hingegen über die Struktur der Psyche. Freud selbst verfügte über ein tiefgehendes intuitives Verständnis seiner Patienten, das es ihm ermöglichte, eine therapeutische, persönliche Beziehung zu ihnen aufzunehmen. Ihr Befinden besserte sich unter anderem deshalb, weil Freud sie verstand und sie bestimmte Aspekte ihrer selbst verstehen lernten, die ihrer Entwicklung oder ihren Aktivitäten im Wege standen. Freud selbst erklärte seine Heilerfolge in den Anfangsjahren mit der Auflösung von Konflikten und Ängsten, die durch die gestaute Spannung verdrängter Triebe verursacht wurden, sowie mit der Wiedergewinnung von Kindheitserinnerungen, die mit primitiven Sexualphantasien zusammenhingen. Heutzutage neigen wir zu der Annahme, daß auch das professionelle Verständnis, das der Patient in der Beziehung zu einer Person seines Vertrauens findet, hilfreich ist, so kurzfristig diese Beziehung auch sein mag.

Klinische Erfahrungen mit therapeutischen Techniken sind nicht unbedingt zuverlässig. Malan (1963, 1976) und andere haben die Psychotherapie als eine jener Disziplinen bezeichnet, die mit wissenschaftlichen Methoden kaum überprüft werden können. Die meisten Autoren waren nicht in der Lage, anhand kontrollierter Studien zu belegen, daß die Psychotherapie größere Verbesserungen bewirken kann als bloße Lebenserfahrung, wenngleich nachgewiesen wurde, daß die dynamische Psychotherapie bei psycho-somatischen Zuständen mehr oder weniger validierbar ist (Luborsky, Singer und Luborsky 1975). Malan ist hinsichtlich der Beurteilung von Behandlungsergebnissen jedoch optimistisch und sagt, daß »alles, was nötig ist […] die objektive Handhabung subjektiver, durch ausgebildete Kliniker getroffener Urteile« sei. Seine Beobachtungen sind sehr wichtig und sollten von jedem, der therapeutischen Gesprächen ihren Nutzen abspricht, sorgfältig zur Kenntnis genommen werden.

Settings, in denen
therapeutische Gespräche stattfinden

Bevor ich die Settings, in denen therapeutische Gespräche stattfinden, detailliert erörtere, möchte ich einen Fall schildern, der in zwei verschiedenen Settings untersucht wurde. Er demonstriert die Schwierigkeit, genau festzustellen, *weshalb* derart unterschiedliche Ergebnisse erzielt wurden. Lag es am jeweiligen Setting? Oder an der unterschiedlichen Fähigkeit der Ärzte, zuzuhören? Oder am Timing? Wir werden sehen, wie schwierig es ist, diese Fragen zu beantworten.

Der Fall wurde zunächst von einem Allgemeinmediziner in einem Ausbildungsseminar vorgestellt. Sein Bericht wurde auf Band aufgezeichnet und transkribiert, so daß ich einen Teil der Diskussion wörtlich wiedergeben kann. Der Arzt begann mit der Darstellung seines Falles und sagte:
Bei einem meiner Fälle handelt es sich um einen fünfunddreißigjährigen Mann, verheiratet, ein Kind, eine generell eher ängstliche Persönlichkeit. Eines Tages sprang er in den flachen Teil eines Swimmingpools und verletzte sich dabei den Kopf. Nach dem Röntgen sagte er plötzlich, er habe in seiner ganzen rechten Körperhälfte, also in der rechten Kopfhälfte, im rechten Arm und Bein, kein Gefühl mehr. Ich glaube, daß er schließlich mehrere Lehrkrankenhäuser durchlief. Man führte E.M.I. Scans durch. In der Regel drängt man ihn, sich an die Psychiater zu wenden. Diese sprechen von einer Angstdepression. Er bekam verschiedene Medikamente verordnet; man hat ihm versichert, daß keine ernsthafte Anomalie vorliege, aber er besteht darauf, daß er in der rechten Körperhälfte kein Gefühl hat; man kann ihn mit einer Nadel stechen, und er spürt nichts. Die Ärzte erklären, es sei alles in Ordnung, und er sagt: »Gut, aber woran liegt es dann, daß meine rechte Körperhälfte gefühllos ist?« Wenn Sie ihn fragen, ob er Probleme hat und wie er in diesen furchtbaren Angstzustand hineingeraten ist, fragt er: »Woran liegt es, daß ich beim Essen in der rechten Mundhälfte nichts spüren kann?« Sie sagen: »Nun, das ist alles seelisch.« »Ja, aber woran liegt es dann, daß ich die rechte Hälfte meines Hinterns nicht spüre, wenn ich auf der Toilette sitze?« So geht es

endlos weiter, wir treten auf der Stelle. Er bleibt dabei, daß er nichts fühlt, und wir sagen immer wieder, daß es psychisch sei. Mehrere Psychiater haben vorgeschlagen, ihn mit Antidepressiva zu behandeln, andere aber sprechen sich dagegen aus; und er selbst ist furchtbar angespannt und hat es mittlerweile so weit gebracht, daß er absolut nichts mehr tun kann und nichts sagt, außer daß seine rechte Körperhälfte taub sei. Und er fragt: »Warum können Sie mir nicht irgendwelche anderen Tabletten geben, damit es mir wieder besser geht?«

Einige der Ärzte in der Gruppe erkundigten sich nach dem Familienleben des Patienten. Der behandelnde Arzt sagte, er habe nichts darüber herausgefunden; es habe jede Menge neurologische Untersuchungen gegeben, und er habe ihn einfach beruhigen müssen, das sei alles, was man für ihn tun könne, aber ganz gleich, was man sage, der Patient frage immer nur: »Warum habe ich in meiner rechten Körperhälfte kein Gefühl?« Die Gruppe versuchte, mehr über den Patienten in Erfahrung zu bringen, aber der Arzt konnte nur sagen, daß es ein wirklich frustrierender Fall sei (worin ihm die Gruppe zustimmte). Deshalb, so erklärte er, habe er für den Patienten einen weiteren Termin in einem anderen Lehrkrankenhaus arrangiert.

So geschah es, daß ein anderer Allgemeinmediziner, der ebenfalls dieser Gruppe angehörte und im Rahmen seiner Ausbildung auf der psychiatrischen Station dieses Lehrkrankenhauses arbeitete, den Patienten kennenlernte. Ich möchte den Beginn seines Berichtes zitieren:

> Ich habe Neuigkeiten über den Fall der letzten Woche – den Mann mit der Hemianästhesie. Er kam zu uns, mit genau den gleichen Problemen. Er ist voller Schuldgefühle. Als er neun Jahre alt war, kam seine Schwester bei einem Motorradunfall ums Leben; sie war siebzehn und wurde mit zahlreichen Kopfverletzungen in ein Krankenhaus eingeliefert, und er berichtete, daß er sich unmittelbar bevor sie aus dem Haus ging, schrecklich mit ihr gestritten habe. »Ich hoffe, daß sie nie zurückkommt«, hat er damals gesagt, und natürlich kam sie nicht mehr zurück. Sie starb. Im vergangenen September hatte er Krach mit seiner Frau, die dann zu ihm sagte: »Geh' zum Henker«, und er ging hinaus, sprang in den Pool und schlug mit dem Kopf auf. Damit haben alle seine Schwierigkei-

ten angefangen, und er reagiert deshalb so stark, weil seine Frau gesagt hat: »Geh' zum Henker«, so daß er glaubt zu sterben, genau wie seine Schwester.
Die Gruppe fragte den Arzt, wie er den Patienten dazu gebracht habe, ihm all das zu erzählen, aber er antwortete nicht, sondern fuhr fort:
Er ist ziemlich direkt. Er hat einen sechsjährigen Sohn und ist sauer auf die Beziehung zwischen seiner Frau und dem Jungen. Ich glaube, die beiden haben eine sehr enge Beziehung. Er steht ein bißchen im Abseits. Seine Frau arbeitet an derselben Schule, die sein Sohn besucht. Sie sind den ganzen Tag über zusammen. Er sieht das nicht gern, aber das muß ich noch einmal gesondert mit ihm besprechen.
Die Diskussion wurde fortgesetzt.

Ich habe den Fall in dieser Ausführlichkeit zitiert, weil es wichtig ist zu erkennen, in welch unterschiedlicher Weise der Patient die beiden Ärzte benutzte und wie unterschiedlich die Informationen waren, die er ihnen in den Gesprächen gab. Wir wissen nicht (und können nicht wissen), ob es daran lag, daß er sich einmal in der Sprechstunde eines Allgemeinmediziners und später in der psychiatrischen Abteilung eines Lehrkrankenhauses befand, oder ob er im zweiten Fall einfach bereit war zu reden, im ersten jedoch nicht. Wir dürfen nicht vergessen, daß er zuvor bereits die psychiatrischen Abteilungen zahlreicher Lehrkrankenhäuser durchlaufen hatte. Aus langjähriger Erfahrung mit Allgemeinmedizinern wissen wir, daß sich Patienten ihren Ärzten gegenüber sowohl in dieser als auch in jener Weise verhalten können. Relevant ist möglicherweise die Tatsache, daß sie sprechen können, wenn die Zeit reif ist *und* wenn der Arzt bereit ist, ihnen zuzuhören, das heißt wenn das Setting, in dem er arbeitet, es ihm ermöglicht, sich auf seine Patienten einzustimmen. Ich muß sagen, daß der Allgemeinmediziner, der den Fall vorstellte, in seiner Sprechstunde tatsächlich sehr wenig Zeit hatte und dadurch in seinen Möglichkeiten behindert war. Allerdings können manche Ärzte diesem Zustand durchaus Abhilfe schaffen. Wenn der Arzt das Gefühl hat, keine Zeit zu haben, kann sich eine angemessene, vertrauensvolle Atmosphäre gewiß nicht entwickeln, selbst wenn der Patient reden möchte.
Wir haben noch einen weiteren katamnestischen Bericht über diesen

Patienten, und es war interessant zu hören, daß er symptomfrei war und Tischtennis spielte, als unser zweiter Arzt nach der Seminarsitzung auf die Station zurückkehrte. Man muß sich fragen, warum sein Symptom verschwunden war und warum zu diesem Zeitpunkt. Und warum hatte er bei anderen Gelegenheiten daran festhalten müssen? Seine Behandlung wurde fortgesetzt, wenngleich nur wenige ausführliche Gespräche stattfanden. Zur Zeit befindet sich der Patient zu Hause, sucht seinen Arzt aber einmal wöchentlich in der Ambulanz auf.

Wir wollen nun versuchen, die spezielle Atmosphäre zu beschreiben, die für therapeutische Gespräche notwendig ist. Wie wird diese Atmosphäre geschaffen, und welches sind ihre wesentlichen Elemente? Es handelt sich um ein Setting, das dem Arzt die Möglichkeit gibt, ungehindert zu beobachten, sich natürlich zu verhalten, auch unangenehme Tatsachen oder Geständnisse oder Nebensächlichkeiten wahrzunehmen und dem Patienten seine Beobachtungen so zu vermitteln, daß sie ihm Sinn machen. Anfängern würde es die Arbeit wesentlich erleichtern, wenn es eine Art Anleitung für Ärzte gäbe, einen Plan, der ihnen zeigt, wie sie die Reise mit dem Patienten beginnen können, der die Wege beschreibt, die man sich ansehen und einschlagen kann, und vielleicht auch einige Möglichkeiten erläutert, auf bestimmte Mitteilungen zu reagieren. Bedauerlicherweise ist dies nicht praktizierbar, denn alle Patienten und alle Arzt-Patient-Beziehungen sind individuell verschieden. Wenn aber die richtige Atmosphäre geschaffen wird und der Patient spürt, daß er mit einiger Aussicht, verstanden zu werden, sagen kann, was er sagen möchte, fühlt er sich vielleicht weniger allein und hat unter Umständen sogar das Gefühl, anderen Personen außerhalb der Sprechstunde oder des Behandlungszimmers stärker verbunden zu sein, als er vorher geglaubt hat. Möglicherweise stellt sich das Gefühl ein, daß ein Teil seiner selbst bestimmten Teilen anderer Personen entspricht, so daß er sich Vorstellungen, von denen ihm zuvor nur Fragmente bewußt waren, weil sie Scham- oder Schuldgefühle auslösten oder ihm merkwürdig erschienen, eingestehen kann, auch wenn er sie nur halb versteht. In dem soeben erläuterten Fall ist offenbar genau dies geschehen, und deshalb konnte der Patient sagen, daß er sich von seiner Frau und seinem Sohn wie ein Außenseiter behandelt fühlte.

Das Setting, in dem der Arzt den Patienten sieht, ist folglich nicht nur von dem räumlichen Rahmen, in dem die Behandlung stattfindet, oder von der Qualifiziertheit oder Nicht-Qualifiziertheit des Arztes abhängig. Es spielt vielleicht keine so große Rolle, ob die Behandlung auf der Station eines Krankenhauses oder in der Sprechstunde des Arztes oder in der psychiatrischen Abteilung einer Klinik stattfindet – am wichtigsten ist vielmehr die Persönlichkeit des Arztes, sein Verhalten, seine Denkweise, die Art, wie er auf Menschen zugeht, und die Meinungen, die er sich über sie bildet. Zweifellos können Worte den Abgrund zwischen zwei Personen, dem Arzt und dem Patienten, überbrücken, aber diese Personen tauschen mehr aus als nur Worte; in gewisser Weise nehmen sie eine emotionale Beziehung zueinander auf, eine spezifische, professionelle Beziehung, die distanziert und intim zugleich ist. Ich habe bereits deutlich gemacht, daß meiner Ansicht nach nicht jeder Patient immer verstanden werden will, immer jemanden sucht, der ihm zuhört. Manchmal ist es für den Arzt schwer einzuschätzen, wann ein Patient *nicht* verstanden werden will, wann er *nicht* möchte, daß ihm jemand zuhört; deshalb ist es wichtig, daß der Arzt berücksichtigt, welchen Zeitpunkt sich der Patient ausgesucht hat, um bei ihm Hilfe zu suchen. Wenn Ärzte imstande sind, ihre Patienten dann allein zu lassen, wenn sie alleingelassen werden wollen, werden diese Patienten vermutlich auch zu ihnen zurückkommen, wenn sie reden möchten und darauf hoffen, verstanden zu werden.

Vor einiger Zeit lernten wir durch eine Ärztin im Seminar ein Beispiel für einen solchen Fall kennen.

Die Ärztin berichtete, daß sie einen zwölfjährigen Jungen behandele, der über Bauchschmerzen klage. Sie hatte verschiedene Medikamente ausprobiert, aber der Junge klagte weiterhin über Beschwerden und blieb der Schule fern. Die Ärztin hatte mit den Lehrern gesprochen, und sie hatten ihr gesagt, daß der Junge offenbar Schwierigkeiten habe. Seine Leistungen seien aber nicht allzu schlecht und man plädiere dafür, daß er wieder zum Unterricht komme und sich durch seine Bauchschmerzen nicht abhalten lasse. Die Ärztin spürte, daß der Junge Probleme hatte, und berichtete im Seminar, daß seine Mutter kurz zuvor gestorben sei und eine ältere Stiefschwester sich um ihn kümmere. Niemand konnte mit dem Jungen über den Tod seiner Mutter sprechen, über seine Gefühle für sie und über die lange Zeit ihrer Krankheit, die er zu Hause miterlebt hatte. Die Gruppenmitglieder waren voller Mitgefühl und hatten ebenfalls den Eindruck, daß es unmöglich sei, mit dem Jungen über ein derart schmerzliches Thema zu sprechen. Sie gaben Ratschläge und empfahlen dieses und jenes Heilmittel zur Linderung seiner Bauchschmerzen. Schließlich jedoch wagte irgend jemand die Bemerkung, daß der Junge vielleicht reden wolle, denn aus welchem anderen Grund suche er die Ärztin sonst auf? Die Ärztin, die ihn behandelte, war begeistert und sagte, daß sie den Patienten während der letzten Konsultation nach langem Schweigen gefragt habe, woran er denke. Er hatte geantwortet: »Ich habe überlegt, welche Frage Sie mir wohl als nächste stellen werden.« Die Ärztin sagte, sie wolle beim nächsten Mal mit dem Jungen über seine Mutter sprechen oder zumindest versuchen, ihn zum Reden zu bewegen. Als wir den Fall später erneut diskutierten, zeigte sich, daß ihr dies offenbar gelungen war. Der Junge hatte sich bereit erklärt, sie einmal wöchentlich aufzusuchen.

Dieser Patient suchte also nach jemandem, der ihm zuhören würde, aber es fiel jedem schwer, sich vorzustellen, wie man ein so schmerzvolles Erlebnis wie den Tod der Mutter überhaupt zur Sprache bringen könne, selbst in der vertrauensvollen Atmosphäre, die diese Ärztin zweifellos zur Verfügung stellte.

Eine professionelle Beziehung hat für gewöhnlich nur in dem für sie bereitgestellten Setting Bestand und findet ein abruptes Ende, wenn die beiden Beteiligten dieses Setting verlassen. Die Arbeit wird also mit einer Art Rahmen versehen, der es dem Patienten erspart, den Arzt nach einem wichtigen oder intimen Gespräch mit einem Gefühl absoluter Verwundbarkeit zu verlassen.

Gleichgültig, mit welcher Technik der Therapeut arbeitet: seine Haltung gegenüber dem Patienten ist ebenso wichtig wie jede verbale Kommunikation, die zwischen ihnen stattfindet. Das bedeutet, daß der Therapeut den Mut haben muß, er selbst zu sein (zu seinem professionellen Selbst zu stehen), und darüber hinaus auch bereit sein muß, seine eigenen Sonderbarkeiten, seine Schwächen, Stärken und seine Grenzen als Arzt ebenso wie die Schwächen und Stärken seiner Patienten anzuerkennen. Natürlich wird er sich nicht jedem Patienten gegenüber gleich verhalten, denn unterschiedliche Menschen fordern unterschiedliche Reaktionen, keinesfalls aber darf der Arzt »Theater spielen«, das heißt sich besonders freundlich, besonders liebevoll oder besonders distanziert und »professionell« geben.

Häufig ist es für den Arzt nur allzu einfach, sich als starke, zuverlässige Vaterfigur zu präsentieren, die im Besitz irgendeines magischen Heilmittels ist. Dies ist jedoch nicht sonderlich hilfreich, und für den Patienten ist es einfacher, wenn der Doktor entspannt und gelassen und auf derselben Ebene bleibt wie er selbst, sich nicht über ihn erhebt und sich ihm nicht unterordnet. Dies gilt insbesondere für schwierige Fälle und wenn der Patient selbst überzeugt ist, daß ihm nur ein Wunder helfen könne. Für den Arzt ist es sehr verführerisch, anzunehmen, daß sein Patient mehr Liebe braucht und er versuchen sollte, sie ihm zu geben, aber dies ist nicht seine Aufgabe; er kann zum Beispiel frühe Entbehrungen und Versagungen nicht wettmachen. Aber er *kann* dem, was der Patient sagt, aufmerksam zuhören und es in professioneller Weise verstehen, wobei er vor allem nie vergessen sollte, daß immer etwas Neues auftauchen wird, das verstanden werden muß. Vielleicht muß er eine Weile warten, häufig aber sind es nicht die Fakten aus der Vergangenheit seines Patienten oder Mißverständnisse, zum Beispiel über die Beziehung zu seinen Eltern, die aufgeklärt werden müssen, sondern merkwürdige Trivialitäten, mit denen der Arzt nie gerechnet hätte, so daß er sich nicht darauf einstellen kann, solchen Schilderungen zuzuhören. Es ist wirklich sehr schwierig für ihn, in dieser Weise aufmerksam zu sein, aber wenn er das Gefühl hat, sich Zeit lassen zu können – selbst wenn es nur »sechs Minuten« sind (Balint und Norell 1973) –, kann er es dem Patienten durch seine Haltung ermöglichen, ihm ganz rasch etwas mitzuteilen. Bei der Untersuchung von Interviews haben wir festgestellt, daß sich die Fähigkeit, einfach abzuwarten – und seien es nur zwei von insgesamt sechs Minuten –, als durchaus produktiv erweisen kann. Wenn der Arzt das Gefühl hat, in Eile zu sein, und den Patienten infolgedessen mit Ideen überfällt, sind die sechs Minuten insgesamt, nicht nur die ersten zwei oder drei, verschwendete Zeit.

Klassifizierung der Gesprächstherapien

Gesprächstherapien unterscheiden sich je nach Ausbildung des Arztes, so daß eine Möglichkeit der Klassifizierung ebendiese Ausbildung ist; eine andere Methode wäre etwa die Klassifizierung nach therapeutischen Zielsetzungen. Die beiden Ärzte aus unserer Gruppe, die in dem oben erörterten Fall mit dem Mann sprachen, der in seiner rechten Körperhälfte nichts mehr fühlen konnte (S. 208 ff.), hatten die gleiche Ausbildung und ebenso das gleiche Ziel, das offenbar einzig darin bestand, die Symptome des Patienten zu beseitigen; wie so häufig, wurde diese Zielrichtung später erweitert.

Natürlich kann ich Zielsetzungen nicht erörtern, ohne die Diagnose zu berücksichtigen, da unsere erste Aufgabe immer darin bestehen muß, eine umfassende Diagnose – keine Auflistung von Schlagworten – zu erstellen; auf der Grundlage dieser Diagnose fassen wir das Ziel ins Auge. Häufig kristallisiert sich dann heraus, daß man den Patienten zunächst einmal allein mit seinem Symptom zurechtkommen lassen oder noch eine Weile abwarten sollte, bevor man entscheidet, welche Art von Therapie in Frage kommen könnte; man kann mit dem Patienten im Kontakt bleiben oder es ihm selbst überlassen, sich mit dem Arzt in Verbindung zu setzen, wenn ihm danach zumute ist. Freilich muß der Arzt mit dem Patienten »reden«, bevor er eine solche Entscheidung trifft. Wenn ich in diesem Kapitel von Diagnose spreche, meine ich nicht nur die medizinische Diagnose im herkömmlichen Sinn, sondern das, was wir seit Jahren als »Gesamtdiagnose« bezeichnen: Eine Einschätzung der Art und Weise, wie sich der Patient selbst sieht, wie er sich zu den Personen, die ihm nahestehen, in Beziehung setzt, wie er sie sieht und wie sich seine Krankheit oder Störung in seinem Leben bemerkbar macht (E. Balint 1969; siehe auch Kapitel 14). Diese Gesamtdiagnose erfaßt auch die körperliche Krankheit oder Störung des Patienten, ohne sie allerdings isoliert zu betrachten.

Viele Ärzte und andere Personen, die Therapiegruppen leiten, tun dies ohne eine nennenswerte einschlägige Ausbildung. Manche von ihnen lernen »durch die Praxis«. Ich halte eine Ausbildung hier wie in jedem anderen Bereich der Medizin für erforderlich. Niemand würde die Ansicht vertreten, daß Ärzte irgendeine andere Tätigkeit ohne gründliche Kenntnisse auf dem betreffenden Gebiet und ohne die Fähigkeiten verrichten sollten, die der zu behandelnden Störung angemessen sind.

Es gibt jedoch zahlreiche therapeutische Gruppen, die von nur teilweise ausgebildeten Personen geleitet werden und zum Beispiel das Ziel verfolgen, die Äußerungsmöglichkeiten des Individuums zu verbessern oder bestimmte Hemmungen aufzulösen, die es in seiner Aktivität behindern. Diese Konzepte ähneln jenen, über die ich an früherer Stelle gesprochen habe (Loch und Dantlgraber 1976), verwenden aber andere Techniken. Sie erinnern an die frühe Arbeit von Alexander und French. Sie entwickelten eine Therapie, die dem Patienten eine »korrigierende emotionale Erfahrung« vermitteln und eine langfristige psychoanalytische Behandlung überflüssig machen soll (Alexander und French 1946).

In diesem Zusammenhang muß ich kurz auf einige Unterschiede zwischen den psychotherapeutischen Techniken der jeweiligen Settings eingehen, in denen der Arzt vor allem mit therapeutischen Gesprächen arbeitet. Ich werde die generellen Aspekte, die ich bereits erwähnt habe, nicht noch einmal aufgreifen, sondern die Unterschiede zwischen den einzelnen Settings ausführlicher beschreiben. Dabei muß ich mich auf einige wenige Settings, mit denen ich selbst gearbeitet habe oder die mir zumindest sehr vertraut sind, beschränken. Ich beginne mit dem psychoanalytischen Setting.

Das psychoanalytische Setting

Die klassische Psychoanalyse beginnt, wenn ein Patient nach einem oder mehreren Vorgesprächen mit einem Psychoanalytiker beschließt, daß er nicht nur einige Monate, Wochen oder Tage, sondern vielmehr mehrere Jahre damit verbringen will und kann, die Beziehung zwischen seinem Unbewußten und der Welt, in der er lebt, zu erforschen. Die Arbeit beruht auf der Annahme, daß es einen unbewußten Teil der Psyche gibt, der, obwohl er unbewußt ist, die Gedanken und das Verhalten eines jeden von uns beeinflußt.

Die Häufigkeit analytischer Sitzungen ist heutzutage unterschiedlich. Die meisten Analytiker arbeiten mit jedem ihrer Patienten drei- bis fünfmal pro Woche; Freud selbst sah seine Patienten sechsmal wöchentlich. Einige Analytiker sind der Auffassung, auch dann analytisch arbeiten zu können, wenn sie ihre Patienten nur selten sehen. Sie orientieren sich vermutlich an Freuds Überlegung, daß jede Arbeit, welche die Tatsache der »Übertragungs«-phänomene und der »Widerstände« anerkennt, als Psychoanalyse bezeichnet werden könne – wobei Freud selbst die Frage der Häufigkeit der Gespräche offen ließ (Freud 1914*d*, S. 54).

Es ist schwierig, Übertragung und Widerstand mit kurzen Worten zu beschreiben. Ich greife deshalb auf die Definitionen von Laplanche und Pontalis ([1967] 1973) zurück. Sie beschreiben die Übertragung als einen Vorgang, »wodurch die unbewußten Wünsche an bestimmten Objekten im Rahmen eines bestimmten Beziehungstypus, der sich mit diesen Objekten ergeben hat, aktualisiert werden. Dies ist in höchstem Maße im Rahmen der analytischen Beziehung der Fall« (S. 550). Der Widerstand ist definiert als all jenes, »was in den Handlungen und Worten des Analysierten sich dem Zugang zu seinem Unbewußten entgegenstellt« (S. 622).

Zu Beginn der Arbeit stellt der Analytiker eine Diagnose, das heißt, er versucht, sich eine gewisse Vorstellung von den Grundkonflikten des Patienten und der Art und Weise zu machen, wie diese seine Entwicklung und Aktivität sowie sein Wohlgefühl beeinträchtigen. Im weiteren Verlauf der Arbeit muß der Analytiker jederzeit bereit sein, seine Vorstellungen und seine Diagnose zu überdenken. Die normale Technik besteht darin, den Patienten zu bitten, alles zu sagen, was ihm durch den Kopf geht, gleichgültig, wie irrelevant oder unlogisch es ihm erscheinen mag. Der Analytiker hört aufmerksam zu und achtet dabei nicht nur auf den Inhalt dessen, was der Patient sagt, sondern mehr noch auf die Assoziation der Einfälle – darauf, wie sich ein Einfall an den anderen reiht. Indem er die Assoziation der Einfälle, einschließlich jener, die in Träumen auftauchen, verfolgt, gewinnt der Analytiker Zugang zum unbewußten Teil der Psyche seines Patienten. Die Arbeit beruht auf der Vorstellung, daß unbewußte Konflikte, und zwar sowohl innere als auch solche, die der Patient mit Menschen in seiner Umwelt erlebt, weitgehend für seine Schwierigkeiten und sein Leiden verantwortlich sind.

Das Setting des Psychotherapeuten

Psychotherapie variiert von einfachem Rat und Beruhigung bis hin zu ausgefeilten und gründlich erforschten Methoden, Patienten dabei zu helfen, ihre Einstellungen zu verändern, indem sie mit ihrem Arzt sprechen. Meine eigenen Erfahrungen mit diesen Methoden sind sehr begrenzt, so daß ich nur eine bestimmte Form der Psychotherapie beschreiben werde, nämlich jene, die im Krankenhaussetting oder im Behandlungszimmer des Arztes Anwendung finden kann.

Michael Balint beschreibt, daß er sich viele Jahre lang dafür interessiert habe, nach Therapieformen zu suchen, die eine weniger lange Zeit als die klassische Psychoanalyse beanspruchen würden (Balint, Ornstein und Balint 1972; Malan 1963). Er erkannte die potentiellen Nachteile, sah aber auch Vorteile und war der Meinung, daß die Resultate einer solchen Therapie mit den Ergebnissen einer analytischen Behandlung vergleichbar und ungefähr ebenso stabil sein müßten. Möglicherweise, so seine Überlegung, wären weniger Patienten für diese Therapieform geeignet, möglicherweise wäre auch die Gefahr des Scheiterns größer und die Arbeit selbst so schwierig, daß sie nur von ausgebildeten Psychoanalytikern geleistet werden könnte. Balint gelangte zu dem Resultat, daß sich jeder, der auf diese Weise zu arbeiten versuche, auf die Interaktion zwischen Patient und Therapeut sowie auf die komplizierten Prozesse und Techniken konzentrieren solle, die sich daraus entwickelten. Er hatte den Eindruck, daß diese Art der Therapie nur möglich sei, wenn sich bereits zu einem frühen Zeitpunkt ein Fokus bestimmen lasse. Dabei sei es jedoch wichtig, diesen Fokus, sollte er sich als falsch erweisen und während der Psychotherapie nicht bestehen bleiben, aufzugeben. Unter diesem Umständen wäre dann möglicherweise eine längere Behandlung erforderlich. In die Validierung dieser Theorien wurde ungeheure Arbeit investiert (siehe die Bibliographie in Balint, Ornstein und Balint 1972). Es ist sehr schwierig, die Art von Diagnose zu stellen, die zur Bestimmung eines Fokus notwendig ist; am besten geeignet sind für diese Arbeit Psychotherapeuten und Psychoanalytiker, die im Team oder in einem Workshop arbeiten.

Das Setting des Allgemeinmediziners

Ich habe bereits über einige Fälle berichtet, die entweder in der Praxis oder im Krankenhaus von Allgemeinmedizinern behandelt wurden. Deshalb werde ich mich hier auf eine ausführliche Darstellung der Arbeit beschränken, die sich aus einer Studie über normale Kurzinterviews während der Sprechstunden ergab. (Ausführlichere Erläuterungen des Settings des Allgemeinmediziners finden sich in Balint und Norell 1973).

Wir verfolgten mit dieser Studie nicht das Ziel, abgekürzte Verfahren zu entwickeln, um langwierige psychotherapeutische Interviews zu vermeiden; vielmehr suchten wir nach einer Methode, um das therapeutische Potential der Arzt-Patient-Beziehung im alltäglichen Setting des Allgemeinmediziners so exakt wie möglich beurteilen zu können. Während dieser mehr als fünfjährigen Arbeit mit einer Gruppe erfahrener Allgemeinmediziner wurde uns bewußt, daß der Arzt nicht etwa aufregende Rätsel und Probleme löst. Vielmehr wird von ihm erwartet, daß er sich auf die Wellenlänge der Kommunikation seiner Patienten »einstimmt«, um auf sie reagieren zu können. Das herkömmliche Ziel, nämlich die Ursachen der Schwierigkeiten oder Beschwerden dingfest zu machen, ist nicht in jedem Fall angemessen. So gelangten wir zu der Überlegung, daß ein alternatives Ziel dieser Art von Therapie darin bestehen könnte, dem Patienten Gelegenheit zu geben, in kurzer Zeit das mitzuteilen, was er mitteilen möchte. Wir stellten fest, daß dies zu einem kurzen, intensiven und engen Kontakt führte, dem sich dann für gewöhnlich weniger intensive und weniger strapaziöse Begegnungen zwischen dem Arzt und dem Patienten anschlossen. Die Einsichten, die im Laufe des intensiven Interviews zutage treten, können in den anschließenden Gesprächen gründlicher erforscht werden. Die Aufgabe des Arztes besteht darin, dem, was der Patient sagt oder ihm zu sagen oder zu vermitteln versucht, in dieser speziellen Situation sehr aufmerksam zuzuhören und nicht etwa nach den zugrundeliegenden Ursachen seiner Krankheit zu forschen, wenngleich diese seine Aufmerksamkeit bei späteren Gelegenheiten unter Umständen durchaus beansprucht werden.

Ich betrachte dies nach wie vor als die Technik, die sich für die allgemeinärztliche Praxis am besten eignet. Allerdings ist das erfahrene Zuhören in diesem Setting vielleicht wichtiger als in jedem anderen. Ich wiederhole noch einmal die allgemeinen Überlegungen, die ich bereits im Zusammenhang mit dem Charakter therapeutischer Gespräche formuliert habe. Das Ziel des Settings in der ärztlichen Praxis besteht darin, daß der Arzt das Bedürfnis des Patienten nach einem kurzen Austausch von Zeit zu Zeit befriedigt, ohne sich während des Gesprächs an irgendwelchen Leitlinien zu orientieren oder theoretische Überlegungen zu erwägen. Wenn ihm beim Zuhören theoretische Konzepte durch den Kopf gehen, können sie seine Fähigkeit zuzuhören blockieren, und womöglich bleibt ihm nicht die Zeit, solche theoretischen Überlegungen während des kurzen Interviews, das er mit dem Patienten führt, zu korrigieren.

Das Setting auf der Inneren Station eines Krankenhauses

Auch der Patient auf der Inneren Station einer Klinik braucht unter Umständen jemanden, der ihm zuhört und mit dem er reden kann. All die grundsätzlichen Beobachtungen, die ich bislang angestellt habe, treffen auch hier zu, allerdings mit einem entscheidenden Unterschied, nämlich dem, daß nicht ein einzelner Arzt die alleinige Verantwortung für den Patienten trägt. Vielmehr gehört jeder Arzt einem Team an, das vom Stationsarzt geleitet wird. Krankenschwestern, Pfleger, Konsilarii, Oberärzte und Medizinalassistenten – sie alle arbeiten für den Patienten, und manchmal scheint es vom Zufall abzuhängen, mit wem der Patient spricht oder wer ihm zuhört. Dies kann ohne weiteres eine Krankenschwester sein, die es möglicherweise nicht für notwendig erachtet, über ihre Erkenntnisse mit dem Arzt zu sprechen; oder der Arzt hält es für überflüssig, sich anzuhören, was die Schwester zu berichten hat. Es scheint jedoch, als könnten solche Diskussionen durchaus gewinnbringend sein, wenn das Team einen Patienten pflegt, der Angst weckt, weil sich sein Zustand nicht wie erwartet bessert. Eine alternative Möglichkeit wäre die Kommunikation unter den Ärzten. In anderen Settings ist es unter Umständen außerordentlich wichtig, daß der Arzt mit niemandem über das spricht, was er vom Patienten erfahren hat; das Bedürfnis nach einer *Privatsphäre* kann eines der wichtigsten Bedürfnisse des Patienten überhaupt sein. Bevor er seinem Arzt ein Mindestmaß an Vertrauen entgegenbringen kann, muß er sich möglicherweise sicher fühlen, daß dieser alles, was er sagt, als Geheimnis betrachten wird.

Das Setting in der Paartherapie

Nicht selten suchen Patienten ihren Arzt mit geringfügigen Problemen auf, die sich später als Folge ehelicher Schwierigkeiten erweisen. Der Arzt muß dann entscheiden, ob er das Problem mit dem Patienten, der ihn aufsucht, besprechen soll, ob er den Partner um ein Gespräch bittet, ob er beide Partner gemeinsam sehen oder ob er sie an einen Kollegen überweisen soll. In manchen Settings, zum Beispiel am *Institute of Marital Studies*, führen zunächst zwei Mitarbeiter mit beiden Partnern, entweder gemeinsam oder getrennt, ein Gespräch und legen dann zusammen mit ihnen diesen oder jenen Aspekt der Paarbeziehung, nicht etwa die Probleme eines der beiden Partner, als Arbeitsfokus fest. *In der allgemeinärztlichen Praxis* sollte der Partner, der den Arzt als erster aufgesucht hat, als Patient betrachtet werden, mit dem man zunächst allein arbeitet, bevor man den Partner um ein Gespräch bittet, selbst wenn dieser der kränkere von beiden zu sein scheint. Unserer Erfahrung nach kann man kaum helfen, wenn man nicht zunächst einmal mit dem Patienten arbeitet, der als erster gekommen ist. Wir haben darüber hinaus auch die Erfahrung gemacht, daß selten, wenn überhaupt je, nur ein Mitglied einer Familie die Schuld trägt. Wie verlockend es auch erscheinen mag, eine Person als alleinigen »Schuldigen« zu betrachten, erweist sich eine solche Annahme am Ende doch zumeist als falsch. Man kann ganz allgemein feststellen, daß beispielsweise die Ehefrauen alkoholabhängiger Männer oder die Ehemänner alkoholabhängiger Frauen in den allermeisten Fällen auch selbst Schwierigkeiten haben. Diese Schwierigkeiten sind nicht aus dem Alkoholismus des Partners entstanden, sondern fügen sich in das Alkoholproblem ein, und es kann zu Beginn der Behandlung sehr nützlich sein, sich dies zu vergegenwärtigen. Diese Arbeit ist schwierig, denn die Interaktionen zwischen Ehepartnern spielen sich häufig im Verborgenen ab und haben einen komplizierten Charakter. Da man sie nur schwer aufdecken kann, läßt sich die Arbeit nicht innerhalb der normalen »sechs Minuten« erledigen, schon gar nicht in den Anfangsphasen. Ich möchte diese Schwierigkeiten an einem Fallbeispiel demonstrieren.

Vor kurzem klagte eine Ehefrau, die den Arzt wegen des Hustens ihres Babys aufsuchte, daß ihr Mann wütend auf sie sei, weil sie sich seiner Meinung nach nicht mehr richtig um ihn kümmere. Sie hatte keine Lust, mit ihm zu schlafen, sie hatte ein Baby. Sie erklärte, daß ihr Mann sie nie in Ruhe lasse und sehr anspruchsvoll sei. Seit der Geburt des Babys vor einem Jahr wolle sie ihr Bett für sich alleine haben, und ohnehin müsse sie nachts aufstehen und das Kind versorgen, wenn es weine, und nehme es dann zu sich ins Bett, um es zu trösten. Der Arzt fragte sich, wer hier trostbedürftig war. Er hatte es mit einer komplizierten Interaktion zwischen einer Frau, die über die Anforderungen ihres Mannes zornig war und lieber auf die Forderungen ihres Babys einging, und einem Ehemann zu tun, der eifersüchtig auf das Baby war, bei dem seine Frau Trost fand, und gerne selbst für Frau und Kind gesorgt hätte. Ihm ging es nicht in erster Linie darum, umsorgt zu werden; vielmehr brauchte er das Gefühl, sich um jemanden kümmern zu können, während seine Frau unbedingt alles alleine machen wollte. Sie hatte seine Rolle an sich gerissen, und es war schwer für ihren Mann, dies zu ertragen oder sich klarzumachen, daß er sich selbst kümmern und nicht passiv umsorgt werden wollte. Sobald das Paar dies verstand, fiel es beiden leichter, sich neu aufeinander einzustellen. Nach dem zweiten Interview führte der Arzt ein Gespräch mit beiden gemeinsam.

*Andere Methoden der Psychotherapien
in verschiedenartigen Settings*

Bevor ich zum Schluß komme, muß ich noch einmal darauf hinweisen, daß ich mir der Vielfalt psychotherapeutischer Methoden, die es heute gibt, natürlich bewußt bin. Ich habe mich auf einige wenige konzentriert, die ich selber kenne und die vielleicht ein einen Teil der allgemeinen Aspekte veranschaulichen können, die ich an früherer Stelle in diesem Kapitel zu erläutern versucht habe. Die meisten Ärzte vermitteln Beruhigung, und wir haben uns häufig gefragt, ob diese Beruhigung dem Patienten oder ihnen selbst zugute kommen soll. Wenn man die Resultate eines solchen beruhigenden Einwirkens untersucht, stellt man gewöhnlich fest, daß der Patient geradezu süchtig danach wird und nicht genug bekommen kann. Manche Patienten wollen vielleicht wirklich einfach nur beruhigt werden, wenn dies aber nicht zum Erfolg führt, hat es keinen Zweck, in derselben Weise weiterzumachen, da man möglicherweise eine falsche Diagnose gestellt hat.

Während man sich mit Patienten unterhält und ihnen zuhört, ist über den Inhalt des Gesprächs hinaus noch weit mehr zu berücksichtigen: was zählt, ist die Art und Weise, wie etwas gesagt wird, die Reihenfolge der Themen, die der Patient anspricht, das Verhalten des Therapeuten und die Beziehung zwischen Therapeut und Patient.

Ich habe dieses Kapitel nicht verfaßt, um den Arzt mit Ratschlägen über die Gefahren dieser oder jener Behandlung und die Vorteile anderer Methoden zu verwirren, sondern möchte folgenden Punkt klarstellen: Wenngleich es technische Varianten gibt, die man beschreiben kann und die sich aus den Settings, den Zielen und der Ausbildung des Arztes ergeben, *kann keine dieser Varianten auf eine beiderseitig vertrauensvolle Atmosphäre verzichten*; solange der Arzt nicht mit Methoden arbeitet, die er vielleicht erlernt, aber nicht wirklich verstanden hat, kann aus dieser Arbeit nur Gutes erwachsen.

13. Forschung, Veränderungen und Entwicklung in Balint-Gruppen

Im 11. Kapitel wurde betont, daß die Balint-Gruppen-Ausbildung nicht das Ziel verfolgt, aus Ärzten Psychotherapeuten zu machen. Diese Erkenntnis war das Resultat gründlicher Erfahrung; der Beitrag »Forschung, Veränderungen und Entwicklung in Balint-Gruppen«[1] dokumentiert den Wandel, der sich seit den Anfängen der Balint-Gruppen vollzogen hat, als man noch davon ausging, mit ihnen zu einer »heruntergeschraubten« Version der Psychotherapie gelangen zu können. Damals war man bestrebt, die unbewußte Ursache der Probleme des Patienten zu ergründen, so daß häufig seine persönliche Geschichte und die symbolische Bedeutung seiner Beschwerden im Brennpunkt der Aufmerksamkeit standen.

Balint beschreibt die Veränderung von dieser Position hin zur Entwicklung einer spezifischen Aufmerksamkeit für die aktuelle Situation des Patienten. Diese setzt die Fähigkeit voraus, sich mit dem Erleben des Patienten zu identifizieren, sich von dieser Identifizierung aber auch wieder distanzieren zu können, um das Problem von außen zu betrachten. Entscheidend für den Patienten ist diese zweiphasige Haltung des Arztes, sein Oszillieren zwischen beiden Blickwinkeln. Um die Entwicklung einer solchen Haltung geht es in der Arbeit heutiger Balint-Gruppen. Die zweiphasige Haltung spielt im 4. Kapitel, auf das in der Einleitung zum 12. Kapitel noch einmal verwiesen wird, eine zentrale Rolle. Unverkennbar aber erweist sich die Handhabung von Nähe und Distanz als entscheidendes Element für Enid Balints gesamtes Werk.

Eine weitere Veränderung, die sich in den Gruppen vollzog, betrifft die Frage, ob der Arzt dem Patienten das, was er verstanden hat, tatsächlich mitteilen sollte. Die Erfahrung zeigt – was auf den ersten Blick überraschen mag –, daß es in bestimmten Fällen effektiver ist, wenn er Stillschweigen bewahrt. Die Gründe dafür werden im vorliegenden Kapitel (S. 233 f.)

---

[1] »Research, Changes, and Development in Balint Groups« erschien erstmals in *While I'm Here, Doctor: A Study of the Doctor-Patient Relationship* (hg. von A. Elder und O. Samuel, London, Tavistock, 1987).

erläutert, man kann sie aber auch im Zusammenhang mit dem 8. Kapitel betrachten. Nimmt der Patient die Wahrnehmung des Arztes unbewußt auf, ohne daß dem Arzt bewußt ist, daß er sie kommuniziert?

♦

Die Zielsetzung der Balint-Gruppen hat sich, wenn überhaupt, im Laufe der vergangenen zwanzig Jahre kaum gewandelt. Die Techniken allerdings, die Allgemeinmediziner in den Gruppen erlernen, wurden modifiziert. Die Feststellung, wie geringfügig sich unser Denken verändert hat, ist vielleicht weniger überraschend als die Art und Weise, *in der* es sich verändert hat. Und ich glaube nicht, daß dies auf unsere Inflexibilität zurückzuführen ist.

Wie könnte man die Arbeit des Allgemeinmediziners beschreiben? Andrew Elder vertritt folgende Ansicht:

> Der Arzt tappt häufig im dunkeln, kann ab und zu einen Blick auf seine Patienten erhaschen, muß sich hüten, allzuviel herauszufinden, und sich damit begnügen, die für den Patienten und für sich selbst angemessene Distanz zu finden; manchmal muß er die Initiative ergreifen, zu anderen Zeiten jedoch Zurückhaltung üben. (Elder 1987, S. 54)

Wenn ein Arzt glaubt, daß er ähnliche Vorstellungen über die ärztliche Praxis vertritt, und die beschriebene Aufgabe gerne in Angriff nehmen würde, dann sollte ihm eine Balint-Gruppe Gelegenheit bieten können, zu lernen, was dazu erforderlich ist.

Ich gehe natürlich davon aus, daß ein solcher Arzt über eine gute Ausbildung verfügt und sein Interesse an der traditionellen Medizin während seines gesamten Berufslebens lebendig bleibt, denn andernfalls sind all unsere Überlegungen fehl am Platze oder nicht korrekt anwendbar.

Ich werde kurz erklären, wie wir angefangen haben. 1949 leitete Michael Balint eine Gruppe nicht-ärztlicher Mitarbeiter der Tavistock Clinic – eine gemischte Gruppe, die ich im Jahre 1948 mit dem Ziel gegründet hatte, Eheprobleme verstehen zu lernen und mit den Partnern zu arbeiten. Damals beschlossen wir, uns mit Allgemeinmedizinern zusammenzutun und dabei dieselben Techniken zu verwenden, die wir in der früheren Arbeit entwickelt hatten.

Unsere Arbeits- und Forschungsmethode sah folgendermaßen aus: In einem strukturierten Setting diskutierten wir die Schwierigkeiten, mit denen sich jeweils einer der Ärzte aus der Gruppe in seiner Beziehung zu einem bestimmten Patienten konfrontiert sah. Derselbe Gruppenleiter und dieselben Ärzte diskutierten an einem bestimmten Ort und über einen längeren Zeitraum hinweg gemeinsam einen Fall. Von jeder Sitzung wurden wörtliche Protokolle angefertigt.

Wir stellten fest, daß die Notizen, die sich der Arzt selbst gemacht hatte, uns während der Diskussion ablenkten, und entwickelten recht bald eine neue Vorgehensweise, für die uns die Supervisionsmethode ungarischer Psychoanalytiker als Vorbild diente. Diese Supervisionsmethode bestand unter anderem darin, den analytischen Ausbildungskandidaten zu ermuntern, frei und ohne Notizen zu sprechen, gegebenenfalls auch Widersprüche hinzunehmen, sich nachträglich Gedanken zu machen und sich an Dinge zu erinnern, die er glaubte vergessen zu haben; so daß ein vollständiges Bild auftauchte, das neben den Fakten, über die der Arzt berichtete, auch seine eigenen Gefühle erkennbar werden ließ.

Wenn Sie nie in dieser Form mit einem Gruppenleiter zusammengearbeitet haben, der eine spezifische Beobachtungsmethode beherrscht, das Fehlen einer konsistenten Geschichte eine Weile ertragen und das Durcheinander sinnvoll nutzen kann, statt es zu ignorieren, wird Ihnen diese Methode höchst fremd und unwissenschaftlich erscheinen. Eines ihrer Charakteristika besteht darin, daß gleichzeitig die Fakten und die Gefühle, die sie auslösen, gesammelt werden. Unserer Arbeit liegt die Überlegung zugrunde, daß Menschen, gleichgültig ob es sich um Ärzte oder um Patienten handelt, sich unbewußt vor bestimmten Gedanken und Vorstellungen schützen. Sie versuchen, die Dinge für sich zu ordnen, und dies bedeutet häufig, daß Fakten sowie die mit ihnen verbundenen Gefühle ignoriert werden. Die Geschichte scheint völlig klar zu sein, und dem Arzt, der sie mitteilt, fällt nicht auf, daß sie falsch ist. Unsere Methode, einen Fall vorzustellen und zu diskutieren, bringt solche Auslassungen und Verfälschungen ohne Peinlichkeiten für die Beteiligten ans Licht.

Die Gruppe ist darauf angewiesen, daß ihr ein ausgebildeter Beobachter, sagen wir ein Psychoanalytiker oder jemand, der lange Zeit mit einem Analytiker zusammengearbeitet hat, dabei hilft, das Material zusammenzufügen. Einfälle, Phantasien und Gefühle sollten ohne Verlegenheit in

Worte gefaßt, aber nicht als unantastbar betrachtet werden. Die Arbeit der Gruppe sowie des Arztes, der für den Patienten verantwortlich ist, besteht darin, zu prüfen, ob das, was gesagt wurde, wahr ist – zu untersuchen, worauf solche Phantasien und Einfälle beruhen –, so daß der Arzt seine Vorstellungen über seinen Patienten modifizieren kann, wenn dies erforderlich erscheint. All dies geschieht in einem stabilen Setting, in dem sich jeder Arzt daran gewöhnt, seine eigene Arbeit und die seiner Kollegen mit strengem und zugleich offenem Blick zu betrachten.

Mit dieser Methode arbeiten wir auch heute noch. Aber haben wir in den achtziger Jahren vielleicht eine andere Art, zuzuhören, oder hören wir auf andere Dinge? Haben wir uns verändert? Vielleicht ist es uns heute noch weniger wichtig, schon in einer frühen Arbeitsphase zu einer kohärenten Geschichte zu gelangen, einen »Sinn« zu erkennen. Wir erstellen nach wie vor eine Arbeitsdiagnose, achten aber aufmerksamer als früher auf Veränderungen, die sich, so minimal sie auch sein mögen, in der Beziehung zwischen Arzt und Patient entwickeln und in den Gefühlen des Arztes gegenüber dem Patienten sowie in dessen Klagen zum Ausdruck kommen – auch auf Veränderungen, die während der Konsultation stattfinden. Besonders sorgfältig achten wir darauf, neue Beobachtungen nicht in alte und unpassende Muster zu zwängen.

Als wir mit dieser Arbeit begannen, sprachen wir gelegentlich über die Möglichkeit, Allgemeinmediziner für irgendeine Form psychotherapeutischer Tätigkeit auszubilden. Fehlschläge führten wir auf die Tatsache zurück, daß unsere Ärzte auf diesem Gebiet nicht sonderlich erfahren waren. Damals gingen wir davon aus, daß der Patient mit einer besseren »Psychotherapie« hätte geheilt werden können. Die allen Formen der Psychotherapie gemeinsame Basis, so hieß es in jenen Jahren, ist das Verständnis der eigentlichen Probleme des Patienten. Deshalb glaubte man, daß der Arzt dem Patienten selbstverständlich hätte helfen können, wenn er diese eigentlichen Probleme erkannt hätte. Unter »eigentlichen Problemen« verstand man die zugrundeliegende Krankheitsursache. Heute denke ich oft, daß der Versuch, herauszufinden, was der Patient denkt, um die Ursache seiner aktuellen Symptome oder Niedergeschlagenheit zu ergründen, unnötig ist und gelegentlich sogar schädlich sein kann. In der allgemeinärztlichen Praxis sind die Gefühle, die der Patient in der Gegenwart empfindet, und die emotionalen Veränderungen vermutlich wichtiger und zuverlässiger.

Unsere gesamte Arbeit stützt sich auf eine einzige Person – den Arzt, der über ein nicht nur intellektuelles, sondern umfassenderes Verständnis verfügt, ein Verständnis, dem seine traditionelle medizinische Ausbildung und seine Fähigkeit zur Identifizierung zugrunde liegen. Intellektuelles Verständnis allein genügt nicht. Um zu verstehen, muß man dem zuhören, was man nicht versteht, man muß den Menschen, mit dem man sich unterhält, und gleichzeitig sich selbst beobachten und wahrnehmen, und man muß die Veränderungen der eigenen Reaktionen auf die andere Person beobachten und wahrnehmen. Die Identifizierung beruht weniger auf der Fähigkeit mitzufühlen als vielmehr auf der Bereitschaft, vielleicht sogar dem Bedürfnis, zu verstehen. Sobald sich jedoch ein Beobachter mit jemandem oder mit etwas identifiziert, wird es ihm schwerfallen, zu einer objektiven Haltung gegenüber dieser Person oder Sache zurückzufinden. Er muß sich also zunächst identifizieren und sich dann von dieser Identifizierung distanzieren, das heißt erneut zu einem objektiven, professionellen Beobachter werden. Die Identifizierung muß zweiphasig strukturiert sein. Darüber hinaus muß der Arzt korrekt und ohne allzu große Verzögerung reagieren können.

Wissenschaftler anderer Disziplinen beschreiben, daß es schwierig oder sogar unmöglich ist, ein Objekt zu beobachten, ohne es gleichzeitig zu beeinflussen. Zwei Beobachter werden niemals genau das gleiche sehen. Der Nutzen von Balint-Gruppen besteht darin, das Beobachten zu erleichtern. Ich möchte dies an einem Fall illustrieren.

Es handelt sich um die Katamnese einer Patientin, die den Arzt ein Jahr zuvor, kurz nach der Geburt ihres ersten Kindes, konsultiert hatte. Das Baby, ein Mädchen, litt unter starkem Husten. Der Arzt hatte den Husten »untersucht«, er heilte aber nicht aus. Die Patientin kam mehrmals in die Sprechstunde und klagte, daß sie es nicht länger ertrage, nachts ständig geweckt zu werden. Sie müsse wieder arbeiten, da sie ohnehin keine gute Mutter sei und ihre Karriere vorantreiben wolle. Ihr Ehemann sei auch keine Hilfe. Die Gruppe hatte diesen Fall damals diskutiert und war zu der Auffassung gelangt, daß die Patientin eine überaus dominante, maskuline Frau sei. Abgesehen davon, daß sie mit ihrem ersten Kind nicht zurechtkam und wieder berufstätig sein wollte, gab es für eine solche Maskulinität im Grunde jedoch keine eindeutigen Hinweise. Die Arbeitsdiagnose lautete: dominante Frau mit schwachem Ehemann, die ihr Kind mit einem Husten vorstellt und ihren Arzt drangsaliert. Bei der katamnestischen Betrachtung aber tauchte die Frage auf, ob die Frau wirklich dominant sei. Konnte man einzig aufgrund der Tatsache, daß der Arzt ihren Bitten um häufige Untersuchungen des Kindes nachkam, davon ausgehen? Und war die Diagnose, so fragte die Gruppe diesmal, für den Arzt oder die Patientin überhaupt in irgendeiner Weise hilfreich? Die Mehrzahl der Gruppenmitglieder zweifelte daran, aber niemandem fiel eine Lösung ein. Langsam wandte sich die Aufmerksamkeit der Konsultation selbst zu, und man bat den Arzt, das Gespräch noch einmal ausführlicher zu schildern. Nun berichtete er uns, daß die Patientin seiner Meinung nach sehr einsam sei. Sie war, nachdem sie zwei Jahre zuvor geheiratet hatte, mit ihrem Mann umgezogen und wohnte nun weit entfernt von allen Verwandten. Das Bild der dominanten, wenig einnehmenden Frau verschwand. Wir schienen es nun mit einer ganz anderen Patientin zu tun zu haben. Der Arzt fühlte sich wohler, als er von ihr berichtete, und sagte, wie einsam sie sich fühlen müsse. Wie schrecklich es für sie sein müsse, ein Kind zu haben, aber niemanden, der Anteil an ihm nahm. Er kam mit seinen eigenen Gefühlen in Verbindung und identifizierte sich mit der Patientin.

Diese Identifizierung aber war nicht zweiphasig strukturiert, so daß er zwar Mitleid mit ihr empfand, ihr aber nicht zu helfen vermochte. Im Anschluß an die Diskussion in der Gruppe wurde ihm klar, wie seine Hilfe aussehen könnte. Danach fühlte sich die Patientin mit ihrem Ehemann weniger allein, weniger einsam, und konnte ihn stärker einbeziehen.

Ich möchte denselben Aspekt an einem weiteren Fall illustrieren.

Ein Arzt stellte den Fall einer Patientin vor, die er seit langem kannte und betreute. Diese Frau war sechsunddreißig Jahre alt und litt an einer tödlichen Krebserkrankung. Sie hatte sich allen überhaupt möglichen Behandlungen unterzogen. Nun war sie niedergeschlagen und nicht mehr bereit, noch einmal ein Krankenhaus aufzusuchen, so daß ihr Arzt es für das beste gehalten hatte, sie bis zu ihrem Tod zu Hause zu betreuen. Das Krankenhaus hatte dem zugestimmt. Der Arzt aber merkte dann, daß es ihm sehr schwer fiel, seine sterbende Patientin aufzusuchen, und stellte den Fall im Seminar vor. Die Teilnehmer reagierten ausgesprochen verhalten und suchten nach allen möglichen Entschuldigungen für den Arzt. Sie konnten gut verstehen, daß er es nicht länger fertigbrachte, die Patientin zu besuchen, da er nichts mehr für sie tun konnte; zudem sei er ohnehin sehr beschäftigt, und so weiter, und so fort. Der Fall wurde recht lange diskutiert, bis schließlich irgend jemand sagte, er sei davon überzeugt, daß der Arzt die Patientin besuchen wolle, aber so sehr mit ihr identifiziert sei, daß er es einfach nicht schaffe. Der Arzt stimmte zu: Ja, er wolle zu ihr gehen, habe aber das Gefühl, ihren Anblick nicht ertragen zu können. Als er sie jedoch schließlich besuchte, machte es ihm überhaupt nichts aus. Es gefiel ihm sogar, an ihrem Bett zu sitzen und ihre Hand zu halten, die sie ihm entgegengestreckt hatte, als er den Raum betrat. Er begann sie als getrennte Person wahrzunehmen, mit der er zusammensein und zu der er eine Beziehung aufnehmen konnte. Dieser Arzt mußte realisieren, daß die Patientin eine von ihm getrennte Person war, ein Mensch, der von ihm nichts erwartete, was er nicht hätte geben können; eine Frau, die glücklich darüber war, mit ihrem Arzt zusammenzusein, der es akzeptierte, daß sie im Sterben lag, und über ihren Anblick nicht erschrak. Er mußte gar nichts Besonderes sagen. Wir werden darauf später noch einmal zurückkommen.

Wann fielen uns die Veränderungen unseres Interessenschwerpunktes ins Auge, Veränderungen der Techniken, die wir für Allgemeinmediziner zu entwickeln versuchten? Genau läßt sich dies schwer sagen; eine neue Einschätzung aber zeichnete sich im Januar 1966 ab, als unter der Leitung von Michael Balint und mir selbst ein aus zehn Allgemeinmedizinern und zwei, manchmal drei Psychoanalytikern als Gruppenleitern bestehendes Forschungsteam am *University College Hospital* zusammenkam. Die Gruppe löste sich 1971, ein Jahr nach Michael Balints Tod, auf. Aus ihrer Forschungsarbeit ging ein Buch hervor, das 1973 unter dem Titel *Six Minutes for the Patient* (Balint und Norell 1973) veröffentlicht wurde.[2]

Die neuen Techniken, die wir zu erarbeiten versuchten, mußten auf einem zuverlässigen Verständnis der Individualität des Patienten und insbesondere der sich entwickelnden Arzt-Patient-Beziehung basieren, das

---

[2] Die deutsche Übersetzung erschien unter dem Titel *Fünf Minuten pro Patient. Eine Studie über die Interaktionen in der ärztlichen Allgemeinpraxis*, Frankfurt am Main (Suhrkamp) 1975.

heißt auf dem Verständnis von Prozessen, nicht auf einer Zustandsdiagnose. Die für ihre Anwendung erforderliche Zeit mußte mit den routinemäßigen zehn Minuten vereinbar sein, die dem durchschnittlichen Patienten in der ärztlichen Praxis zur Verfügung stehen. In dieser Gruppe tauchte eine Reihe verschiedenartiger Schwierigkeiten auf; die wichtigste erwuchs möglicherweise aus der Erkenntnis, daß die Teilnehmer auf ihre alten, wohlerprobten Methoden verzichten oder sie zumindest erheblich modifizieren mußten. Dies lag zum Teil an den neuen Bedingungen, zum Teil aber auch daran, daß wir nicht sicher waren, ob der Arzt und infolgedessen auch der Patient langfristig mit den Resultaten zufrieden sein konnten. Solange die alte Methode, auf die wir nun verzichteten, angewandt wurde, war der Arzt dafür verantwortlich, nicht nur das zu begreifen, was der Patient ihm mitzuteilen versuchte, sondern auch zu verstehen, wie sich der Patient zu dem, was er war, entwickelt hatte. Obwohl ihm daran lag, Auslassungen und Verzerrungen in der Geschichte des Patienten wahrzunehmen – was nach wie vor auch unser Ziel blieb –, war er doch vorrangig bestrebt, im Anschluß daran Lösungen zu finden, eine Aufgabe, die schließlich der herkömmlichen Rolle des Arztes entspricht. Die neue Technik jedoch wies dem Therapeuten die Funktion zu, sich auf den Patienten abzustimmen, zu beobachten, wie er selbst und der Patient sich während des Gesprächs fühlen, und wahrzunehmen, welche Veränderungen stattfinden und wie variantenreich und widersprüchlich seine Gefühle und die Geschichten sind, die er hört. Die Notwendigkeit, sich zu identifizieren und im Anschluß daran von der Identifizierung wieder zu distanzieren, ist hierbei von herausragender Bedeutung. Wir bezeichneten die Technik, die sich aus diesen Überlegungen heraus entwickelte, als »Flash-Technik« – der »Flash« ist ein Moment des wechselseitigen Verständnisses zwischen dem Arzt und seinem Patienten, *das der Arzt dem Patienten vermittelt.* Dieses Verständnis betrifft nicht die Vergangenheit des Patienten, die dem Arzt wahrscheinlich vollständig bewußt ist, sondern für gewöhnlich einen Aspekt in seinem gegenwärtigen Leben, der sich in der Beziehung zum Arzt kurzfristig widerspiegelt. Solche Episoden lassen sich nachträglich nur sehr schwer zuverlässig beurteilen, wenn dies jedoch möglich war, gewannen wir den Eindruck, daß emotionale Veränderungen des Arztes gegenüber dem Patienten von Dauer waren; allerdings konnten wir nicht genau klären, wie der Patient auf sie reagierte. Wir hatten den Eindruck, daß solche Veränderungen manchmal beiseite geschoben und nicht wieder thematisiert wurden.

Im Mittelpunkt der Forschung, über die in diesem Buch berichtet wird[3], stand ebenso wie in der aktuellen Forschungstätigkeit eine Technik, die der *Flash*-Technik in gewisser Weise ähnelt, sich aber auch in wichtigen Aspekten von ihr unterscheidet. Wir konzentrieren uns heutzutage stärker darauf, Veränderungen zu beobachten, die sich in den Gefühlen des Arztes gegenüber seinem Patienten sowie in den Gefühlen des Patienten gegenüber seinem Arzt vollziehen, Veränderungen, *auf die der Arzt den Patienten zum betreffenden Zeitpunkt nicht hinweist.* Das ist entscheidend.

Der mit der *Flash*-Technik arbeitende Arzt teilte dem Patienten seine Gedanken und Gefühle mit, sobald ein Flash auftauchte. Heutzutage ziehen wir es vor, abzuwarten und zu sehen, wie es sich auf den Patienten auswirkt, wenn sich die Gefühle des Arztes ihm gegenüber – mitunter spontan – verändern. Dazu ein weiterer Fall.

Eine Frau Ende Sechzig, die mit einem acht Jahre jüngeren Mann verheiratet ist, klagte seit vielen Jahren über Depressionen. Der Arzt hatte ihr Tabletten verordnet, die ihr, wie sie sagte, immer halfen. Er hatte die Medikation von Zeit zu Zeit verändert, und jedesmal schien die Patientin zufrieden zu sein, wenngleich sie ihn mit demselben Symptom immer wieder aufsuchte. Eines Tages jedoch, als die Patientin wie gewohnt – oder doch scheinbar wie gewohnt – in die Sprechstunde kam, fragte der Arzt sie, ob es etwas gebe, das sie besonders störe oder worunter sie besonders leide. Die Patientin sagte, daß ihr Mann eine Geliebte habe, aber solche Dinge seien schon so häufig passiert, daß sie ihnen keine Bedeutung mehr beimesse. Ihre Art zu sprechen vermittelte dem Arzt nicht das Gefühl, daß die Affäre ihres Mannes sie sonderlich bekümmerte. Dennoch aber fiel ihm auf, daß er die Patientin als alte Frau mit einem Hörgerät wahrnahm (das er selbst ihr einige Jahre zuvor verschrieben hatte), als Frau, die das Gefühl hatte, daß ihr Leben mit ihrem Mann vorbei und sie für ihn nicht mehr begehrenswert sei; daß es keine sexuelle Beziehung mehr zwischen ihnen geben könnte und sie nichts mehr zu erwarten habe. Im Grunde war

---

[3] Gemeint ist der Band, in dem der vorliegende Beitrag erstmals erschienen ist: A. Elder und O. Samuel (Hg.), *While I'm Here, Doctor: A Study of the Doctor-Patient Relationship*, London 1987.

es der Arzt, der all diese Gefühle empfand. Er schilderte sie in der Gruppe recht ausführlich, und doch wußten wir nicht, was die Patientin selbst fühlte. In jener Konsultation hatte der Arzt seine Empfindungen gegenüber der Patientin mit keinem Wort erwähnt, er war aber schockiert gewesen. Er glaubte, daß die Patientin während des Gesprächs nichts von alledem bemerkt habe, die Gruppe jedoch hielt es für wahrscheinlich, daß sie sich schon viele Male alt und nutzlos gefühlt und der Arzt dies einfach nur registriert hatte. Vielleicht fühlte sich die Patientin deshalb besser. Sie suchte ihn drei Wochen später erneut auf und sagte, daß sie depressiv sei; erstmals aber erklärte sie auch, daß die Tabletten nutzlos seien und es keinen Zweck habe, sie weiter einzunehmen. Sie sei gekommen, weil sie mit ihrem Mann in Urlaub fahren wolle – darüber wolle sie noch einmal mit dem Arzt sprechen, Tabletten aber würde sie nicht mehr nehmen. Die Patientin erklärte, daß sie schreckliche Angst habe, den Urlaub zu verderben. Ihr Mann hatte ihn geplant, nachdem er sich von seiner Freundin getrennt hatte – deshalb war es der Patientin ganz besonders wichtig, diese Ferien nicht zu verderben. Sie wollte die bessere Beziehung, die sich offenbar zwischen ihr und ihrem Mann entwickelt hatte, nicht durch ihre schrecklichen Stimmungen, ihre Depressionen und ihre Unlust aufs Spiel setzen.

In diesem Gespräch gab die Patientin etwas zu erkennen, das möglicherweise durch die Gefühle ausgelöst worden war, die der Arzt – ohne sie auszusprechen – in der vorangegangenen Konsultation empfunden hatte, als ihm ihre Situation so trostlos erschien, daß er sich um ihre Zukunft sorgte. Man könnte sagen, die Patientin habe ihre Gefühle bei dem Arzt »abgeladen« und sich auf diese Weise zu einem gewissen Grad von ihnen befreit, so daß sie sie nicht länger passiv hinnehmen und sich in ihr Schicksal ergeben mußte, sondern aktiv werden konnte. Falls es sich tatsächlich so verhielt, hatte eine entscheidende Veränderung stattgefunden: Indem der Arzt der Patientin während der Konsultation etwas abnahm, um es in sich selbst »aufzunehmen«, ermöglichte er es ihr, sich so frei zu fühlen, daß sie im nächsten Gespräch die Initiative ergreifen und ihren Entschluß darlegen konnte, die üblichen Tabletten nicht mehr zu nehmen; darüber hinaus hatte sie sich in der Zwischenzeit gegenüber ihrem Ehemann anders verhalten können, sie war aktiver geworden und hatte sich weniger als

Opfer gefühlt. Indem sich der Arzt in die Vorstellungen und Gefühle hineinversetzt hatte, die sie in bezug auf sich selbst hegte, das heißt, sie so wahrgenommen hatte, wie sie selbst sich empfand, konnte er es ihr ermöglichen, lebendiger zu werden und sich zumindest vorübergehend aus ihrer schweren, passiven Depression zu lösen. Der Arzt hatte sozusagen in sich aufgenommen, was die Patientin in ihn projiziert hatte, und es eine Weile festgehalten, statt es ihr unmittelbar in Form einer Deutung zurückzugeben. Als sie jedoch im nächsten Gespräch erklärte, daß sie die Tabletten nicht mehr einnehmen, aber auch nicht depressiv sein wolle, konnte er angemessen reagieren, da er sich selbst mittlerweile von der Depression der Patientin befreit hatte. Natürlich sagte er nicht: »Sie sind eine alte, schwerhörige Frau, und es gibt keine Hoffnung mehr für Sie.« Vielmehr unterhielt er sich mit ihr über den Urlaub und über die Prozesse, die gegenwärtig in der Patientin abliefen.

Wir haben, wie ich in diesem Kapitel bereits gezeigt habe, weitere Fälle kennengelernt, die unsere Überlegungen hinsichtlich dieser spezifischen Abstimmung auf den Patienten bestätigen. Man könnte sagen, der Arzt sei bereit, Gefühle, die ihm eine Patientin in der Sprechstunde vermittelt, anzunehmen und in sich festzuhalten und sie zu untersuchen, bevor er sich erneut von ihnen distanziert oder sich ihnen verschließt. Im nächsten Schritt müssen wir prüfen, wie es sich auf die Patientin auswirkt, wenn der Arzt die Gefühle, die sie in ihm geweckt hat, nicht deutet, sondern in sich festhält, um sich kurze Zeit vollständig mit ihnen zu identifizieren, bevor er sich später wieder distanziert. Er weiß, wie sich die Patientin fühlt, er ist aber auch in der Lage zu erkennen, daß in der Patientin noch mehr vorgeht. Der Arzt muß sich ihrer Gefühle bewußt sein, und er muß bereit sein, das, was sie bei der nächsten Konsultation sagt, zu hören. Unter dieser Bedingung kann die Patientin die aktive Rolle übernehmen, ohne sich klein und häßlich zu fühlen, weil sie nur passiv akzeptiert, was der Arzt über sie sagt, oder gezwungen ist, seine Worte nicht ernst zu nehmen, weil sie ihr zu bedrohlich erscheinen. Die Patientin kann sich verändern, sobald der Arzt nachzuvollziehen vermag, wie sie sich tatsächlich fühlt. Dies ermöglicht es ihr, sich auf andere Teile ihrer selbst einzustimmen, und gibt ihr die Freiheit, sich zu verändern. Sie kann sich möglicherweise jedoch nicht verändern, wenn man sie auffordert, daß sie sich verändern sollte, oder ihr erklärt, wie sie ist.

Damit komme ich noch einmal auf einen weiteren Grund zurück, weshalb wir unsere Gruppen so durchführen, wie wir es tun. Entscheidend ist, daß die Ärzte in der Gruppe aktiv sein können und sich weder ihren eigenen Gefühlen gegenüber noch dem, was der Gruppenleiter sagt, passiv rezeptiv verhalten müssen. Sie können in einem bestimmten Situation, in einer bestimmten Sitzung, frei über ihre Patienten und über die Gefühle, die diese in ihnen auslösen, sprechen und sind sich darüber im klaren, daß beinahe sicher eine Veränderung eintreten wird. Auf diese Weise können sie mit eigenen Gefühlen, die ihnen zuvor nicht bewußt waren, in Verbindung kommen. Dies wird es ihnen vielleicht ermöglichen, nach und nach etwas über ihre Patienten zu verstehen, das sie ohne den Kontakt zu ihren eigenen Gefühlen und zur Ernsthaftigkeit dieser Gefühle nicht hätten verstehen können.

Verantwortung für die eigenen Gefühle und Gedanken zu übernehmen, zu erkennen, wie schwer es ist, sie genau zu beobachten, wie leicht man überhört, was andere Leute sagen: dies sind einige Dinge, mit denen sich Ärzte in Balint-Gruppen vertraut machen. Balint-Gruppen ermöglichen es, daß sich solche Prozesse entfalten, und sie ermöglichen den Ärzten zu erkennen, wie schwer es ist, Beobachtungen anzustellen, vor allem dann, wenn diese Prozesse Veränderungen erfahren. Diese Arbeit setzt in den Ärzten eine spezifische Aktivität frei, eine Art psychischer Aktivität, für die nicht passive Akzeptanz, sondern Lebendigkeit, nicht Instruktionen, sondern Beobachtungen charakteristisch sind.

14. Untersuchung der Arzt-Patient-Beziehung anhand zufällig ausgewählter Fälle

Dieses Kapitel[1] beschreibt ein Forschungsprojekt, das die Auswirkungen der Arbeit in der Balint-Gruppe auf die Arzt-Patient-Beziehung untersuchte. Gegenstand dieser Forschung waren nicht nur jene Fälle, welche die Ärzte in der Gruppe vorstellten, sondern auch solche, die man nach dem Zufallsprinzip auswählte. Der Beitrag beschreibt das Klassifizierungsschema, mit dessen Hilfe sowohl der traditionelle medizinische Ansatz als auch die besonderen Schwerpunkte der Seminargruppe dargestellt werden können. Diesem Schema liegt das im 11. Kapitel bereits erwähnte Konzept der »Gesamtdiagnose« zugrunde, die das Leben und die Persönlichkeit des Patienten insgesamt erfaßt. Dazu gehören auch seine wichtigen Beziehungen. Die Bedeutung, die diesem Konzept im vorliegenden Kapitel beigemessen wird, steht in Einklang mit Balints Feststellung, daß es die Aufgabe des Analytikers sei, Ärzten dabei zu helfen, die einzigartige Individualität ihrer Patienten ebenso wie die Phänomene ihrer Erkrankungen anzuerkennen (vgl. Kapitel 11).

Die Arbeit mit dieser Dimension zeigte, daß Ärzte trotz gründlicher medizinischer Kenntnis ihrer Patienten gelegentlich kaum wissen, was in deren Köpfen vorgeht. Die Entwicklung einer solchen Wahrnehmungsfähigkeit brachte eine neue Flexibilität in die Arzt-Patient-Beziehung, so daß sich dem Arzt zuvor unbekannte Möglichkeiten eröffneten, dem Patienten zu helfen, und die rein medizinischen Probleme besser zugänglich wurden.

Auf elegante Weise illustriert Balint einen Aspekt, dem in der »Einführung« zu diesem Buch bereits besonderes Gewicht beigemessen wurde: Der Seminarleiter arbeitet als Psychoanalytiker, seine Aufgabe ist es jedoch nicht, die Psychoanalyse zu lehren. Janice' Ärztin kannte ihre Patientin sehr gut, war aber »in keinem der Gespräche mit dem im Augenblick drängendsten Bedürfnis in Kontakt. Man mußte sie darauf hinweisen, daß die Patientin nach einer Gelegenheit suchte, ihre entscheidende Angst

---

[1] »A Study of the Doctor-Patient Relationship Using Randomly Selected Cases« erschien erstmals im *Journal of the College of General Practitioners* 13 (1967), S. 163 bis 173.

äußern zu können« (S. 248). Vergleichen wir dies mit Balints Aussage: »Jeder Analytiker muß sich der mannigfachen Konflikte bewußt sein, die ständig, in jeder Sitzung, aktiv sind, und versuchen, den Konflikt anzusprechen, den er für den drängendsten hält – es muß nicht zwangsläufig der offensichtlichste sein« (S. 172). Die Arbeit ist scheinbar die gleiche. Dennoch erläutert Balint wenige Zeilen später, daß es ödipale Aspekte gab, denen im Hinblick auf Janice' Beziehungen zu Jungen vermutlich größte Bedeutung zukam. In Anbetracht des Arbeitsstils der betreffenden Ärztin aber schien es geraten, sie nicht näher zu untersuchen. Für die Ärzte selbst ist es ebenso wie für ihre Patienten, zum Beispiel Herrn F. im 11. und 12. Kapitel, wichtig, das zu betonen, was sie betonen *können*. Dieser Gesichtspunkt kommt auch im 15. Kapitel noch einmal zur Sprache.

◆

Das dem folgenden Beitrag zugrunde liegende Forschungsprojekt begann, als mich die Tavistock Clinic bat, die Organisation und Leitung einer Gruppe von Allgemeinmedizinern zu übernehmen, die bereits über mehrjährige Erfahrung mit dem Tavistock-Ausbildungsprogramm verfügten. Bald nachdem wir unsere Arbeit aufgenommen hatten, faßte diese Gruppe den Entschluß, die Entwicklung von Fällen aus der täglichen allgemeinärztlichen Praxis zu untersuchen.

Der erste Anstoß zu dieser Forschung ergab sich unmittelbar aus der Arbeit, die im Rahmen der 1949 von Michael Balint an der Tavistock Clinic eingerichteten Ausbildung von Allgemeinmedizinern stattfand. In jenen Seminaren kamen Ärzte mit Balint und später auch mit anderen Psychiatern zusammen, um Fälle zu diskutieren, die sie selbst und ihre Patienten mit Problemen – zumeist offenkundig emotionalen Charakters – konfrontierten. Das Ziel der Seminare bestand darin, die Ursachen dieser emotionalen Störungen und ihre Handhabung zu untersuchen, wobei sich das Hauptaugenmerk auf die Arzt-Patient-Beziehung richtete. Man hoffte, es den Ärzten auf diese Weise zu ermöglichen, sich selbst flexibler zu beobachten und so eine gewisse Geschicklichkeit im Umgang mit ihren Patienten zu entwickeln. Darüber hinaus allerdings wurde beschlossen, daß sich die Gruppe nicht nur mit jenen Patienten beschäftigen solle, die von den Ärzten vorgestellt wurden, weil es sich um schwierige oder interessante Fälle handelte usw. Vielmehr sollte sie von Zeit zu Zeit auch nicht ausgewählte Fälle untersuchen. Einer der Ärzte, so die ursprüngliche Idee, sollte bei dieser Gelegenheit im Seminar über sämtliche Patienten berichten, die ihn in einer seiner Sprechstunden aufgesucht hatten. Balint war also von Anfang an darum bemüht, den Charakter der allgemeinärztlichen Praxis insgesamt zu verstehen, das heißt nicht nur die Arbeit mit jenen Patienten, die ihre Ärzte mit Problemen konfrontierten.

Bei der Untersuchung dieser nicht ausgewählten Fälle zeigte sich, daß all das, was der Arzt über seinen Patienten wußte, mit den üblichen diagnostischen Kategorien nicht erfaßt und beschrieben werden konnte. Um diesem Mangel abzuhelfen, entwickelten wir nach und nach die Überlegung, die diagnostischen Erkenntnisse in zwei Dimensionen zu beschreiben. Die erste Dimension entspricht der herkömmlichen Form der Diagnose, wie sie im Laufe der vergangenen Jahrhunderte von Medizinern entwickelt wurde. Da jedoch diese traditionelle Diagnose der Reichhaltigkeit des Materials, das der Arzt beobachten kann und verstehen muß, nicht gerecht wird, sollte die zweite Dimension all jene Informationen beinhalten, die der Arzt über das gesamte Leben, die gesamte Persönlichkeit des Patienten und über seine Beziehung zu den wichtigen Personen seiner Umgebung hat sammeln können. Innerhalb dieser Dimension stellt die nach den herkömmlichen diagnostischen Kriterien beschriebene Krankheit möglicherweise nur einen Umstand oder einen Aspekt dar, der vor dem Hintergrund des Gesamtbildes verständlicher erscheint. Diese Dimension bezeichnete Balint als Gesamtdiagnose. Sie betrifft in nahezu sämtlichen Fällen ein einzelnes Familienmitglied, kann jedoch auch eine Gesamtdiagnose der ganzen Familie darstellen.

Man erkannte schon bald, daß Allgemeinmediziner mit ihrem umfangreichen Wissen, das sie im Laufe der Zeit über ihre Patienten und die Familien ihrer Patienten gesammelt haben, und dem leichten Zugang, den sie zum Patienten finden, diese neuartige Diagnose in gewisser Hinsicht leichter stellen können als fachärztliche Gutachter, die zu ihren Patienten nur kurze Zeit lang Kontakt haben. Diese neue Diagnoseform stützte sich also zum Teil auf die aktuellen Beschwerden des Patienten sowie auf die Ergebnisse der Untersuchungen, in der Hauptsache aber auf seine Art und Weise, eine Beziehung zu anderen Menschen, einschließlich seines Arztes, aufzunehmen.

Der zweite Anstoß für das Projekt waren Forschungsarbeiten, die seit einigen Jahren in Frankfurt unter Leitung von Alexander Mitscherlich durchgeführt wurden. Seine Seminare waren ähnlich wie die der Tavistock Clinic strukturiert und bauten auf ihnen auf. Auch Mitscherlich unternahm in den frühen sechziger Jahren den Versuch, anhand eines nicht ausgewählten Samples die Probleme zu erforschen, vor die sich Allgemeinmediziner gestellt sehen. Er untersuchte den jeweils zehnten Patienten, der einen bestimmten Arzt an einem zuvor festgelegten Tag in dessen Sprechstunde konsultierte. In jüngerer Zeit führten Alexis Brook am Cassel Hospital und J. L. Wilson an der Tavistock Clinic ein ähnliches Forschungsprojekt durch. Diese Studien konzentrierten sich vorwiegend auf die psychische Ätiologie der Krankheiten. Ihr Hauptziel bestand darin zu bestimmen, ob das Symptom, das der zufällig ausgewählte Patient vorwies, rein organischen, rein psychischen oder aber organischen und psychischen Ursprungs sei.

Die Arbeit, die ich darstellen möchte, verfolgt ein etwas anderes Ziel. Wir haben eine relativ kleine Anzahl von Patienten – insgesamt fünfzig – untersucht, die nach dem Zufallsprinzip ausgewählt worden waren, und sie eine Zeitlang weiter beobachtet. Grob gesagt, war es unser Ziel, den Nutzen der Gesamtdiagnose für die Therapie des Patienten sowie für die Rolle, die der Gruppe bei dieser Arbeit zukommt, zu untersuchen. Spezifischer formuliert:
1. Wir untersuchten die Arzt-Patient-Beziehung zur Zeit des ersten Berichts (das heißt, bevor sie durch die Forschung beeinflußt werden konnte).
2. Wir untersuchten die Auswirkungen der im Seminar stattgefundenen Diskussion auf die Arzt-Patient-Beziehung sowie auf die traditionelle und die Gesamtdiagnose.
3. Wir versuchten herauszufinden, unter welchen Bedingungen es für den Arzt lohnend ist, seine Beziehung zum Patienten zu vertiefen oder zu intensivieren.
4. Wir untersuchten die Richtigkeit der Prognosen, zu denen das Seminar in der Diskussion des ersten Berichts über den Patienten und aller nachfolgenden Berichte gelangt war.

Unsere Hypothesen lauteten:
1. Falls sich der Arzt entschließt, die Handhabung des Falls nicht zu

modifizieren, wird keine bedeutende Veränderung eintreten, obwohl er die Situation besser versteht.

2. In Fällen, in denen sich der Arzt auf der Grundlage eines besseren Verständnisses seines Patienten zu einer Modifizierung seines Vorgehens entschließt, werden sich – vorausgesetzt, daß er über die erforderlichen Fähigkeiten verfügt – entscheidende Veränderungen in der Arzt-Patient-Beziehung und im Krankheitsverlauf ergeben.

3. Diese Veränderungen lassen sich mit den Kriterien der Gesamtdiagnose prognostizieren.

Im vorliegenden Beitrag möchte ich ausschließlich den Nutzen der Gesamtdiagnose für die Therapie des Patienten demonstrieren. Ich beginne mit der Beschreibung unserer Arbeitsmethode.

Methode

Die Fälle wurden nach folgender Methode ausgewählt: Die Gruppe bat einen Arzt, zur nächsten Sitzung seine Notizen über alle Patienten mitzubringen, die er in einer bestimmten – zuvor vereinbarten – Sprechstunde gesehen hatte. Der Arzt teilte mit, wie viele Patienten ihn in dieser Sprechstunde insgesamt aufgesucht hatten, und dann wurde nach dem Zufallsprinzips ausgewählt, welchen von ihnen er vorstellen sollte. Die Ergebnisse der wörtlich protokollierten Diskussion wurden unter neun Überschriften zusammengefaßt. Später werde ich einen Fall detailliert besprechen und dabei nach diesen neun Stichworten vorgehen. Das unter diesen Stichworten gesammelte Material wurde auf »Erstinterview-Karten« [Initial Interview Cards] festgehalten. Zuvor jedoch möchte ich einige Aspekte der Arzt-Patient-Beziehung beschreiben, die im ersten Interview erkennbar wurden, das heißt zu einem Zeitpunkt, zu dem die Beziehung durch die Diskussion im Seminar oder durch unsere Art, Fälle zu untersuchen, noch nicht beeinflußt war.

Wir stellten fest, daß sich die Informationen der Ärzte über ihre Patienten insbesondere auf zwei bestimmte Aspekte konzentrierten, die zur Erfüllung der beiden folgenden Aufgaben unentbehrlich waren:

1. Um die Krankheit oder die Krankheiten des Patienten zu verstehen, die

dem Urteil des Arztes zufolge ernst genommen werden mußte; das heißt Krankheiten, die seine medizinische Aufmerksamkeit verdienten. In diesen Bereichen verfügten die Ärzte über ein beträchtliches Wissen, so daß sich in den Diskussionen des Seminars nur selten herausstellte, daß sie Details übersehen oder irgendeine Lücke nicht überprüft hatten.

2. Um die Art der Beziehung aufrechtzuerhalten, auf die sich Arzt und Patient implizit geeinigt hatten, die aber von keinem der beiden Beteiligten ausdrücklich formuliert oder als solche verstanden worden war.

Infolgedessen stellte sich heraus, daß die Informationen des Arztes über seinen *Patienten* (jedoch nicht, was die traditionelle Diagnose betraf) sehr häufig ausgesprochen lückenhaft waren. Diese Lücken galt es zu schließen, bevor das Gesamtbild, die Gesamtdiagnose, bestätigt werden konnte. Trotz dieser Lücken aber wurde uns deutlich, daß die nach dem ersten Bericht erstellte Gesamtdiagnose häufig stichhaltig oder nur geringfügig verbesserungsbedürftig war, da unsere Art, das vorgestellte Material in den Diskussionen zu betrachten, uns ein umfassendes dynamisches Bild vermittelte. Die relevanten Fakten glichen die irrelevanten Ungenauigkeiten und Lücken aus.

Während der Seminardiskussion über den Patienten aber war der vorstellende Arzt selbst häufig ebenso überrascht wie die übrigen Teilnehmer, wenn sich zeigte, wie lückenhaft seine Kenntnisse über das Leben seines Patienten tatsächlich waren. Wenngleich diese Lücken die eigentliche medizinische Versorgung nicht beeinträchtigten, waren sie für jeden, einschließlich des verantwortlichen Arztes, verblüffend. Der Arzt besaß die Informationen, die er benötigte, um die Krankheit zu behandeln, die seiner Meinung nach behandlungsbedürftig war. Darüber hinaus aber wußte er kaum etwas. »Warum sollte er auch?« könnte man fragen. Einige der Ärzte aber schienen Schuldgefühle angesichts dieser Sachlage zu empfinden und hatten aus bestimmten Gründen, die ich später zu erläutern versuchen werde, den Eindruck, eigentlich mehr wissen zu müssen.

Wir hielten es für wahrscheinlich, daß der Arzt im Anschluß an die Falldiskussion im Seminar und die Erstellung der Gesamtdiagnose seine Ansicht über jene Lebensbereiche des Patienten, die ihm behandlungsbedürftig erschienen, die er glaubte ernst nehmen zu müssen oder für die er sich seiner Meinung nach interessieren sollte, ändern würde. Unter Umständen würde er während des nächsten Gesprächs mit dem Patienten versuchen wollen, jene Wissenslücken zu schließen, die für diesen neuen Aspekte der Diagnose relevant erschienen. Wahrscheinlich würde er auch über seinen eigenen Umgang mit dem Patienten neue Einsichten gewinnen. Er hätte ermutigende und entmutigende Erfahrungen gemacht, aber dieses neue Verständnis würde seine weitere Beziehung zu seinem Patienten wahrscheinlich nur begrenzt beeinflussen. Er würde den therapeutischen Charakter seiner Beziehung besser verstehen, seine Therapie jedoch nicht zwangsläufig verändern, selbst wenn seine Kollegen ihn dazu drängten. Wir haben in der Tat Fälle diskutiert, in denen das bessere Verständnis für den Patienten den Arzt veranlaßte, seine Beziehung zu ihm zu modifizieren. So haben wir zum Beispiel den Fall eines Sterbenden in der letzten Phase seiner Krankheit weiterverfolgt. Hier hätte die traditionelle medizinische Behandlung ohne die Seminardiskussion nicht anders ausgesehen, diese Diskussion aber bewirkte, daß der Arzt seinen Patienten ebenso wie auch seine eigene Reaktion auf den Sterbenden erheblich besser zu verstehen lernte. Eine Intensivierung der Intimität ihrer Beziehung war die Folge, die dem Arzt einen Teil des Druckes abnahm und vielleicht auch die Leiden des Patienten in seinen letzten Lebensmonaten linderte.

Diese Entwicklung ließ sich aber nicht immer beobachten, und die Veränderungen, die infolge der Diskussion stattfanden, waren mitunter so schwierig zu verstehen, daß wir Gefahr liefen, sie unter- oder auch überzugewichten. Ich kann das, was ich damit meine, nur an einem recht ausführlichen Beispiel darstellen und hoffe, daß es die alltägliche Arzt-Patient-Beziehung und deren Beeinflussung durch die Diskussion im Seminar zu veranschaulichen vermag.

Der Fall, den ich Ihnen detailliert vorstellen möchte, betrifft ein junges, vierzehn Jahre altes Mädchen. Janice wurde von Dr. J., einer Ärztin, behandelt. Ich orientiere mich an unserer Erstinterview-Karte mit ihren neun Stichworten, die wir nach der ersten Fallvorstellung angelegt haben.

1. *Datum der Vorstellung im Seminar*: 25. Oktober 1963.
2. *Datum der Konsultation*: 24. Oktober 1963.

Unter diesem Stichwort finden sich, wie Sie sehen, objektive Fakten.

3. *Erkennbarer Grund für den Arztbesuch*: geschwollener Fußknöchel, verletzt bei Netzballspiel am Vortag.

Unter diesem Stichwort werden, wann immer möglich, die Formulierungen des Patienten selbst notiert; falls sich dies als unmöglich erweist, versucht das Seminar, in der Diskussion die Motive und bewußten Beweggründe herauszufinden, die den Patienten zu seinem Arztbesuch veranlaßt haben. Sie sollten von den Vermutungen, die der Arzt über diese Beweggründe hegt, so streng wie möglich getrennt werden. Im vorliegenden Fall wissen wir nicht, was die Patientin selbst gesagt hat, es war jedoch leicht zu erkennen, welche bewußten Gründe sie zu der Konsultation veranlaßt hatten.

4. *Untersuchungen*:
a) bisherige: zahlreiche kleine, von der Ärztin vorgenommene körperliche Untersuchungen.
b) Während dieses Gesprächs: Untersuchung des Fußknöchels und Vereinbarung einer röntgenologischen Untersuchung.

5. *Traditionelle Diagnose des vorstellenden Arztes*: verstauchter Knöchel?? Fraktur.

Wie Sie sehen, finden sich unter den Stichworten 4 und 5 neben einigen Schlußfolgerungen auch objektive Fakten. Die traditionelle Diagnose wird immer vom Arzt, der über den Fall berichtet, gestellt. Mitunter erstreckt sich die Diskussion auch auf die Gesamtdiagnose, und gelegentlich sieht sich der vorstellende Arzt daraufhin veranlaßt, seine Meinung zu ändern. Auch dies wird schriftlich notiert. Im vorliegenden Fall stand die traditionelle Diagnose außer Frage, so daß sie keine Diskussion auslöste.

Die folgenden Stichworte – 6, 7 und 9 (nicht jedoch 8) – betreffen die schwierigsten Aspekte. Sie zu klären und zu formulieren beansprucht im Seminar die meiste Zeit. Die Schwierigkeit, die Karten auszufüllen, ist auf unsere neue Art zu denken zurückzuführen. Wir müssen den Weizen von der Spreu trennen und jedes einzelne Informationsbruchstück seiner Bedeutung entsprechend gewichten. Natürlich treten dabei häufig Meinungsverschiedenheiten im Seminar zutage. In solchen Fällen pflegen wir sowohl die Meinung der Mehrheit als auch die der Minderheit festzuhalten. Im vorliegenden Fall jedoch war unsere Diagnose einhellig. Wenden wir uns nun wieder der Karte zu:

6. *Informationen, die eine Gesamtdiagnose ermöglichen*:
a) bereits bekannte Informationen: eine konfuse, ängstliche Familie mit einer überängstlichen, depressiven, unzulänglichen Mutter im Mittelpunkt. Sie hatte Probleme mit ihrer Weiblichkeit und war übergewichtig. Ihre Depression löste sich, nachdem sie abgenom-

men und ihre Ärztin wöchentlich konsultiert hatte. Die Patientin (Janice), das jüngere von zwei Geschwistern, hat unter zahlreichen Kindheitsbeschwerden gelitten, die rätselhafterweise verschwanden, als die Familie vor zwei Jahren umzog und Dr. J.s Praxis zu konsultieren begann. Janice hatte eine Weile zuvor über Gewichtsverlust geklagt – sie kommt allein – ihre biologischen Kenntnisse sind verworren – sie läßt sich leicht beruhigen – Unfallanfälligkeit – nervös, mit schreckhaften Bewegungen wie ein kleiner Vogel.

b) Information aus diesem Gespräch: Patientin kommt wie gewöhnlich allein und klagt über kleinere Beschwerden.

c) Information infolge der Diskussion im Seminar: Dr. J. nimmt die in der Familie der Patientin herrschenden Ängste auf; ihre Beziehung zu der Familie kann als gelassen und pragmatisch bezeichnet werden; die Ärztin sucht weder die Hilfe von Fachärzten noch Unterstützung durch die Gemeinde, muß aber verhindern, daß sie von der Familie völlig vereinnahmt wird. Janice ist möglicherweise gezwungen, zu früh erwachsen zu werden; unablässig wendet sie sich mit unbedeutenden Beschwerden an ihre Mutter und ihre Ärztin, um sie daran zu erinnern, daß sie da ist und nicht recht gedeiht. Als die Mutter abnimmt und sich aus ihrer Depression löst, verliert auch Janice an Gewicht, fürchtet dann aber, sich nicht angemessen zu entwickeln. Janice ist sich ihrer auftauchenden Sexualität nicht bewußt. Die Persönlichkeit des Vaters bleibt im dunkeln.

7. *Gesamtdiagnose*: Ein emotional unreifes vierzehnjähriges Mädchen, das an seiner Fähigkeit, erwachsen zu werden, zweifelt.

Dieses letzte, siebte Stichwort, die Gesamtdiagnose, kann natürlich nur formuliert werden, wenn wir annehmen, daß unser Verständnis des Materials Sinn ergibt. Vielleicht sollte ich an dieser Stelle darauf hinweisen, daß psychiatrische Formulierungen wie »depressive Reaktion einer defizitären Persönlichkeit« oder »schizoider paranoider Rückzug« ebenso Teil der traditionellen Diagnose sind wie eine »Infektion der oberen Atemwege« oder »allergische Hautreaktionen«.

8. *Prognose nach traditioneller Diagnose*: (Dieser Punkt ist nicht sehr schwierig!) Hervorragend.

9. *Prognose nach Gesamtdiagnose*:

Unter diesem Stichwort können wir selbstverständlich nur dann etwas festhalten, wenn wir in der Lage sind, eine Gesamtdiagnose zu formulieren – ein Aspekt, der leicht übersehen wird. Die eigentliche Schwierigkeit besteht nämlich darin, erst einmal zu einer Gesamtdiagnose zu gelangen, aus der sich die Prognose dann in der Regel ergibt. Überraschenderweise scheint es sich hier ganz ähnlich zu verhalten wie bei der traditionellen Diagnose. Hier also die Prognose nach der Gesamtdiagnose:

> Die Beziehung zwischen Ärztin und Patientin ist gut, wenngleich die Ärztin Angst hat, vereinnahmt zu werden, und Janice' emotionale Schwierigkeiten nicht zu ergründen versucht. Der emotionale Fortschritt der Patientin erscheint angesichts der fehlenden Möglichkeit, sich mit einer kompetenten Mutter zu identifizieren, zweifelhaft. Sie sucht jedoch in ihrer Ärztin einen Ersatz und kann ihn möglicherweise auch finden.

So endet der Text auf der Erstinterview-Karte. Ich muß an dieser Stelle darauf hinweisen, daß die Karte im Anschluß an eine sehr freie Diskussion ausgefüllt wurde, in der wir nicht versuchten, die Stichworte der Reihe nach abzuhandeln. Gegen Ende der Sitzung allerdings versuchte das Seminar, den Stichworten Texte zuzuordnen, die dann von unserem Projektverantwortlichen, einem der assoziierten Psychiater, auf der Karte festgehalten wurden. Diese Karten wurden später, während einer weiteren Seminarsitzung, von den Teilnehmern sorgfältig analysiert, um sicherzustellen, daß die Formulierungen die ursprüngliche Diskussion korrekt wiedergaben.

Die Karte, die ich hier beschrieben habe, ist vollkommen typisch. Deutlich wird eine sehr enge Beziehung zwischen der Ärztin und ihrer Patientin. Die Ärztin hat mit der Patientin zwar nicht über deren emotionale Schwierigkeiten gesprochen, kennt aber die Mutter gut, weiß um die potentiellen Probleme der Tochter mit dieser Mutter und achtet sorgfältig auf Anzeichen für eine wirkliche Niedergeschlagenheit der Patientin. Während der Diskussion hatten viele Ärzte den Eindruck, daß die Ärztin Janice Gelegenheit geben sollte, ihre Zweifel an der eigenen Entwicklungs- und Reifungsfähigkeit auszusprechen. Die Ärztin stimmte dem zu. Sie hatte diese Zweifel wahrgenommen, aber das Gefühl gehabt, hinreichend positiv auf sie einzuwirken, indem sie sich mit Janice' unbedeutenden körperlichen Symptomen beschäftigte. Es steht außer Frage, daß die Patientin ihrer

Ärztin vertraut. Deren emotionale Bindung an Janice wird durch die Beschreibung auf der Karte deutlich. Sie mag ihre Patientin und glaubt, daß sie Janice' Bedürfnissen durch ihre Einstellung und ihr Verhalten eher gerecht wird, als wenn sie ihr Fragen stellte und in einer Weise mit ihr arbeitete, die eine engere Beziehung zwischen ihnen voraussetzte. Das Seminar allerdings war der Auffassung, daß sich nach der Diskussion wahrscheinlich eine größere Intimität zwischen der Ärztin und ihrer Patientin entwickeln würde.

Dieser Fall wurde später noch dreimal vorgestellt und diskutiert. Die erste Katamnese erfolgte am 19. Februar 1963, die zweite am 24. Juni 1964 und die dritte am 20. Januar 1965, das heißt also fünf, neun bzw. fünfzehn Monate nach der ersten Vorstellung. Unsere Diskussionen wurden unter neun ähnlichen Stichworten zusammengefaßt, wie wir sie für die Erstinterview-Karte benutzen. Wir notieren die Daten und Gründe der neuerlichen Konsultationen sowie die Untersuchungen, die seit dem jeweils letzten Bericht vorgenommen worden sind. Die wichtigsten Stichworte aber sind jene, unter denen sich neue, zu Veränderungen der Gesamtdiagnose führende Informationen finden, diese Veränderungen selbst sowie Veränderungen der Prognose.

Ich fasse diese drei Katamnesen nun zusammen.

Der erste Bericht enthielt die Information, daß die Patientin nach der ersten Fallvorstellung mehrfach mit banalen Beschwerden in die Sprechstunde gekommen sei: der Knöchel heilte nicht so schnell, wie ursprünglich erwartet, und die Ärztin gab Janice während dieser Konsultationen Gelegenheit zu sprechen. Am 14. Januar 1964 schließlich (drei Monate nach der ersten Fallvorstellung im Seminar) klagte Janice über Schmerzen unterhalb der rechten Brust. Die Untersuchung erbrachte keinen Befund, es entwickelte sich aber eine Diskussion über Büstenhalter. Die Patientin hatte offensichtlich das Bedürfnis, ihre Brüste von der Ärztin untersuchen zu lassen. Das Mädchen schien erwachsen zu werden, und die Ärztin meinte, sie »achte sehr darauf, nur so weit in Janice' Privatsphäre einzudringen, wie sie selbst es wolle«. Die beiden kamen zweifellos gut miteinander zurecht, und die Ärztin hatte nun weniger Angst, vereinnahmt zu werden, wenn sie das Mädchen reden ließ.

Bis zur zweiten Katamnese neun Monate nach der ersten Fallvorstellung hatte Janice ihre Ärztin insgesamt fünfmal aufgesucht. Bei einer dieser

Konsultationen klagte sie darüber, zugenommen zu haben (nicht über eine Gewichtsabnahme, wohlgemerkt). Sie schwatzte mit der Ärztin über ihre Berufspläne und machte einen entspannten Eindruck. Nach wie vor litt sie unter geringfügigen Beschwerden in den Gliedmaßen; der Knöchel hatte wieder geschmerzt, sie hatte Warzen gehabt, aber keinerlei ernsthafte Erkrankungen. Auf der Karte, die wir über dieses Gespräch anlegten, hielten wir unter dem Stichwort »Neue Informationen, die eine Gesamtdiagnose ermöglichen«, fest, daß die Patientin fülliger geworden war und nun wie ein normaler, pummeliger Teenager aussah – ihre Brüste waren normal entwickelt, und ihre nervöse Schreckhaftigkeit hatte sich im Laufe der vergangenen sechs Monate verloren. Sie hatte einen Freund, mit dem sie tanzen ging, und ihre Beziehung zu der Ärztin schien ihr weniger wichtig zu werden. Das Seminar hatte sogar den Eindruck, daß die Patientin in den Augen unserer Ärztin, die eine Vorliebe für problembeladene oder rebellische Jugendliche hatte und es nicht einfach fand, sich an deren Fraulichkeit zu gewöhnen, geradezu deprimierend normal geworden sei.

In der Diskussion lachte das Seminar über die Ärztin, die sich mit ihren erfolgreichen Patienten eher langweilte. Sie sah ein, daß sie sich nun möglicherweise ablehnend und weniger interessiert zeigte, nachdem das Mädchen weiblicher geworden war, sich zu einem normalen, pummeligen Teenager entwickelt hatte und mit befreundeten Jungen ausging. Das Seminar sah die Gefahr, daß die Ärztin diese Patientin womöglich zurückweisen würde, wenn sie ihre neue Einstellung ihr gegenüber nicht sorgfältig beachtete.

Bei der dritten Katamnese berichtete die Ärztin, daß sie die – mittlerweile fünfzehnjährige – Patientin nach dem letzten Gespräch vier Monate lang nicht gesehen habe. Dann tauchte sie erneut in der Sprechstunde auf: Sie hatte Probleme mit ihren Fingern, die sich nach außen zu krümmen schienen. Anschließend kam sie wegen neuerlicher Beschwerden am Knöchel. Zwischen November und Januar konsultierte sie die Ärztin mehrere Male. Bei einem dieser Besuche fragte sie: »Finden Sie nicht auch, daß mir meine neue Haarfarbe besser steht?« Der Ärztin wurde bewußt, daß ihr die gefärbten Haare gar nicht aufgefallen waren, und sie erkannte, daß die Patientin sie gewissermaßen am Ärmel zupfte, um sie auf sich aufmerksam zu machen und für ihre Entwicklung zu interessieren. Deshalb ging sie auf sie ein, und das Mädchen begann nun, von ihrem Freund zu erzählen, von ihren Ängsten im Zusammenhang mit der Menstruation und ihrem Aussehen. Dies ließ darauf schließen, daß die Beziehung zu ihrer Ärztin für die Patientin nach wie vor wichtig war, auch wenn sie der Ärztin nun weniger interessant erschien als zu Beginn.

Dieser Fall ist in mehrfacher Hinsicht aufschlußreich:
1. Er illustriert die Vielzahl von Möglichkeiten, die einem Arzt in der allgemeinen Praxis zur Verfügung stehen. Der Arzt kann zwischen Nähe bzw. Distanz zum Patienten variieren, und zwar nicht nur in Reaktion auf Phasen diagnostizierbarer »traditioneller« Erkrankungen, sondern auch in Reaktion auf »Angebote«, die – wie Janice' halb ausgesprochene Bitten – weniger offenkundig und greifbar erscheinen. Solange er versteht, was er tut, und erkennt, daß entweder er selbst oder aber sein Patient diese Distanz verändern kann, ist es nicht notwendig, an einer ein für allemal festgelegten, unwandelbaren Beziehung festzuhalten. Der Arzt weiß, daß sein Patient ihn wegen irgendwelcher kleinerer oder größerer Beschwerden vermutlich erneut aufsuchen wird und er seine Beziehung zu ihm je nach Erkrankung oder aktuellen Bedürfnissen verändern kann, vorausgesetzt, daß weder der Patient noch der Arzt allzu großen Belastungen ausgesetzt ist.
2. Der Fall illustriert, daß Allgemeinmediziner über umfangreiche Kenntnisse verfügen, aber auch, wie wenig sie darüber wissen, was in den Köpfen ihrer Patienten vor sich geht. Obwohl unsere Ärztin ihre Patientin sehr gut kannte, war sie in keinem der Gespräche mit dem im Augenblick drängendsten Bedürfnis in Kontakt. Man mußte sie darauf hinweisen, daß die Patientin nach einer Gelegenheit suchte, ihre entscheidende Angst äußern zu können. Ohne die Teilnahme an unserem Seminar hätte die Ärztin Janice' Bemerkung über ihr gefärbtes Haar vermutlich ignoriert und nicht als Ausdruck ihres Wunsches verstanden, ein intensiveres Gespräch zu führen – sie hätte die Wichtigkeit solcher Zeichen und Signale gar nicht erkannt. Darüber hinaus wissen wir in diesem Fall kaum etwas über die Beziehung unserer Patientin zu ihrem Vater; einige Ärzten werden ihr zweifellos eine große Bedeutung beimessen und eine eingehendere Untersuchung als wünschenswert erachten, da sie Licht auf Janice' Beziehung zu ihren Freunden werfen könnte. Da sich die Dinge aber gut entwickelten, hielt unsere Ärztin es für angemessen, diesem Thema erst dann auf den Grund zu gehen, wenn Janice selbst den Wunsch äußern würde, darüber

zu sprechen, oder wenn sich herausstellen sollte, daß die Beziehung zum Vater die Entwicklung des Mädchens tatsächlich behinderte.

Zusammenfassend können wir festhalten, daß unsere Ärztin der Patientin erfolgreich über eine schwierige Phase hinweggeholfen hatte und dann überraschenderweise enttäuscht reagierte. Das Interesse des Mädchens an ihr ließ nach; das Seminar, nicht aber die Ärztin, war mit dem Resultat hochzufrieden. Die Seminarteilnehmer führten der Ärztin nun ihre Vorliebe für rebellische junge Mädchen und ihre Abneigung gegenüber unaggressiver und gefügiger Weiblichkeit vor Augen. Die Ärztin schien diese neue Einsicht zu akzeptieren, und wir waren der Ansicht, daß es ihr fortan besser gelingen würde, solche Patientinnen zu respektieren und ihre Kommunikationen wahrzunehmen, sie zu verstehen und ihnen zuzuhören.

Unsere optimistischen Erwartungen erwiesen sich jedoch als unrealistisch. Nachdem ich diesen Bericht zum erstenmal vorgetragen hatte, beschäftigte sich das Seminar noch einmal mit Janice. Am 27. Oktober 1965, neun Monate nach unserer letzten Katamnese und fast genau zwei Jahre nach der ersten Fallvorstellung, berichtete Dr. J., der zuständige Ausschuß des Gesundheitsamtes habe ihr mitgeteilt, daß sich Janice' Familie von ihrer Liste habe streichen lassen und zu einem anderen Hausarzt gewechselt sei. Vor diesem Ereignis hatten verschiedene Familienmitglieder die Praxis aufgesucht und waren – ob zufällig oder mit Bedacht – von Dr. J.s Assistentin empfangen worden. Kurz danach hatte Dr. J. ihren Urlaub angetreten und war einige Wochen lang nicht erreichbar gewesen. Das letzte Mitglied der Familie, das vor der Mitteilung durch den Ausschuß in der Sprechstunde erschien, war Janice selbst – sie litt unter Geschwüren im Gesicht und wurde von der Assistentin behandelt.

Natürlich verbrachte das Seminar recht viel Zeit damit, den Grund für diesen überraschenden Vorfall zu klären. Es waren sehr entschiedene Kommentare zu vernehmen, insgesamt aber teilte sich das Seminar in zwei Gruppen: Die eine war der Ansicht, daß man die Gründe, welche die Familie zum Arztwechsel veranlaßt hatten, im Zusammenhang mit den getroffenen Prognosen verstehen müsse und der Wechsel angesichts ebendieser Prognosen nicht allzu überraschend sei. Andere Seminarteilnehmer glaubten, die Familie habe Dr. J.s Urlaub als Gelegenheit genutzt, um zu ihrem früheren, instabilen Muster, an das sie gewöhnt war, zurückzukehren; wir wissen es nicht.

Wir haben Fälle diskutiert, in denen der Arzt seine Beziehung zu seinem Patienten im Anschluß an die Diskussion im Seminar vorübergehend veränderte, um später mit Bedacht und nicht nur auf Drängen des Patienten die alte Beziehung wiederaufzunehmen. Ein Arzt berichtete zum Beispiel über eine sechzigjährige Patientin, die seit vielen Jahren regelmäßig einmal im Monat zu ihm kam, um sich ein mildes Schlafmittel verschreiben zu lassen. Sie nahm jeden Abend eine kleine Dosis und schien damit zurechtzukommen. Der Arzt beschrieb sie als eine eher maskulin und hölzern wirkende Frau, die ihr ganzes Leben lang auf Beruhigungsmittel angewiesen war. Sie fiel ihm nicht zur Last, das Seminar aber hatte den Eindruck, daß er darauf bedacht sei, nicht allzu intensiv auf sie einzugehen, um sie nicht »ständig am Hals zu haben«. Im Anschluß an die Seminardiskussion ermunterte er die Patientin, von sich zu erzählen. Sie sprach über ihren Mann, der einige Monate zuvor gestorben war, und sagte, daß sie depressiv sei. Sie habe kein Interesse am Leben mehr, ihr sei überhaupt nicht nach Scherzen zumute. Nach diesen Worten wurde sie freundlich und lächelte. Ungefähr eine Woche später verlor sie ihre Schlaftabletten. Sie kam in erregtem, agitierten Zustand in die Sprechstunde und bat den Arzt um ein neues Rezept. Er gab es ihr umstandslos, und sie bedankte sich und scherzte über den Vorfall. Eine Woche später suchte sie ihn erneut auf und klagte über Depressionen. Normalerweise kam sie, wie Sie sich erinnern werden, einmal monatlich. Der Arzt hatte viel zu tun und forschte den Ursachen ihrer Depression nicht nach, gab ihr aber ein Antidepressivum. Nun begann sie, zum erstenmal ausführlicher von sich zu erzählen. Trotz dieses neuen Angebots fühlte sich der Arzt nicht imstande, auf sie einzugehen. Im Seminar sagte er zuerst, er sei zu beschäftigt gewesen, dann besann er sich und meinte, nein, daran habe es natürlich nicht gelegen. Das Gespräch mit der Patientin war weder für ihn noch für sie befriedigend verlaufen. Er hatte beschlossen, daß es in therapeutischer Hinsicht die reine Zeitverschwendung wäre, diese zusätzliche Behandlung fortzusetzen; daraufhin nahm die Frau recht bereitwillig ihr altes Muster wieder auf und konsultierte ihn einmal monatlich, um sich ihre Schlaftabletten abzuholen. Das Seminar hatte den Eindruck, daß der Arzt möglicherweise nicht nur unsere Patientin, die seit vierzig Jahren auf Beruhigungsmittel angewiesen war, als Bedrohung empfand, sondern sich vielleicht auch vom Seminar gedrängt gefühlt hatte, gegen seinen eigenen Willen zu intervenieren. Später erfuhren wir jedoch, daß er gemeinsam mit der Patientin zu einer Kompromißlösung gelangt war und sich eine lebendigere Beziehung zwischen ihnen entwickelt hatte, die er nicht als Zeitverschwendung empfand.

Ich möchte betonen, daß in jeder Arzt-Patient-Beziehung über die normalen Transaktionen hinaus immer auch eine emotionale Komponente im Spiel ist, die den Arzt in seiner Arbeit beeinflußt. Er wird unweigerlich durch seine eigenen Wünsche *und* durch diejenigen seines Patienten beeinflußt. Er kann auf die Wünsche des Patienten mit Rückzug reagieren, er kann ihnen entgegenkommen, sie verstehen und mit ihnen arbeiten; die Art der Informationen aber, die er von seinem Patienten erhält, und die Distanz, die er ihm gegenüber wahrt, hängen nicht nur von seinen eigenen Wünschen ab, sondern ebenso von denen des Patienten.

Dies bringt mich auf den Punkt zurück, den ich bereits im Zusammenhang mit den Schuldgefühlen angesprochen habe, die Ärzte wegen ihrer lückenhaften Kenntnisse über ihre Patienten empfinden können. Diese Schuldgefühle sind meiner Ansicht nach auf ihren Eindruck zurückzuführen, daß sie als wirklich gute Ärzte alles über ihre Patienten wissen müßten. Es fällt ihnen schwer, einzusehen, daß der Patient selbst etwas damit zu tun hat, wie er behandelt und welche Medizin ihm verordnet wird. Natürlich werden Ärzte dazu ausgebildet, Diagnosen zu stellen – und für sie ist es eine entsetzliche Vorstellung, daß sich ihre Diagnosen als unvollständig erweisen könnten, weil ihnen bestimmte Aspekte womöglich gar nicht in den Blick gekommen sind. Wenngleich die Gesamtdiagnose ein neues Konzept darstellt, wird sie von unseren Ärzten bereits als Teil der traditionellen Diagnose empfunden.

Ein guter Arzt wird, nachdem er seinen Patienten untersucht hat, unter Umständen beschließen, daß nichts weiter getan werden muß. Diese Entscheidung kann richtig sein, der Arzt aber muß das Gefühl haben, daß er sie aufgrund einer angemessenen und verläßlichen diagnostischen Beurteilung des Falls getroffen hat. Mit unserer Entwicklung der Gesamtdiagnose haben wir den ohnehin überlasteten Ärzten eine weitere Verantwortung auferlegt, denn jede neue Information, jedes neue Verständnis scheint ihn – selbst wenn er nicht vom *Furor therapeuticus* getrieben wird – zugleich auch mit einer weiteren Aufgabe zu konfrontieren.

Schlußbetrachtung

Sie werden sich vielleicht fragen, ob die Arzt-Patient-Beziehung durch die Diskussion im Seminar nicht unweigerlich verändert wird, ob solche Diskussionen dem Arzt helfen, seinen Patienten auf andere Weise zu begegnen, welchen Sinn solche Diskussionen haben oder welchen Nutzen die Arbeit, die wir leisten, tatsächlich erbringt. Es ist schwierig, diese Fragen präzise zu beantworten; als ich den Ärzten aus meiner Gruppe den ersten Entwurf dieser Abhandlung vortrug, waren sie der Meinung, daß ich es auf jeden Fall versuchen sollte, damit meine Zuhörer nicht den Eindruck bekämen, daß weder die Ärzte selbst noch ihre Patienten von unserer Arbeit profitiert hätten. Mein Publikum, so glaubten diese Ärzte, könnte vielleicht meinen, daß jeder wirklich gute Hausarzt ohnehin so arbeite, wie wir es versuchen, und daß alle englischen Ärzte »in den guten alten Zeiten vor der Einführung des Gesundheitsdienstes« so und nicht anders gearbeitet hätten. Einer unserer Teilnehmer sagte, er habe diese Meinung selbst einmal vertreten, und erzählte uns von seinen beruflichen Anfängen: Er war als junger Arzt in die Praxis eines älteren, mittlerweile verstorbenen Kollegen eingetreten, den jeder für den perfekten Landarzt hielt und der zweifellos einer der besten Diagnostiker war, die unser Arzt je kennengelernt hatte. Daran anschließend sagte er wörtlich: »Noch Jahre nach seinem Tod entdeckte ich immer wieder, daß er bei den von ihm betreuten Familien erschütternde Fehler gemacht und sie in der allerbesten Absicht vollständig hängengelassen hatte.« Damit meinte er emotionale Katastrophen, Belastungen und schweres Unglück, erschütternde Verhältnisse, die diese Familien vor ihrem alten Arzt verborgen hatten.

Unsere Ärzte hatten den Eindruck, daß sie dank unserer Methode, Patienten zu betrachten und Gesamtdiagnosen zu formulieren, sehr viel weniger Gefahr liefen, auf diese Weise zu versagen, und daß ihnen selbst in Situationen, in denen ihr Verständnis für ihre Patienten nicht zu einer Veränderung der Therapie führte, mit Sicherheit sehr viel weniger »erschütternde Dinge« in den von ihnen betreuten Familien verborgen blieben als vor Beginn unserer Arbeit.

15. Die Ausbildung als Antriebskraft für die Ich-Entwicklung

Das folgende Kapitel[1] stellt eine Ergänzung des vorangegangenen Beitrags dar. Die einleitenden Bemerkungen des ersten Absatzes sowie die späteren Beispiele zeigen, daß es weitgehend auf demselben Forschungsprojekt beruht, nämlich der Arbeit mit Fällen, die nach dem Zufallsprinzip ausgewählt wurden. Im Mittelpunkt aber stehen diesmal nicht die Patienten, sondern die Ärzte und die Veränderungen, die sich in ihnen vollziehen. Diese Seminare sind keine Therapiegruppen – im Gegenteil. Balint betont: »Das Individuum wird in bezug auf die Arbeit, über die es berichtet, nicht geschont oder geschützt, was jedoch seine persönlichen unbewußten Motive angeht, so wird es geschont und geschützt« (S. 265). Dennoch finden im »professionellen Selbst« (S. 213) zumindest einiger beteiligter Ärzte Veränderungen statt, und Balint beschreibt die Entwicklungen, die sich in den Reaktionen der Teilnehmer auf die Gruppenerfahrung beobachten lassen. Sie betont konsequent die Wahrheit der Erfahrung – die wahren Reaktionen auf die Gruppe und ihren Leiter, die wahre Beziehung zum Patienten sowie die Anerkennung der wahren Fähigkeiten des Arztes; das Gegenteil wäre die Auferlegung einer falschen Erfahrung, Beziehung und Identität, indem man den Anschein erweckt, etwas zu lehren, was der Arzt nicht zu leisten vermag. Charakteristischerweise erkennt Balint an, daß ein Teilnehmer seine wahre Identität unter Umständen nicht aus Aggression verbirgt, sondern um sich vor ihrem Verlust zu schützen. Interessant ist ein Vergleich zwischen diesem und dem 9. Kapitel. Obwohl sie zunächst wenig gemeinsam zu haben scheinen, geht es doch in beiden Beiträgen um die Frage, ob man die Erfahrung eines anderen Menschen nur passiv in sich aufnimmt – Kay und ihre Mutter, die Gruppenmitglieder und der Gruppenleiter – oder ob man sie sich durch Identifizierung zu eigen und so für die weitere Entwicklung zunutze machen kann.

Im letzten Teil des Beitrags stellt Balint die Frage, inwieweit Phänomene, die in der Gruppe auftauchen, auch ein mögliches Merkmal des psychoanalytischen Ausbildungsprozesses sein können. Analytische Ausbildungs-

---

[1] »Training as an Impetus to Ego Development« erschien ursprünglich zusammen mit einer Diskussion des Beitrags in *The Psychoanalytic Forum* 2 (1967), S. 56-70.

kandidaten müssen Regressionen in ihrer eigenen Analyse gegenüber offen sein und in ihrer Arbeit, vor allem in der Behandlung ihrer analytischen Ausbildungsfälle, doch zugleich eine erwachsene, professionelle Verantwortungsfähigkeit unter Beweis stellen. Dieser Konflikt ist unter Umständen nur sehr schwierig zu bewältigen, und Balint meint, daß die Ausbildungskandidaten von einer Gruppe profitieren könnten, »die ähnliche Auffassungen wie sie selbst, aber auch andere Ansichten vertritt und sie akzeptiert, auch wenn sie an ihrer professionellen Arbeit Kritik übt« (S. 267). Diese Überlegungen erscheinen mir für die Ausbildungsausschüsse der analytischen Institute nach wie vor relevant.

Nachdem Balint diese Arbeit erstmals vorgetragen hatte, entspann sich eine Diskussion, in deren Verlauf die beschriebene Gefügigkeit und Rebellion von den Teilnehmern weniger als evolutionäre Phasen betrachtet wurden, in denen sich die Lernprozesse vollzogen, denn als Hindernisse, die dem Lernen abträglich sind und die es zu überwinden gilt. Daß sich der Gruppenleiter, wie Balint warnend erläutert, versucht fühlen kann, sich auf die Position des sachkundigen Lehrers zurückzuziehen, um nicht den Mut beweisen zu müssen, seine eigene Dummheit einzugestehen, erschien jedoch allen Teilnehmern einleuchtend (S. 259 f.).

Eine der klinischen Vignetten, nämlich das vierte Fallbeispiel, wurde auch im vorigen Kapitel beschrieben. Wir haben es dennoch stehenlassen, weil Balint es hier unter einem anderem Blickwinkel betrachtet – es geht weniger darum, wie sich die Fähigkeiten des Arztes auf den Patienten auswirken, als vielmehr um diese ärztlichen Fähigkeiten selbst.

◆

Ich möchte Sie mit einigen Fragen vertraut machen, die mir in den vergangenen fünfzehn Jahren, in denen ich an einem Ausbildungsprogramm für Allgemeinmediziner teilgenommen habe, durch den Kopf gingen und mich vor allem in den letzten zwei Jahren intensiv beschäftigt haben. In dieser Zeit habe ich gemeinsam mit einer Gruppe erfahrener Allgemeinmediziner, die seit vielen Jahren an unseren Seminaren teilnehmen, eine Reihe von Fällen untersucht, deren Auswahl nach dem Zufallsprinzip erfolgte. Meine Fragen sind auch für die psychoanalytische Ausbildung relevant; in diesem Zusammenhang werde ich sie deshalb ebenfalls erörtern. Der ursprüngliche Anlaß für die Formulierung meiner Fragen waren jedoch die Veränderungen, die sich in den Ärzten vollzogen, sowie deren Reaktionen auf die Belastung, die für sie mit der im Rahmen der Ausbildung erfolgenden Untersuchung und Neubetrachtung ihrer Beziehungen zu ihren Patienten verbunden war. Ich stellte mir folgende Fragen: (1) Weshalb können die Vorgänge im Seminar bei einigen Ärzten Veränderungen bewirken, bei anderen jedoch nicht? (2) Bei welcher Art von Ärzten können sich Veränderungen entwickeln, und wie sind diese Veränderungen beschaffen? (3) Welche Aktivität seitens des Seminarleiters begünstigt Veränderung?

Um diese Fragen zu erörtern, muß ich zunächst etwas über die Seminare selbst sagen. Das entscheidende Ziel dieser Gruppenarbeit ist nicht die Untersuchung der Interaktion der Teilnehmer, sondern die Erforschung der Beziehung zwischen Arzt und Patient.

Wir versuchen nicht, Theorie zu vermitteln, sondern wollen den Ärzten dabei helfen, sich selbst und ihre Patienten flexibler zu beobachten und auf diese Weise zu einer effizienteren und verläßlicheren Therapie zu gelangen. Im Mittelpunkt unserer Diskussionen steht die Beziehung eines bestimmten Arztes zu einem bestimmten Patienten während eines bestimmten Behandlungsabschnitts; wir versuchen, uns darüber klar zu werden, wie das Verständnis dieser Beziehung es dem Arzt ermöglicht, die Krankheit des Patienten und den Patienten selbst zu verstehen, und wie es darüber hinaus zur Lösung von Schwierigkeiten beitragen kann, die in der Therapie sowie in den übrigen Beziehungen des Patienten auftreten. (Ich möchte hier erwähnen, daß die verschiedenartigen Reaktionen auf die erhebliche Belastung, die solche Beobachtungen mit sich bringen, eine Parallele zu den Reaktionen aufweisen, die sich bei psychoanalytischen Ausbildungskandidaten feststellen lassen.)

Jeder Abschnitt einer medizinischen Behandlung wird zweifellos von der Krankheit und Persönlichkeit des Patienten sowie von den Kenntnissen und Fertigkeiten des Arztes – und erst in zweiter Linie von seiner Persönlichkeit – bestimmt. Die Art und Weise aber, wie ein Arzt die Medizin praktiziert, ist immer Ausdruck seiner Persönlichkeit, und diese wiederum übt entscheidenden Einfluß auf seine Haltung und Einstellung zu seiner beruflichen Arbeit aus.

Unsere Ärzte stellen – falls sie es selber wünschen und zu einem von ihnen gewählten Zeitpunkt – in der Regel Fälle vor, die sie mit emotionalen oder psychologischen Problemen konfrontieren, und erhoffen sich von einer Diskussion im stabilen Setting des Seminars Hilfe. Die Teilnehmer versuchen, die zur Diskussion gestellten Probleme zu verstehen und sich dabei möglichst auf das zu beschränken, was der Arzt über das Leben des Patienten, über seine Krankheit und seine damit verbundenen Vorstellungen, seine Ängste und Hoffnungen, über die Interaktion mit dem Patienten in der Sprechstunde sowie über seine eigene emotionale Haltung zu all diesen Faktoren berichtet. Der Arzt lernt, bestimmte Aspekte zu beobachten und zu beschreiben, beispielsweise die Art und Weise, wie der Patient sein Sprechzimmer betritt, welchen Platz er wählt, wie er das Gespräch eröffnet und wie der Arzt selbst sich in Gegenwart dieses Patienten fühlt. Durch Beobachtung und Bericht gelangt der Arzt zu seinen eigenen Entdeckungen, die für ihn bedeutungsvoller sind als steriles und mechanisch eingesetztes theoretisches Wissen. So kann sich nach und nach, Schritt für Schritt, ein Verständnis für das Leben seines Patienten entwickeln. Michael Balint (1965) bezeichnet dies als die »Gesamtdiagnose«.

Unser Ausbildungsprogramm gibt den Ärzten Gelegenheit, ihre Wahrnehmung dieser wichtigen Vorgänge, insbesondere ihrer Interaktion mit den Patienten, in einer spezifischen Umgebung, nämlich dem Ausbildungsseminar, zu untersuchen und zu verbessern. Ebenso wie sich in der frühen Kindheit bestimmte Ich-Funktionen nur in verkümmerter Form entwikkeln, wenn zwischen dem heranwachsenden Individuum und seiner Umwelt keine angemessene Interaktion stattfindet, können sich im späteren Leben auch professionelle Ich-Funktionen ohne diese Interaktion nicht wirklich entfalten; unter diesen Umständen neigt das Individuum dazu, sich ausgebeutet und abgestumpft zu fühlen. Nichts, was ein solcher Mensch in der Welt tut, kann ihn wirklich befriedigen, wenn seine Beziehung zu seiner Umwelt grundlegend unbefriedigend ist. Im 3. Kapitel habe ich gezeigt, daß dem Individuum seine eigenen Aktivitäten auf verläßliche Weise von der Umwelt widergespiegelt werden müssen. Wenn es trotz erlittener Rückschläge nicht aufhört, nach Wegen zu suchen, die ihm befriedigende Erfahrungen vermitteln können, ist es von entscheidender Bedeutung, daß die Umwelt es nicht erneut im Stich läßt.

Daraus ergibt sich, daß unsere Seminarsumwelt es vermeiden muß, den Teilnehmern falsche Beziehungen und infolgedessen falsche Identitäten aufzudrängen. Es gilt, Vorannahmen zu vermeiden, die einen Teilnehmer zu einer Arbeit veranlassen können, die ihm seiner Ansicht nach eigentlich nicht liegt. Statt dessen kommt es darauf an, die Arbeit, die jeder einzelne tatsächlich *leistet*, anzuerkennen. Damit er sein Selbstgewahrsein aufrechtzuerhalten und zu verbessern vermag, muß jeder Arzt so, wie er im Setting des Seminars *ist*, anerkannt und verstanden werden. In Gruppen, die mit unserer Ausbildungsmethode arbeiten (und wir sprechen von »Ausbildung«, nicht von »Unterricht«), riskiert der einzelne Arzt nicht, irgendwann das Gefühl zu haben, in seiner eigenen Praxis nicht mehr Herr im Haus zu sein. Die Aufrechterhaltung dieses Gefühls der Kontrolle und Stärke im Berufsleben ist von entscheidender Bedeutung. Freilich dauert es immer eine gewisse Zeit, bis sich ein Arzt im Seminarsetting wirklich behaupten kann. Deshalb ist es unbedingt notwendig, eine Lehrer-Schüler-Beziehung innerhalb der Gruppe zu vermeiden. Gegen ständige Erziehungsversuche seitens des Seminars wehren sich die Ärzte noch stärker als Kinder gegen die Erziehungsbemühungen ihrer Eltern. Sie lernen auf andere Weise.

Die eigenen Konflikte der Ärzte, die unter Umständen in den Schwierigkeiten seines Patienten Widerhall finden, werden grundsätzlich nicht diskutiert. Das Seminar konzentriert sich auf Beobachtungen, die das Problem des Patienten betreffen sowie die Art und Weise, wie der Arzt auf dieses Problem reagiert und wie er es handhabt. Die Betonung liegt auf den Schwierigkeiten des Arztes, den Fall zu handhaben, und gelegentlich auch auf den Beweggründen, die ihn veranlaßt haben, diesen spezifischen Fall vorzustellen. Es herrscht eine stillschweigende Übereinkunft, daß der Arzt seine eigenen Probleme intrapsychisch bearbeiten kann. Wenn er dazu nicht imstande ist und um Hilfe bittet oder hilfsbedürftig erscheint, wird er an eine Beratung verwiesen.

Wenn man dies vor dem Hintergrund von Eriksons (1950, 7. Kapitel) Konzept betrachtet, könnte man sagen, daß das Seminar eine Art phasenspezifischer psychosozialer Krise konstituiert, die Gelegenheit zur Schaffung einer neuen Identität und zur weiteren Ich-Entwicklung gibt. Diese Dynamik läßt sich in den folgenden, während der Dauer eines jeden Ausbildungsseminars auftretenden Phasen beobachten:

1. *Phase der Überidealisierung*: Die Teilnehmer einer neuen Gruppe neigen dazu, die vom Seminar und von seinem Leiter angesprochenen Überlegungen zu idealisieren. Einige Ärzte werden den Leiter oder andere Grup-

penmitglieder imitieren – mit unterschiedlichen Ergebnissen, die zum Teil, wenn auch nur vorübergehend, effektiv und beeindruckend wirken können. Es hat den Anschein, als ob die von den Ärzten introjizierten Überlegungen des Seminars nicht assimilierte Über-Ich-Introjekte darstellen, mit denen sich die Teilnehmer nicht wirklich identifizieren.

2. *Phase der Gefügigkeit und Rebellion*: In dieser Phase fühlen sich die Ärzte in ihrer professionellen Identität bedroht und aktivieren verschiedene Abwehrreaktionen – dazu gehören insbesondere Gefügigkeit oder rebellisches Verhalten oder falsche Lösungen wie zum Beispiel Heuchelei, aber auch der Versuch, weiterhin an der ersten Phase der Bewunderung festzuhalten. Während dieser Zeit kann mit den Überlegungen des Seminars nicht wirklich sinnvoll gearbeitet werden, und es entwickeln sich keine Veränderungen. Ich werde dies später ausführlich erläutern.

3. *Phase des vorübergehenden Rückzugs*: Die Ärzte, die in diese Phase eintreten, scheinen sich mit den Ideen des Seminars über einen mehr oder weniger langen Zeitraum auseinanderzusetzen. Sie nehmen an den Sitzungen teil, sagen sehr wenig und stellen nur selten Fälle vor. Indem sie selbst und die Gruppe diese Schweigsamkeit und Zurückhaltung akzeptieren, wird das Gefühl der Zugehörigkeit verstärkt. Das Seminar schmilzt sozusagen zusammen, und alle Mitglieder nutzen diese Freiheit zusammenzuschmelzen, ohne sich in irgendeiner Form aktiv beteiligen zu müssen. Sie scheinen sich als Mitglied der professionellen Familie, nicht aber mit der Arbeit des Seminars zu identifizieren.

4. *Assimilationsphase*: Einige Ärzte werden aktiver, und ihre zögernde Art der Fallvorstellung macht deutlich, daß sich in ihrem Selbstgewahrsein Veränderungen vollzogen haben. Sie sind in ihren Reaktionen auf die Bedürfnisse ihrer Patienten sowie auf die Ideen des Seminars freier und sensibler geworden. Sie beginnen, ihre Introjekte vorsichtig und in dem ihnen gemäßen Tempo zu assimilieren.

5. *Umschwünge zwischen Phasen der Gefügigkeit und Rebellion*: Ärzte, welche die vorangegangenen Phasen miterlebt und ihre Einstellung zu ihrer Arbeit und zu ihren Patienten verändert haben, fallen unter Umständen in Phasen der Gefügigkeit zurück, sobald das, was sie gelernt haben, erneut einen übergroßen Eindruck auf sie macht. Diese verwirrenden Umschwünge führen häufig zu Rebellion und einer scheinbaren Ablehnung des Seminars und seines Leiters, so als gelte es zu beweisen, daß das Lernen

nutzlos ist, belastend und unnötig zeitraubend. Dafür gibt es zwei Erklärungsmöglichkeiten: (a) das Ich identifiziert sich mit Bruchstücken der neuen Über-Ich-Introjekte; (b) das Ich assimiliert Bruchstücke der neuen Über-Ich-Introjekte. In beiden Fällen ist das Resultat eine Veränderung des Ichs, möglicherweise aber sind die strukturellen Grundlagen verschieden.

6. *Selbstgewahrseins-Phase*: In dieser Phase nimmt der Arzt die Veränderung, die in ihm selbst stattgefunden haben und stattfinden, bewußt wahr. Er fühlt sich mit der Gruppe eins und bringt den anderen Seminarmitgliedern Toleranz entgegen. Er kann sich selbst behaupten und sich über seine eigene, individuelle Art, eine Beziehung zu seinen Patienten aufzunehmen und die Medizin zu praktizieren, klar werden. Vielleicht gelangen 15% bis 20% unserer Ärzte an dieses Ziel, und wenngleich die Fortschritte, die sie gemacht haben, nie wieder verlorengehen, gibt es doch immer noch mehr zu lernen, so daß wahrscheinlich jeder Arzt diese oder jene Wachstumsphase mehrmals durchlaufen wird: Es ist möglich, daß die »besseren« Ärzte – jene, die sich am häufigsten verändern – ihre Fälle auf provozierende Weise vorstellen; der Leiter ist kein Ebenbürtiger, sondern ein Elternteil, und wird als solcher behandelt.

Als die interessanteste – und gefährlichste – Phase unseres Ausbildungsprogramms betrachte ich die Phase der Gefügigkeit und Rebellion. Man könnte die Gefügigkeit als eine »in den Untergrund gegangene« Rebellion bezeichnen, in die sich der Arzt dann flüchtet, wenn er seine wahre Identität verbergen will, um sie nicht zu verlieren. Unter solchen Umständen wird er die Ideen des Seminars entweder ignorieren oder sie bei seiner nächsten Begegnung mit dem Patienten in einer Weise benutzen, die von vornherein zum Scheitern verurteilt ist.

Der Arzt, der zu Veränderungen imstande ist, flüchtet sich unter Umständen, ohne es eigentlich zu wollen, in eine andere Form der Gefügigkeit. Durch das Seminar verwirrt, hat er den Eindruck, unterzugehen, wenn er sich den Überlegungen verschließt, die andere Ärzte zu verstehen scheinen, auch wenn sie für ihn selbst keinen Sinn ergeben. Er hat nicht das Gefühl, verstanden zu *werden*. Er hat das Gefühl, nicht zu *verstehen*. Er läuft Gefahr, den Kontakt zu sich selbst zu verlieren, weiß aber nicht, wie er sein Gleichgewicht wiedererlangen kann, ohne zuzugeben, daß er sich selbst für absolut dumm hält. Wenn er über den »Mut zur eigenen

Dummheit«, wie Michael Balint es formuliert hat, verfügt und seine Verwirrung eingesteht, können das gesamte Seminar und er selbst lebendig werden und einen einmütigen Seufzer der Erleichterung ausstoßen – ein weiterer Schritt nach vorn ist getan.

In solchen Phasen werden häufig nicht die Ideen des Arztes, sondern die des Seminarleiters als dumm und verworren angesehen. Um aber den Mut aufbringen zu können, eine solche Meinung zu äußern, muß der Arzt so viel Ich-Stärke besitzen, daß er eine ernsthafte Bedrohung riskieren kann: wenn er in dieser Phase nicht verstanden oder wenn er ignoriert wird, flüchtet er sich unter Umständen in eine noch größere Gefügigkeit, die seine Verwirrung zusätzlich steigert, so daß die Kluft zwischen seinen wahren Ich-Funktionen oder seinem wahren Selbst und seinem gefügigen Selbst wächst.

Um das aus dem Verlust der Ich-Identität resultierende Verwirrtheitsgefühl zu überwinden, wird der Arzt in dieser Situation möglicherweise die Ideen des Seminars introjizieren und sie als Über-Ich-Introjekte in seinem Innern errichten, denen er vertrauensvollen Gehorsam schuldet und die er imitieren muß, ohne sie aber assimilieren oder sich mit ihnen identifizieren zu können. Unter solchen Umständen kann sich ein Circulus vitiosus entwickeln: der Rebellion gegen diese Über-Ich-Introjekte schließt sich eine erneute Phase der Gefügigkeit an, ohne daß eine Hoffnung auf Realitätsprüfung bestünde oder ein neuer Versuch lohnend erschiene.

Natürlich sind uns solche Muster aus der Kindheit und Adoleszenz vertraut. Ich halte es für sehr wahrscheinlich, daß sie immer dann wiederauftauchen werden, wenn Erwachsene mit neuen Erfahrungen konfrontiert sind, die ihnen beinahe das gleiche Maß an Veränderung abverlangen, wie wir es von einem Jugendlichen, der an der Schwelle zur Erwachsenenwelt steht, erwarten. Da aber das Ich unserer Ärzte stärker ist als das adoleszente Ich, sind sie in der Lage, kurze regressive Phasen der Rebellion und Gefügigkeit zu ertragen; darüber hinaus wird ihre Identität durch die Veränderungen nicht übermäßig erschüttert.

In diesem Zusammenhang muß ich betonen, wie wichtig es ist, daß der Gruppenleiter seine Gruppe bzw. den einzelnen Arzt korrekt widerspiegelt und ihnen keine falsche Identität aufdrängt. Falls ihm dies erfolgreich gelingt, können die Gruppenmitglieder eine realistischere, aufnahmefähigere Beziehung zu ihren Patienten und zum Seminar eingehen. Dies hat zur

Folge, daß sie sich bei ihrer professionellen Arbeit wohler und effizienter fühlen. Sie treten in die nachfolgenden Phasen mit größerer Fähigkeit zur Selbstbehauptung ein und erbringen Anpassungen, ohne sich in bedeutungsleere Rebellion und Gefügigkeit zu flüchten.

Diese Prozesse werden sich bei jedem Arzt während der gesamten Dauer des Seminars immer wieder abspielen, sie können aber auch die gesamte Gruppe betreffen. Sie spiegeln die Entwicklung neuer Ich-Funktionen wider und demonstrieren, um welchen Preis diese von den einzelnen Ärzten und von der Gruppe erlangt werden können. *Ich halte es für möglich, daß sie einen unauflöslichen Bestandteil der Entwicklung von Ich-Funktionen darstellen.* Ich möchte meine Überlegungen an einigen Beispielen zu illustrieren versuchen. Es handelt sich um jene nach dem Zufallsprinzip ausgewählten Fälle, mit denen sich die Ärzte nicht ans Seminar gewandt hatten, weil sie ihnen unproblematisch erschienen.

Beispiel 1: Ein Arzt schilderte den physischen und geistigen Verfall eines älteren Paares, das seit langem bei ihm in Behandlung ist. Er berichtete, daß er sich ausführlich mit den beiden unterhalten und sich erkundigt habe, ob sie depressiv seien und wie sie miteinander zurechtkämen. Er gab keine weiteren Informationen, die es dem Seminar ermöglicht hätten, zur Klärung des Problems beizutragen, so daß sich nur eine kurze und unproduktive Diskussion entspann. Auf seine Bemerkung, »daß vermutlich nichts zu machen« sei, erfolgte keine Reaktion.

Einen Monat später stellte der Arzt denselben Fall erneut vor und erklärte diesmal, daß sich das Paar, wenn es ihn gemeinsam aufsuche, immer so plaziere, daß der Mann hinter seiner Frau zu sitzen komme. Der Arzt fragte sich, ob die Frau sich vor ihren Mann setze, um ihn abzuschirmen, ihn zu behüten und vor dem Arzt zu schützen, oder ob es ihr darum ging, als erste an der Reihe zu sein.

Diese Beobachtungen waren nützlich. Sie förderten weitere Informationen zutage und ermöglichten ein besseres Verständnis des Falls. Die scheinbar gefügige – in Wirklichkeit aber rebellische – Haltung des Arztes hatte sich gewandelt. Er war nun bereit, zu helfen und sich selbst helfen zu lassen.

Weil er seine Ruhe haben wollte, hatte er es vorgezogen, eine Zeitlang anzunehmen, »daß nichts zu machen« sei.

Beispiel 2: Einem der Ärzte war es gelungen, das sehr provozierende Flirtverhalten einer jungen, verheirateten Frau zu durchbrechen, so daß sie weinen und ihm ihre Einsamkeit offenbaren konnte, als sie wegen geringfügiger Beschwerden zu ihm in die Sprechstunde kam. Auf einer der Seminarsitzungen aber berichtete der Arzt, er habe seine Patientin wiedergesehen und sie sei »aufgetakelt gewesen wie eine Fregatte«. Sie machte sich Sorgen um ihre Mutter, die im Krankenhaus lag und ihrer Meinung nach in Geldnot war. Der Arzt hatte das Gefühl, daß die Patientin allzu ansprüchlich werde, erklärte ihr mit logischen Worten, daß es unnötig sei, etwas zu unternehmen, und schickte sie ihres Weges.

Das Seminar machte sich an die Arbeit, um herauszufinden, was ihn zu diesem Verhalten veranlaßt hatte und weshalb er so brüsk und oberflächlich, wie es eigentlich nicht seine Art war, darüber berichtete.

Bei der nächsten Vorstellung gab der Arzt erneut zu erkennen, daß er sich dieser unglücklichen Patientin gegenüber unfreundlich verhielt, und hänselte die Seminarleiterin, die ihre Sympathie mit diesem hysterischen Mädchen nicht verhehlte. In der anschließenden Diskussion stellte sich heraus, daß er zu seiner Patientin in Wirklichkeit nicht, wie er berichtet hatte, unfreundlich gewesen war, sondern sich vielmehr verständnisvoll verhalten und gute Arbeit geleistet hatte.

Der Arzt lehnte die Identifizierung mit dem Seminar und der Leiterin im Seminar selbst ab – nicht jedoch in seiner Sprechstunde.

Beispiel 3: Bevor der Arzt den Fall vorstellte, hatte er seine Patientin an einen Psychiater überwiesen, der den Eindruck hatte, ihr nicht helfen zu können. Ebenso wie der Arzt selbst war aber auch er der Meinung, daß die Frau depressiv sei und gravierende Schwierigkeiten in ihrer Ehe habe. Der Arzt führte mit der Patientin weiterhin lange Gespräche. In einem seiner katamnestischen Berichte schilderte er, daß sich ihr Zustand gebessert habe: sie hatte zum erstenmal Geschlechtsverkehr haben können und wirkte weniger depressiv. Dennoch war unser Arzt unzufrieden und nicht bereit, den Fortschritt, den er selbst beschrieben hatte, anzuerkennen.

Er hatte das, was ihm seine Patientin erzählte, nicht »hören« oder akzeptieren können, weil er zu jenem Zeitpunkt nicht daran glauben wollte, daß seine »Fähigkeit« wirklich hilfreich sei. Er mußte es erst vom

Seminar hören. Dies gab ihm gewissermaßen die Erlaubnis, seine Identifizierung zu akzeptieren.

Beispiel 4: Ein Arzt stellte eine sechzigjährige Patientin vor, die seine Sprechstunde seit vielen Jahren regelmäßig einmal im Monat aufsuchte, um sich ein Schlafmittel verschreiben zu lassen. Sie sollte jeden Abend eine kleine Dosis einnehmen und schien damit zufrieden zu sein. Der Arzt beschrieb sie als männlich wirkende, hölzerne Frau, die ihr ganzes Leben lang Beruhigungsmittel hatte nehmen müssen, konnte darüber hinaus aber wenig über sie sagen. Das Seminar hatte den Eindruck, daß er sich absichtlich nicht auf sie eingelassen habe, um sie sich vom »Hals zu halten«.

Im Anschluß an die Diskussion im Seminar ermutigte der Arzt die Patientin, von sich selbst zu erzählen. Er erfuhr, daß ihr Mann wenige Monate zuvor gestorben war und sie unter Depressionen litt; daß sie normalerweise immer zu Scherzen aufgelegt sei, aber nun jegliches Interesse am Leben verloren habe. Sie wurde freundlicher und lächelte, als sie ihn verließ.

Eine Woche später verlor sie ihr Schlafmittel und bat den Arzt in erregtem und agitierten Zustand um neue Tabletten, die er ihr umstandslos gab. Sie war ihm dankbar und nahm den ganzen Vorfall von der lustigen Seite. Eine Woche später erschien sie erneut (normalerweise kam sie, wie wir gehört haben, einmal monatlich in die Sprechstunde) und klagte über Depressionen. Der Arzt hatte viel zu tun und verschrieb ihr ein Antidepressivum, fragte aber nicht nach der Ursache ihrer Depression. Nun gab sie ihm – zum erstenmal – freiwillig Informationen über sich selbst: Sie hatte das Gefühl, als sei ihr alles gleichgültig; ständig falle ihr etwas aus der Hand. Trotz dieses »Angebots« konnte der Arzt nicht auf sie eingehen. Er fragte noch immer nicht, weshalb sie depressiv sei und Sachen fallen lasse, und gestand im Seminar ein, daß »das Gespräch sowohl für mich selbst als auch vermutlich für die Patientin sehr unbefriedigend« gewesen sei.

Danach kehrte die Patientin zu ihrer alten Gepflogenheit zurück, suchte den Arzt einmal monatlich auf, bat aber nur um ihre Schlaftabletten. Sie kehrten zu ihrem alten Muster zurück, und als wir den vierten oder fünften Bericht über die Patientin hörten, schien sie wieder dieselbe stille, unaufgeregte und unresponsive Depressive zu sein wie zuvor. Zweifellos konnte sie innerhalb gewisser Grenzen mit ihrem Arzt sprechen. Und zweifellos hatte der Arzt das Gefühl, sich einer zu großen Belastung auszusetzen, falls er sie ermuntern sollte, ausführlicher von sich zu erzählen. Interessanterweise stellte dieser Arzt häufig Fälle vor, um sich im Seminar Hilfe zu holen, und war eifrig darauf bedacht, neue Vorgehensweisen einschließlich ausführlicher Gespräche mit seinen Patienten auszuprobieren.

Der Arzt war nicht genügend veränderungsfähig, um sich die nachweisbare Hilfe des Seminars vollauf zunutze machen zu können.

Diskussion

Das vorrangige Ziel unseres Seminars besteht darin, den Ärzten zu helfen, ihre Patientin besser verstehen zu lernen und durch dieses Verständnis zu einer besseren Therapie zu gelangen. Ich behaupte, daß dem Erwerb dieser Fähigkeiten eine herausragende Bedeutung für Veränderungen des Ichs zukommt.

Unsere Seminare stellen ein Setting bereit, in dem Veränderungen, welche sich unter dem Eindruck des Ausbildungsprozesses in einem Arzt vollziehen, beobachtet werden können. Da die Fälle unter dem spezifischen Blickwinkel der Arzt-Patient-Beziehung vorgestellt und diskutiert und diese Diskussionen wörtlich protokolliert werden, so daß die Prozesse exakt zu verfolgen sind, ist es in diesem Rahmen möglicherweise einfacher als in anderen Ausbildungsprogrammen, solche Entwicklungen zu beobachten.

Meine Beobachtung und meine Erfahrungen lassen demnach vermuten, daß Ich-Entwicklungen, wie sie im Erwerb neuer Fähigkeiten zutage treten, bei den an Ausbildungsseminaren teilnehmenden Ärzten unter den folgenden Bedingungen stattfinden können:

1. Wenn der jeweilige Arzt ohne Verlust seiner Intimsphäre oder professionellen Autorität Mitglied einer kleinen Arbeitsgruppe oder eines Teams werden kann, das ihm Identifizierungsmöglichkeiten bietet und dessen Ziel sich auf die Diskussion seiner professionellen Aktivität beschränkt.

2. Wenn das Team und insbesondere sein Leiter den einzelnen Arzt akzeptieren können, gleichgültig, ob er im Seminar aktiv mitarbeitet und sich unverkennbar mit dessen augenblicklichen Überlegungen identifiziert oder nicht.

3. Wenn das Team und insbesondere sein Leiter die professionelle Aktivität des Individuums anzuerkennen und zu respektieren vermögen und sie ihm in einer selektiven, verläßlichen Weise widerspiegeln, die es ihm ermöglicht, zu gewissem Grad ein neues professionelles Selbstgewahrsein zu entwickeln. Diesen Vorgang habe ich bislang noch nicht hinreichend beschrieben. *Das Individuum wird in bezug auf die Arbeit, über die es berichtet, nicht geschont oder geschützt, was jedoch seine persönlichen unbewußten Motive angeht, so wird es geschont und geschützt.*

Es ist offenkundig, daß die Bedingungen, unter denen Ich-Entwicklung in einem Ausbildungsseminar möglich wird, jenen Bedingungen ähneln, die für die Ich-Entwicklung von Kindern und Jugendlichen im Familiensetting notwendig sind. Deshalb frage ich mich, ob solche Bedingungen nicht vielleicht auch einen integralen Bestandteil der psychoanalytischen Ausbildung darstellen. Ich bin überzeugt, daß Seminare der Art, wie wir sie durchführen, bestimmten Ärzten Gelegenheit zu Ich-Veränderungen bieten und aus diesem Grund gute und stichhaltige Beispiele liefern, auf deren Grundlage eine Untersuchung einiger Aspekte der psychoanalytischen Ausbildung, insbesondere der im Ich stattfindenden Veränderungen, durchgeführt werden könnte.

Um abschließend die Konsequenzen dieser Beobachtungen für die analytische Ausbildung zu erörtern, möchte ich die Fragen, die ich einleitend formuliert habe, noch einmal aufgreifen: (1) Weshalb können die Vorgänge im Seminare bei einigen Ärzten Veränderungen bewirken, bei anderen jedoch nicht? (2) Bei welcher Art von Ärzten können sich Veränderungen entwickeln, und wie sind diese Veränderungen beschaffen? (3) Welche Aktivität seitens des Seminarleiters begünstigt Veränderung? Ich habe hier nur die Fragen 1 und 3 zu beantworten versucht. Um die 2. Frage beantworten zu können, müßte ich allzu weit von meinem eigentlichen Thema abschweifen. Im übrigen haben Michael Balint, Robert Gosling, Peter Hildebrandt und ich (1966) vor einigen Jahren ein Buch darüber veröffentlicht.

Mir scheint, daß Gefügigkeit, Rebellion und falsche Lösungen auch während der analytischen Ausbildung auftreten. In bestimmten Phasen der Lehranalyse ist das Ich des Kandidaten schwach, so daß er versuchen wird, den Analytiker zu introjizieren und als Hilfs-Ich zu benutzen. Die Gefahr einer falschen Lösung ist somit gegeben. Der traditionelle Weg, sie zu verhindern, besteht darin, daß diese Probleme ebenso wie alle anderen in der Lehranalyse bearbeitet werden sollten und bearbeitet werden können.

Ist dies absolut richtig? Und kann – oder sollte – man, insoweit es nicht zutrifft, irgend etwas ändern?

Zwei Prozesse finden während der analytischen Ausbildung ungefähr gleichzeitig statt: (*a*) die persönliche Analyse des Kandidaten; (*b*) seine klinische und theoretische Ausbildung zum Analytiker. Die persönliche Analyse macht regressives Verhalten oder Rückzug zu gewissen Zeiten unumgänglich, während die übrige Ausbildung, insbesondere solange der Kandidat seine Behandlungen unter Supervision durchführt, ihm die volle erwachsene Verantwortlichkeit abverlangt, die es zu respektieren und zu unterstützen gilt. Zweifellos können zwischen diesen Anforderungen kurz- oder auch längerfristige Konflikte entstehen, und es ist in der analytischen Behandlung selbst nicht immer möglich, ein ausgewogenes Verhältnis zwischen der Arbeit der Ich-Stärkung und der hochgradig beunruhigenden, regressiven Arbeit in bestimmten Phasen der Übertragungsneurose herzustellen. Unter Umständen ist es noch nicht einmal wünschenswert, die Aufrechterhaltung einer solchen Balance zu sehr in den Mittelpunkt zu rücken.

Ich habe den Eindruck, daß viele Kandidaten unmittelbar vor oder nach Abschluß ihrer Ausbildung in dieser Hinsicht beträchtliche Probleme haben. Manche Kandidaten scheinen sehr gefügig zu sein; sie wollen nichts kritisieren, was auch nur von ferne den Überlegungen ähnelt, die sie zu respektieren gelernt haben, und reagieren irritiert und verärgert, wenn irgend jemand solche Kritik übt. Andere scheinen jedem mit überlegener Selbstgefälligkeit zu begegnen, der andere Meinungen vertritt als sie selbst; sie können keine nachdenkliche wissenschaftliche Diskussion führen. Wieder andere verhalten sich entschieden aufrührerisch; nichts ist sicher, nichts ist verläßlich, alles muß angegriffen werden.

Meiner Erfahrung nach benötigen manche Kandidaten lange Zeit, um diese Haltungen zu überwinden und sich von ihnen freizumachen; besonders schwierig ist dies offenbar während der Lehranalyse oder wenn sie ihre persönliche Analyse nach erfolgreicher Qualifikation noch fortsetzen, aber vermutlich auch in vielen anderen Situationen. Ich denke, daß diese Probleme deshalb besonders schwer zu lösen sind, weil die Kandidaten keine Gelegenheit haben, sich mit einer Gruppe zu identifizieren, die ähnliche Auffassungen wie sie selbst, aber auch andere Ansichten vertritt und sie akzeptiert, auch wenn sie an ihrer professionellen Arbeit Kritik übt.

Ich möchte, allerdings mit großer Zurückhaltung, die Überlegung zur Diskussion stellen, daß Seminare der hier beschriebenen Art dem Kandidaten helfen könnten, schwierige Phasen zu bewältigen. Wie ich erläutert habe, entstehen die Probleme, weil die Kandidaten gezwungen sind, gleichzeitig in zwei absolut verschiedenen Welten zu funktionieren: (a) in der primitiven Intimsphäre des analytischen Setting und (b) in der öffentlichen, professionellen Welt ihrer Praxis. Die Tatsache, daß eine Vielzahl der Probleme beiden Welten gemeinsam ist – und die Kandidaten den Anforderungen beider Welten gerecht werden müssen –, macht ihre Lösung noch komplizierter.

Meiner Ansicht nach könnten unsere Seminare aus folgenden Gründen hilfreich sein: (a) Die Gruppe würde die Ideen und Beiträge eines jeden Mitglieds ernst nehmen und ihnen aufmerksam zuhören; (b) jede Kritik, die in unseren Seminaren formuliert wird, muß sich auf einen realen Fall beziehen, das heißt auf eine bestimmte Arzt-Patient-Beziehung, deren weitere Entwicklung dann automatisch zeigt, ob die Kritik hilfreich und gerechtfertigt ist oder sinnlos und unbegründet; und da (c) persönliche Probleme und Motive grundsätzlich nie diskutiert werden, könnten Kandidaten in den Seminaren vielleicht eine Zwischenwelt finden, die ihre analytische, innere Welt unangetastet läßt.

Die Schwierigkeit, gleichzeitig in zwei verschiedenen Welten funktionieren zu müssen, ließe sich in gewissem Umfang verringern. Dies würde die Gefahr, daß Kandidaten falsche Lösungen entwickeln und sich in Rebellion und Gefügigkeit flüchten, erheblich reduzieren.

All dies sollte – und kann meiner Meinung nach oft – allein in der Lehranalyse bearbeitet werden. Die Probleme jedoch, die in diesem Bereich der Ich-Entwicklung durch die meisten Curricula entstehen, sind ernst genug, um ein Überdenken der Situation und eine kritische Betrachtung dieser Vorschläge zu rechtfertigen.

Dritter Teil

Die Arbeit des Analytikers mit Paartherapeuten

16. Ehekonflikte und ihre Behandlung

Dieser Beitrag[1] wirkt auf den ersten Blick wie eine leicht verständliche Einführung in die Paartherapie. In Wahrheit jedoch lohnt es sich, diesen scheinbar unkomplizierten Beitrag Satz für Satz zu lesen. Die wichtigsten Sätze finden sich vielleicht am Schluß, wo es heißt, daß es nie darum ginge zu entscheiden, »was in einer Ehe geschehen *sollte*. Unser Ziel besteht einzig und allein in dem Versuch, das, was *tatsächlich geschieht*, zu verstehen und dem Paar dabei zu helfen, sich darüber klar zu werden, was in dem Augenblick, in dem sie Hilfe suchen, befriedigend ist und was nicht« (S. 278).

Zu Beginn erklärt Balint, daß man eine Ehe nicht verstehen kann, indem man zwei Individuen betrachtet; im Zentrum muß die Partnerschaft stehen. Gleichwohl erläutert sie im unmittelbaren Anschluß daran die Bedeutung, die der jeweiligen Entwicklungsgeschichte beider Beteiligter zukommt. Ob zwei Menschen zueinander passen, ist keine Angelegenheit rationaler Urteile; die Frage lautet vielmehr, wie gut die irrationalen, unbewußten Bedürfnisse und Befriedigungen, die sich aus jenen Geschichten herleiten, miteinander korrespondieren und einander ergänzen. Das Mädchen vom Lande heiratet vielleicht den Stadtmenschen, und Streitereien können als Befriedigung empfunden werden, vorausgesetzt, daß »unsere Ehepartner an diesen und jenen irrationalen Forderungen und Verhaltensweisen Anteil nehmen können oder sich ihnen zumindest nicht widersetzen« (S. 274). Die Paartherapie soll es den Partnern ermöglichen, ihre weitgehend unbewußten Reaktionen auf die spezifischen und ebenfalls häufig unbewußten und irrationalen Lust- und Befriedigungsbedürfnisse des anderen besser zu verstehen. Wir haben es also wiederum, ebenso wie im ersten und zweiten Teil dieses Buches, mit dem Thema der gemeinsamen unbewußten Kommunikation zu tun.

Der Beitrag zeugt von einer frappierenden Unvoreingenommenheit in bezug auf die möglichen Resultate der Paartherapie. Beide Partner können sich gemeinsam, sozusagen im Gleichschritt, ändern; einer der Beteiligten kann sich verändern, um mit der Entwicklung des anderen Schritt zu

---

[1] »Marital Conflicts and Their Treatment« erschien in *Comprehensive Psychiatry* 7 (1966), S. 403-407.

halten; es ist aber auch denkbar, daß die einzige notwendige Veränderung darin besteht, daß beide ihre Pathologie zu genießen lernen; andere Konflikte wiederum sind, wie Enid Balint es im 6. Kapitel am Beispiel von Frau Y. beschreibt, nur durch Trennung zu lösen.

◆

Das Thema dieses Beitrags ist jedem vertraut: Wenn man versuchen will, eine Ehe zu verstehen, so hat es wenig Zweck, sich darauf zu beschränken, die beiden Ehepartner getrennt voneinander verstehen zu wollen. Der erste Schritt, so meine Überlegung, besteht folglich in dem Versuch, die Ehe selbst zu begreifen. Man muß die Ehe als krank betrachten und diagnostizieren, worin diese Krankheit wurzelt.

Wie wir alle wissen, gehen Ehen zwischen zwei Menschen mit ähnlichem Geschmack, ähnlichen Vergnügungen und Lebensweisen häufig schief, und wir haben gelernt, nicht überrascht zu sein, wenn sich eine scheinbar sehr gute Ehe in Wirklichkeit als schlechte Ehe erweist und umgekehrt. Häufig werden befriedigende gemeinsame Erfahrungen vor der Welt verborgen und nur die schlechten Seiten offenbart, ebenso aber kann auch das Gegenteil zutreffen. Jeder Mensch sieht die Welt mit eigenen Augen, und jeder Mensch ist sich seines individuellen Blickwinkels sowie seiner Erwartungen zu gewissem Grad überhaupt nicht bewußt; trotzdem aber wird er wahrscheinlich unglücklich sein, wenn seine Erwartungen nicht wenigstens teilweise erfüllt werden. Mitunter werden die offensichtlicheren und rationaleren Bedürfnisse, die ein Ehepartner an den anderen richtet, ignoriert, und es überrascht uns nicht zu sehen, daß eine Frau, die das Landleben liebt, einen Mann heiratet, der es verabscheut; oder daß ein Paar, das sich pausenlos streitet, nie daran dachte, sich zu trennen. Ihre Streitigkeiten sind für sie vielleicht ein notwendiger Lustgewinn, den sie der Öffentlichkeit möglicherweise nicht verhehlen, während sie ihre positiveren Befriedigungen vor der Welt verbergen.

Warum ist es so schwierig, realistisch zu entscheiden, wie der richtige Ehepartner beschaffen sein müßte? Stillschweigend hegen wir alle die Phantasie, daß es für jeden Menschen den richtigen Partner gibt, und wenngleich wir wissen, daß diese Phantasie für einige von uns realistisch ist, trifft dies doch gewiß nicht auf jeden zu. Es gibt nicht nur viele Junggesellen und unverheiratete Frauen, sondern auch viele unglücklich verheiratete Menschen. Offensichtlich können recht viele Menschen die Aufgabe, einen passenden Partner zu finden, nicht lösen oder auch nur in Angriff nehmen. Im Laufe der Geschichte hat man mit Hilfe vielerlei Methoden versucht, das Problem der Partnerwahl zu lösen. Jede Methode kann mit einer akzeptablen Anzahl von Erfolgen aufwarten, und jede führte zu einer nicht unerheblichen Zahl von Fehlschlägen. Die meisten Fälle liegen irgendwo in der Mitte. Heutzutage könnte es zwar den Anschein haben, als seien die Menschen in der Wahl ihres Partners völlig frei, aber dies trifft mitnichten zu, denn selbst in unserer Gesellschaft sind dieser Wahl durch bestimmte Traditionen und gesellschaftliche Bräuche Grenzen gesetzt. Dennoch gibt es im großen und ganzen mehr Freiheiten als früher, und man könnte annehmen, daß größere Harmonie und Zufriedenheit die Folge seien. Warum stimmt das nicht?

Wenn wir den Blick in die Vergangenheit richten und untersuchen, was in der frühen Kindheit geschieht, so sehen wir, daß kleine Kinder ausgeprägte Vorlieben und Abneigungen besitzen und von Anfang an lernen müssen, sich ihren Eltern, die ihre eigenen Vorlieben und Abneigungen haben, anzupassen. Dies lernen die Kinder zwar Schritt für Schritt, dennoch aber bedeutet es, daß sie ihre eigenen Wünsche und Bedürfnisse im Zaum halten müssen; so entwickeln sie endlose Kompromißlösungen, um ihr Verlangen zu befriedigen, ohne die Liebe der Eltern aufs Spiel zu setzen. Manche ihrer Bedürfnisse werden abgemildert, umgelenkt oder auch verdrängt. Eine solche Verdrängung kann vollständig und dauerhaft sein, so daß die entsprechenden Bedürfnisse nie direkt befriedigt werden. Sie kann aber auch partiell und vorübergehend sein. Darüber hinaus besteht die Möglichkeit, daß das Bedürfnis entstellt, das heißt fast in sein Gegenteil verkehrt wird oder aber gewissermaßen im Verborgen erhalten bleibt und nur von Zeit zu Zeit aus der Verdrängung entbunden wird. In diesem Fall kommt sein Wiederauftauchen unter Umständen einer Explosion gleich. Denkbar ist zudem, daß das ursprüngliche Bedürfnis ausschließlich unter ganz bestimmten Bedingungen zutage treten kann.

Aus diesen Elementen wird eine Welt errichtet, in der manche Dinge erlaubt sind, andere hingegen nicht; manche Dinge sind gut, andere sind böse. Das Kind ist sich dessen ebenso wie der Erwachsene weitgehend nicht bewußt, und während des ganzen Lebens bleibt der Unterschied zwischen den inneren Modellen, die Menschen entwickeln, im Grunde unverändert. Während das Kind heranwächst, lernt es, die Welt immer besser wahrzunehmen, so daß es sein inneres Modell zu einem gewissen Grad modifizieren kann; es kann aber das Bild, das es in seiner frühen Kindheit entwickelt hat, in der seine Phantasie noch sehr stark und seine Wahrnehmungsfähigkeit nur schwach ausgeprägt war, nicht grundlegend korrigieren. Wenn es erwachsen und im heiratsfähigen Alter ist, kann sich seine Wahrnehmung der Welt zwar noch verändern, dennoch aber ist es sehr schwierig, die Welt mit den Augen eines anderen wahrzunehmen. Manche Dinge werden gut und akzeptabel sein, andere böse; bestimmte Dinge heilsam und begehrenswert, andere beschämend und sogar abscheulich. Erschwerend kommt hinzu, daß diese Modellwelten nur partiell offen anerkannt werden; sie werden zum Teil im geheimen genossen und sind den meisten Menschen nur schwach bewußt. Trotzdem ist es von entscheidender Bedeutung, daß unsere Ehepartner an diesen und jenen irrationalen Forderungen und Verhaltensweisen Anteil nehmen können oder sich ihnen zumindest nicht widersetzen. Unsere Befriedigungen, die einem Außenstehenden natürlich unverständlich erscheinen, müssen unseren Partnern Sinn machen; auch weil sie so »unsinnig« sind, fällt es dem Außenstehenden schwer zu verstehen, was in einer Ehe gut und was nicht gut ist, oder auch nur zu entscheiden, ob die beiden Partner wirklich zueinander passen.

Bevor wir mit Patienten, die uns wegen ehelicher Schwierigkeiten aufsuchen, zu arbeiten beginnen, müssen wir deshalb zu verstehen versuchen, wo die Befriedigungen liegen und wo die Versagungen unerträglich sind. Wir müssen also eine Diagnose der Krankheit dieser Ehe erstellen. Danach müssen wir herausfinden, was sich in der Beziehung (natürlich nicht nur bei dem sogenannten schuldigen Teil) zu dem Zeitpunkt, an dem die Partner unsere Hilfe suchen, verändern muß; wir müssen eine im Augenblick unerträgliche, spannungserzeugende Allianz in eine erträgliche, Befriedigung spendende verwandeln.

Wenn wir Ehen verstehen wollen, müssen wir uns vor Augen halten, daß frühere (und vielleicht nur halbrealisierte) Befriedigungen und die Aussicht auf künftige stark genug sein können, um jeden der beiden Beteiligten zu veranlassen, notwendige Veränderungen *gemeinsam* zu vollziehen. Falls einer der Partner aus dieser parallelen Entwicklung ausschert, müssen wir den anderen dabei unterstützen, sich zu verändern, damit er als Partner ebenso befriedigend bleibt wie zuvor. Manchmal müssen wir sogar einem der beiden Partner dabei helfen zu erkennen, daß der »unbefriedigende« Teil seiner Ehe seinen Bedürfnissen tatsächlich entspricht und er ohne ihn nicht zurecht käme, ohne sich selbst tiefgreifend zu verändern.

Häufig sind die Schwierigkeiten zweier Partner komplementär, dennoch aber sieht jeder nur die Schwierigkeit des anderen, ohne seinen eigenen Anteil zu erkennen. In manchen Fällen sind grundlegende charakterliche Veränderungen zweier Ehepartner notwendig, damit die Ehe aufrechterhalten werden kann, aber oft stellt sich heraus, daß die Beziehung selbst als Container für überaus starke Gefühle dient und Bedürfnisse zu befriedigen vermag, die beiden Partnern nicht bewußt sind. In einem solchen Fall sind Symptome nicht als schlechtes Zeichen zu verstehen, sondern vielmehr als Teil eines positiven Prozesses, der in der Ehe stattfindet. Deshalb ist es selbst dann, wenn die betroffenen Personen sehr krank sind, gelegentlich möglich, mit der Ehe zu arbeiten. Beide Betroffene *brauchen* einander.

Wenn ich mit Ehekonflikten arbeite, versuche ich, fünf Fragen im Hinterkopf zu behalten, um eine Diagnose über die Ehe erstellen und die Behandlung planen zu können. Diese Fragen lauten:

Erstens, wie sieht der Patient sich selbst? (Welche Gefühle hegt er sich selbst gegenüber? Für welche Art von Mensch hält er sich?) Und wie sieht er andere Personen, die eine wichtige Rolle in seinem Leben spielen, nicht nur seinen Vater und seine Mutter, sondern alle Menschen, die er in seinem Interview erwähnt (oder vielleicht zu erwähnen vermeidet)? Und wie sehe ich selbst den Patienten und seine Familie? Inwieweit weicht das Bild, zu dem ich in dieser diagnostischen Arbeitsphase gelange, von seinem Bild ab? Nach und nach vergleiche ich mein Bild mit dem Bild, das mir der Patient vermittelt. Und nach und nach beginnt sich etwas zu verändern. Patienten sind natürlich nie unbeirrbar gleich, und häufig werden die beiden Bilder (mein Bild und ihr Bild) einander ähnlicher. Beide bekommen wir ein realistischeres Bild.

Die zweite Frage lautet: Wie sieht der Patient seine Probleme? In welchem Licht sieht er sie, und – wiederum parallel dazu – wie sehe ich sie?

Die dritte (und vielleicht zentrale) Frage lautet: Was hat diese zwei Menschen ursprünglich zusammengebracht? Warum haben sie geheiratet?

Welche Gratifikation haben sie bewußt und unbewußt in ihrer Ehe gesucht und von ihr erwartet? Manchmal kann man schon recht früh damit beginnen, Antworten auf diese Frage zu formulieren, manchmal hingegen dauert es lange Zeit. Die Frage aber ist immer wichtig und darf nie außer acht gelassen werden, und wenn sie sich nicht beantworten läßt, muß man diesen Ansatz verwerfen und eine Einzeltherapie in Erwägung ziehen.

Die vierte Frage lautet: Was ist in der Ehe schiefgegangen? Das heißt, was ist aus den erwarteten Gratifikationen und Freuden geworden, die einst Anlaß zur Heirat waren, und welche unerwarteten Frustrationen haben sich eingestellt?

Und schließlich die fünfte und letzte Frage: Was hat den Patienten zu ebendiesem Zeitpunkt zu uns geführt? Normalerweise stellt sich heraus, daß die Schwierigkeiten nicht ganz neu sind; die Krise jedoch, die den Patient nun veranlaßt hat, uns aufzusuchen, hat eine wichtige Bedeutung. Wenn es dem Therapeuten gelingt, diese Frage zu verstehen und zu beantworten, kann er es dem Patienten häufig ermöglichen, die gesamte Situation und die Rolle, die er selbst darin spielt, in anderem Licht zu sehen, ja, sein neugewonnenes Verständnis sogar in die Ehe einzubringen. In einem solchen Fall findet möglicherweise gleich zu Beginn der Behandlung eine bedeutsame Veränderung statt.

Wenn ein Patient seine neue Einsicht direkt in ein entsprechendes Verhalten in der Beziehung umsetzen kann, wird dies seinen Partner unter Umständen zu einer befriedigenden Reaktion veranlassen, denn es ist möglich, daß die frühere gegenseitige Anziehung, die die beiden Eheleute ursprünglich zusammengebracht hat, auf diese Weise wiederherstellt wird. Insgesamt gesehen könnte man tatsächlich sagen, daß derartige positive Reaktionen wahrscheinlich eher durch eine Therapie, welche die Eheprobleme in den Mittelpunkt rückt, als durch andere Formen der Psychotherapie ermöglicht werden, denn letztere bieten unter Umständen keine unmittelbare Gelegenheit, die gewonnene Einsicht in einem realen Setting zu prüfen. Wenn sich die Arbeit auf ein Eheproblem konzentriert, kann der Patient ohne allzu große Schuld- und Schamgefühle Einsicht in seine eigenen Aktivitäten entwickeln, und zwar vor allem dann, wenn auch sein Partner in Behandlung ist und die Belastung, die er sonst alleine zu tragen hätte, mit ihm teilt.

Ich möchte meine Ausführungen nun illustrieren, indem ich kurz über ein verheiratetes Paar berichte, das nach zehnjähriger Ehe Hilfe suchte. Der Mann, der als erster zur Beratung kam, war Mitte Dreißig, als ihm bewußt wurde, daß er aus seinem Leben nichts machte und seine Ehe zunehmend schlechter wurde. Dieser Mann hatte sowohl sein berufliches als auch sein Privatleben so eingerichtet, daß er sich auf nichts allzu intensiv einlassen mußte. Bis zu diesem Zeitpunkt hatte es den Anschein gehabt, als würde ihn jedes zusätzliche Engagement überfordern. Seine Frau hatte sich dem hervorragend angepaßt. Beide konnten sich nicht vorstellen, miteinander zu schlafen oder Kinder zu bekommen, und die Frau verbrachte ihre gesamte Zeit damit, das Haus zu putzen, ihre Kleider herzurichten und ihr Haar zu pflegen. Von seiner Behandlung erhoffte sich der Patient nicht etwa, zu dem früheren Gleichgewicht zurückfinden zu können, in dem die Kontaktlosigkeit für ihn befriedigend gewesen war; vielmehr wollte er sich ändern, um Kontakte knüpfen und sich auf andere Menschen einlassen und Gefühle für sie und die Ereignisse in seiner Umwelt empfinden zu können.

Obwohl ich anfangs vermutete, daß die Behandlung lange Zeit in Anspruch nehmen würde, traten nach weniger als einem Jahr in beiden Partnern, die bei verschiedenen Therapeuten in Behandlung waren, deutliche Veränderungen zutage. Es gelang ihnen, in einem Tempo, das jedem von ihnen gemäß war, eine Beziehung zueinander zu entwickeln.

Ein weiteres Beispiel: Eine vierzigjährige Frau suchte ihren Arzt auf und klagte über Kopfschmerzen und Depressionen. Bald verlagerten sich ihre Klagen und sie gestand, daß sie mit ihrem Mann nur dann gerne schlafe, wenn sie böse auf ihn sei, und daß sie ihn während des Geschlechtsverkehrs häufig verachte. Während der Behandlung zeigte sich, daß ihr Mann ebendiese Stimmung unbewußt suchte und sie in seiner Frau entsprechend förderte. Dieses Muster war beiden eine Zeitlang recht, an einem bestimmten Punkt aber benötigten sie Hilfe, bevor sie wieder Spaß an dieser Art von Eheleben haben und das beste draus machen konnten.

Worauf es hier ankommt, ist folgendes: Die neurotische Form der Befriedigung mußte nicht verändert werden, beiden Partnern aber mußten bestimmte unbewußte Gefühle bewußt gemacht werden, bevor sie sie genießen konnten. In anderen Fällen wird ein solcher therapeutischer Ansatz nicht erfolgreich sein, und auch in dem erwähnten Fall könnte zu einem anderen Zeitpunkt ein anderes Vorgehen als notwendig erweisen.

Der Therapeut steht vor einer schwierigen Entscheidung, wenn er im Anschluß an die Diagnosephase über die Ziele seiner Behandlung entscheiden muß.

Fassen wir noch einmal zusammen: Ich habe den Ansatz zu illustrieren versucht, mit dem wir in einem therapeutischen Setting arbeiten, um eine Ehe zu verstehen. Ich habe betont, daß es uns darum geht, die Interaktion zwischen zwei Personen zu verstehen, um dann auf dieser Grundlage zu entscheiden, ob die Interaktion ohne grundlegende Veränderungen beider Partner befriedigend gestaltet werden kann oder ob und in welcher Richtung sich einer der Beteiligten oder auch beide verändern müssen, damit die Ehe gut funktioniert. Ebenso wie in anderen psychotherapeutischen Verfahren geht es nie darum zu entscheiden, was in einer Ehe geschehen *sollte.* Unser Ziel besteht einzig und allein in dem Versuch, das, was *tatsächlich geschieht*, zu verstehen und dem Paar dabei zu helfen, sich darüber klar zu werden, was in dem Augenblick, in dem sie Hilfe suchen, befriedigend ist und was nicht.

17. Unbewußte Kommunikationen zwischen Ehepartnern

Dieser Vortrag[1] beruht auf Enid Balints Arbeit im *Familiy Discussion Bureau*, aus dem später das *Institute of Marital Studies* hervorging. Balint war in den Jahren 1947 bis 1948 entscheidend an der Gründung jenes *Bureaus* beteiligt. Ihr Ziel bestand vor allem darin, Forschungen über gescheiterte Ehen durchzuführen und einen therapeutischen Ansatz zu entwickeln. Seither ist sie dem *Institute of Marital Studies* eng verbunden geblieben.

Ebenso wie das vorangegangene Kapitel stellt auch dieser Beitrag eine leicht verständliche Einführung in das Thema dar, hinter deren Unkompliziertheit sich gleichwohl vielschichtige und subtile Überlegungen verbergen. Balint beschäftigt sich recht detailliert mit der Frage, in welcher Beziehung die Entwicklungsgeschichte des Individuums zu den unbewußten Erwartungen und Abwehrmechanismen steht, die es in die Ehe einbringt; das Thema der gemeinsamen unbewußten Kommunikation schließlich rückt nun in den Mittelpunkt. Gleich zu Beginn betont Balint den intrinsischen Zusammenhang zwischen Psychoanalyse und Familiendynamik und zeigt dann, daß die Partnerschaft in einer Ehe ähnlich wie die analytische Partnerschaft zwischen Patient und Psychoanalytiker einen Tummelplatz der Übertragung darstellt. Wir erkennen hier deutlich, daß Balints Rollen als Analytikerin, als Ausbilderin von Hausärzten und als Ehetherapeutin organisch zusammenhängen. Ein weiteres Thema, das in den jüngeren Beiträgen des Ersten Teils dieses Buches von herausragendem Stellenwert war und sich hier, zwanzig Jahre früher, in einem anderen Kontext herauskristallisiert, ist die Bedeutung der bloßen Gegenwart einer anderen Person, ohne daß irgend etwas Offensichtliches getan wird. Wenn der Ehemann oder die Frau nicht da ist, hört das »Zuhause« unter Umständen auf, ein »Zuhause« zu sein – was bleibt, ist die Leere (S. 285).

Der Respekt, den Balint der menschlichen Gedanken- und Gefühlswelt und den Personen entgegenbringt, denen sie zu helfen versucht, kommt in

---

[1] Enid Balint hielt den Vortrag »Unconscious Communications between Husband and Wife« im Rahmen einer Reihe öffentlicher Vorlesungen. Er wurde in *What Is Psychoanalysis?* (hg. von W. G. Joffe, London, Institute of Psycho-Analysis, 1968) veröffentlicht.

sämtlichen Beiträgen dieses Buches zum Ausdruck. Im vorliegenden Kapitel wird er explizit thematisiert. Die Anzahl gut funktionierender Ehen, so sagt die Autorin, sollte uns mit Respekt vor dem Unbewußten erfüllen, vor den verborgenen Loyalitäten unserer Patienten und ihrem Bedürfnis, ihre Angelegenheiten in Ordnung zu bringen.

◆

Eine der Kardinalfragen, für die sich Freud seit Beginn seiner Arbeit interessierte, lautet, wie es möglich ist, die Schwierigkeiten eines Individuums im Rahmen seiner frühen Familiengeschichte zu verstehen. Die Psychoanalyse erkannte also von Anfang an, daß die familiäre Atmosphäre, die in erster Linie durch die Interaktion oder Kollaboration zweier Partner – des Ehemanns und der Ehefrau – geschaffen und später durch die Geburt der Kinder vor neue Komplikationen gestellt wird, für die künftige Entwicklung – und Entwicklung bedeutet im großen und ganzen Anpassungsfähigkeit – eines jeden Individuums von herausragender Bedeutung ist. Trotzdem haben Psychoanalytiker bemerkenswert wenig über die Dynamik dieser Ehe-Interaktionen geschrieben und geforscht. Einige Ausnahmen gab es vor allem in den zwanziger Jahren (zum Beispiel Groddeck, Deutsch und Horney), und während der vergangenen fünfzehn Jahre haben einige wenige englische und amerikanische Psychoanalytiker ihre Aufmerksamkeit der Erforschung ehelicher Interaktionen zugewandt und mit Hilfe der Einsichten, die sie als Analytiker gewonnen hatten, versucht, zu einem besseren Verständnis familiärer Verhaltensweisen zu gelangen und Theorien zu formulieren.

Im *Family Discussion Bureau* der Tavistock Clinic haben wir seit Beginn unserer Arbeit im Jahre 1948 versucht, Eheprobleme zu verstehen, indem wir unsere Aufmerksamkeit auf die Interaktion der beiden Partner richteten. Das heißt, wir haben nicht die beiden Personen als getrennte Individuen isoliert voneinander betrachtet, sondern vielmehr die Ehe selbst in den Mittelpunkt unserer Forschungen gerückt.

Vielleicht geht die Ehe über das natürliche Interessensgebiet des Psychoanalytikers hinaus, der sich in erster Linie mit dem Individuum beschäftigt: mit seinen Bedürfnissen und Trieben und seiner Beziehung zum eigenen, privaten Leben einschließlich seiner Träume und Phantasien, seiner

Hoffnungen, Enttäuschungen und Wünsche in bezug auf seine Familie, wie er sie zu Beginn seines Lebens kannte – oder zu kennen glaubte. Will man hingegen Theorien über die eheliche Interaktion formulieren, muss man über das innere Leben des Individuums, über seine Hoffnungen, Enttäuschungen, Ängste und Wünsche hinaus auch das innere Leben seines Partners berücksichtigen und untersuchen, wie diese beiden Innenwelten einander beeinflussen, wie sie miteinander interagieren oder auch nicht interagieren. Zudem können selbst diese Interaktionen nicht isoliert untersucht werden, da sich die relative Einfachheit der ehelichen Beziehung komplexer gestaltet, wenn ein Kind geboren wird, und zwar nicht nur deshalb, weil ein neues Individuum mit eigenen Strebungen und eigener Persönlichkeit hinzukommt, sondern auch aufgrund der Veränderungen, die jede Schwangerschaft in den Eltern bewirkt.

Die grundlegende Atmosphäre einer Ehe, die durch die Interaktion beider Partnern entsteht, wird sich durch die Geburt eines Kindes jedoch vermutlich nicht entscheidend ändern, und ich möchte meinen Vortrag nicht mit allzu großen Komplikationen beladen, indem ich erläutere, wie die Kinder diese Atmosphäre beeinflussen. Deshalb werde ich die Ehe hier so behandeln, als seien an ihr nur zwei Personen beteiligt, ohne jedoch zu vergessen, daß Kinder in der Familie eine wichtige Rolle spielen und jedes von ihnen bedeutsame Veränderungen mit sich bringt.

Wir wollen also untersuchen, wie das individuelle Leben eines Menschen, seine Erwartungen und Hoffnungen und Ängste sich in das Leben eines anderen einfügen und es beeinflussen. Dabei dürfen wir allerdings nicht aus dem Auge verlieren, daß diese Interaktion auch von Soziologen, Anthropologen und Sozialpsychologen erforscht wird, deren Untersuchungen sich zum Teil auf die Beobachtungen einer dritten, unbeteiligten Person stützen. Sie diskutieren ihre Ergebnisse, arbeiten mit Konzepten wie den interpersonalen Beziehungen, dem Familienprozeß, der Familieninteraktion usw. und suchen nach angemessenen Möglichkeiten, um zum Beispiel den Familientypus zu beschreiben, der ein schizophrenes oder ein delinquentes Kind hervorbringt oder ein solches Kind zu seiner eigenen Stabilisierung benötigt.

Obwohl Freud und in seiner Nachfolge die gesamte Psychoanalyse der Interaktion in einer Ehe oder Familie wenig Aufmerksamkeit widmeten, haben sie die Bedeutung einer spezifischen Zwei-Personen-Beziehung detailliert untersucht, nämlich die Beziehung zwischen einem Patienten und seinem Analytiker. So entdeckte Freud zum Beispiel, daß die analytische Behandlung nicht voranschreitet, wenn die Erwartungen und, wie wir sagen dürfen, Illusionen, die der Patient gegenüber seinem Analytiker hegt, nicht verstanden werden. Er entdeckte auch, daß alle Patienten unrealistische Vorstellungen über ihre Analytiker entwickeln, und bezeichnete diese Art der Beziehung bereits im Jahre 1895 als »Übertragung« (Breuer und Freud 1893-1895, S. 244). Er führte diese Übertragung auf »Regungen und Phantasien« zurück, »die während des Vordringens der Analyse erweckt und bewußt gemacht werden sollen, mit einer für die Gattung charakteristischen Ersetzung einer früheren Person durch die Person des Arztes« (Freud 1905e, S. 279). Das heißt, es werden Gefühle von dieser früheren Person auf den Analytiker übertragen. Einige Zeit später entdeckte Freud auch, daß die Übertragung nicht auf die Psychoanalyse beschränkt ist, sondern spontan in sämtlichen menschlichen Beziehungen auftritt. Der Unterschied, so sagt er, bestehe darin, daß sie in der Analyse aufgedeckt werde, während uns ihre Manifestationen in anderen Beziehungen zumeist nicht bewußt sind. Infolgedessen muß Freud, wenngleich er es nie ausdrücklich gesagt hat, sehr wohl erkannt haben, daß in der Vergangenheit wurzelnde Triebregungen und Phantasien auch in der Ehe wiederbelebt werden; und daß beide Partner einer Ehe unrealistische Vorstellungen und Erwartungen aneinander richten werden. Anders als in der Beziehung zwischen Patient und Analytiker wird dies von Eheleuten jedoch kaum je bewußt wahrgenommen. Es muß aber zweifellos für sie selbst und für die Familienatmosphäre, die sie schaffen, eine höchst wichtige Rolle spielen.

Freud erkannte, daß es unmöglich ist, ein Individuum isoliert zu erforschen; das heißt, seine Konflikte und Schwierigkeiten in bezug auf eine andere Person müssen ebenso berücksichtigt werden wie sein Wunsch, das eigene Verhalten zu ändern, um sich einer anderen Person anzupassen, oder sein Bedürfnis, den Partner den eigenen Vorstellungen gemäß zu verändern. Ein Individuum lebt niemals in einem Vakuum. Trotzdem konzentriert sich der Analytiker ausschließlich auf die Erfahrungen einer einzelnen Person. Um diese Erfahrungen erklären zu können, entwickelte Freud eine dualistische Theorie.

1. Die Triebtheorie. Diese Theorie begreift die Triebe als dynamische

Kräfte, die im Grenzbereich zwischen Biologie und Psychologie angesiedelt sind. Sie erzeugen Bedürfnisse, die das Individuum zwingen, bestimmte Ziele zu verfolgen; zum Beispiel wird es durch seinen Sexualtrieb gezwungen, einen Partner zu suchen. Der Hunger zwingt es zur Suche nach Nahrung usw.

2. Die zweite Theorie ist komplizierter. Sie beruht auf Geschichte und Zufall. Auch sie postuliert Kräfte, die im Individuum aktiv sind, aber diese Kräfte werden durch zufällige Ereignisse in der spezifischen Geschichte dieses Individuums geweckt und erzeugen die Neigung oder den Drang, das, was sich ereignet hat, zu wiederholen. So ist es denkbar, daß ein Individuum bestimmte Verhaltensweisen konsequent wiederholt und unfähig ist, andere Formen des Verhaltens, wie befriedigend sie auch sein könnten, zu akzeptieren. Das Individuum kann zu Wiedergutmachungshandlungen neigen, zu Grollgefühlen oder Rachegelüsten usw. Man könnte diese Theorie als die »Entwicklungstheorie« bezeichnen. Beide Theorien, sowohl die Trieb- als auch die Entwicklungstheorie, postulieren charakteristische Kräfte. Beide Theorien sind notwendig, wenn wir das innere Erleben eines Menschen erklären wollen, und beide sind auch für das Verständnis interpersonaler Beziehungen unverzichtbar. Noch komplizierter aber wird die Angelegenheit, wenn wir die Methoden untersuchen wollen, mit deren Hilfe zwei Menschen miteinander kommunizieren. Vielleicht ist dies sogar ein weiterer Grund, weshalb Ehe-Interaktionen von Analytikern nicht erforscht wurden. Es ist bereits schwierig genug, die verschiedenartigen und widersprüchlichen Kräfte und die Phantasien, durch die sie bewußt werden, zu begreifen, wenn sie in der analytischen Situation wieder geweckt und übertragen werden, und diese Situation ist noch vergleichsweise einfach, weil nur eine Person, nämlich der Patient, Übertragungen macht, während der Analytiker in seiner Ausbildung gelernt hat, seine eigene Übertragung in der Behandlung von Patienten zu verstehen und kontrolliert zu handhaben. Vielleicht hält man es für allzu kompliziert, die verkreuzten und widersprüchlichen Übertragungen einer Ehe zu entwirren, und hat sie deshalb so stiefmütterlich behandelt. Wenn wir aber die Kommunikation in der Ehe untersuchen wollen, müssen wir feststellen, was Psychoanalytiker zur Klärung dieser spezifischen Interaktion beitragen können. Beginnen wir mit der Beschreibung einiger simpler und jedem vertrauter Kommunikationsformen zwischen Ehepartnern.

Worte machen nur einen kleinen Teil der gesamten Kommunikation aus. Wir kommunizieren auch durch die Art, wie wir uns bewegen, durch unsere Mimik, unser Schweigen, durch die Art und Weise, wie wir einander Dinge geben oder nicht geben usw. Wenn ich in diesem Beitrag von »Kommunikation« spreche, benutze ich den Begriff in diesem umfassenderen Sinn. In der Ehe spielen nonverbale Kommunikationen eine besonders wichtige Rolle. Häufig weiß derjenige, der kommunizieren möchte, gar nicht, was er eigentlich sagen will; unter Umständen weiß er nicht einmal, daß er überhaupt etwas sagen will. Ein Teil unserer Gefühle bleibt unbewußt, spricht aber ebenfalls. Darüber hinaus ist es möglich, daß unser Partner nicht bewußt registriert, daß etwas gesagt worden ist, wenn wir mit ihm kommunizieren. Dennoch setzt sein Unbewußtes unter Umständen eine Reaktion in Gang. Um es anders zu formulieren: Ein Mann kann mit seiner Frau kommunizieren, ohne sich dessen bewußt zu sein. Oder die Frau merkt, daß eine Geste oder ein Stirnrunzeln eine Bedeutung hatte, ist sich über deren genauen Sinn aber nicht völlig im klaren und nimmt möglicherweise auch nicht bewußt wahr, daß sie darauf reagiert. Winnicott (1968) sprach in seinem Vortrag, den er an dieser Stelle gehalten hat, von dem Baby, das die stumme Kommunikation der Mutter registriert, aber nicht hört. Ich meine, daß eine solche Art der Kommunikation in der Ehe ebenfalls ungemein wichtig ist, hier aber einen wechselseitigen Prozeß darstellt. (Wahrscheinlich ist auch der Prozeß zwischen der Mutter und ihrem Baby wechselseitig.)

Selbst in den schlechtesten Ehen, ja sogar dann, wenn sich Eheleute in vielen Bereichen überhaupt nicht aufeinander abstimmen, findet eine höchst subtile Anpassung an die Bedürfnisse des Partners statt. Ein Ehemann zum Beispiel, der normalerweise nur wenig Appetit hat, wird unter Umständen genußvoll riesige Mahlzeiten verzehren, weil seine Frau davon ausgeht, daß ihm dieses Essen schmeckt. Oder eine Frau behauptet, zu müde zu sein, um abends noch auszugehen, weil sie sich unbewußt ihrem ängstlichen und depressiven Ehemann anzupassen versucht. Sehen wir uns einige Ehen genauer an. Ein Mann zum Beispiel kam von der Arbeit nach Hause und erfuhr von seiner Frau, daß sie einen schrecklichen Tag mit den Kindern hinter sich habe, nun aber alles in Ordnung sei und das Abendessen bereit stehe. Unbewußt teilte sie ihrem Mann durch diese Worte mit, daß es ihr schrecklich ergangen sei, daß sie gerne einen Drink oder einen

Kuß hätte oder sich gerne liebevoll von ihm umsorgen lassen würde. Der Mann registrierte diese Kommunikation nicht und ging statt dessen in die Garage, um nach seinem Auto zu schauen. Ihm war nicht bewußt, daß er auf die unbewußte Kommunikation seiner Frau reagierte, und ihr war nicht bewußt, daß sein Rückzug in die Garage eine Reaktion auf ihre Kommunikation darstellte. Verheiratete Paare wirken unablässig in dieser Weise aufeinander ein; sie modifizieren das Verhalten des Partners in vielschichtigster Weise und verlassen sich auf diese wechselseitige Beeinflussung. Sie gehört zu ihrem täglichen Leben, zur Atmosphäre, die in der Familie herrscht; das gesamte Familienleben wäre ohne sie undenkbar.

Was dem außenstehenden, unbeteiligten Beobachter wie eine antagonistische Kommunikation erscheinen mag, kann in Wahrheit durchaus eine liebevolle Kommunikation sein. Das ist der Grund, weshalb es für den unbeteiligten Beobachter so schwierig ist zu verstehen, was seine Beobachtungen (die absolut zutreffend sein können) für die beiden Ehepartner bedeuten.

Wenn Menschen eine Zeitlang in ein und demselben Setting zusammenleben, wird ihnen bewußt, daß sie miteinander kommunizieren und die Gegenwart des anderen schätzen, auch wenn scheinbar nichts zwischen ihnen geschieht. Vielleicht sind sie nicht imstande, sich an irgendeine einfache Arbeit zu machen, wenn der andere nicht im Haus ist. Jeder von ihnen weiß, daß seine Aktivitäten durch die Anwesenheit des Partners bereichert werden, auch wenn ihnen dies vielleicht nur dann bewußt wird, wenn er einmal nicht da ist. Genau dies meinen die Menschen, wenn sie von »Zuhause« sprechen. Die meisten Menschen wissen, daß sie gerne zu Hause sind, daß sie nach einem Urlaub gerne oder ungerne nach Hause zurückkehren, und vielleicht ist ihnen nicht einmal bewußt, daß sie nicht wirklich zu Hause sind, wenn der andere fort ist. Selbst Ehepartnern, die sich nicht vertragen und wegen irgend etwas feindselig und verärgert sind, ist es – vielleicht gerade in solchen Zeiten – unter Umständen lieber, wenn der andere da ist, so daß sie ihr Leben wie gewohnt fortsetzen können. Über ihren offenkundigen Zusammenhang mit der Kindheit hinaus gibt es eine Reihe verschiedener theoretischer Möglichkeiten, solche Situationen zu erklären.

Wir sprechen zum Beispiel davon, daß jemand einen Teil seiner selbst in eine andere Person hineinlegt und sich dann ohne diesen Teil verloren fühlt, ihn aber unbewußt wiedererkennt und sich selbst wieder vollständig fühlt, wenn er ihn im anderen wahrnehmen und sich zu ihm in Beziehung setzen kann. Ein solcher Prozeß läuft automatisch ab. Wir sind uns seiner überhaupt nicht bewußt. Mitunter befreien wir uns auf diese Weise von eigenen Anteilen, die wir nicht mögen, und werfen dann dem Partner vor, daß er sie verkörpert. Oder wir fühlen uns unserer Liebesgefühle beraubt, zu denen wir nur in Gegenwart unseres Partners Verbindung haben. Vielleicht brauchen wir unseren Partner auch, um uns zu beweisen, daß wir liebevoll sind, um uns unsere Liebesgefühle zu bestätigen und sie in unser Inneres zurückzunehmen, damit wir uns wieder wohl fühlen können.

Es gibt nicht zwei Familien mit haargenau der gleichen Atmosphäre, nicht zwei Paare, die haargenau gleich miteinander kommunizieren. Vielmehr beruht jede Ehe auf ganz bestimmten Charakteristika, die unter Umständen von keinem der beiden Partner bewußt registriert werden, da sie einfach immer vorhanden sind und durch beide gemeinsam geschaffen werden, durch die Individualität, die Persönlichkeit und die Übertragungen, durch die bewußten und unbewußten Anteile dieser zwei Personen. Im folgenden einige Beispiele:

Die dynamische Struktur einer bestimmten Ehe war dadurch charakterisiert, daß die Frau schwach und schutzbedürftig erscheinen mußte. Aber sie durfte nur bis zu einem bestimmten Punkt schwach sein. Allzu große Schwäche war für beide Partner unerträglich. Diese Frau war glücklich, wenn sie das Gefühl vermittelt bekam, innerhalb der richtigen Grenzen schwach zu sein, und falls sie es in solchen Phasen genoß, daß ihr Mann stark war, herrschte Harmonie zwischen ihnen. Wenn sie widersprüchliche Erwartungen aneinander hegten, entwickelten sich beträchtliche Spannungen. In solchen Situationen konnte keiner dem anderen irgend etwas recht machen. Ehen beruhen häufig, so wie es in diesem Beispiel der Fall ist, auf einer Mischung aus Zufriedenheit und Spannung. Zwischen beiden besteht oft ein subtiles Gleichgewicht. Ein anderes Beispiel: Eine Ehefrau schien ständig auf den Beinen zu sein, um alles kontrollieren zu können. Außenstehenden Beobachtern tat ihr Mann regelrecht leid, und gelegentlich klagte er selbst über ihr herrisches Verhalten. Bis zu einem bestimmten Punkt aber kam die Herrschsucht der Frau beiden Ehepartnern zupaß, und solange dieser Punkt für beide derselbe war, ging alles gut, wenn nicht, gab es Schwierigkeiten.

Ein anderes Ehepaar machte den Eindruck, immer sehr liebevoll und rücksichtsvoll miteinander umzugehen. Die Frau schien ihrem Mann für seine Hilfe und Anteilnahme überaus dankbar zu sein, vor allem dann, wenn ihre häufigen, aber rasch vorübergehenden depressiven Attacken sie überfielen. Der außenstehende Beobachter mußte das Gefühl haben, daß die beiden gut zueinander paßten; und dies war tatsächlich der Fall, allerdings auf andere Weise, als es den Anschein hatte. Die Frau hatte in Wirklichkeit große Angst vor möglichen Wutanfällen, die ihr Ehemann durch seine Freundlichkeit verhinderte. Dadurch aber verhinderte er auch, daß sie sich mit ihren Ängsten vor den möglichen Folgen dieser Wut auseinandersetzte, um sie zu überwinden. Dies kam dem Ehemann zupaß, weil er sich ebenfalls vor allzu großer Leidenschaftlichkeit fürchtete. Ihr zwanghaftes Geschlechtsleben beschränkte sich weitgehend auf Petting; vor der Penetration hatten beide zu große Angst. Dies ließ vermuten, daß das Paar auch zu sexueller Leidenschaft nicht fähig war – möglicherweise einer der Gründe, weshalb sie keine Familie gründen konnten. Unbewußt teilte die Frau ihrem Mann mit: »Bitte kümmere dich um mich, schütze mich vor meiner grauenvollen Leidenschaftlichkeit.« Und er antwortete: »Ja.« Auf diese Weise teilte er ihr Gefühl, daß sie vor ihrer Leidenschaftlichkeit geschützt werden müsse, ein Gefühl, das ihm selbst überaus entgegen kam, wenngleich er, ohne zu wissen warum, ein Gefühl des Grolls und Mißmuts nie los wurde.

Ein recht ähnliches Paar fand eine andere Lösung. Die Ehefrau schien ein ängstlicher Mensch zu sein, begab sich kaum aus dem Haus und stellte an ihren scheinbar lebensfrohen, starken, männlichen Partner nur selten irgendwelche Ansprüche. Dieser stand auf Partys im Mittelpunkt der Bewunderung und wurde von seinem großen Freundeskreis wegen seiner stillen, zurückhaltenden und wenig amüsanten Frau bemitleidet. Sie alle staunten darüber, daß er so treu zu ihr hielt. In Wirklichkeit aber sah die Situation ganz anders aus. Der Mann war ein ängstlicher Mensch und nicht sehr potent. Er brauchte die Bewunderung, hielt aber alle Leute auf Distanz, weil er sich unbewußt davor fürchtete, durchschaut zu werden. Seine Frau kam dem entgegen, denn sie hatte das Bedürfnis, viel allein zu sein und ihre Ruhe zu haben. Sie wollte ihren eigenen Weg gehen und ermunterte ihren Mann zur Geselligkeit. In Wirklichkeit war sie sogar eine sehr aggressive und angespannte Frau, die manchmal explodierte und sich mit ihrem Mann heftig streiten wollte, teilweise, damit sie sich anschließend wieder näherkommen und miteinander schlafen konnten. Irgendwie aber wußte sie, daß sie sehr vorsichtig und zurückhaltend vorgehen mußte, denn wenn der Streit zu heftig wurde, fühlte sich ihr Mann wirklich bedroht und war dann nicht in der Lage, die anschließenden Küsse oder den Geschlechtsverkehr zu genießen. Ihr privaten, verborgenen Befriedigungen blieben unsichtbar, beide aber gaben sich große Mühe, um ihr öffentliches Bild aufrechtzuerhalten, und zwar nicht nur, weil sie irgendwie ahnten, daß sie einander auf diese Weise schützten, sondern auch, weil ihnen die wirkliche Sachlage nur verschwommen bewußt war.

In vielen Ehen gibt es eine grundsätzliche Verständigung darüber, daß alles so sein sollte, wie es ist; wenn sich jedoch zu große Spannungen entwickeln, besteht in der Regel kaum eine Möglichkeit, die Sache zu diskutieren, weil keinem der beiden Partner seine eigenen Erwartungen und Wünsche bewußt sind. Sie wissen nicht, was sie sich durch ihre Handlungen oder durch die Atmosphäre, die sie schaffen, mitteilen, so daß sie, wenn ihre Handlungen Schiffbruch erleiden, durch Gespräche auch nichts in Ordnung bringen können. Der Grad, zu dem solche Strukturen bewußt sind, variiert. Manche Menschen sind sich dessen, was sie von ihrem Partner und sich selbst erwarten können, mitunter ganz und gar bewußt. Manche wollen sich nicht eingestehen, was sie wissen. Andere wiederum wären bereit, es zu akzeptieren, falls ihnen kein anderer Ausweg bliebe, usw. Für jede Ehe ist diese oder jene Atmosphäre charakteristisch, und sie wird beständig durch scheinbar triviale und alltägliche Kommunikationsformen aufrechterhalten. Ich habe weiter oben das Beispiel jener Ehefrau erwähnt, die sich über die Kinder beklagte. Diese Frau ging grundsätzlich davon aus, daß sie eigentlich immer überlastet sein und unter Druck stehen müsse und dies ihrem Mann indirekt mitzuteilen habe. Von ihm wiederum wurde manchmal erwartet, daß er diese Kommunikation aufnahm und etwas für seine Frau tat, bei anderen Gelegenheiten aber sollte er sich dieser Botschaft verschließen und seiner Frau aus dem Weg gehen. Die grundlegende Erwartung beider Partner war, daß die Frau nicht sagen sollte: »Ich bin müde, gib mir bitte einen Drink«, sondern daß sie ihre Bitte und ihre Klage indirekt zum Ausdruck brachte. Triviale Kommunikationen haben mitunter weitreichende Implikationen. Sie können Feindseligkeit oder Liebe zum Ausdruck bringen. Aber sie werden unter Umständen nicht verbalisiert, und ebensowenig können sie die Grenzen, über die sich beide Partner stillschweigend und unbewußt geeinigt haben, sprengen, ohne daß es zu gravierenden Störungen kommt.

Wir stellen häufig fest, daß es manchen Menschen nicht nur schwerfällt, die Liebe und Achtung, die sie für eine andere Person empfinden, offen zum Ausdruck zu bringen, sondern daß es ihnen die gleiche Schwierigkeit bereitet, sich kritisch zu äußern. Viele Menschen sind allerdings weniger gehemmt, wenn sie eine Kritik anzubringen haben, als wenn sie Zärtlichkeit und Wertschätzung empfinden. Wenn sie ihre Gefühle auszudrücken versuchen, merken sie unter Umständen, daß ihre Worte unzulänglich sind; sie sagen zu wenig aus oder zu viel oder sind einfach unpassend.

Wenn wir diese scheinbaren Widersprüche verstehen wollen, dürfen wir nicht vergessen, daß unsere Gefühle nur zum Teil durch die Gegenwart bestimmt werden. Alles, was wir sagen oder tun, wird auch durch die Geschehnisse beeinflußt, die uns in der Vergangenheit zugestoßen sind; manchmal sind bestimmte Ereignisse allzu eng mit der Vergangenheit verknüpft, so daß man sie nicht wirklich besprechen kann.

Es gibt Möglichkeiten, diese Schwierigkeiten zu überwinden. Ehepartner geben sich zum Beispiel Kosenamen, die, wenn sie benutzt werden, eine bestimmte Atmosphäre erzeugen und weit mehr zum Ausdruck bringen, als auf andere Weise gesagt werden könnte. Sie erinnern das Paar an intime Situationen aus der Vergangenheit. Die Benutzung des Namens kann eine ganze Szenerie oder eine Phantasie aus der Vergangenheit oder ein Ereignis wiederaufleben lassen, so daß es nicht notwendig ist, in der Gegenwart darüber zu sprechen. Selbst in diesem Fall aber ist es möglich, daß die Bedeutsamkeit des erinnerten oder phantasierten Ereignisses die Bedeutung des realen Ereignisses übersteigt. So kann es sich zum Beispiel dann verhalten, wenn dieses Ereignis selbst bereits eine Wiederholung der Vergangenheit oder eine Erinnerung an irgendeinen Vorgang oder eine Phantasie aus weiter zurückliegender Zeit darstellte, in der sich die Ehepartner noch gar nicht kannten. Trotzdem aber kommt es den Bedürfnissen und Erwartungen beider Partner entgegen.

Meine bisherigen Ausführungen dürften deutlich gemacht haben, daß eine Ehe zahlreiche Gelegenheiten zu Mißverständnissen ebenso wie auch zu verständnisvollen Begegnungen bietet und die Partner über bewußte und (weit mehr) unbewußte Möglichkeiten verfügen, mit ihnen umzugehen. Wie aber entwickeln sich diese habituellen Kommunikationsformen? Von welchen Bedingungen ist die Kommunikationsfähigkeit eines Menschen abhängig? Wir haben bereits gesehen, daß sie etwas mit der Übertragung zu tun hat; mit Erwartungen und Phantasien, die aus der Vergangenheit stammen und sich der Gegenwart überstülpen. Sehen wir uns also an, wie sie sich entwickeln könnten. Zuvor aber möchte ich betonen, daß wir, gleichgültig welche Tendenz ich beschreibe, nie vergessen dürfen, daß grundsätzlich immer mehrere Tendenzen gleichzeitig im Menschen aktiv sind. In aller Regel sind viele von ihnen widersprüchlich, und immer wird sich eine als stärkste erweisen, aber unter Umständen schon im nächsten Augenblick durch eine andere ersetzt werden. Ich beziehe mich hier auf ein Phänomen, das Freud als Prinzip der Überdeterminiertheit bezeichnet hat.

In jeder menschlichen Beziehung spielen immer auch primitive Elemente eine Rolle. Solche primitiven Elemente haben die Struktur einer ausschließlich auf zwei Personen beschränkten Beziehung, und dies gibt ihnen in der Beziehung zwischen Mann und Frau eine besondere Bedeutung. Wir denken, daß sie in den frühesten Lebenserfahrungen des Individuums wurzeln, in einer primitiven Welt, in der außer ihm selbst und einer einzigen anderen Person – seiner Mutter – nichts zählte. Diese frühen Erfahrungen bilden die Grundstruktur unserer Persönlichkeit. Die einfache, ausschließliche Zwei-Personen-Beziehung hat nicht allzulange Bestand, denn bald werden wir uns der Existenz einer dritten Person, unseres Vaters, bewußt. Damit kommen all die Komplikationen und Konflikte der triangulären ödipalen Situation ins Spiel. Nicht lange danach aber wird all dies noch komplizierter, indem weitere Personen auftauchen, zunächst die Familienangehörigen, dann die Nachbarn und Freunde und schließlich noch größere Teile der Gesellschaft. Das Auftauchen neuer Personen bringt immer Probleme und Konflikte mit sich, die auf diese oder jene Weise gelöst werden müssen. Solche Lösungen können mehr oder weniger zufriedenstellend ausfallen, gelegentlich aber auch völlig unzureichend sein; und sehr häufig sehen wir uns nicht nur mit einer einzigen Schwierigkeit, sondern mit vielen gleichzeitig konfrontiert.

Durch die Position des Individuums in der Familie und später durch die Position der Familie in der Gesellschaft werden jedem von uns bestimmte Lösungen angeboten oder sogar als Verpflichtung auferlegt, die man als

Familientraditionen, soziale Konventionen, Sitten usw. bezeichnen kann. Das Kommunikations»vokabular« eines Individuums ist also davon abhängig, wie es all diese Faktoren integriert und seine zahlreichen widersprüchlichen inneren Wünsche und äußeren Bedingungen für sich selbst und für die Menschen, die es liebt, löst.

Zusammenfassend können wir festhalten, daß die Kommunikations- und Beziehungsfähigkeit eines Menschen zunächst durch seine angeborenen Potentiale determiniert ist; sie lassen sich nur schwer isolieren, dennoch setzen wir voraus, daß es sie gibt. Der zweite Faktor sind die frühen Erfahrungen, die alle beständig auf das Individuum einwirken und es während seines ganzen Lebens verändern. Seine Anpassungsfähigkeit heftet sich nicht ein für allemal an die primitive Stufe seiner Beziehungen, sondern verändert sich, wächst oder verkümmert. Wenngleich sich diese Prozesse bis ins Erwachsenenalter hinein fortsetzen, kann die Anpassungsfähigkeit eines Individuums nie absolut sein. Durch seine frühen Versuche, befriedigende Lösungen für sich selbst und für die Menschen, die es liebt, zu finden, sind ihm immer unveränderbare Verbote und Befehle auferlegt. Seine Kommunikationen sind Ausdruck des Drucks, den diese Probleme erzeugen.

Ich möchte eines unserer früheren Beispiele noch einmal aufgreifen und mich dabei ausschließlich auf einen spezifischen Zug in der Entwicklung jener Ehefrau konzentrieren, die sich nicht direkt beklagte, sondern indirekt an das Mitgefühl ihres Mannes appellierte. Sie war das zweite Kind einer großen Familie und hatte schon sehr früh die Verantwortung für ihren jüngeren Bruder übernehmen müssen. Während ihrer Behandlung stellte sich heraus, daß sie als Kind nie direkt an die Liebe ihrer Mutter oder ihres Vaters hatte appellieren können; statt dessen manövrierte sie sich in mißliche Situationen hinein, so daß die Mutter gezwungen war, die anderen Kinder sich selbst zu überlassen und nach ihr zu sehen. Der Vater lebte während eines Großteils ihrer Kindheit nicht mit der Familie zusammen. All dies hatte zur Folge, daß sich das kleine Mädchen sehr schuldbewußt und ängstlich fühlte. Wenn sie es ihrer Mutter aufgrund ihrer eigenen Schuldgefühle schwer machte, sich wirklich um sie zu kümmern, fühlte sie sich vernachlässigt und war böse auf sie. Ihr ganzes Leben lang bereitete es ihr die größten Schwierigkeiten, um etwas zu bitten, das sie sich wünschte, und während ihrer Behandlung machte sie es der Analytikerin sehr schwer, ihr zu helfen, obwohl es ihr ohne Hilfe wirklich elend ging. Sie sprach in ihren Sitzungen sehr viel über die Probleme anderer Leute und fand immer Gründe, um zu spät zu kommen oder ihre Sitzung zu versäumen. Was ihre Ehe betraf, so reagierte ihr Mann auf dieses Verhalten, indem er es scheinbar ignorierte; in seiner Behandlung stellte sich jedoch heraus, daß er immer um Hilfe gebeten werden wollte und ärgerlich wurde und nichts tun konnte, wenn man ihn nicht ausdrücklich darum bat. Trotzdem empfand er eine gewisse Feindseligkeit gegenüber anspruchsvollen Frauen, insbesondere gegenüber jenen, die ihm am nächsten waren und die er am meisten liebte. Er hatte sich seiner Mutter, die er sehr liebte, nicht sonderlich nahe fühlen können; sie war eine eher depressive, unterstützungsbedürftige Frau, die ihren Sohn aber gerade aufgrund ihrer Depression daran gehindert hatte, ihr – und sei es nur im Haushalt – zu helfen. In dieser Ehe waren also beide Partner nicht imstande, direkt miteinander zu kommunizieren, trotzdem aber fanden sie einen Weg, einander zu helfen. Dieser Weg war zweifellos gewunden und beschwerlich, dennoch aber war es ein Weg, den sie beide gehen konnten. Dieses Muster beeinträchtigte auch ihre sexuelle Beziehung. Sie schliefen gerne miteinander, suchten aber immer wieder nach Ausflüchten, so daß es nur selten dazu kam.

Eine der verblüffendsten und vielleicht ermutigendsten Entdeckungen der Psychoanalyse ist die Tatsache, daß Menschen nie aufhören zu versuchen, für sich selbst und für jene, die sie lieben, alles in Ordnung zu bringen. Selbst wenn sie scheinbar das genaue Gegenteil tun, stellen wir häufig fest, daß ein solch mutmaßlich hoffnungs- und sinnloses Verhalten als Versuch zu verstehen ist, zu irgend etwas Gutem aus der Vergangenheit zurückzufinden oder eine unbefriedigende Situation zum Besseren zu wenden. Immer wieder werden die Menschen auf ihr Scheitern zurückverwiesen, indem sie versuchen, es wettzumachen, selbst wenn sie gezwungen sind, die gleichen Fehlschläge immer wieder zu erleben.

Wir könnten also sagen, daß wir in der Ehe unbewußt eine Lösung für unsere intimen und primitiven Probleme zu finden hoffen, und zwar insbesondere für jene Probleme, von denen wir glauben, daß wir sie unserer Umwelt nicht auf annehmbare Art mitteilen können. Wir haben das unwiderstehliche Bedürfnis, Beziehungen in der Hoffnung einzugehen, etwas kommunizieren zu können, das in der Vergangenheit nicht akzeptabel war. Wir hoffen, jemanden zu finden, den wir in einer Weise lieben können, die sowohl uns selbst als auch unseren Partner befriedigt. Ein Teil unserer Hoffnungen und Bedürfnisse, die wir mit einer Beziehung verbinden, ist uns bewußt; andere nehmen wir peinlich betroffen zur Kenntnis, und viele bleiben völlig unbewußt. Trotzdem hoffen wir – häufig ohne es selbst wahrzunehmen –, all diese Wünsche in der Ehe befriedigen zu können. Wenn wir nicht allzu entmutigt sind, werden wir die Hoffnung, jemanden zu finden, mit dem wir eine befriedigende Kommunikationsform entwickeln können, nicht aufgeben. Jeder Mensch, gleichgültig, wie seine Persönlichkeit beschaffen ist, hofft, für seinen Partner akzeptabel zu sein und von ihm akzeptiert zu werden.

So werden sich zwei Menschen, die sich dessen, was sie suchen, nur teilweise bewußt sind und es verbal nicht umfassend zum Ausdruck bringen können, schließlich finden und heiraten. Sie können Gründe für ihre Partnerwahl vorbringen, die ihnen beiden vernünftig und rational erscheinen, darüber hinaus aber liegen ihrer Entscheidung zahlreiche Motive zugrunde, die ihnen nicht bewußt sind. Wenn sich der rationalen Entscheidung tatsächlich so vieles entzieht, dann scheint es bemerkenswert, daß es überhaupt zufriedene Ehen gibt. Aber wir wissen recht gut, daß es sie wirklich gibt. Dies sollte uns Respekt vor dem Unbewußten einflößen. Ich habe in diesem Beitrag versucht, einige der Kräfte zu erläutern, deren sich das Unbewußte zur Erreichung dieses Ziels bedient.

In der Ehe einigen sich die beiden Partner unbewußt über den Charakter ihrer Beziehung, der sich aber gleichwohl im Laufe der Zeit sowohl zum Besseren als auch zum Schlechteren verändern kann. Die Atmosphäre oder die charakteristischen Merkmale einer jeden Ehe sind unterschiedlich, immer aber spielen unbewußte Faktoren für das betreffende Paar eine wichtige Rolle. Die individuellen Unterschiede sind das Resultat einer Lösung, die das verheiratete Paar ausgearbeitet hat, einer Lösung, die sie beide befriedigt oder zur Zeit die einzig praktikable darstellt. Und schließlich werden auch diese Lösungen nicht bewußt gewählt. Sie scheinen sich einfach zu ergeben. Sie sind das Resultat einer Vielzahl von Kommunikationen, die zum Teil in Worte gefaßt, zum Teil durch Handlungen ausgedrückt werden, aber auch stumm und kaum sichtbar sein können.

Die Ehe ist eine einzigartig schwierige Beziehung, weil sich in ihr zwei Menschen freiwillig für ihr ganzes Leben vereinen und eine Partnerschaft entwickeln, um einander in vielen Bereichen zu befriedigen – nicht nur im sexuellen Bereich oder im Bereich der Elternschaft, sondern darüber hinaus auch auf vielen anderen Gebieten. Daß dies so gut, wie es tatsächlich der Fall ist, gelingt, gehört vielleicht zu den Dingen, die uns am meisten überraschen. Wie sehr wir auch über die Häufigkeit von Eheproblemen und Scheidungen klagen mögen – meiner Ansicht nach sollten wir der beeindruckenden Tatsache Rechnung tragen, daß es so viele harmonische und befriedigende Ehen gibt. Sicher, Harmonie und Befriedigung sind für den Außenstehenden häufig schwerer zu erkennen als Disharmonie und Unzufriedenheit. Wenn man aber genauer hinsieht, entdeckt man sie möglicherweise gerade dort, wo man am wenigsten damit gerechnet hat.

In unserer therapeutischen Arbeit mit ehelichen Problemen und Spannungen haben wir festgestellt, daß verborgene Loyalitäten und Befriedigungen unsere wertvollsten Verbündeten sind.

Rückblicke

18. Enid Balint im Interview mit Juliet Mitchell

JM: Ich möchte Sie über Ihre Arbeit mit Allgemeinmedizinern befragen.[1] Das ist der Bereich, über den ich am wenigsten weiß. Ich glaube, daß die Beiträge in diesem Buch die eigentliche Arbeit sehr verständlich und angemessen beschreiben. Aber warum überhaupt Allgemeinmediziner? Ich denke, daß ich immer irgendwelche Vermutungen hatte, weshalb Sie sich für die Arbeit praktischer Ärzte so sehr interessieren, aber ich habe Sie nie danach gefragt. Ich weiß, daß es Ihrer Meinung nach wichtig ist, daß Analytiker über eine medizinische Ausbildung verfügen – nicht weil Sie der Psychiatrie das Wort reden, sondern weil der Körper so wichtig ist. Sie haben die Leib-Seele-Beziehung immer betont und gesagt, daß man nie zwischen Psyche und Körper trennen könne; und es ist einfacher, Psyche und Körper nicht getrennt zu sehen, wenn man auch den Körper versteht.

Ich möchte Sie auch fragen, ob Ihr Interesse insgesamt, nicht nur an der Medizin, sondern auch an Hausärzten, die die ganze Familie betreuen, etwas mit den Ursprüngen der Psychoanalyse zu tun hat. Nicht nur Freud, sondern vor allem Breuer war ein wunderbarer Hausarzt. Seine Patienten kamen aus der Wiener Intelligenz, und er war mit ihnen allen befreundet. Wenn man an den Fall der Anna O. denkt, muß man sagen, daß seine Arbeit über die eines guten Hausarztes weit hinausging, auch wenn es ein Schock war, als die Übertragung etwas produzierte, das in einem rein medizinischen Rahmen nicht passiert wäre. Ich frage mich, ob Ihr Interesse an Ärzten zum Teil auf dieser Art der Beziehung zwischen Arzt und Patient beruht.

EB: Was Sie sagen, ist durchaus stichhaltig. Ich denke, daß Psychoanalytiker in gewisser Weise Hausärzte sind, auch wenn sie die Familie nie zu Gesicht bekommen. Mein Interesse an der Arbeit des Allgemeinmediziners hat dieselben Gründe wie mein Interesse an der Psychoanalyse; ich meine, daß man Menschen nicht ignorieren sollte, indem man sie »versteht«, und zwar auf eine Weise versteht, die kein Verständnis, sondern ein Mißverständnis darstellt. Diese Gefahr sehe ich in der allgemeinärztlichen Praxis

---
[1] Vgl. die Vorbemerkung zum 11. Kapitel.

in den vergangenen Jahren ebenso wie zu Beginn unserer Arbeit. Damals gab es jede Menge »Psychogeschwätz«, wie man es heute nennt; und neuerdings sehe ich, daß Leute glauben, zu verstehen, wenn sie in Wirklichkeit überhaupt nichts verstehen. Ich habe etliche Horrorgeschichten darüber gehört. Das ist gefährlicher, als wenn sie nie der Meinung waren, etwas zu verstehen, und es noch nicht einmal versucht haben, sondern einfach nur als gute Hausärzte hinter ihren Patienten standen. Die besten Hausärzte sehen vielleicht ganz ruhig zu, wenn ihre Patienten sterben, ohne irgend etwas dazu zu sagen – bei Patienten, die wissen, daß sie sterben. Diese Ärzte verstehen absolut nichts, da sie aber von den Patienten selbst geschützt werden, gelten sie als wunderbare Hausärzte. Das könnte wie ein schlechter Scherz klingen, enthält aber ein Körnchen Wahrheit; sie haben vielleicht nichts verstanden, sind aber dennoch wunderbare, warmherzige, nette Leute. Oft ist es schlimmer, wenn Ärzte glauben, den Ödipuskomplex zu begreifen, oder Dinge sagen wie: »Wenn Sie zu Ihrem Ehemann netter wären oder wenn Ihr Ehemann netter zu Ihnen wäre, gäbe es überhaupt kein Problem.« Das ist nun wirklich nicht das, was die Patienten wollen.

Sie wollen etwas völlig anderes. Ich vermute, daß ich dies in den vierziger Jahren gelernt habe, während des Krieges und danach, als ich mich um ausgebombte Leute kümmerte oder es zumindest versuchte; damals also habe ich entdeckt, daß sie sich eigentlich keine Sorgen um das Ausgebombtsein machten, sondern um irgendein scheinbar unwichtiges Detail, zum Beispiel die Frage, ob ihr Nachbar ihnen Salz oder Pfeffer klaute. Die kleinsten Dinge waren in diesem Augenblick, sogar während des Krieges, wichtiger als die wirklich großen. Das ist auch heute noch so. In den Ärzten, mit denen ich gearbeitet habe, mußte ein Bewußtsein dafür geweckt werden, daß es nicht darum geht, das Offensichtliche zu verstehen, sondern das, was der Patient verstehen *will*, ohne daß er selbst weiß, was es ist, wenn er in die Sprechstunde kommt. Natürlich müssen Mediziner eine traditionelle Diagnose stellen, und ich vergesse auch nicht die Wichtigkeit der qualifizierten körperlichen Untersuchung und der diagnostischen Tests.

JM: Das scheint der Art, wie viele Analytiker mit Deutungen arbeiten würden, beinahe zu widersprechen. Wenn ein Patient sich bei Ihnen darüber beklagt, daß ihm der Nachbar Salz klaut, dann könnte man doch von

Ihnen als Analytikerin erwarten, daß sie eine Deutung in dem Sinne geben, daß er eigentlich etwas viel Wichtigeres meint: die Urszene oder irgend etwas in dieser Art. Man nimmt an, daß Analytiker – und der analytische Prozeß – solche kleinen Dinge benutzen, um sich zum Verständnis dessen, was dahinter verborgen ist, vorzuarbeiten. Sie behaupten das Gegenteil: Die großen Dinge sind offensichtlich, und was zählt, sind die kleinen.
EB: Die kleinen Dinge, die der Patient dem Analytiker berichtet, sind wahrscheinlich nicht an sich das, worum es eigentlich geht, aber das, was zählt, ist auch nicht irgend eine große Sache. Die Kleinigkeit führt unter Umständen wieder zu einer anderen Kleinigkeit, vielleicht aus der Vergangenheit. Was in der analytischen Arbeit häufig passiert, ist folgendes: Der Patient erzählt irgend etwas darüber, daß der Nachbar stinkt, oder er nimmt im Zimmer irgend etwas Scheußliches wahr; vielleicht geht es um jemanden, der vorher im Zimmer gewesen ist. Sie hören zu. Sie sagen zunächst nichts; sie geben keine Deutung, die aus seinen Äußerungen etwas Wichtiges macht, etwa über den Geruch einer Mutter oder was auch immer. Wenn Sie das täten, würden sie den Patienten unter Umständen vernachlässigen und mißverstehen, indem sie *zu rasch* verstehen. Sie müssen abwarten und sehen, um was es geht, und vielleicht merken Sie dann, daß es um einen Geruch geht, den er als kleines Kind wahrgenommen hat, oder um irgend etwas ganz anderes. Das weiß man zunächst nicht, aber wenn Sie allzu schnell mit einer Deutung bei der Hand sind, kann Ihnen zum Beispiel ein Traum entgehen, weil Sie den Assoziationsfluß unterbrechen. Meiner Meinung nach ist es viel einfacher, wenn Sie eine Assoziation haben, dann vielleicht noch einen Traum und weitere Assoziationen; dann können Sie den schlechten Geruch vom Beginn wieder aufgreifen. Wenn Sie sich aber zu früh einmischen, tun Sie genau das, was mir zur Zeit in der ärztlichen Praxis, aber weit mehr noch in der Analyse die größten Sorgen bereitet: Ich meine, daß sich die Leute an formvollendete Deutungen klammern. Ich glaube, wir haben uns von der Vorstellung verabschiedet, daß hinter allem der Ödipuskomplex steht oder die Vernachlässigung durch die Mutter usw. Wir erhalten kleine, winzige wichtige Details, die die Sache für den Patienten wirklich lebendig machen, und sobald sie sich daran halten, erzählt Ihnen der Patient etwas anderes, irgend etwas, womit Sie nicht gerechnet haben. Das ist die Übertragung im eigentlichen Sinn, nicht nur im »Hier und Jetzt«.

JM: Sie haben erwähnt, daß Sie durch Ihre Arbeit bei Kriegsende zur Psychoanalyse kamen und plötzlich erkannten, daß nicht das Offensichtliche zähle, sondern etwas anderes, vielleicht extrem Unscheinbares. Wenn ich mir nun Ihre frühen Beiträge ansehe, so kommt der Interaktion zwischen zwei Personen, mit Ihnen selbst als Zuhörerin, in diesen Arbeiten eine sehr große Bedeutung zu. Ich weiß, daß Sie über den Spiegel schreiben, darüber, für den Patienten als Spiegel zu dienen, in dem er sich sehen kann. Dennoch aber geht es in diesen Beiträgen um zwei Personen, die eine Beziehung haben, und ich möchte Sie fragen, ob Sie nach wie vor der Ansicht sind, daß es in der Therapie um Beziehung geht? Ihr späteres Werk beschäftigt sich stärker mit der Person, die keine Beziehung zu einem anderen Menschen hat und in eine solche erst hineinwachsen muß.

EB: Das wirft all die interessanten Fragen auf, weil das, was Sie gerade gesagt haben, richtig ist. Ich interessiere mich nach wie vor für das, was zwischen zwei Menschen geschieht, und höre dem zu, auch wenn ich dabei im Hinterkopf habe, daß vielleicht drei Menschen da sind oder überhaupt keine bestimmte Person. Das klingt vielleicht allzu dramatisch, ist aber ungefähr das, was ich meine. Ich interessiere mich eigentlich für das, was mit dem Patienten im Zimmer geschieht und was in diesem Geschehen an Gegenwärtigem wie auch Vergangenem und an Gegenteiligem widergespiegelt wird, weil alles voller Widersprüche und Paradoxien ist, so daß wir es nie mit einfachen Dingen zu tun haben. Aber ich glaube, daß ich mich heute weniger für das, was gesagt wird, interessiere als vielmehr für das, was nicht gesagt wird. Mich interessiert das Prä-verbale genauso wie das Verbale, deshalb steht mein Sessel auch immer so, daß ich nach Möglichkeit das Gesicht meines Patienten sehen kann. Manche Patienten wissen das natürlich zu verhindern. Ich sitze seitlich, schräg hinter dem Patienten, aber nicht ganz hinter der Couch, und natürlich beobachte ich seine Hände, Füße und den Körper, und das ist Teil dessen, was ich höre, wenn der Patient spricht. Beides zusammen ergibt Sinn, wenn auch nicht immer. Ich muß innehalten und nachdenken und meinen Weg zu finden versuchen, und natürlich finde ich ihn nicht immer sofort, oder wenn, dann nur zufällig. Aber wenn man ihm nahekommt und lange genug dran festhält (nicht pausenlos, natürlich), dann gibt Ihnen der Patient am Ende der Sitzung oder manchmal schon vorher etwas, das Ihnen klarmacht, wohin er geht oder wo Menschen ihn gestört haben oder wann er ohne eine Menschenseele völlig allein war. Vielleicht mußte er in dieser Situation versuchen, sich eine andere Person zu erfinden, vielleicht indem er in den Spiegel sah oder halluzinierte, während er in Wirklichkeit keine Beziehung zu irgend jemandem oder auch nur zu einem Teil eines anderen Menschen hatte. Bei manchen Patienten beschließe ich bewußt, nicht zu versuchen, an diese psychische Ebene heranzukommen; vielleicht, weil ich sonst zu viele Patienten dieser Art auf einmal hätte. Vielleicht will ich es auch bei einem bestimmten Patienten nicht, und dann lasse ich es sein. Das klingt böse, aber ich habe es immer so gemacht.

JM: Was tun Sie in solchen Fällen statt dessen? Wo hören Sie auf?

EB: Ich glaube, ich sehe mir das, was ich nicht sehen will, nicht an. Vielleicht kann ich einem Patienten genügend helfen, wenn wir uns mit zwei schwierigen Jahren beschäftigen: sagen wir, mit dem Alter zwischen drei und fünf, als die Mutter depressiv war oder Krieg herrschte oder das Kind ins Internat geschickt wurde, weil es niemanden gab, der es versorgte. Vielleicht hat es eine äußere, reale Katastrophe erlebt. Ich höre nicht, was vor dieser Zeit geschah. Ich blende es nicht bewußt aus, merke aber, daß ich es nicht weiß.

JM: Sie denken offensichtlich nach wie vor, daß im Grunde alles durch die ganz frühe Kindheit determiniert ist und auf sie zurückgeht.

EB: Das ist wieder eine sehr schwierige Frage; ich weiß es nicht. Ich habe offensichtlich mit manchen Patienten recht gute, sogar sehr erfolgreiche Arbeit geleistet, bei denen ich absichtlich nicht so weit zurückgegangen bin, weil ich es vermutlich zu Anfang diagnostisch entschieden habe. Bei einer bestimmten Patientin, die ich jetzt seit fünf Jahren behandle, war ich der Meinung, daß sie als Baby eine gute Mutterbeziehung hatte, daß die Mutter gerne ein Baby hatte und das Baby gerne eine Mutter hatte. Alles ging gut, aber dann trat plötzlich eine Veränderung ein. Ein weiteres Kind kam zur Welt, und die Mutter wurde depressiv. Die Großmutter meiner Patientin war schwer krank gewesen, als ihre Mutter drei Jahre alt war. In diesem Alter wendeten sich die Dinge für sie zum Schlechten. Nach der Depression der Mutter lief nichts mehr, wie es sollte. Das erste Kind, meine Patientin, wurde grob vernachlässigt, sie hatte niemanden, der sich auf sie »einstimmte«. Im Laufe der Jahre haben wir uns mit ihrer extremen Zerbrechlichkeit beschäftigt, ihrer Neigung, völlig aus dem Gleichgewicht zu geraten, wenn das erwartete Verständnis von ihrem Ehemann oder von mir ausbleibt. Sie bekommt nicht nur Angst, sie gerät in Panik, in einem fast fragmentierten Zustand mit überwältigender Wut, und so bestand unsere Arbeit darin, damit klarzukommen. Wenn ich aber in zwei oder drei Jahren – vorausgesetzt, daß ich dann noch arbeite – wie bei anderen Patienten merke, daß das nicht reicht und ich weiter zurückgehen und von ihr etwas über weit frühere Phasen erfahren muß, dann habe ich mich geirrt und hätte damit früher anfangen sollen. Diesen Fehler habe ich manchmal begangen. Aber es ist nicht immer verkehrt; ich glaube, daß die Mutter oder die Umwelt eine Zeitlang »hinreichend gut« sein kann, wenn sich dann aber etwas radikal ändert, ist es unter Umständen schlimmer, als wenn sie nie gut gewesen wäre. Ich beginne mich zu fragen, ob plötzliche Veränderungen und Widersprüche für das ganz kleine Baby nicht vielleicht schlimmer sind als ein grundsätzlich niedriges Fürsorglichkeits- und Verständnisniveau. Betreuung auf niedrigem Niveau kann in eine Neurose münden. Ein Schock wird zu Wut, Verarmung und sehr wahrscheinlich zu einem Rückzug führen.

JM: Wie würden Sie diesen Bereich der sehr frühen Beziehungen, ihres Fehlens oder möglicher Unterbrechungen einem anderen Aspekt zuordnen, den Sie immer betonen: der Wichtigkeit des Unbewußten?

EB: Das ist natürlich sehr schwierig. Ich versuche sofort, mir eine Sitzung vorzustellen, um herauszufinden, was ich meine; das ist wie eine Sucht, über die ich offensichtlich nicht hinwegkomme. Ich stelle mir das unbewußte Phantasieleben, das ja immerzu gegenwärtig ist, als Teil der Struktur vor, ein Bilderfluß, der unser ganzes Leben durchzieht. Ich begreife die Struktur als Phantasiewelt, die durch Abwehrmechanismen reguliert wird, eine Welt der Phantasie also, in der Furcht, Angst und katastrophenartige Vorgänge registriert, aber nicht zwangsläufig erlebt werden, in der alles geschieht, aber nur zu einem kleinen Teil realisiert wird. Ich spreche jetzt deskriptiv, nicht in strukturellen Begriffen. Ich frage mich wirklich, weshalb sich die menschliche Seele so entwickelt hat, wie es der Fall ist, weshalb wir dieses Abwehrsystem errichtet haben. Der einzige Grund, den ich mir vorstellen kann, ist das Ausmaß an Angst, das mit dem unbewußten Phantasieleben und mit der Realität der Ängste verbunden ist, die unsere Zivilisation zu überwältigen drohen.

JM: Im Unbewußten findet Arbeit statt. Ich denke zum Beispiel an ein aktuelles Problem, Kindesmißbrauch, wenn er wirklich geschieht. Ich glaube, Ferenczi hatte in gewisser Weise recht, unsere Aufmerksamkeit in eine andere Richtung zu lenken. Realer Mißbrauch zerstört die Möglichkeit einer unbewußten Mißbrauchsphantasie; im Unbewußten können Angst und Entsetzen verarbeitet werden, und wenn ein zu gewaltsamer Übergriff stattfindet, ein zu starker realer körperlicher oder psychischer Mißbrauch, wird die Möglichkeit der unbewußten Phantasie darüber untergraben. Vielleicht kann eine wirklich mißbrauchte Person nicht phantasieren, nicht einmal unbewußt.

EB: Das könnte stimmen. Wenn man mit mißbrauchten Patienten arbeitet, hat es ganz den Anschein, aber ich bin mir nicht sicher, ob es wirklich zutrifft. Ich erinnere mich an die Arbeit mit einem Jungen, den ich vor Jahren behandelt habe. Seine Mutter war von seinem Vater ermordet worden, und er hatte es gesehen. Mit diesem Jungen habe ich ungefähr ein Jahr lang nichts anderes gemacht, als da zu sein, wenn er kam. In der letzten Sitzung aber klaute er eine kleines Porzellanfigur; er hat also etwas mitgenommen, und das zeigt meiner Meinung nach, daß er sein unbewußtes Phantasieleben nicht verloren hatte. Er konnte symbolisieren.

Ich weiß nicht genau, was in diesem Fall geschehen ist, aber ich bin mir über die Arbeit des Unbewußten nicht im klaren. Ich halte sie für ein verwirrendes Konzept. Ich sehe andere Teile der Psyche, die die Arbeit leisten müssen.

JM: Und das Unbewußte ist einfach nur da?

EB: Ja, unbarmherzig; mehr und mehr ausgeschlossen durch die Abwehr, bei manchen Menschen, die überhaupt nicht wahrnehmen können. Wahrnehmung ist ohne Imagination nicht möglich; natürlich kann ich auch noch die Projektion hinzunehmen. Wenn Sie ein kleines Baby betrachten, hat es den Anschein, als sei es mit der Fähigkeit auf die Welt gekommen, auf besondere Weise zu erleben. Ich meine nicht verbales Denken, sondern daß eine Art Registrierung stattfindet. Wenn die Mutter leidet, wird auch das Baby weinen. Am Anfang haben wir also eine wechselseitige Kommunikation. Sie ist nur möglich, wenn das Baby einen Geist oder ein Aufnahme»organ« besitzt, das auf eine andere Person reagiert. Man muß voraussetzen, daß das Baby irgendein Instrument des Wissens besitzt, und ich würde dies als einen Teil des Unbewußten betrachten, aber nicht des verdrängten Unbewußten.

JM: Wir sagen, daß unsere Arbeit mit dem Unbewußten das charakteristische Kennzeichen der Psychoanalyse sei. Warum?
EB: Nun ja, wenn ich einem Patienten zuhöre, dann höre ich etwas, was ich auf einer Dinnerparty nicht höre. Die Leute glauben ja, daß wir ständig so hören wie im Behandlungszimmer. Aber das stimmt nicht. Man könnte es gar nicht. Man setzt sich in seinen Analysesessel, der Patient kommt ins Zimmer, und dann schaltet sich innerlich etwas ein, so daß man in unbewußten Konzepten und Bildern hören und sehen und fühlen kann. Das geschieht ganz automatisch. Der Patient sagt, es sei ein schöner Tag, und er habe eine grauenhafte Fahrt hinter sich, und die Straßen seien verstopft gewesen. Ich fange sofort an zu überlegen: »Oh, worüber spricht er? Um was geht es eigentlich? Lenkt er mich von dem Traum ab, über den er gestern sprach, oder hat das auch noch mit dem zu tun, was er geträumt hat?« Wenn man ständig abgelenkt ist – könnte das vielleicht daran liegen, daß man das Gefühl vermittelt bekommt, daß es keine unbewußte Kommunikation gibt?
JM: In diesem letzten Beispiel, was passiert da? Warum tut der Patient das?
EB: Ich weiß es nicht, aber man könnte sagen, daß jede unbewußte Kommunikation abgewehrt wird. Die Angst vor Zerstörung, welcher Art auch immer, kann so groß sein, daß man die Abwehr einfach nicht durchdringen darf. Solche Patienten gibt es, und wenn wir sie im Behandlungszimmer sehen, glauben wir unter Umständen, daß sie nicht analysierbar sind, weil sie eine so starke Abwehr haben. Ich habe gestern eine solche Patientin gesehen. Sie kam wegen eines diagnostischen Interviews, und ich bin noch nicht einmal so weit gegangen, es ihr zu geben. Ich wußte, daß es unmöglich gewesen wäre. Sie würde zusammenbrechen, es hätte sie überfordert.

Wir müssen ungeheuer vorsichtig sein. Manchmal dauert es Jahre, bis ein winziges Stück verdrängtes Material ans Licht kommen kann. Patienten mit sehr starker Abwehr vertragen nur kleine Häppchen; ihre Welt ist so strukturiert, daß eine winzige Veränderung eine Erschütterung auslöst. Wenn man gesund genug ist, kann man eine kleine Erschütterung aushalten, aber diese Menschen, von denen wir sprechen, halten sie nicht aus.

Ich betrachte das Unbewußte als inneren Prozeß, der sowohl im Schlaf als auch in Wachzuständen sehr aktiv ist und das Leben der Menschen strukturiert. Die Leute kommen in Analyse, damit sich ein bißchen davon verändern kann, ein kleiner Teil der Abwehr – eben das, was sich im Laufe von sechs oder sieben Jahren erreichen läßt, so daß vom Patienten etwas Neues wahrgenommen werden kann oder etwas Schreckliches, das irgendwann passiert ist, in der Übertragung wiederholt werden kann, unter Umständen mehrmals, bis es sich verändert und dann, wenn nötig, noch einmal wiederholt wird. Ich glaube nicht, daß Michaels Konzept des »Vernarbens«, das er in *The Basic Fault* beschrieben hat, mir dabei klinisch wesentlich weiterhilft. Meiner Meinung nach kommt es darauf an, daß etwas geschaffen wird; etwas war falsch, das muß akzeptiert werden, und dann kann man es durch etwas anderes ersetzen.

JM: Das scheint mir den Kern Ihres therapeutischen Ziels zu treffen. Ich vermute, man könnte es als Neubeginn bezeichnen, aber wahrscheinlich hätten Sie Einwände dagegen.

EB: Für mich impliziert diese Formulierung eine Gratifikation, und es gibt keine. Es kann sein, daß das nicht gemeint ist, aber wenn Michael und ich darüber sprachen, hatte ich immer das Gefühl, daß der Neubeginn eine Gratifikation impliziert. In Wirklichkeit aber hat dies mit Gratifikation überhaupt nichts zu tun. Es ist schmerzvoll, es ist schwer für den Analytiker, es ist furchtbar für den Patienten, und es geschieht nicht nur einmal, sondern immer wieder. Und es gibt keine Gratifikation, wenn es vorbei ist, falls es überhaupt je vorbei ist und der Patient dieses Stückchen seines Lebens auf andere Weise lebt. Keine Gratifikation; auch keine Dankbarkeit. Es ist sehr merkwürdig. Natürlich verändern manche Leute sich nie. Ihr Scheitern setzt sich fort; sie können es nur endlos wiederholen, haben vielleicht sogar Freude daran, und es scheint, als sei es durch nichts anderes zu ersetzen. Sie klammern sich daran fest. Der Patient hätte das Gefühl, etwas zu verlieren, ohne dieses Scheitern nicht er selbst zu sein.

JM: Als ich auf der Autobahn hierher fuhr, dachte ich über einen Patienten nach, dessen Behandlung ich supervidiere, und deshalb habe ich mir natürlich auch Gedanken über den Analytiker und über die Beziehung zwischen den beiden und die des Analytikers zu mir gemacht. Innerlich habe ich dann zu uns allen dreien gesagt: »Nun, Analyse ist so etwas wie eine Reise in die Hölle und wieder zurück.« Was halten Sie davon?

EB: Ja, ich glaube, das ist gut. Sie müssen jemanden an die Hand nehmen und ihm den Weg zeigen und dabei denken: »Ich bin vielleicht vorher schon dort gewesen. Er muß nicht mit mir kommen, aber ich kenne den Weg.«

JM: Ich dachte gerade darüber nach, weshalb das so ist. Könnte man nicht statt dessen Drogen nehmen? Ich vermute, das mir meine Überlegung in diesem Kontext einfiel. Ich habe mir auch Gedanken über die Lehranalyse gemacht. Was geschieht, wenn man selbst noch nicht dort war und einen Patienten hat, der wirklich darauf angewiesen ist, sich in einen noch ferneren Teil der Hölle hineinzubegeben; was kann man tun?

EB: Das ist eine absolut grundlegende Frage. Selbst wenn man eine psychoanalytische Ausbildung hat, so wie Sie und ich, bedeutet das nicht, daß wir selbst in jenem Teil der Hölle gewesen sind. Wir haben bestimmte Teile der Hölle gesehen und diese oder jene Glückseligkeit erlebt, nämlich dann, wenn irgendein Stückchen Hölle verschwindet.

Ich denke an eine Patientin, die ich vor einiger Zeit analysiert habe. Sie war von ihrer Mutter und von ihrer Tante scheinbar gut versorgt worden. Es schien, als hätten die beiden Frauen sie angebetet, in der Analyse aber stellte sich verblüffenderweise heraus, daß sie tatsächlich nie Wärme erlebt hatte und durchaus erfolgreich in ihrer Haut lebte, ohne in der Lage zu sein, sich gehen zu lassen oder es zu wagen, sich von jemandem fest umarmen zu lassen, also einem anderen Menschen körperlich wirklich nahe zu sein. Ich hatte den Eindruck, als habe sie zwar auf dem Schoß ihrer Mutter und ihrer Tante gesessen, sich aber nicht eng an sie angeschmiegt. Es dauerte eine ganze Weile, bis ich erkennen konnte, wie zerbrechlich diese Patientin war, denn eigentlich wirkte sie ungemein kompetent und machte den Eindruck, nicht so leicht zusammenzubrechen. Ihr Vater war von der Bildfläche verschwunden, als sie noch klein war, deshalb hat sie nie wirklich einen Vater gehabt. Es schien ihr tatsächlich weniger Schwierigkeiten zu bereiten, Männern nahezukommen, weil ihr Vater ihr nicht so nahe gewesen war, daß sie sich nach ihm gesehnt hätte. In einer Phase ihrer Analyse erlebten wir einen schrecklichen Augenblick, als ich deutete, daß sie das Gefühl habe, ein Junge bleiben zu müssen und nie eine Frau mit einem Frauenkörper werden zu dürfen. Sie bekam extreme Angst, ihr Gesicht war panikerfüllt. Von da an aber konnten wir klären, daß sie das Bedürfnis hatte, sich als Frau zu fühlen, es aber nicht wagte. Sie wollte Nähe fühlen, so wie ein neugeborenes Baby sofort die Nähe des mütterlichen Körpers fühlen sollte. Dann aber sprachen wir über ihre Angst, eine Frau zu werden, und über ihr Bedürfnis, lieber ein Junge zu sein, kein Mädchen, sondern ein Junge, der immer ein Junge bleiben würde, und wie gesagt, sie bekam große Angst. Bei dieser Gelegenheit habe ich ihr meine Hand sehr fest und ziemlich streng auf die Schulter gelegt. Die Episode dauerte wenige Sekunden, und ich tat dies aus dem spontanen Gefühl heraus, daß sie die Nähe an einem Beispiel erleben mußte, das nicht beruhigend, sondern lebendig war; eine Nähe, die sie brauchte, um sich entwickeln oder auch nur überleben zu können. Diese Episode hat sich nie wiederholt, aber in der Patientin begann sich recht schnell etwas zu verändern. Viele Jahre lang kehrte sie von Zeit zu Zeit zu ihrem Gefühl der Isolation und Kontaktlosigkeit zurück und verleugnete voller Zorn, daß ein solcher Kontakt überhaupt wichtig sein könnte; aber sie wurde eine Frau.

JM: In diesem Zusammenhang möchte ich noch einmal auf die Anzahl der Personen im Behandlungszimmer zurückkommen. Ich hatte den Eindruck, daß im ersten Teil des Buches von Ihren frühen Beiträgen zu den später entstandenen eine Betonungsverlagerung stattgefunden hat, die mir lange Zeit nicht aufgefallen war: sagen wir, von der Arbeit »Über innere Leere«, einem wunderschönen Beitrag, bis hin zu »Unbewußte Kommunikation«. Metapsychologisch gesprochen, könnte man dies als Entwicklung von einer Objektbeziehungstheorie zu einer Art Drei-Personen-Strukturtheorie bezeichnen. Die ersten Beiträge stehen meiner Meinung nach in einem Dialog mit vielen höchst umstrittenen Entwicklungen der sechziger Jahre. Man sagte damals, daß wir einfach nur eine menschliche Beziehung zum Patienten haben müßten, daß die Herstellung einer »hinreichend guten« Situation nicht bedeute, nein zu sagen, sondern den Patienten zu beruhigen. Ihre frühen Beiträge pflichten diesen Überlegungen nicht bei, ich habe aber den Eindruck, daß sie im Gegensatz zu den später verfaßten noch innerhalb dieses Bezugsrahmens argumentieren. Die späteren Arbeiten haben nicht mehr den gleichen Zwei-Personen-Bezugsrahmen. Glauben Sie, daß zwischen Ihrem früheren und späteren Werk eine solche Verlagerung stattgefunden hat?

EB: Ich denke, daß Sie völlig recht haben. Als ich anfing, Beiträge zu verfassen, war ich mir der Sache, über die Sie sprechen, sehr bewußt, und ich ärgerte mich sehr über diese Vorstellung, daß man nichts anderes zu tun habe, als freundlich zu seinem Patienten zu sein – angeblich wie Laing (den man völlig falsch zitierte, dessen bin ich sicher). Und ich war der festen Meinung, daß etwas ganz anderes nötig ist. Darüber habe ich geschrieben, oder zumindest hoffte ich, darüber zu schreiben. Winnicott hat mich immer gewarnt, daß ich eine beruhigende Persönlichkeit sei und gut achtgeben solle. Vielleicht habe ich geglaubt, nicht nett und freundlich zu meinen Patienten zu sein, und war es in Wirklichkeit doch. Tatsächlich habe ich dreißig Jahre später herausgefunden, daß unterschiedliche Patienten mir völlig unterschiedliche Dinge nachsagen – manche meinen, ich sei unglaublich nett gewesen, und andere fanden mich absolut schrecklich –, die Übertragung spielt also auf jeden Fall eine Rolle. Oder bin ich zu manchen nett, was bedeuten könnte, daß ich sie vernachlässige? Nun, kommen wir auf Ihre wichtige Frage zurück, ob ich meine Aufmerksamkeit in den, sagen wir, letzten zehn Jahren nicht auf die Zwei-Personen-Beziehung konzentriert habe, sondern einzig und allein auf den Patienten. Ich kritisiere mich manchmal selbst, wenn ich merke, daß ich genau dies tue, aber ich habe in meiner Arbeit festgestellt, daß es gerade bei solchen Patienten der Fall ist, mit denen ich in einer gewissen Tiefe arbeite. Im Augenblick gilt dies für nur drei Patienten, allesamt Personen – eine von ihnen mit Sicherheit –, die scheinbar nie eine Objektbeziehung erlebt haben, in der man von einer imaginativen Wahrnehmung mit einem anderen sprechen könnte. Dies hat sich im Laufe der Jahre verändert. Eine Patientin hat nun eine Beziehung zu mir, über die sie spricht, die aber nicht so strukturiert ist, wie ich es in den sechziger Jahren beschrieb. Es ist eine andersartige Struktur, die ich bislang noch nicht dargestellt habe. Vielleicht sind wir beide da, aber die Patientin ignoriert mich entweder oder sieht mich als einen Aspekt ihrer selbst.

Meine Beziehung zu einem anderen Patienten könnte mehr wie eine Beziehung zu einem Zwilling oder einem Spiegelbild wirken, trotzdem aber gibt es uns beide. Dieser Patient zitiert, was ich ein Jahr zuvor gesagt habe, also existiere ich. Ich fühle mich nicht wie eine Mutter mit einem Baby. Viel eher habe ich das Gefühl, eine Person zu sein, die zu einem Teil seiner selbst spricht, der in diesem Augenblick nicht er selbst ist. Es ist keine Objektbeziehung in dem Sinne, wie ich früher über Objektbeziehungen geschrieben habe, obwohl dieser Patient jede Menge »Beziehungen« zu anderen Leuten hat. Sie spielen für ihn persönlich keine Rolle, und das, was ich tue, spricht den persönlichen Teil seiner selbst an. Er hat ein reiches Privatleben, wenn er alleine ist, und er erzählt mir davon; in der Öffentlichkeit ist er eine andere Person.

JM: Drücken wir das doch einmal ganz banal und vereinfacht aus, um zu sehen, ob wir irgendein Muster erkennen können. Nehmen wir einmal an, daß Sie Ihre Patientin, die Sie in »Über innere Leere« beschreiben, in den frühen sechziger Jahren so betrachtet hätten, wie Sie es heute tun, und auch technisch genauso mit ihr gearbeitet hätten, wie Sie heute arbeiten, was ja wahrscheinlich nicht der Fall war; vielleicht hat es einige Jahre gedauert, bis Ihnen bewußt wurde, daß Sie sich verändert haben. Sähe die Patientin aus den sechziger Jahren heute anders aus?

EB: Ja.

JM: Können Sie versuchen, sich die Patientin einen Moment lang in der heutigen Welt vorzustellen? Ich möchte eine Hypothese formulieren, die in dieser Form viel zu plump ist, aber wenn sie falsch ist, können wir die Überlegung sofort fallenlassen; ich meine, daß Sie heute wahrscheinlich sagen würden, daß es keine sicher verankerte Objektbeziehung gab. In »Über innere Leere« haben Sie eine Mutter beschrieben, die ihre Tochter grundsätzlich nicht erkannte: vielleicht eine »tote« Mutter im Sinne André Greens oder eine falsch wahrnehmende Mutter oder eine grausame Mutter. Es gibt – darüber haben Sie ja gesprochen – viele Möglichkeiten, den anderen falsch zu verstehen. Nun könnten manche Menschen aufgrund einer Fähigkeit, die ihren Ursprung nicht in dieser Beziehung, sondern anderswo hat, dennoch in der Lage sein, in diesem Raum etwas zu erschaffen – etwas, das dann mit ihnen selbst nicht völlig identisch wäre und auch kein beobachtendes Selbst oder ein anderer wäre; vielmehr eine Art anderer Teil ihrer selbst, der es ihnen ermöglicht zu leben. Es ist normalerweise nur ein Teil ihrer selbst, aber Sie sagen, daß es zu Ihnen wird. Während des Therapieprozesses hat sich das, was sie waren, irgendwie differenziert zu etwas, das in Wirklichkeit ursprünglich zwei Personen waren, aber die eine dieser beiden Personen hat es strenggenommen außen nicht gegeben. Sie ist aber irgendwo im Selbst, weil es noch einen anderen geben muß. Alleine kann ein Baby nicht überleben; das ist einfach unmöglich.

EB: Völlig richtig, aber mir gehen dabei nun einige Dinge durch den Kopf, über die Bion gesprochen hat. Es freut mich, daß Sie die Patientin in »Über innere Leere« erwähnen, weil es eine Menge Ähnlichkeiten gibt zwischen ihr und dem anderen Patienten, von dem ich gesprochen habe.

Hätte ich damals die Erfahrung oder den Mut besessen oder mich sicher genug gefühlt, dann hätte ich mit ihr so arbeiten können, wie ich heute mit diesem Patienten arbeite. Ihre frühen Erfahrungen sind unterschiedlich. Ich glaube, daß bei der ersten Patientin irgend etwas vollständig zerstört worden ist, denn sie brachte jede Menge Material über Erschütterungen und Felsen, die ihr den Kopf zerschmettern, und hatte viele Assoziationen dieser Art. Bei ihr wurde meiner Meinung nach etwas zerschlagen, bei dem anderen Patienten aber ist nie etwas dagewesen. Ich weiß mittlerweile, daß seine Mutter von Anfang an zurückgezogen und depressiv war, weil sie so sehr mit einem verstorbenen nahen Verwandten identifiziert war. Aber ich glaube, daß ich nun gelegentlich eine getrennte Person bin. In der vergangenen Woche hat er sogar wahrgenommen, daß ich erkältet war, und wenn dies oder jenes passiert, können wir darüber reden. Wenn ich nicht weiß, wo ich bin, oder nicht sicher bin, ob ich in einer Sitzung überhaupt existiere, kann ich das Wort »brabbeln« benutzen. Ich glaube, wir müssen mit dem Wort sehr vorsichtig umgehen, weil ich es benutze. Zu Beginn der Analyse pflegte er neun Zehntel der Sitzung unzusammenhängend zu brabbeln. Mittlerweile kommt das nur noch selten vor; aber wenn ich durcheinander bin oder eine Bemerkung mache oder eine Deutung gebe, die mit ihm nichts zu tun hat, dann beginnt er wieder zu brabbeln. Ich warte bis zum Ende der Sitzung, und dann sagt einer von uns beiden: »Das war eine dieser speziellen Sitzungen.« Das Schöne an dieser Analyse im Gegensatz zu anderen, über die ich in letzter Zeit geschrieben oder gesprochen habe, ist, daß er nicht ärgerlich wird, wenn ich nicht gut bin oder ihn hängen lasse, wenn ich wirklich unerträglich durcheinander oder verwirrt bin; und er versucht auch, mich zu verwirren. Er zeigt, daß es völlig in Ordnung ist, während die meisten Patienten, über die ich schreibe, sich verletzt fühlen, wirklich vernachlässigt, wenn man sie nicht versteht. Bei diesem Patienten ist es überhaupt nicht so; es ist heute, nach ungefähr zehn Jahren, ganz anders.
JM: Ich verstehe Sie so, daß die Psyche nicht nur durch andere Personen oder durch die Abwesenheit anderer geformt wird, sondern zum Beispiel auch, wenn das Baby das Sonnenlicht durch die Bäume scheinen sieht oder wenn es naß in einer kalten Windel liegt. Die Psyche hat nicht nur mit Objektbeziehungen oder mit deren Fehlen zu tun; sie wird auch durch andere Dinge geformt, insbesondere das Unbewußte.

EB: Dem stimme ich zu. Es freut mich richtig, daß Sie es so formuliert haben. Ich habe nur einen einzigen Vorbehalt: Meiner Meinung nach trifft das, was Sie gesagt haben, zwar auf alle Menschen zu, aber dennoch gibt es Unterschiede. Bei Personen mit einer relativ gesunden Entwicklung geht beides Hand in Hand. Es gibt das Licht, das durch die Bäume fällt, und es gibt ein Gefühl der Kälte und Nässe, und außerdem gibt es jemanden, zu dem man eine Beziehung hat, die man ertragen kann, und dieser Jemand wiederum erträgt es, eine Beziehung zu einem verwirrten Baby zu haben. Bei einigen Patienten aber hat es den Anschein, als gebe es keinerlei Beziehung zu der anderen Person, als sei niemand dagewesen, der sie ertragen konnte; es gibt niemanden außer ihnen selbst. Sie überleben, was an sich bereits merkwürdig ist; man sollte annehmen, daß sie einzig dank des Lichts, das sie durch die Bäume hindurchscheinen sehen, nicht überleben könnten. Ich weiß es nicht genau. Vielleicht gab es ja eine Kinderfrau oder sonst jemanden, der eine Art Beziehung zu ihnen aufnahm, zu den Gefühlen, dem Berührungssinn usw. Auch Geräusche sind wichtig, das, was um einen herum passiert. Schließlich gibt es in einem Zimmer jede Menge Lärm, den wir nicht hören, den aber das Baby hört.

JM: Aber muß es nicht eine andere Person gegeben haben?

EB: Ich würde sagen, ja, man muß einen anderen gehabt haben. Wenn jemand lebt und zwanzig Jahre alt ist, dann heißt das, daß er jemanden gehabt hat. Aber es kommen Leute in Analyse, die zwar atmen, aber nicht zu leben scheinen. Sie haben kein kreatives Leben in sich; es ist bloße Körperatmung. Wie gebildet und vielleicht sogar intelligent sie auch sein mögen: sie sind trotzdem nicht wirklich lebendig, als Personen wirken sie wie tot. Ihr Verstand ist lebendig, aber ihre Psyche oder Seele ist tot. Sie sind gefügige, intelligente, vernünftige Verstandesmenschen.

Wenn ich auf die vergangenen Jahre zurückblicke, fallen mir verschiedene Beispiele dafür ein, eine ganze Reihe von Patienten. Ich habe diese Überlegungen aber nicht verallgemeinert, sondern immer nur den individuellen Fall gesehen. Ich muß die Verantwortung dafür übernehmen, daß ich meine Arbeit zumindest bis vor zehn Jahren entsprechend der Grundannahme strukturierte, daß im Behandlungszimmer zwei Personen seien – selbst wenn der Patient das nicht weiß; und dadurch habe ich das, was geschah und was ich beobachten konnte, beeinflußt. Seit relativ kurzer Zeit erst gehe ich nicht mehr davon aus, daß sich mehr als eine Person im

Zimmer befindet und es, selbst wenn der Patient anders empfindet, eine Beziehung gibt.

JM: Wenn Sie wichtige Arbeit für jemanden leisten können, für den Sie nicht da sind, werden doch die Objektbeziehungstheorien der Analyse in Frage gestellt? Wenn Sie nicht da sind, was können Sie dann tun?

EB: Ja, was ist da, wenn der Patient nichts wahrnimmt? Ich glaube, man muß dran bleiben, darf nicht weggehen, man muß es herausfinden. Das ist mir sehr schwer gefallen: anzuerkennen, daß ich existiere, daß ich hören und versuchen kann, zu verstehen, auch wenn der Patient mich nicht wahrnimmt. Auch Sie müssen bei Ihren Patienten anerkennen, daß Sie existieren, selbst wenn Sie nicht wahrgenommen werden.

JM: Ja, das ist extrem schwierig. Welche Veränderung bewirkt es? Man lebt einfach weiter. Aber wie wirkt es sich auf den Patienten aus?

EB: Nun, ich glaube, daß ich mit der Hypothese arbeite – ohne felsenfest von ihr überzeugt zu sein –, daß der Patient es einem nach angemessener Zeit zugesteht, zu existieren. Ich glaube, das ist bei Sarah, der Patientin, die ich in »Über innere Leere« beschrieben habe, passiert. Ich existierte für sie. Ich bin überzeugt, daß ich in irgendeiner Form von Anfang an für sie existiert habe; dann hat sie mich verloren, und dann existierte ich wieder. Deshalb glaube ich nicht, daß sie zu den Patienten gehört, für die es von Anfang an kein Objekt gegeben hat. Wenn ich bei den Patienten, die von Anfang an kein Objekt hatten, auf meiner Existenz bestehe, teile ich ihnen dies nicht unbedingt mit. Ich sage ihnen nicht ständig, daß ich auch noch da bin, obwohl ich das manchmal tue, wenn ich das Gefühl habe, es sonst nicht mehr auszuhalten. Aber ich arbeite mit der Hypothese, daß ich selbst dann, wenn ich für sie jetzt nicht existiere, in angemessener Zeit existieren werde und sie mich wahrnehmen werden.

JM: Wenn es tatsächlich von Anfang an kein Objekt gegeben hat, wie kann sich diese Wahrnehmung dann entwickeln? Entstammt Sie Ihrem Wissen, daß Sie existieren, und ist Ihre Imagination die Voraussetzung dafür, daß der Patient Sie sehen kann?

EB: Ich habe darüber nachgedacht. Entweder verhält es sich so, wie Sie es gerade beschrieben haben, oder aber es hängt mit dem Spiegelbild zusammen. Für den Patienten, den es nicht ärgert, wenn ich durcheinander oder verwirrt bin oder ihn sogar hängen lasse, sind Spiegel sehr wichtig. Ich denke, daß er im Spiegel eine Beziehung zu sich selbst aufnimmt und jemand anderen findet; manchmal gelingt es ihm nicht, dann wieder doch. Ich glaube, bin mir aber nicht sicher, daß er zunehmend mich im Spiegel sieht, wenn er sich selbst betrachtet. Es gibt den Betrachter, und dann gibt es das, was im Spiegel ist.

JM: Sie sind es, die dort gesehen wird. Sonst könnte man sagen, daß Narziß hätte weiterleben können, wenn er nur nicht die Hand nach seinem Spiegelbild ausgestreckt hätte. Wenn er nur geschaut hätte, wäre alles in Ordnung gewesen.

EB: Er wäre am Leben geblieben, aber nur aus eigener Kraft. Wir haben eine Theorie, daß man allein aus sich selbst nicht am Leben bleibt.

JM: Dies leitet zu einem weiteren Gebiet über, das Sie sehr interessiert – kreatives Leben und kreative Arbeit. Vielleicht sind manche Menschen allein aus sich selbst lebendig, selbst wenn sie verrückt werden oder so etwas.

EB: Könnten wir versuchen, den Wahnsinn zu definieren? Ist es ein Zustand, in dem man mit sich selbst alleine ist, in dem man aber kreativ sein muß, um die Grenzen in seinem Leben aufrechtzuerhalten? Mit sich selbst alleine zu sein, ohne kreativ zu sein, heißt, nicht lebendig zu sein. Mit sich selbst allein und kreativ sein könnte bedeuten, daß man verrückt ist, aber es ist ein lebendiger Zustand.

JM: In diesem Fall könnte das Ammenmärchen, daß die Psychoanalyse für kreative Menschen schädlich sei, einen Wahrheitskern enthalten, wenn nämlich die Tatsache, daß sich einem kreativen Menschen eine andere Person zur Verfügung stellt, bedeutet, daß im Spiegel schließlich diese Person auftauchen wird. Auf diese Weise könnte man den kreativen Prozeß beeinträchtigen, der es ihnen ermöglicht, durch einen inneren Wahnsinn lebendig zu sein.

EB: Ich habe eine gewisse Erfahrung mit Künstlern, die nicht arbeiten konnten oder diese oder jene Schwierigkeit hatten. Vor kurzen noch habe ich mit solch einem Menschen gesprochen. Meiner Erfahrung nach kann man eine Blockade ihrer Kreativität aufheben und es ihnen dadurch ermöglichen, weiterhin kreativ zu sein, aber wenn man das tut, werfen sie einen nicht 'raus. Mein allererster Patient war ein schöpferischer Mensch mit einer Blockade; und er hat mich in sein erstes Werk eingearbeitet, durch das er wieder in Gang kam. Er erschuf mich und machte dann weiter und war in der Lage, weiterhin kreativ zu sein. Wenn Sie einen kreativen

Künstler sehen, der blockiert ist, dann sagen Sie ja nicht: »Ich werde die Blockade aufheben.« Sie geben ihm die Möglichkeit, Sie zu erschaffen; dann kann er weitermachen. Ihre Anwesenheit im Behandlungszimmer hat für diese Menschen keine Bedeutung; wenn sie Sie jedoch erschaffen (und ich habe dies kürzlich in einigen Sitzungen erlebt), dann sehen sie Sie als wirklich. Sie nehmen Sie kreativ wahr. Dann sind sie nicht alleine.

JM: Denken wir an den Patienten, den Sie beschrieben haben, für den Sie nicht da sind: Solche Personen werden im Laufe der Zeit nicht etwa eine Mutter oder irgendein anderes Objekt im Sinn einer Objektbeziehungstheorie bekommen, das sich um sie kümmert oder zu dem sie eine Beziehung aufnehmen; vielmehr können Sie in gewisser Weise für ihn zu einem Gemälde werden oder zu einem Sonnenstrahl im Spiegel.

EB: Was auch eine Entstellung meiner Person bedeutet, aber zugleich eine imaginative Schöpfung darstellt.

JM: Er entwickelte die Blockade, weil der Raum leer war. Er konnte sich selbst nicht sehen; er konnte nichts im Spiegel sehen. Was irgendwann auftauchen kann, ist etwas Neues, im Grunde nämlich sind Sie es. Er ist darauf angewiesen, daß Sie sich ihm anbieten als das, was dann im Spiegel auftauchen kann.

EB: Vielleicht verhält es sich so. Ich habe zweifellos nicht die Erfahrung gemacht, daß Künstler Analytikern aus dem Weg gehen sollten. Wohlgemerkt, wenn Analytiker die Arbeit des Künstlers deuten, finde ich das extrem schauderhaft, solche Deutungen sind tödlich. Wenn Sie dem Künstler jedoch die Möglichkeit geben, Sie imaginativ zu erschaffen, dann ist es in Ordnung. Wie Sie es tun, ist eine andere Sache.

JM: Das erklärt vielleicht, weshalb es Ihren Patienten nicht verletzt, wenn Sie durcheinander sind.

EB: Anfangs habe ich ihm vorschriftsmäßige Brustdeutungen gegeben, die, wie ich denke, absolut korrekt waren, da er sehr auffällig nach einer Brust suchte, mit den Händen auf den Kissen usw. Aber diese Deutungen waren völlig nutzlos. Sie waren nicht das, was er zum Leben brauchte. Seine Suche war präverbal, er wollte die Bilder finden, die Worte erfinden. Was er später fand, waren Symbole.

JM: Also werden Sie im Grunde zu einer Erfahrung der äußeren Welt, die der kreative Künstler selbst sehen muß. Wenn er blockiert ist, stehen für die äußere Welt keine Symbole zur Verfügung.

EB: Ja. Manche Künstler sagen, daß sie die äußere Welt überhaupt nicht brauchen, weil alles allein aus ihrer Imagination hervorgehe. Aber ich würde dem nicht zustimmen.
JM: Ich halte das auch nicht für möglich; es muß irgendwo herkommen. Sonst wäre es wie bei dem Patienten, den sie beschrieben haben, es wäre eine Phantasie ohne Imagination. Er machte immer weiter mit alten Geschichten, die irgendwann entleert waren. Dies läßt sich an kreativer Arbeit aller Art beobachten. Wenn jemand an diesem Punkt zu einer Analytikerin wie Ihnen kommt, dann kann er Sie irgendwann benutzen, um etwas zu verändern, sich wieder aufzufüllen und mit einer äußeren Welt imaginativ noch einmal von vorn zu beginnen. Was Sie sind, ist eine neue, oder erneuerte, äußere Welt.
EB: Ich bin keine Person, so weit stimme ich zu. Ich würde sagen, ein Objekt, ein Bruchstück der äußeren Welt, aber keine Person: vielleicht eine Erfahrung, eine Realisierung des Außen.
JM: Ja. Vielleicht ansatzweise eine Person. Sie können zu einem Gemälde werden, aber was zählt, ist die Tatsache, daß Sie als hinreichender Bezugspunkt dienen, damit Sie die Imagination nähren können.
EB: Das klingt richtig, aber ich glaube, wir müssen beide noch darüber nachdenken.
JM: Die Imagination kann sich nicht für alle Zeiten aus sich selbst nähren. Das ist nur für einen begrenzten Zeitraum möglich. Dann braucht sie neue Nahrung.
EB: Ich denke an das Wort »Wahrnehmung«. Die Imagination muß ein Stück der Welt wahrnehmen können, das für sie akzeptabel ist. Die Künstler, mit denen ich gearbeitet habe – nicht nur Maler, sondern auch Musiker und Schriftsteller –, müssen mit ihren Ohren oder Augen oder ihrem Berührungssinn etwas hören oder wahrnehmen können, das sie zuvor nicht wahrgenommen haben; und wenn ihre Wahrnehmungsfähigkeit blockiert ist, dann sind sie erledigt. Sie können sich nur selbst wiederholen. Ihre Wahrnehmung ist furchtbar schmerzhaft; das sollten wir nicht vergessen. Auch für Analytiker ist es furchtbar schwierig, etwas wahrzunehmen, das man vorher nicht wahrgenommen hat; wir kämpfen wie verrückt dagegen an. Darum geht es natürlich auch in meiner Arbeit mit den Allgemeinmedizinern.
JM: Ich reite noch immer auf den Objekten herum. Künstler sind zweifel-

los Personen, die nicht genug bekommen haben; sie haben etwas bekommen, aber nicht genug. Benutzen sie ihre Imagination, um aus dem »Nicht-genug« mehr zu machen?

EB: Könnte man sagen, daß das »Nicht-genug«, das sie bekamen, etwas ist, das nie zu einer ganzen Person geworden ist? So daß es nie Gegenseitigkeit gegeben hat, eine Beziehung zum anderen oder Anteilnahme?

JM: Es ist etwas da, das wieder-benutzt, wieder-gefunden werden muß.

EB: Oder wieder-erschaffen, aber ich weiß nicht, was wir darunter verstehen. Ich vermute, daß wir alle diese Erfahrung gemacht haben. Man kann sich ein Shakespeare-Stück ansehen oder ein Buch öffnen und zwei Prosazeilen finden, und es wird lebendig; oder in einem selbst wird etwas lebendig. Wir alle brauchen das ständig.

JM: Wenn diese zwei Zeilen lebendig werden, liegt es daran, daß es etwas im Innern gab, das verlorengegangen ist. In diesem Sinn ist es kein Neuanfang, sondern eine Wieder-erschaffung. Etwas ist vorher bereits dagewesen.

EB: Etwas muß da sein, sonst könnten wir die zwei Zeilen nicht als Widerhall empfinden. Vielleicht war dieses Etwas nie »zwei Zeilen«. Es war desorganisiert: eine Bereitschaft, eine Vorbereitung auf etwas.

Bibliographie

Alexander, F. (1932). *The Medical Value of Psychoanalysis.* London (Allen & Unwin).

Alexander, F. (1933). A note on Falstaff. In: ders., *The Scope of Psychoanalysis, 1921-1961.* New York (Basic Books) 1961, S. 501-510.

Alexander, F., und T. M. French (1946). *Psychoanalytic Therapy: Principles and Applications.* New York (Ronald).

Balint, A. (1939). Love for the mother and mother love. In: M. Balint (1952). *Primary Love and Psychoanalytic Technique.* London (Maresfield) 1985, S. 109-127. (1988) Liebe zur Mutter und Mutterliebe. In: M. Balint, *Die Urformen der Liebe und die Technik der Psychoanalyse.* München (dtv), S. 103-120.

Balint, E. (1969). The possibilities of patient-centered medicine. *Journal of the Royal College of General Practitioners* 17: 269-276.

Balint, E., und J. S. Norell (Hg.) (1973). *Six Minutes for the Patient. Interactions in General Practice Consultation.* London (Tavistock). (1975) *Fünf Minuten pro Patient. Eine Studie über die Interaktionen in der ärztlichen Allgemeinpraxis.* Übers. von K. Hügel. Frankfurt am Main (Suhrkamp).

Balint, M. (1937). Early developmental states of the ego. Primary object-love. In: ders. (1952), *Primary Love and Psychoanalytic Technique,* S. 90-108. (1988) Frühe Entwicklungsstadien des Ichs. Primäre Objektliebe. In: ders., *Die Urformen der Liebe und die Technik der Psychoanalyse.* München (dtv), S. 83-102.

Balint, M. (1938). Strength of the ego and its education. In: ders., *Primary Love and Psychoanalytic Technique,* S. 200-212. (1988) Ich-Stärke, Ich-Pädagogik und »Lernen«. In: ders., *Die Urformen der Liebe und die Technik der Psychoanalyse.* München (dtv), S. 202-213.

Balint, M. (1952). *Primary Love and Psychoanalytic Technique.* London (Maresfield). (1966) *Die Urformen der Liebe und die Technik der Psychoanalyse.* Stuttgart (Klett). (1988) München (dtv).

Balint, M. (1957). *The Doctor, His Patient and the Illness.* London (Pitman). (^{8}1993) *Der Arzt, sein Patient und die Krankheit.* Übers. von K. Hügel. Stuttgart (Klett).

Balint, M. (1958). Three areas of the mind: Theoretical considerations. *International Journal of Psychoanalysis* 39: 328-340.

Balint, M. (1959). *Thrills and Regressions*. London (Maresfield). (1960) *Angstlust und Regression*. Übers. von K. Wolff. Stuttgart (Klett-Cotta).

Balint, M. (1960). The regressed patient and his analyst. *Psychiatry* 23: 231-243. (1961) Der regredierte Patient und sein Analytiker. *Psyche* 15: 253-273.

Balint, M. (1965). The doctor's therapeutic function. *Lancet* I: 1178-1180.

Balint, M. (1968). *The Basic Fault: Therapeutic Aspects of Regression*. London (Tavistock). (1970) *Therapeutische Aspekte der Regression. Die Theorie der Grundstörung*. Übers. von K. Hügel. Reinbek (Rowohlt) 1973.

Balint, M., und E. Balint (1961). *Psychotherapeutic Techniques in Medicine*. London (Tavistock). (1963) *Psychotherapeutische Techniken in der Medizin*. Übers. von K. Hügel. Stuttgart (Klett).

Balint, M., E. Balint und R. Gosling und P. Hildebrand (1966). *A Study of Doctors: Mutual Selection and the Evaluation of Results in a Training Programme for Family Doctors*. London (Tavistock).

Balint, M., P. Ornstein und E. Balint (1972). *Focal Psychotherapy: An Example of Applied Psychoanalysis*. London (Tavistock). (1973) *Fokaltherapie. Ein Beispiel angewandter Psychoanalyse*. Frankfurt am Main (Suhrkamp).

Bion, W. R. (1962). *Learning from Experience*. London (Heinemann). (1990) *Lernen durch Erfahrung*. Übers. von E. Krejci. Frankfurt am Main (Suhrkamp).

Bion, W. R. (1963). *Elements of Psychoanalysis*. London (Heinemann). (1992) *Elemente der Psychoanalyse*. Übers. von E. Krejci. Frankfurt am Main (Suhrkamp).

Bion, W. R. (1970). *Attention and Interpretation: A Scientific Approach to Insight in Psycho-Analysis and Groups*. London (Tavistock).

Bion, W. R. (1977). *Seven Servants*. New York (Aronson).

Bollas, C. (1987). *The Shadow of the Object: Psychoanalysis of the Unthought Known*. London (Free Associations).

Breuer, J., und S. Freud (1895). *Studien über Hysterie*. Leipzig und Wien (Deuticke). (1995) Reprint Frankfurt am Main (Fischer).

Deutsch, H. (1946). *The Psychology of Women.* Vol. 1: *Girlhood.* London (Research Books). (^{2}1959) *Die Psychologie der Frau.* 2 Bde. Bern (Huber).

Drury, J. (1988). Master artists, like God himself, realize their representations. *The Independent,* 11. Juni, London.

Eigen, M. (1985). Towards Bion's starting point: Between catastrophe and death. *International Journal of Psychoanalysis* 66: 321-330.

Eissler, K. R. (1953). The effect of the structure of the ego on psychoanalytic technique. *Journal of the American Psychoanalytic Association* 1: 104-143.

Elder, A. (1987). Moments of change. In: ders. und S. Samuel (Hg.). *While I'm Here, Doctor: A Study of the Doctor-Patient Relationship.* London (Tavistock).

Erikson, E. H. (1950). *Childhood and Society.* New York (Norton). (1957) *Kindheit und Gesellschaft.* Übers. von M. Eckhardt-Jaffé. Stuttgart (Klett-Cotta).

Federn, P. (1926). Some Variations in Ego Feeling. *International Journal of Psychoanalysis* 7: 434-444. Einige Variationen des Ichgefühls. 1. Kapitel in: ders., *Ichpsychologie und die Psychosen.* Bern und Stuttgart (Huber) 1956.

Federn, P. (1932). Ego feeling in dreams. *Psychoanalytic Quarterly* 1: 511-542.

Ferenczi, S. (1919). Zur psychoanalytischen Technik. In: ders., *Bausteine zur Psychoanalyse.* Bd. II. Bern (Huber) 1969, S. 38-54. Wieder in: ders., *Schriften zur Psychoanalyse.* Bd. I. Frankfurt am Main (S. Fischer) 1970, S. 272-283.

Ferenczi, S. (1923). Der Traum vom ›gelehrten Säugling‹. In: ders., *Bausteine zur Psychoanalyse.* Bd. III. Bern (Huber) 1969, S. 218 f. Wieder in: ders., *Schriften zur Psychoanalyse.* Bd. II. Frankfurt am Main (S. Fischer) 1972, S. 137.

Ferenczi, S. (1930). Relaxationsprinzip und Neokatharsis. In: ders., *Bausteine zur Psychoanalyse.* Bd. III. Bern (Huber) 1969, S. 468-489. Wieder in: ders., *Schriften zur Psychoanalyse.* Bd. II. Frankfurt am Main (S. Fischer) 1972, S. 257-273.

Ferenczi, S. (1933). Sprachverwirrung zwischen den Erwachsenen und dem Kind. In: ders., *Bausteine zur Psychoanalyse.* Bd. III. Bern (Huber)

1969, S. 511-525. Wieder in: ders., *Schriften zur Psychoanalyse*. Bd. II. Frankfurt am Main (S. Fischer) 1972, S. 303-313.

Ferenczi, S. (1955). *Final Contributions to the Theory and Technique of Psycho-Analysis*. London (Hogarth).

Freud, A. (1936). Das Ich und die Abwehrmechanismen. In: *Die Schriften der Anna Freud*. Bd. 1. München (Kindler) 1980, S. 193-355.

Freud, A. (1954). Der wachsende Indikationsbereich der Psychoanalyse. In: *Die Schriften der Anna Freud*. Bd. V. München (Kindler) 1980, S. 1349-1368.

Freud, S. (1900a). *Die Traumdeutung*. G.W., Bd. 2/3.

Freud, S. (1905d). *Drei Abhandlungen zur Sexualtheorie*. G.W., Bd. 5, S. 33-145.

Freud, S. (1905e). Bruchstück einer Hysterie-Analyse. G.W., Bd. 5, S. 161-268.

Freud, S. (1909d). Bemerkungen über einen Fall von Zwangsneurose. G.W., Bd. 7, S. 379-463.

Freud, S. (1910k). Über »wilde« Psychoanalyse. G.W., Bd. 8, S. 118-125.

Freud, S. (1912e). Ratschläge für den Arzt bei der psychoanalytischen Behandlung. G.W., Bd. 8, S. 376-387.

Freud, S. (1914d). Zur Geschichte der psychoanalytischen Bewegung. G.W., Bd. 10, S. 43-113.

Freud, S. (1915d). Die Verdrängung. G.W., Bd. 10, S. 248-261.

Freud, S. (1916-17g). Trauer und Melancholie. G.W., Bd. 10, S. 428-446.

Freud, S. (1919a). Wege der psychoanalytischen Therapie. G.W., Bd. 12, S. 183-194.

Freud, S. (1921c). *Massenpsychologie und Ich-Analyse*. G.W., Bd. 13, S. 71-161.

Freud, S. (1923b). *Das Ich und das Es*. G.W., Bd. 13, S. 237-289.

Freud, S. (1925h). Die Verneinung. G.W., Bd. 14, S. 11-15.

Freud, S. (1925j). Einige psychische Folgen des anatomischen Geschlechtsunterschieds. G.W., Bd. 14, S. 19-30.

Freud, S. (1926e). *Die Frage der Laienanalyse*. G.W., Bd. 14, S. 207-286.

Freud, S. (1927e). Fetischismus. G.W., Bd. 14, S. 211-317.

Freud, S. (1931b). Über weibliche Sexualität. G.W., Bd. 14, S. 517-537.

Freud, S. (1933a). *Neue Folge der Vorlesungen zur Einführung in die Psychoanalyse*. G.W., Bd. 15.

Freud, S. (1939a). *Der Mann Moses und die monotheistische Religion.* G.W., Bd. 16, S. 103-246.

Freud, S. (1940a). *Abriß der Psychoanalyse.* G.W., Bd. 17, S. 63-138.

Freud, S. (1940e). Die Ichspaltung im Abwehrvorgang. G.W., Bd. 17, S. 59-62.

Gitelson, M. (1958). On ego distortion. *International Journal of Psychoanalysis* 39: 245-257.

Gogh, V. van (1958). *The Complete Letters of Vincent van Gogh.* London (Thames & Hudson).

Green, A. (1986). *On Private Madness.* London (Hogarth).

Greenacre, P. (1950). General problems of acting out. *Psychoanalytic Quarterly* 19: 455-467.

Greenacre, P. (1953). *Trauma, Growth and Personality.* London (Hogarth).

Hampshire, A. S. (1972). *Freedom of Mind, and Other Essays.* Oxford (Oxford University Press).

Hartmann, H. (1950). Comments on the psychoanalytic theory of the ego. *Psychoanalytic Study of the Child* 5: 74-96.

Hartmann, H. (1955). Notes on the theory of sublimation. *Psychoanalytic Study of the Child* 10: 9-29. (1956) Bemerkungen zur Theorie der Sublimierung. *Psyche* 10: 41-62.

Hoffer, W. (1950). Development of the body ego. *Psychoanalytic Study of the Child* 5: 18-23.

Hoffer, W. (1952). The mutual influences in the development of ego and id: Earliest stages. *Psychoanalytic Study of the Child* 7: 31-41.

Holmes, J., und R. Lindley (1989). *The Values of Psychotherapy.* Oxford (Oxford University Press).

James, M. (1960). Premature ego development: Some observations upon disturbances in the first three months of life. *International Journal of Psychoanalysis* 41: 288-294.

Jones, E. (1929). The psychopathology of anxiety. In: ders., *Papers on Psychoanalysis.* London (Baillière) [5]1948.

Josipovici, G. (1971). *The World and the Book: A Study of Modern Fiction.* London (Macmillan).

Khan, M. M. R. (1962). The rôle of polymorph-perverse body-experiences and object-relationships in ego-integration. In: ders., *Alienations in*

Perversions. London (Hogarth) 1979, S. 31-55. (1983) Die Rolle polymorph-perverser Körpererfahrungen und Objektbeziehungen bei der Ich-Integration. In: ders., *Entfremdung bei Perversionen*. Übers. von W. Klüwer. Frankfurt am Main (Suhrkamp), S. 38-74.

Klein, M. (1932). *Die Psychoanalyse des Kindes*. Wien (Internationaler Psychoanalytischer Verlag). (1996) dies., *Gesammelte Schriften*. Bd. II. Hg. von R. Cycon. Stuttgart-Bad Cannstatt (Frommann-Holzboog).

Klein, M. (1935). A contribution to the psychogenesis of manic-depressive states. *International Journal of Psychoanalysis* 16: 145-174. (1996) Beitrag zur Psychogenese der manisch-depressiven Zustände. Übers. von E. Vorspohl. In: *Gesammelte Schriften*. Bd. I, 2, S. 29-75.

Klein, M. (1946). Notes on some schizoid mechanisms. *International Journal of Psychoanalysis* 27: 99-110. (1996) Bemerkungen über einige schizoide Mechanismen. Übers. von E. Vorspohl. In: *Gesammelte Schriften*. Bd. III. In Vorbereitung.

Laing, R. D. (1960). *The Devided Self*. London (Tavistock). (1972) *Das geteilte Selbst*. Übers. von C. Tansella-Zimmermann. Köln (Kiepenheuer & Witsch).

Little, M. (1958). On delusional transference (transference psychosis). In: dies. (1981). *Transference Neurosis and Transference Psychosis: Toward Basic Unity*. New York (Aronson), S. 81-91. (1958) Über wahnhafte Übertragung (Übertragungspsychose). *Psyche* 12: 258-269.

Little, M. (1960). On basic unity (primary total undifferentiatedness). In: dies. (1981). *Transference Neurosis and Transference Psychosis: Toward Basic Unity*, S. 109-125.

Loch, W., und J. Dantlgraber (1976). *Changes in the Doctor and His Patient Brought about by Balint Groups*. Helsinki (Psychiatrica Fennica).

Luborsky, L., B. Singer und L. Luborsky (1975). Comparative studies of psychotherapies: Is it true that everyone has won and all must have prizes? *Archives of General Psychiatry* 32: 995-1008.

Malan, D. (1963). *A Study of Brief Psychotherapy*. London (Tavistock). (1965) *Psychoanalytische Kurztherapie*. Stuttgart (Klett).

Malan, D. (1976). *Toward the Validation of Dynamic Psychotherapy: A Replication*. London (Plenum).

Milner, M. (1950). *On Not Being Able to Paint*. London (Heinemann).

Milner, M. (1952). The role of illusion in symbol formation. In: dies. (1987). *The Suppressed Madness of Sane Men: Forty-Four Years of Exploring Psychoanalysis*. London (Tavistock).

Pines, D. (1986). Working with women survivors of the holocaust: Affective experiences in transference and countertransference. *International Journal of Psychoanalysis* 67: 295-307.

Rosenfeld, H. (1964). An investigation into the need of neurotic and psychotic patients to act out during analysis. In: ders. (1966). *Psychotic States: A Psychoanalytical Approach*. New York (International Universities Press), S. 200-216. (1981) Über das Bedürfnis neurotischer und psychotischer Patienten, während der Analyse zu agieren. In: ders., *Zur Psychoanalyse psychotischer Zustände*. Übers. von C. Kahleyß-Neumann. Frankfurt am Main (Suhrkamp), S. 234-253.

Roustang, G. (1982). *Dire Mastery*. Baltimore (Johns Hopkins University Press). Original: *Un destin si funeste*. Paris (Minuit) 1976.

Russell, B. (1946). *A History of Western Philosophy*. London (Allen and Unwin). (1950) *Philosophie des Abendlandes. Ihr Zusammenhang mit der politischen und sozialen Entwicklung*. Übers. von E. Fischer-Wernecke und R. Gillischewski. Frankfurt am Main (Holle).

Schilder, P. (1923). *Das Körperschema: Ein Beitrag zur Lehre vom Bewußtsein des eigenen Körpers*. Berlin (Springer).

Schilder, P. (1936). *The Image and Appearance of the Human Body*. London (Kegan Paul).

Scott, W. C. M. (1958). Some embryological, neurological, psychiatric and psychoanalytical implications of the body-schema. *International Journal of Psychoanalysis* 29: 141-155.

Searles, H. (1958). Positive feelings in the relationship between the schizophrenic and his mother. *International Journal of Psychoanalysis* 39: 569-586.

Searles, H. (1961). Anxiety concerning change, as seen in the psychotherapy of schizophrenic patients, with particular reference to the sense of personal identity. *International Journal of Psychoanalysis* 42: 74-85.

Stern, D. (1985). *The Interpersonal World of the Infant*. New York (Basic Books). (1992) *Die Lebenserfahrung des Säuglings*. Stuttgart (Klett-Cotta).

Strachey, J. (1961). Editor's note on ›Some psychical consequences of the anatomical dinstinction between the sexes‹. In: S. Freud, *Standard Edition*. Bd. 19, S. 243-247.

Tarkovsky, A. (1989). Vortrag, zitiert in: »Directed by Andrei Tarkovsky«. Fernseh-Dokumentationsfilm, Channel 4, 7. Januar 1989. London (Artificial Eye).

Trilling, L. (1950). *The Liberal Imagination*. New York (Viking).

Tustin, F. (1972). *Autism and Childhood Psychosis*. London (Hogarth).

Tustin, F. (1981). *Autistic States in Children*. London (Routledge & Kegan Paul). (1989) *Autistische Zustände bei Kindern*. Übers. von H. Brühmann. Stuttgart (Klett-Cotta).

Vel'vovskii, I. (1973). The health service – if our nerves play you up. *Prawda*, Moskau. Unveröff. Übers. von R. Edmonds.

Winnicott, D. W. (1945). Primitive emotional development. In: ders. (1975). *Through Paediatrics to Psychoanalysis*. London (Hogarth), S. 145-156. (1983) Die primitive Gefühlsentwicklung. In: ders., *Von der Kinderheilkunde zur Psychoanalyse*. Übers. von G. Theusner-Stampa. Frankfurt am Main (Fischer), S. 58-76.

Winnicott, D. W. (1948). Paediatrics and psychiatry. In: ders. (1975). *Through Paediatrics to Psychoanalysis*, S. 157-173.

Winnicott, D. W. (1951). Transitional objects and transitional phenomena. In: ders. (1975). *Through Paediatrics to Psycho-Analysis*. London (Hogarth). (1983) Übergangsobjekte und Übergangsphänomene. In: ders., *Von der Kinderheilkunde zur Psychoanalyse*, S. 300-319.

Winnicott, D. W. (1954). Metapsychological and clinical aspects of regression within the psychoanalytical set-up. In: ders. (1975). *Through Paediatrics to Psychoanalysis*, S. 278-294. (1983) Metapsychologische und klinische Aspekte der Regression im Rahmen der Psychoanalyse. In: ders., *Von der Kinderheilkunde zur Psychoanalyse*, S. 183-207.

Winnicott, D. W. (1956). The antisocial tendency. In: ders. (1975). *Through Paediatrics to Psychoanalysis*, S. 306-315. (1983) Die antisoziale Tendenz. In: ders., *Von der Kinderheilkunde zur Psychoanalyse*, S. 230-243.

Winnicott, D. W. (1960). The theory of the parent-infant relationship. In: ders. (1965). *The Maturational Processes and the Facilitating Environment*. London (Hogarth), S. 37-55. (1984) Die Theorie der Beziehung zwischen Mutter und Kind. In: ders., *Reifungsprozesse und fördernde*

Umwelt. Übers. von G. Theusner-Stampa. Frankfurt am Main (Fischer), S. 47-71.

Winnicott, D. W. (1962). Ego integration in child development. In: ders., *The Maturational Processes and the Facilitating Environment*, S. 56-63. (1984) Ich-Integration in der Entwicklung des Kindes. In: ders., *Reifungsprozesse und fördernde Umwelt*, S. 72-81.

Winnicott, D. W. (1963). Communicating and not communicating leading to a study of certain opposites. In: ders., *The Maturational Processes and the Facilitating Environment*, S. 179-192. (1984) Die Frage des Mitteilens und des Nicht-Mitteilens führt zu einer Untersuchung gewisser Gegensätze. In: ders., *Reifungsprozesse und fördernde Umwelt*, S. 234-252.

Winnicott, D. W. (1968). Communication between infant and mother, and mother and infant, compared and contrasted. In: W. G. Joffe (Hg.). *What is Psychoanalysis?* London (Ballièrre, Tindall and Cassell), S. 15-25.

Winnicott, D. W. (1988). *Human Nature.* London (Free Association). (1994) *Die menschliche Natur.* Übers. von E. Vorspohl. Stuttgart (Klett-Cotta).

Register

Abhängigkeit 54, 158
Abwehrmechanismen
– gegen Anerkennung der Realität 43
– gegen Kommunikation 14
– gegen unbewußte Kommunikation 304
– Übertragung und 168
– Wörter als 175
Aggression 79, 83, 117
Agieren 37 f., 43 f., 56, 57, 158
Alexander, Franz 194
Allgemeinmediziner, *siehe auch* Arzt
– Interesse am 297 f.
– Setting des 218 f.
– therapeutische Möglichkeiten des 248
Ambivalenz 95
Analytiker
– Distanz zum Patienten 88 f.
– eigene Gefühle 206 f.
– im Frageprozeß 25 f.
– freundlich und mitfühlend 88
– Haltung des 18, 28 ff., 84 f.
– zweiphasige Haltung des 85
– Lektüre über die Erfahrungen anderer Analytiker 171
– und Natürlichkeit des künstlerischen Denkens 189
– Persönlichkeit des 86 f.
– professionelle Verpflichtung des 92
– als »Receiver« 89 f.
– Regeln 168, 169, 172
– Rückschlüsse des 25 f.
– als Spiegel 85 ff., 313
– und Ungewißheiten in der Behandlung 173
– Unterschiede des Arbeitsstils 178
– willfährige Reaktion des 172; *siehe auch* Ausbildung
Analytikerin
– und Schwierigkeiten in der Analyse von Frauen 106-120

Analytiker-Patient-Beziehung
– Spiegelmetapher 91 f.
– und Übertragung 282, 308
– wechselseitiges Vertrauen in der 223; *siehe auch* Beobachtung
»Anna O.« 200, 201
Anorexia nervosa 62, 194
Aphanisis 72
Aristoteles 29
Arzt
– und Anerkennung von Fortschritten des Patienten 262 f.
– als Beobachter 255
– Kenntnisse über den Patienten 241 f., 248
– Gefühle des 206 f.
– Grenzen des 196
– Kommunikation von Gedanken und Gefühlen an den Patienten 231 f.
– Schuldgefühle des 251; *siehe auch* Allgemeinmediziner
Arzt-Patient-Beziehung
– Balint-Gruppe und 236, 237, 254
– emotionale Komponente der 251
– Wissen des Arztes über den Patienten und 240 ff.
Assimilationsphase des Ausbildungsseminares 258
Aufmerksamkeit, gleichschwebende 33
Ausbildung 168
– Ich-Entwicklung und 261-267
– von Allgemeinmedizinern 227 f.
– Prozesse in der 266
– analytische 265 ff.
Ausbildungs- und Forschungsseminare 190
Ausbildungskandidat
– Analyse durch 38
– persönliche Analyse des 27, 266
– Vorlesungen und Lektüre 27

Ausbildungsseminar
- Bedingungen für Ich-Entwicklung von Ärzten
- Phasen im 257-261
- als Umwelt 256 f.
- vorrangiges Ziel des 264; *siehe auch* Balint-Gruppen
äußere Realität 50, 54, 134 f., 142

Balint, Michael
- Bereich der Grundstörung 58, 140, 145 f., 150, 165
- Bereich der Kreativität 19, 146
- Haß 48
- Objektbeziehungstheorien 93
- primäre Liebe 43
- primärer Narzißmus 93
- Psychoanalyse in der Medizin 186
- psychotherapeutisches Setting 218
- *reculer pour mieux sauter* 57
Balint-Gruppen
- Aktivität der Ärzte in 235
- Arzt-Patient-Beziehung und 230, 236 f., 253, 255
- Erleichterung von Beobachtungen und 228-231
- Ziele der 183, 203
Beendigung der Analyse, Entscheidung über 72
Befriedigung 103
Beobachtungen 25
- Auswahl von 33 f.
- Bedeutung der 23 f.
- Ermöglichung von, in Balint-Gruppen 228 f.
- von jungen Analytikern 27 f.
- und Rolle des Patienten 31
- vs. Rückschluß 25
- als Teil des analytischen Prozesses 30
- und Teilnahme 92
- vs. Theorien 27 f.
- Validität von 31
Bewußtsein, Postulat des 122

Beziehungen 299
Bindung
- zwischen Mutter und Tochter 107 f., 119
- prä-ödipale 106
Bion, Wilfred 122, 129, 135, 175
Breuer, Josef 200, 201, 297
Brierley, Marjorie 14

Charakterdeformierung 95

Denken ohne Gefühle 79
Depression
- Angst und 97
- Fallbeispiel 53
- Melanie Klein und 37
- unbewußte psychische Last und 160
- ausgelöst durch Verlusterfahrungen 157
depressive Position 37, 53
Deutung 43, 65, 67, 123, 129, 150, 314
- Timing der 86 f., 89 f., 172
- scheinbarer Trivialitäten 298 f.
- Übertragung und 32, 37, 55 f.
- Unterschiede zum Feedback 82
Diagnose
- deskriptive Dimensionen der 238
- der Ehe 274 f.
- Gesamt- 215, 238-241, 244, 256
- psychoanalytische 217
- traditionelle 243
- unvollständige 251
Dickdarmgeschwür 194
Die Traumdeutung (S. Freud) 25
Disziplin 18, 96
Drei Abhandlungen zur Sexualtheorie (S. Freud) 24
Drei-Personen-Beziehung 307
Drury, John 140 f.

Echo, *siehe* Feedback
Ehe
- Diagnose der 274 ff.

- Übertragungsphänomene in der 283 f.
- und Überwinden von Kommunikationsschwierigkeiten 289 f.
- individuelle Unterschiede 293
- unrealistische Ideen und Erwartungen in der 282
- Verständnis der 272-278
- Versuche zur Problemlösung in der 293

Ehemann, entwerteter 116
Ehepartner, Wahl des 272 f.
Ehetherapie 271-316
- Balint-Gruppen und 225 f.
- Setting der 220 ff.

Eissler, Kurt R. 89, 91
Eltern
- Gebote der 94-99
- und Vorbereitung des Kindes auf die Welt 101; *siehe auch* Vater; Mutter

emotionale Probleme/Konflikte 202 f.
Entwicklungstheorie 283
Erikson, Erik H. 257
Erinnerungen
- Fehlen von 123, 138
- Wiedergewinn von 174

Ermöglichung von Veränderung 205
Erstinterviewskarte 242-245
Erziehung
- wesentliche Faktoren der 100
- durch die Kinder selbst 96

Exhibitionismus 56

falsche Lösung 265 f.
falsche Wahrnehmung, innere Leere und 58
Familie, Position in der 290 f.
Feedback
- adäquates 78 f.
- zwischen Mutter und Kind 80 ff.
- Prozeß des 77
- vom Säugling ausgelöst 59
- von der Welt 152

Feindseligkeit 70 f., 117

Ferenczi, Sándor 14, 39, 57, 61, 79, 85, 86, 186, 303
Flash-Technik 231 f.
Fragmentierung 136
Frauen
- Beziehung zu anderen Frauen 116 f.
- Beziehung zu Männern 107
- Entwicklung von Bedürfnissen und 105
- Konzentration auf die Befriedigung der depressiven Mutter 107-120
- Leere und 62

freie Assoziation 129 f., 132, 135, 299
Freud, Anna 37, 46, 57, 80
Freud, Sigmund 4, 286, 282
- Ich-Störung 85 f.
- über Technik 167 f.
- über Übertragung 282
- über das Unbewußte 24 f.
- Urteil über Künstler 189
- weibliche Sexualität 106 f.
- über wilde Analyse 186
- Wiß- und Forschertrieb 55 f.

Frigidität 107
Frustration/Versagung 95 ff., 103, 126
Füttern auf Verlangen 95-98

Gefügigkeit und Rebellion im Ausbildungsseminar 258
Gefühle
- ohne Gedanken 79
- Verlust der 70, 72

Gegenübertragung 48, 136
Genitalsymbolik 72 f.
Getrenntheit von der Analytikerin 43
Gewohnheit 189 f.
gleichschwebende Aufmerksamkeit 90
Gogh, Vincent van 141
Green, André 144
Greenacre, Phyllis 56
Grundstörung, Bereich der
- analytische Arbeit mit 145 f., 150
- Definition der 58, 140

– Fremdkörper im Ich und 165
Gruppentherapie 101 ff.

Hand-Mund-Sensation 70
Haß 48, 83, 95, 107
Hoffer, Willi 70
Hoffnungslosigkeit 115 ff.
Homosexualität 193
– latente 39, 117, 120
Hypnose 201
Hysterie 200

Ich
– angemessenes Funktionieren des 60
– belastungsfähiges 94, 165
– drohende Desintegration des 91
– Fremdkörper im 114, 165
– reifes 46
– vs. Selbst 59
– Spaltung des 112, 165
– unzugängliches 89
Ich-Entwicklung
– angemessene 82, 103
– Ausbildung und 261-267
– verlangsamte oder arretierte 56 f.
– Manifestationen der 98 f.
Ich-Störungen 78 f., 85 f., 96
Identifizierung 135
– Analytiker und 86
– bewußt gewordene 164
– Funktion der 160 f.
– mit der Mutter 107
– Notwendigkeit der 84
– zweiphasige Struktur der 228 f.
Imagination 136, 315 f.
imaginative Wahrnehmung 121, 141, 177
– Beispiele 125 ff., 132, 135
– Definition der 144
– des Säuglings 142
Inflexibilität 225
Informationen, für Gesamtdiagnose 243 f.

innere Objekte 59
Innere Station, Setting der 220
inneres Modell 274
Introjektion 84, 99 f., 106, 117
Isolationsgefühle 307

»Kaminfegen«, *siehe* Redekur
Kastrationsangst 46, 132
Kastrationskomplex 43
katamnestische Berichte 246 ff.
Kinderentwicklung
– Anpassung/Kompromiß und 273
– Eingriffe in die 96
– therapeutische Bedeutung der 301 f.
Kinderentwicklung, Eingriffe in die 96
Kindertherapie 23
Kindesmißbrauch
– unbewußte Phantasie und 303
kindzentrierte Erziehung 93
Klauber, John 117
Klein, Melanie 37, 46, 58, 61, 62
Kommunikation
– und Abwehr 31
– in der Analyse 30
– Auswirkungen ihrer Inhalte auf den Patienten 90
– berufliche Verpflichtung und 92
– zwischen Ehepartnern 283 ff.
– -potential, angeborenes 291
– unbewußte, *siehe* unbewußte Kommunikation
Konsultation, erste 177 f.
Konzentration, Zustand der 201
Körper und Psyche, Beziehung 105
Körper-Ich 60
körperliche Verletzung, die das Kind den Eltern zeigt 78
korrigierende emotionale Erfahrung 216
krankheitsorientierte Medizin 92
kreative Wahrnehmung von Objekten 125
Kreativität
– Bereich der 145 ff.

– Künstler und 141 ff.
– psychischer »Raum« der 140
– Wahnsinn und 313
– und Wiedererschaffung 316
kritische Einstellung 29, 34
Künstler
– und blockierte Kreativität 213 f.
– Filmemacher 141
– Maler 141
– potentieller 140, 141 f.
– und Realitätsanpassung 44
– verschiedene Typen des 141
– und Wahrnehmung der äußeren Welt 315

Leere 20, 69, 144, 170
– Entwicklungen in der Analyse 81
– Frauen und 62
– Grundstörung und 58
– prä-analytische Entwicklungen, Rekonstruktion von 80 f.
– Psychogenese der 62
– theoretische Schlußfolgerungen über 82 f.
– und typische Schwierigkeiten 60 f.
– und Zusammenbruch, Fallbeispiel 63-81
– Zusammenfassung eines Analyseverlaufs 75
libidinöse Befriedigung 69
Little, Margaret 14
Loslösung von der Mutter 107 f.

Masturbation 128
Medizin, Psychoanalyse und 183-198
Milner, Marion 14, 44
Mutter
– Füttern auf Verlangen 95 f.
– Holding-Funktion und 59
– Introjektion der 105 f.
– als Lebensmittelpunkt 120
– verleugnete 125

Mutter-Kind-Beziehung
– Füttern auf Verlangen und 95 f.
– gute 80
– und innere Welt 154
– Objektbeziehungen und 98 f., 101
– unbewußte Kommunikation in der 154-165
– und Unfähigkeit, eine Erfahrung miteinander zu leben 77
Mutterschaft, Unfähigkeit zur 77
Mutter-Tochter-Beziehung 59, 109 ff.

Nähe 306 f.
Narziß 313
Narzißmus, primärer 93
Neid 62
Neurose 102
neurotische Symptome 191
nicht regredierter Patient 176
nonverbale Kommunikation 67, 92
– in der Ehe 284 f.

Objektbeziehungen 48, 56, 58, 307-310, 312
– befriedigende 103
– und Erfahrungen und Wahrnehmungen 99 f.
– Qualität von 99
– nicht sicher verankerte 309
– Theorie der 96-100, 307
Objektmutter 101
Objektverlust 145, 157 f., 162
ödipale Mutter 53, 57
ödipale Phase 28, 114
ödipaler Konflikt 290
– Ängste und 97
– Lösung des 99
– primitive Objektbeziehungen und 118
– Sexualphase und 109
– in Träumen 114 f.

paranoide Ängste 97
paranoide Position 70

paranoid-schizoide Position 56, 58, 61, 70
Passivität 149
Patient
– Aktivitäten des 204
– und Befriedigung der Analytikerin 119
– und Einzigartigkeit von Erfahrungen 171
– erster Eindruck 177
– und Existenz des Analytikers 312
– als Individuum 280 f.
– Individualität des 230
– individuelle Unterschiede 310
– und kommunikative Auswirkungen des Verhaltens 90
– und Konflikt 172, 194-198
– als »minderwertiges Wesen« 29
– positives Konfliktverständnis 194-198
– Rolle in analytischen Beobachtungen 31
– von sich selbst erfüllt, ohne adäquates Feedback 152
– Unfähigkeit, den Analytiker wahrzunehmen 311 f.
– willfährige Reaktionen des 172
– Wunsch, den Analytiker zufriedenzustellen 28 f.
Payne, Sylvia 14
Persönlichkeit des Analytikers, Auswirkungen auf die Behandlung 85 ff.
Persönlichkeitsspaltung 142
Phantasie, unbewußte 52, 134 f.
Phase der Gefügigkeit und Rebellion im Ausbildungsseminar, Umschwünge 258 f.
Phase des vorübergehenden Rückzugs im Ausbildungsseminar 258
postnatales Baby 58
prä-ödipale
– Bindung 106
– Konflikte 118
– Phase 57, 97, 99 f., 118

präverbale
– Kommunikation 300
– psychische Prozesse 56, 105, 166
primäre Liebe 43, 48, 93, 98
primärer Narzißmus 93
primäres Objekt 47, 93
Privatsphäre 220
professionelle Beziehung, Setting und 213
Prognose 245
Projektion 124, 153, 155, 162
– der Gefühle des Analytikers 89
– in minimalem Umfang 88
– passive Annahme der 149
– des Patienten 136
– projektive Phantasien 71
projektive Identifizierung 153
psychische Prozesse, physiologische Phänomene und 184 f.
Psychoanalyse
– Asymmetrie der 29 f.
– verglichen mit anderen Behandlungsformen 218
– Ebene der Behandlung, Entscheidung über 301
– individuelle Einzigartigkeit der 178
– erste Sitzungen, Wichtigkeit der 177
– technische Aspekte der 85-89
– Verhältnis zur Medizin in verschiedenen Ländern 183
psychosomatische Krankheit 184 f., 194
Psychosynthese 132

Reaktionsbildung 96, 117
Realität 113
– äußere 49 f., 54, 134 f., 142
– des Analytikers 89
– des Patienten 89
– unerträgliche, Verleugnung der 121
– -swahrnehmungen 87 f.
Realitätsprüfung, Entwicklung der 99

Rebellion in Balint-Gruppen 265 f.
Reculer pour mieux sauter 57
Redekur 201
Regression 50, 57, 148, 170
Reife 102
Ressentiments in der Übertragung 70
Rickman, John 14
Rosenfeld, Herbert 56
Rückschluß 25 f., 122
Rücksichtnahme, Fähigkeit zur 101
Rückzug, sozialer 61
Russell, Bertrand 29

Säuglingsalter, Unbeständigkeiten und Veränderungen im 301 f.
Schaulust 55
Schuldgefühl 97, 101, 117, 164
sekundärer Abwehrmechanimsus 70
Selbst
– Entwicklung des 60 f., 82
– Fehlen des, *siehe* Leere
– vs. Ich 59
– primäre Erfahrung des 70
– professionelles 213, 253
– willfähriges 142 f.
Selbstakzeptanz 60
Selbstgewahrseinsphase des Ausbildungsseminares 259
selektive Aufmerksamkeit 90
selektive Vernachlässigung 90
Setting
– des Allgemeinmediziners 218 f.
– in der Gesprächstherapie 208-218
– in der Gruppentherapie 101 f.
– einer Inneren Station 220
– in der Partnertherapie 220 ff.
– des Psychoanalytikers 216 f.
– des Psychotherapeuten 217 f.
– in verschiedenartigen Formen der Psychotherapie 222 f.
Sharpe, Ella 14
soziale Anpassung 96
Spaltung 48

Spannung
– elterliche 97
– -stoleranz 102
Spiegelmodell 85 ff., 90 ff., 312 f.
Sprechen-und-Zuhören 199, 202
subjektive Phänomene 142
Synthese 132

Tarkowsky, Andrej 141
Theorie 34, 169, 279, 282 f.
– Beobachtung und 27 f.
– Enid Balints Anwendung der 19
– irrelevante 29
therapeutische Gespräche 199, 202, 203
– Charakter der 200-207
– Klassifizierung von 214-223
– in der Medizin 203 f.
– Settings der 208-214
Timing von Widerspiegelungen 89
Toleranz 102, 195
Träume
– Deutung und 172
– Ödipuskonflikt in 114
– über Treulosigkeit 172 f.
– über Urszene 50-53
– wiederkehrendes Erleben in 70 f.
Treulosigkeit 172
Triebtheorie 179, 282 f.
– Wißtrieb 55
Triebbefriedigung 47, 149
Trilling, Lionel 189

Überdeterminiertheit 290
Übergangsraum 169
Über-Ich 93, 94 f., 165, 179
– Fremdkörper im 165
– Theorie des 93, 97
Überidealisierung, Phase der, im Ausbildungsseminar 257 f.
Übertragung 32, 65, 168
– Agieren in der 57
– in der Analytiker-Patient-Beziehung 282, 308

– Definition der 216 f.
– in der Ehe 283
– Entwicklung der 64
– Feindseligkeit und Ressentiments in der 70
– Manifestationen der 113, 155
– in menschlichen Beziehungen 282
– projektive Mechanismen in der 149, 162
Übertragungsneurose, Analyse der
– erste Phase 54
– zweite Phase 44-49, 55
– dritte Phase 49-54, 55 f.
– Hintergrund der Patientin 39-42
übertriebene Fürsorge 158
Umwelt-Mutter 101
unbewußte Kommunikation 135, 153-165
– zwischen Ehepartnern 279-294
– zwischen Mutter und Kind 154-165
– zwischen Patient und Analytiker 136
unbewußte Phantasie 134 f., 302 f.
unbewußter Teil der Psyche 24
– Abwesenheit von Personen und 310 f.
– Einführung des Ausbildungskandidaten in 27
– als Merkmal der Psychoanalyse 304
– Prozesse des 188, 192
– systematische Methode zur Erforschung des 201
– Widersprüchlichkeiten und Veränderungen im Säuglingsalter und 302
Urszene 57
Urvater, Theorie des 94

Vater 94 f., 116, 125
Veränderung
– des Arztes 253
– Beobachtungen von 227
– Ermöglichung von 233 f.
– Prozeß der 24
– bedingt durch das Verständnis des Arztes für den Patienten 242
verbale psychische Prozesse 105
Verdrängung 96, 137, 273
Verfolgungsangst 49
Verleugnung 45 f., 48, 138, 150, 157, 158, 162
Verneinung 45 f.
Versagung, *siehe* Frustration
visuelle Sensitivität 56
Voyeurismus 56

Wahrnehmung 87 f., 143 f.
wechselseitige Anteilnahme/Rücksichtnahme 99, 104, 118
weibliche Sexualität 106 f.
Wertlosigkeit, Gefühl der 62
Widerspiegelung 84, 89 ff., 176
Widerstand, Definition des 216 f.
Willfährigkeit 172, 265
Winnicott, Donald W. 14, 19, 48, 57, 101, 122, 142, 144, 308
Wut 48, 49

Zeichnungen, als Kommunikationsversuche 67 f.
Zurückweisung durch die Mutter 112 f.
zwanghafte Fürsorglichkeit 163
Zwei-Personen-Beziehung 101, 307 f.